39 Karate-Kata

Roland Habersetzer

39 Karate-Kata

Aus Wadō-ryū, Gōjū-ryū und Shitō-ryū

Aus dem Französischen
von Frank Elstner

Palisander

Der Verlag dankt Mike John (Wadō-ryū – Chemnitzer WSV e. V.), Gerd Hahnemann (Gōjū-ryū – Kampfkunstteam GO JU), Dr. Martin Cassel-Gintz (Bundesstilrichtungsreferent Shitō-ryū beim DKV) sowie Dr. Sven Hensel, Dr. Janett Wölfel und Norbert Wölfel (Chemnitzer Karateverein) für die fachliche Unterstützung bei der Redaktion.

Deutsche Erstausgabe
2. Auflage 2021
Titel der Originalausgabe:
Wado-Goju-Shito Kata

Deutsch von Frank Elstner

Umschlaggestaltung: Anja Elstner, unter Verwendung von Kalligraphien von Kazuko Koy und einer Fotografie von Sven Dietrich
Lektorat: Palisander Verlag
Redaktion & Layout: Palisander Verlag
Druck- und Bindearbeiten: Jelgavas tipogrāfija SIA
Printed in Latvia
ISBN 978-3-938305-15-7

www.palisander-verlag.de

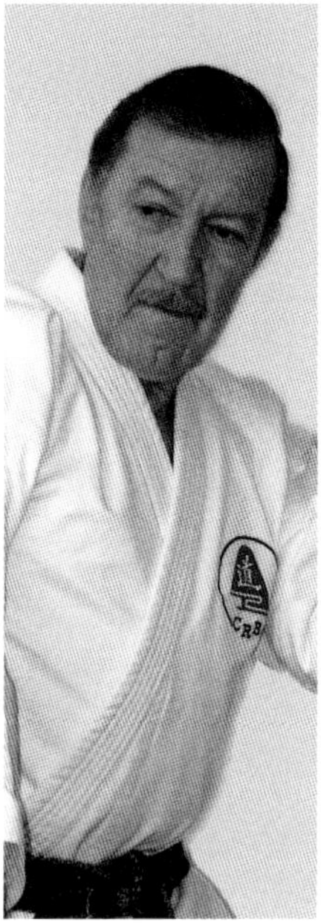

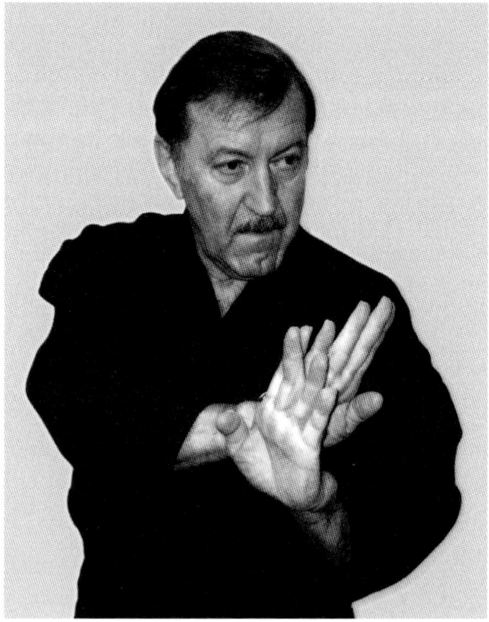

Roland Habersetzer: Von der Beherrschung der traditionellen Kata (*Dentō Budō*) zu einer modernen Synthese, die er Tengu-no-Michi genannt hat (*Shin Budō*).

Roland Habersetzer
Centre de Recherche Budo – Institut Tengu (CRB-IT)
7b, rue du Looch
67530 Saint-Nabor (Frankreich)
www.tengu.fr

Deutsche CRB-IT Website:
www.wslang.de/karatecrb/

Der Autor

Sensei Roland Habersetzer, Jahrgang 1942, seit 1974 Leiter des von ihm gegründeten »Centre de Recherche Budo – Institut Tengu« (Budo kenkyukai – Tengu gakuin) begann 1957 die Kampfkünste zu erlernen, zunächst Judo und schon bald darauf Karate. 1961 wurde er einer der ersten französischen Schwarzgurtträger im Karate. Seither ist er mit Leidenschaft als Lehrer dieser Kampfkunst tätig.

Im Jahre 1968 erschien sein erstes populärwissenschaftliches Buch über die Kampfkünste. Heute besteht sein Werk aus nahezu 80 Büchern, was ihn zum Autor der weltweit bedeutendsten Buchreihe auf diesem Gebiet werden lässt. Seine Bücher, die zum Teil in mehrere Sprachen übersetzt worden sind, gelten in allen frankophonen Ländern als historisches, technisches und pädagogisches Standardwerk. Auch in vielen anderen Ländern besitzen sie hohes Ansehen.

Durch sein Wirken im Rahmen des Centre de Recherche Budo (CRB), durch zahlreiche Lehrgänge und Seminare auf der ganzen Welt und natürlich auch durch seine technischen Handbücher und historischen Werke leistete er echte Pionierarbeit, damit die traditionellen Werte seiner Kunst nicht verloren gehen. Zwischen 1962 und 2002 unterrichtete er in seinem Dōjō in Straßburg Karate, Kobudō und Taijiquan. Stets umfasste sein Ausbildungskonzept sowohl die Kampftechniken als auch deren kulturellen Hintergrund. Nach wie vor ist er als Budōka sehr aktiv, auch wenn sich seine Lehrtätigkeit inzwischen auf wenige Lehrgänge und Seminare hohen Anspruchs pro Jahr beschränkt.

Nachdem er verschiedene Graduierungen in Frankreich, Japan und China erhalten hatte, wurde Roland Habersetzer im April 2006 in Japan durch Ō-Sensei Ogura Tsuneyoshi der Titel eines Hanshi verliehen (9. Dan des Gembuko-Dōjō) sowie der Titel eines Sōke (Meister-Gründer) für seinen eigenen Kampfkunststil »Tengu no michi« (»Weg des Tengu«) verliehen.

Parallel zu seiner Tätigkeit als Budōka verfolgt er mit seiner Schule des Tengu eine neue Forschungsrichtung auf dem Gebiet der Kampfkünste. Das Ziel besteht darin, auf Grundlage des Studiums und des praktischen Vergleichs zahlreicher Formen des Kampfes mit und ohne Waffe zu einem umfassenden Konzept der Selbstverteidigung zu gelangen, das den Gegebenheiten des heutigen Lebens gerecht wird.

Danksagungen

Der Autor dankt Jean-Claude Trap, Jean-Pierre Richeton, Dr. Toni Birtel und dem japanischen Karate-Do-Magazin für das Zurverfügungstellen von Fotografien für dieses Werk.

Illustrationen

Alle Zeichnungen entstammen der Feder des Autors. Die Fotografien stammen vom Autor, von Jean Claude Trap (S. 236, S. 285 oben und S. 294), Jean-Pierre Richeton (S. 121), Dr. Toni Birtel (S. 385) und aus dem japanischen Magazin Karate-Dō (S. 285 unten, S. 317 und S. 318). Die Kalligraphie auf S. 44 stammt von Ōtsuka Hironori. Die Kalligraphien auf S. 43, S. 233 und S. 343 stammen von Kazuko Koy.

Inhaltsverzeichnis

Kata – nichts als ein Weg …

Die echte Tradition in den großen Dingen besteht nicht darin, das zu wiederholen, was die anderen getan haben, sondern darin, den Geist wiederzufinden, der diese Dinge gemacht hat, einen Geist, der in anderen Zeiten ganz andere Dinge geschaffen hätte.

Paul Valéry (1871-1945)

Die Kata sind das »Gedächtnis« der ersten Versuche, die »Kunst der leeren Hand« (*Tōde, Kara-te*) zu kodifizieren. Sie stellen die beste Schule dar, um die grundlegenden Bewegungsformen in dieser Kunst zu erlernen. Zugleich sind sie jedoch auch eine gefährliche Falle, und zwar dann, wenn der Praktizierende sich ausschließlich mit ihnen beschäftigt. Ich will mit dieser Aussage niemanden schockieren. Man bedenke jedoch: Die Kata ist eine Spur, die hinterlassen wurde, damit man auf ihr irgendwohin gelangt, und kein glänzendes Sammlerobjekt, das in einer Vitrine aufbewahrt wird. Man darf sich nicht damit begnügen, sie als ein antikes Objekt zu verehren. Sie ist ein Archiv, das man sich mühevoll erschließen muss, dessen Inhalt übersetzt werden muss. Die Kata bildet ein solides Fundament, auf dem man mit Hilfe der Absicht, in der sie überliefert wurde, etwas aufbauen kann. Ich will damit sagen, dass man sie als Behältnis betrachten muss, mit dem ein bestimmter Inhalt transportiert wird. Der Inhalt ist dabei das Wesentliche, das, dem man sich nähern muss. Das Behältnis ist das »Zubehör«, das man eines Tages wieder vergessen kann. Die Kata ist ein Werkzeug, unverzichtbar zwar, aber letztendlich eben nichts weiter als ein solches. Sie stellt keinen Selbstzweck dar. Wenn man sie auf intelligente Weise nutzt, wird sie es einem allerdings ermöglichen, eines Tages eine bestimmte Pforte zu durchqueren.

Dieses gilt für jegliche traditionelle Schule, das heißt für jede, die als historisch alt gelten kann (*Ryū*). Keine Kata trägt eine höhere Wahrheit in sich als eine andere. Und keine Kata, die auf richtige Weise verstanden, gelernt und ausgeübt wird, wird den Praktizierenden in die Irre führen.

Seit nunmehr 50 Jahren praktiziere und forsche ich auf dem Gebiet der Kata. Ich war immer offen gegenüber allem und neugierig auf alles – mein Respekt vor der Tradition hat mich nie von meinem kartesischen

Geist abbringen können. Ich hatte das Privileg, zahlreiche Kata der großen Hauptstilrichtungen des Karate »durchreisen« zu können. Zunächst waren es die Kata des Shōtōkan,[1] denn nur dieser Stil, der mein Basisstil geblieben ist, war Anfang der 1960er Jahre in Europa nennenswert verbreitet. Es folgten die Kata des Wadō-ryū und ab den 1970er Jahren, unter der Führung meines japanischen Meisters Ogura Tsuneyoshi vom Gembukan (Kōfu), selbst Schüler einiger der Größten des Karate, die des Gōjū-ryū und des Shitō-ryū. Außerdem unternahm ich einige »Abstecher« zu Varianten einiger Kata, wie sie in anderen alten Schulen, wie zum Beispiel im Uechi-ryū (Pangai-noon) praktiziert werden. Ich hatte Gelegenheit zu vielen »Besuchen«, im wörtlichen wie im übertragenen Sinne. Auf diese Weise entdeckte ich den Reichtum der Techniken und erfuhr die mit den Kata verknüpften Empfindungen. Ich konnte die Kata miteinander vergleichen und Klarheit über Teile der einen mit Hilfe von Abschnitten anderer erlangen. Jenseits der ersten grundlegenden Anwendungen für den Kampf, erwiesen sich die echten *Bunkai* der Kata, die Schlüssel zum Verständnis, als ein unendlicher Reichtum.

Heute bin ich davon überzeugt, dass die Kata unverzichtbar dafür sind, dem Praktizierenden den Weg zum echten Erfahren der Kunst der leeren Hand zu erschließen. Doch ich möchte in diesem Zusammenhang in Anlehnung an einen Spruch des großen Miyamoto Musashi folgendes sagen: »Respektiert die Kata, aber verlasst euch nicht auf sie.«[2] Die Kata ist ein wertvoller »Ariadnefaden«, der einem hilft, einen Weg zu finden, aber letztendlich auch nicht mehr als das. Auch gibt es »falsche *Bunkai*«,

---

[1] Der Autor war der Erste, der in Europa ein Werk über Kata veröffentlichte: Habersetzer, R.: »Official Basic Karate Kata«. Paris: Judo International 1973. 1980 und 1983 entwickelte er die Thematik mit zwei umfangreichen französischsprachigen Bänden über die Kata des Shōtōkan weiter, die auch außerhalb Frankreichs als Standardwerke auf diesem Gebiet galten. Später wurden beide Bände zu einem zusammengefasst: Habersetzer, R.: Karaté Katas: les 30 Katas du Shotokan. Paris: Amphora 2004.

[2] Als Miyamoto Musashi (1584-1645) einst auf dem Weg zu einem tödlichen Kampf mit den Mitgliedern des Yoshioka-Klans in Ichijōji am Hachidai-Tempel, der dem Gott des Krieges Hachiman geweiht war, vorüberkam, soll er, von Zweifeln befallen, einen Moment lang versucht gewesen sein, zu den Göttern um den Sieg zu beten. Doch er besann sich und sagte zu sich: »Man muss die Götter und die Buddhas verehren, aber man darf sich nicht auf sie verlassen.« – Siehe Habersetzer, R.: Die Krieger des alten Japan – Berühmte Samurai, Rōnin und Ninja. Chemnitz: Palisander Neuauflage 2021. S. 162.

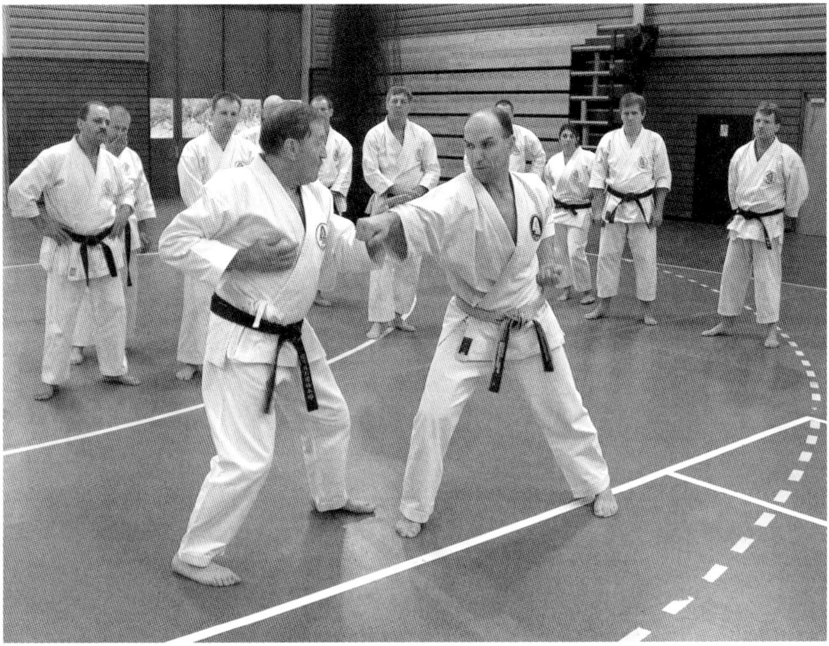

Foto 1: Roland Habersetzer Sensei auf einem Lehrgang bei Straßburg. Er leitet zwei internationale Lehrgänge pro Jahr im Rahmen seiner Tätigkeit im CRB / Institut Tengu. Hier demonstriert er das Prinzip der Entspannung beim Ausweichen, verbunden mit der Konzentration der Energie (*Chikukei*), um deren explosive Entfaltung (*Hakei*) vorzubereiten. Diese Energie muss im Gegenangriff freigesetzt werden und in den Körper des Gegners eindringen (*Kime*). Solch eine Arbeit mit der inneren Energie (*Ki*) ist wesentlich für die Suche nach der wahren Effektivität im Kampf, die stets das primäre Ziel der Kata ist.

die anfänglich sehr verführerisch sind, da sie offenkundig erscheinen und einfach darzulegen sind, und es gibt in den Kata verborgene Fallen. – Man darf niemals »den Finger für den Mond halten«,[3] wenn man zu einem tiefen Verständnis der Kunst der leeren Hand gelangen will.

Roland Habersetzer im Frühjahr 2010

[3] Anspielung auf eine berühmte Zen-Geschichte, in der der Meister mit seinem Finger auf den Mond deutet, während die Aufmerksamkeit seines Schülers auf den Finger gerichtet bleibt.

Vorwort zur ersten Ausgabe von 1995

Es scheint, dass es wie überall auch in den Kampfkünsten Moden gibt. Wie ich bereits im ersten Band dieser Reihe[4] herausgestrichen habe, sind die Zeiten gegenwärtig günstig für die Kata, jene Mutterformen und Wurzeln des Karate, die selbst für den leidenschaftlichsten Vertreter des sportlichen Wettkampfs unumgänglich sind. Seit einigen Jahren erregen die Kata wieder ein Interesse, das jene, die damals dabei waren, an die Pionierzeit des Karate in Europa erinnert. Nach dem spektakulären Aufschwung des Sportkarate kam diese offensichtliche Rückkehr zu den Quellen recht überraschend. Jene, die wie ich stets versucht haben, darauf aufmerksam zu machen, dass eine authentische Kampfkunst zusehends verarmte, seit man es zuließ, dass deren traditionellen Kata aufgegeben wurden oder dass daraus moderne »Choreographien« entwickelt wurden, hatten die Hoffnung darauf fast schon aufgegeben.

Das wiedererstarkte Verlangen nach entsprechenden Informationen bei den Praktizierenden aller Stilrichtungen und jeden Niveaus hat dieses Buch trotz der Spezialisierung seines Inhalts möglich gemacht. Wie jeder weiß oder wissen sollte, gibt es bestimmte Regeln für die Herausgabe von Büchern, wie sie in jedem Geschäftsfeld existieren. Kein Buch, dessen Thematik allzu speziell ist, wird, wenn es überhaupt herausgegeben wird, auf dem Markt lange Bestand haben. Puristen mögen das bedauern, aber ändern können sie es nicht. Ich habe die Gunst der Stunde genutzt und die Gelegenheit wahrgenommen, die Reihe enzyklopädischer Werke zu den Kampfkünsten durch das Buch »39 Karate-Kata – Aus Wadō-ryū, Gōjū-ryū und Shitō-ryū« zu bereichern. Diese Stilrichtungen bilden zusammen mit dem Shōtōkan-ryū die vier klassischen Hauptstile des Karatedō. Um den Umfang im Rahmen zu halten, musste dennoch eine Auswahl getroffen werden, so dass Kata, die sich innerhalb der drei Stile, denen dieses Buches gewidmet ist, nur geringfügig unterscheiden, nicht für jeden Stil in allen Einzelheiten beschrieben werden.

Dieses Buch ist dafür bestimmt, dem Leser zwei Wege zu eröffnen. Zum einen ist es ein Handbuch für jede der drei Stilrichtungen. Für diesen

[4] Siehe Fußnote 1 auf S. 10.

Zweck sind die darin enthaltenen Informationen klar kategorisiert. Zum anderen ist es aber auch ein Referenzwerk für jene, die sich für die Kunst der leeren Hand generell begeistern, unabhängig von den ursprünglichen Stilrichtungen und ihren angeblichen Unterschieden. Es soll ihnen ermöglichen, durch Vergleiche herauszufinden, dass die »Orthodoxie« einer Kata – ihre »Wahrheit« gewissermaßen – nicht das exklusive Privileg irgendeines Stils ist, und dass nur die Kenntnis verschiedener, dem gleichen Ziel zustrebender Wege, und ein offener Geist zu *der* Wahrheit führen. Auf diese Weise wird man auch begreifen, dass die künstliche Abschottung der Stilrichtungen in Wirklichkeit nur die Existenz gemeinsamer Kraftlinien verdeckt, die wiederzuentdecken wichtig ist. Denn die Kata, um welche auch immer es sich handeln möge, ist weder für den Anfänger noch für den Fortgeschrittenen lediglich eine Zusammenstellung mehr oder weniger komplizierter Bewegungen, sondern vor allem eine Körpersprache. Sie ist dazu bestimmt, dass man durch Bemühen und Bescheidenheit den Geist, den ihr Schöpfer ihr aufgeprägt hat, erspüren kann. Die Kata ist der Anfang und das Ende des »Weges«. Das ist der Grund, weshalb es gerechtfertigt und sogar notwendig ist, dass keine traditionelle Kata ausstirbt, und deshalb habe ich dieses Buch verfasst, von dem ich hoffe, dass es in der umfangreichen Literatur über die Kampfkünste Bestand haben wird. Möge die wiedererwachte Neugierde auf die traditionelle Kata mehr sein als eine flüchtige Mode …

Einführung in das Studium der Kata

Definition

Kata ist kein Begriff, der ausschließlich dem Karate eigen ist. Solche Formen gibt es in allen fernöstlichen Kampfkünsten. Sie sind eine Lernmethode, eine Methode, Techniken im Gedächtnis zu behalten und auch ein Weg, die »Muttertechniken« lebendig zu erhalten, die zu Anfang existierten und aus denen sich alle anderen Techniken, wie wir sie heute kennen, entwickelten. Dabei geht es nicht nur um die eigentlichen Kampftechniken, sondern auch um Haltungen, Ortsveränderungen, Empfindungen. Eine Kata ist etwas, das für den Karateka von außerhalb kommt, oftmals aus tiefer Vergangenheit. Während langer Jahre des Trainings lässt man sich von ihr durchdringen. Aus Respekt vor der Tradition, aus Bescheidenheit und auch aus Furcht, dass man am Wesentlichen vorbeigehen könnte, wird man sie dabei nicht verändern. Eine Kata stellt eine Folge von Bewegungen dar, die in ihrer Gesamtheit bis ins letzte Detail auf das sorgfältigste kodifiziert wurden. Immer wird sie auf die gleiche Weise und in die gleichen Richtungen ausgeführt. Auf diese Weise übt der Karateka von Anfang bis Ende je nach Schwierigkeitsgrad der Kata zwischen etwa 20 bis über 100 Techniken. Somit handelt es sich in gewisser Weise um ein *Kihon*,[5] das in mehrere Richtungen geübt wird, oftmals verbunden mit Wiederholungen auf beiden Seiten des Körpers und mit unterschiedlichen Schwierigkeitsstufen der Bewegungen. An der Art der Ausführung einer Kata kann man das tatsächliche Niveau eines Karateka erkennen.

Im Karate werden die Kata allein, ohne Partner, ausgeführt (*Kaishu kata*). Zumindest ist diese Art Kata die bei weitem am besten ausgearbeitete in dieser Disziplin. Dennoch gibt es auch die *Kumite kata*, bei denen man kodifizierte Formen mit dem Partner übt. Dies ist eine Art *Yakusoku*

[5] *Kihon*. Jpn. »Basisenergie« (*Ki* – Energie, *Hon* – Basis). Der Begriff wird für das Training der grundlegenden Techniken einer Kampfkunst (*Budō*) verwendet, wobei die innere Energie (*Ki*) optimal genutzt werden soll. Im weiteren Sinne versteht man unter *Kihon* die wiederholte Ausführung der Grundtechniken, das grundlegende Training, im allgemeinen im freien Raum und ohne Partner. – Habersetzer, R. u. G.: Enzyklopädie der Kampfkünste des Fernen Ostens. Chemnitz: Palisander 2019.

kumite,[6] ein Kampf, bei dem alles von vornherein vereinbart ist. Dazu zählen die *Ten no kata* des Shōtōkan, die *Kihon kumite* des Wadō-ryū und die *Bunkai kumite* aller Stilrichtungen. Diese Arten Kata entstanden erst in jüngerer Vergangenheit – keine davon existierte vor 1930. Sie entstanden aus der Notwendigkeit, das alte Karate an moderne Gegebenheiten wie den sportlichen Wettkampf anzupassen oder einfach aus dem Wunsch heraus, mit Partner zu trainieren. Doch auch in dieser Gestalt bewahrt die Kata eine Anziehungskraft und birgt Möglichkeiten in sich, die über die des bloßen Kampfes hinausgehen.

Ziele

Der reale Kampf

Die hypothetische Ausgangslage ist immer die, dass man von mehreren Gegnern angegriffen wird, die über unterschiedliche Stärke, Techniken und Geschicklichkeit verfügen, was keinerlei Irrtum bei der Einschätzung des Gegners erlaubt. Zuallererst ist die Kata die Darstellung eines Kampfes auf Leben und Tod. Demzufolge ist jeglicher Einsatz von Kraft und Energie, jeder Siegeswille dabei gerechtfertigt. Man muss im Kampf alles geben, andernfalls besteht die Gefahr, dass es der letzte ist. Die Kata ist demzufolge ein rückhaltloser Versuch, alle energetischen Ressourcen – physische und psychische – zu mobilisieren, die für gewöhnlich tief im Innern des Menschen schlummern. Sie ist ein Stimulus, der es dem Praktizierenden gestattet, zu »explodieren«, über das hinauszugehen, was er für möglich gehalten hätte, da er sich plötzlich im Eifer der Aktion selbst entdeckt und feststellen muss, dass er mehr ist, als er geglaubt hat. Es ist interessant festzustellen, dass die Kampfmuster, die durch die Kata dargestellt werden, trotz ihres Alters nicht überholt sind. Sie enthalten sämtliche effektiven Karatetech-

[6] *Yakusoku kumite*. Jpn. Konventioneller (*Yakusoku*) Kampf (*Kumite*). Man vereinbart im Voraus die Art und die Anzahl der Angriffe sowie die Art der Weiterentwicklung nach dem Gegenangriff. Alle Formen der vorherigen Übereinkunft zwischen den Partnern sind möglich. Die Abwehrtechniken müssen kraftvoll sein, die Schläge kontrolliert (*Sun dome*). – Habersetzer, R. u. G.: Enzyklopädie der Kampfkünste. Chemnitz: Palisander 2019.

niken, und im Gegensatz zum modernen Sportkarate, bei dem man mit einem einzigen Gegner konfrontiert ist, versetzen sie den Kampf in eine ganz andere Dimension: Indem die Kata auf intelligente Weise die Bedingungen für einen totalen Kampf schafft, bringt sie den Karateka dazu, dass er in alle Richtungen abwehrt, ausweicht und blockt, über Angriffe hinweg springt, mit realistischen Abfolgen von Fauststößen und Fußtritten kämpft, zupackt, wirft und den Rhythmus verändert. Es ist richtig, dass manche Sequenzen zunächst schwierig im realen Kampf anwendbar erscheinen, dass an anderen Stellen Blöcke ohne Gegenangriff erfolgen oder dass man mitunter sehr langsam blockt. Solche Dinge lassen beim Anfänger Zweifel entstehen. Doch all dies klärt sich im Laufe der Zeit auf. Je weiter man vorankommt, desto mehr weichen die Grenzen des Nichtverstehens zurück. Man entdeckt, dass manche Gegenangriffe nicht einmal angedeutet werden, damit man sie im Geiste um so besser »sehen« kann, und das selbst die sonderbarsten Abläufe einen ganz präzisen Sinn haben. Für jede unklare Passage, jedes »Geheimnis«, bedarf es eines Schlüssels, der stets auch existiert, entweder in der Kata selbst oder in einer anderen Kata. Hat man den Schlüssel einmal gefunden, eröffnen sich unerwartete neue Sichtweisen.

Früher bezeichnete man die Kata als »unendliche Schätze« oder als »ungeschriebene Tradition«. Die Kata sind uns zusammen mit ihren Geheimnissen überliefert worden, welche die alten Meister der Kunst nicht immer klar anhand der Techniken erklären konnten oder wollten.[7] Es ist wichtig, diese Geheimnisse selbst zu entdecken. Dies ist eine Frage des Trainings, des Willens und der Zuversicht.

Die Ausübung des Stils

Viele alte Kata haben ihren ursprünglichen Sinn verloren. Genauer gesagt, hat man ihn verloren, wie man eine Spur verliert: mangels Aufmerksamkeit oder mangels Verständnis. Meistens ist nur die äußere »Form«[8] geblieben, die

[7] Man muss aber wissen, dass bei vielen Kata die Übertragung auf unvollkommene Weise erfolgte, da manchmal ganze Abschnitte darin fehlen. – Anm. d. Autors.

[8] Kata bedeutet auf Japanisch »Form«. – Anm. d. Autors.

»Prägeform«, die zu nichts anderem dienen sollte, als dem Wesentlichen Gestalt zu verleihen. Dies ist der Grund, weshalb nicht zugelassen werden darf, dass auch noch die Form verändert wird. Sonst wäre alles unrettbar verloren. Die Kata wäre dann nichts weiter als eine Art Gymnastik. Wenigstens die Form muss bleiben. Hartnäckig an der Ausführung der Kata festzuhalten, wie sie in einer Stilrichtung überliefert wurde, bedeutet, sich die Möglichkeit einer Rückkehr zur ursprünglichen Bedeutung offenzuhalten. Die Tür, die dies vielleicht eines Tages ermöglicht, darf sich nicht schließen. In einer Kata kann sich das kleinste Detail, sofern es ursprünglich ist, als wesentlich entpuppen. Als Teil des hinterlassenen Erbes kann es helfen, das Ganze zu verstehen. Es zu vernachlässigen, oder schlimmer noch, zu verändern, bedeutet, die Kata als Ganzes zu treffen. Die Stilrichtung ist so etwas wie ein Führer zu der Idee, die am Anfang der Kata stand. Es ist wahr, dass, selbst im Rahmen einer bestimmten Schule, der Stil sich mit der Zeit und in Abhängigkeit von den jeweiligen Experten entwickelt. Dass ein Experte eine Kata abwandelt, kann unter anderem an seinem Körperbau, an bestimmten Vorlieben oder persönlichen Forschungen liegen. Mitunter entstehen auf diese Weise kuriose Mischformen, bei denen es schwierig ist, das Richtige wiederzufinden.

Immer jedoch wird die Kata zumindest ein physisches Training mit offensichtlichem Nutzen sein. Der Karateka lernt, seinen Körper zu beherrschen, bestimmte Rhythmen zu entdecken, die Atmung richtig einzusetzen, in jedem Augenblick das Gleichgewicht zu bewahren, Schnelligkeit, Kraft und Harmonie in den Bewegungen zu entwickeln. All dies geschieht auf Grundlage des Gedankenguts, das dem Stil zu eigen ist, dem die Kata zugehört. Man muss immer versuchen, bei der Ausführung so genau wie möglich an den Vorgaben der jeweiligen grundlegenden Stilrichtung zu bleiben, selbst wenn das schon bald zu physischen Schwierigkeiten oder mentalen Blockaden führen sollte. Die technische Perfektion ist die Bedingung für die Effektivität. Der Wille, bei seinem Stil zu bleiben, ist etwas Grundsätzliches, vor allem in den Anfangsjahren der Karatepraxis. Dennoch ist das nicht alles, und wenn man sich in dieser Hinsicht sein ganzes Leben lang einschränkt, so ist man dazu verurteilt, niemals zum Wesen der Kunst vordringen zu können.[9]

---

[9] Siehe das Konzept des *Shu-Ha-Ri* auf S. 33 ff. – Anm. d. Autors.

Der Geist der Kata

Ein Buch kann mehr oder weniger gut Techniken darstellen, es kann jedoch nicht dazu verhelfen, die tiefen Empfindungen zu entdecken, die für das echte Verständnis einer Kata notwendig sind. Dazu reicht es nicht aus, wie beim *Kihon* die Bewegungen zu lernen, sondern man gelangt dahin über den Rhythmus einer Kata. Die Kata ist eine Art Bewegungsalchemie, die für denjenigen, der sie exakt ausführt, das innere »gewisse Etwas« wiedererstehen lässt, das jemand eines Tages in einem bestimmten Moment empfunden und für hinreichend wichtig gehalten hat, dass er versuchte, es weiterzugeben. Die Kata ist auch ein Ritus, ein Tanz, über den versucht wird, ein Gefühl zum Ausdruck zu bringen. Doch damit diese Magie funktioniert, bedarf es mehr als nur der äußeren Form, selbst, wenn diese exakt reproduziert wird. Man jenes »gewisse Etwas« nur selbst entdecken, es muss »erlebt« werden. Es würde nichts nutzen, darüber zu sprechen, zumal diese innere Empfindung eine Frage des Alters sowie des technischen und geistigen Niveaus des Karateka ist. In dieser Hinsicht ähnelt die Kata den Taolu des Wushu und generell der Orientierung aller »inneren Stile«.

Die Kata erinnert daran, dass zwischen den Dingen, zwischen der Erscheinung und der Wirklichkeit, ein unsichtbares Band existiert. Suchen muss man es selbst. Es gibt die offenkundige Bewegung, und es gibt ihren verborgenen Sinn. Es ist möglich, an der Ausführung der Bewegung zu erkennen, zu welchem Grad des Verstehens der Praktizierende vorgedrungen ist. Die Kata kann, je nach Niveau des Ausführenden, stereotype, leblose Gymnastik sein oder eine fortwährende, lebendige Schöpfung. Sie erinnert all jene, die zu »sehen« in der Lage sind, daran, dass das Karatedō in erster Linie eine Suche nach der so komplizierten Verbindung zwischen dem Menschen und dem Universum ist, eine Hymne an die universelle Harmonie und den Frieden. Letzteres ist im übrigen auch der Grund dafür, weshalb die erste Bewegung jeglicher Kata generell eine Abwehr ist. Dies bedeutet, dass man sich auf den Kampf nur dann einlässt, wenn dies vollkommen unumgänglich ist. Funakoshi Gichin brachte diesen Gedanken mit den folgenden Sätzen zum Ausdruck: »Im Karate entsteht keinerlei Vorteil durch einen ersten Angriff«. »Im Karate gibt es keinen ersten Angriff« (»*Karate ni sente nashi*«).

Das Panorama der Kata

Die Entwicklung des Karate und die Vervielfältigung der Stilrichtungen hat zur Entstehung von mehr und mehr Kata geführt – ein Zustand, der den Anfänger leicht verwirren kann. Doch von all den Kata sind nur etwa 30 als ursprünglich anzusehen, das heißt, dass sie spätestens im 19. Jahrhundert entstanden sind und oft eine chinesische Form zum Ursprung haben. Von diesen wiederum sind ca. 20 von grundlegender Bedeutung. Alle anderen Kata resultieren entweder aus Zerstückelungen alter Kata, aus Verallgemeinerungen von Techniken, oder sie sind das Ergebnis von mehr oder weniger starken (und mehr oder weniger gerechtfertigten) Veränderungen ursprünglicher Kata. Etliche wurden auch von zeitgenössischen Experten neu geschaffen.

Zu der Zeit, als das Karate noch ausschließlich auf der Insel Okinawa zu finden war – man nannte es damals *Okinawa-te*, die okinawanische Hand, oder *Tō-de*, die kontinentale Hand, was sich auf Festland-China bezog –, gab es noch keine Stilrichtungen im heutigen Sinne. Vielmehr existierten zwei wesentliche Strömungen, das *Naha-te*, für das Meister wie Higashionna und später Miyagi stehen, und das *Shuri-te*, vertreten durch Meister wie Matsumura, Itosu, Azato, Niigaki und später Funakoshi. Das *Tomari-te* Meister Matsumora Kōsakus war nur eine kleinere Nebenströmung, die zudem dem *Shuri-te* sehr nahe war und demzufolge diesem oft gleichgesetzt wird. Die Besonderheiten der zwei Hauptströmungen des *Okinawa-te*, der Mutterformen sämtlicher Karatestile, die heute weltweit existieren, fanden sich deutlich erkennbar in ihren Kata wieder. So lag im *Naha-te* die Betonung auf Kraft, Stabilität, geringen Ortsveränderungen und auf der Atmung, während im *Shuri-te* größere und geschmeidigere Ortsveränderungen, Ausweichtechniken und schnelle Techniken dominierten.

Man weiß, dass Funakoshi Gichin als erster dem Begriff *Kara-te* seinen heutigen Sinn, »leere Hand«, verliehen hat. Mit anderen Schriftzeichen geschrieben, kann *Kara-te* auch als »chinesische Hand« interpretiert werden; diese Interpretation war vor Funakoshis Neuinterpretation die übliche. Der Geniestreich des Meisters bestand darin, dass er mit einem Wort sowohl den Kampf mit der bloßen Hand ausdrückte, als auch den Begriff der »Leere« ins Spiel brachte, was als Abwesenheit jeglicher schlechter Absicht aufgefasst werden kann – dies ist der philosophische Sinn des Karate. Zugleich ließ er dabei den chinesischen Einfluss vergessen. Dies war wichtig, da man in Japan in der Zeit der Wende vom 19. zum 20. Jahrhundert allem Chinesischen gegenüber sehr misstrauisch war – China galt als »Erbfeind«. Funakoshi ging jedoch noch weiter: Um es den Japanern zu erleichtern, eine fremde Technik zu akzeptieren und ihre Empfindlichkeiten zu schonen, veränderte er die Namen der traditionellen Kata, die er aus Okinawa mitgebracht hatte und die zuvor fast allesamt vom chinesischen Einfluss gezeugt hatten. Dies führt heute mitunter zu Verwirrung, zumal sich teilweise auch technische Einzelheiten geändert haben: Die Übernahme der Kata durch die Japaner brachte technische Veränderungen oder gar Abwandlungen des Gesamtkonzepts der Kata mit sich. Die verwandtschaftlichen Beziehungen zwischen den modernen japanischen Formen und den alten okinawanischen Kata sind mehr oder weniger ausgeprägt. Manche sind einander noch sehr ähnlich, bei anderen hat man sich größere Freiheiten genommen, und die ursprüngliche Grundgestalt ist nur noch schwierig zu erkennen. Die modernen Kata, das heißt, Formen, die nach den 50er Jahren des 20. Jahrhunderts entwickelt wurden, sollen hier nicht behandelt werden. Ihr Nutzen ist vergleichsweise vernachlässigbar gegenüber jenem, den man aus den alten Kata ziehen kann.[10]

Die folgenden Kata sind die wichtigsten der aus den beiden Hauptströmungen des *Okinawa-te* überlieferten. Die heutigen japanischen Namen stehen in Klammern.

Aus dem *Naha-te* (später *Shōrei-ryū*), der Schule Meister Higashionnas, stammen die Kata *Seishan* (*Hangetsu*), *Seienchin* (*Saipa*), *Sanchin*, *Sanseru*, *Sūpārinpai* (*Sūpārimpai*), *Kururunfa*, *Shisōchin*, *Sōchin*, *Jitte (Jutte)*, *Jion* und *Naihanchi* (*Tekki*). Die Kata *Tenshō* und *Gekisai* wurden erst später durch Miyagi Chōjun geschaffen.

Aus dem *Shuri-te* (später *Shōrin-ryū*) stammen die Kata *Pinan* (*Heian*), *Kūshankū* (*Kankū*), *Wanshu* (*Enpi*), *Chintō* (*Gankaku*), *Passai* (*Bassai*), *Useishi* (*Gojūshiho*), *Rōhai* (*Meikyō*), *Chinte*, *Jiin* und *Wankan* aus der Schule von Meister Itosu, und die Kata *Niseishi* (*Nijūshiho*) und *Unsu* (*Unsui*) aus der Schule von Meister Niigaki.

---

[10] Diese Thematik wird ausführlich in einem anderen Werk des Autors behandelt. Siehe Habersetzer, R.: Koshiki Kata – Die klassischen Kata des Karatedō. Chemnitz: Palisander 2020.

Die fünf *Pinan*-Kata wurden 1907 durch Itosu Ankō geschaffen, in der Absicht, sie für die Ausbildung im okinawanischen Schulwesen zu verwenden, wo Karate als Körperertüchtigung im Lehrplan stand. Als Grundlage hierfür verwendete er die Kata *Kūshankū* und *Bassai*. Funakoshi Gichin übernahm sie später in seinen Shōtōkan-Stil, wobei er sie in *Heian* umbenannte und einige Modifikationen vornahm. Nach 1930 trennte Ōtsuka Hironori sich von Meister Funakoshi, bei dem er Karate studiert hatte, und gründete den Stil des Wadō-ryū. Er gab den fünf Kata wieder ihren ursprünglichen Namen und kehrte auch hinsichtlich der Techniken teilweise zu den alten Formen der *Pinan* zurück.

Um 1940 entwickelte Nagamine Shōshin zusammen mit Miyagi Chōjun, dem Gründer des Gōjū-ryū, die Kata *Fukyu shōdan* und *Fukyu nidan*.[11] Diese Formen waren für Anfänger gedacht, auf die die Schwierigkeiten der *Pinan*-Kata allzu abschreckend wirkten. Die *Shōdan*-Form ähnelt im übrigen stark der *Taikyoku shōdan*, aber die Positionen sind wesentlich höher. In der gleichen Absicht wurden im Shōrin-ryū die Kata *Gekisai*, *Gekiha* und *Kakuha* entwickelt.

Nach der großen Auswanderungswelle der Experten in verschiedene Länder und dem Ende des »feudalen« Karate, das durch den direkten Unterricht des Schülers durch den Meister charakterisiert war, kam es natürlich zu Veränderungen der ursprünglichen Stile. Dies war unausweichlich bei einer Lehre, die allein auf mündlicher Weitergabe beruht. Eine wichtige Rolle spielten in diesem Zusammenhang Unterschiede in den Auffassungen und nicht zuletzt auch im Körperbau der Experten. Doch die audiovisuellen Techniken mit ihren Vergleichsmöglichkeiten haben die zerbrechlichen Schranken zwischen den Stilen zu Fall gebracht, und somit ist heute die »Stunde der Wahrheit« für die Kata gekommen. Der beste Garant für Qualität sind alte Kata, die die Zeiten überdauert haben und die durch Meister mit starker Persönlichkeit bewahrt, weitergegeben und verteidigt wurden. Es ist angeraten, modernen Kata und allen persönlichen Interpretationen gegenüber misstrauisch zu sein, zumindest, wenn sie von sehr jungen Experten stammen.

Früher wurden die Kata entsprechend ihrer Zielsetzung klassifiziert. So gab es Kata für die Muskelentwicklung, für die Entspannung, Atemkata,

[11] *Fukyu*. Jpn. Voranschreiten.

Kata, durch die Schnelligkeit trainiert wurde, Kata mit dem Schwerpunkt auf Blocktechniken usw. Seit es in den Karateklubs jedoch um die »Weiterentwicklung« nach Plan geht, werden sie entsprechend ihrem Schwierigkeitsgrad eingeordnet. Dies führt zu verschiedenen Irrungen: So vernachlässigen oftmals Träger des 1. und selbst schon des 2. *Kyū* willentlich die fünf *Pinan*-Kata, die als »geringer« eingeschätzt werden, um sich die »interessanteren« und ihrem Rang angemessener erscheinenden Kata *Kankū* oder *Bassai* anzueignen, ohne sich der diesen Kata innewohnenden Fehler bewusst zu sein.

Shitei kata

Als Funakoshi Gichin 1922 nach Japan kam, brachte er lediglich 15 Kata mit sich: die fünf *Heian*, die drei *Tekki*, *Bassai dai*, *Kankū dai*, *Jion*, *Jutte*, *Enpi*, *Hangetsu* und *Gankaku*. Die anderen heute im Shōtōkan-ryū praktizierten Kata wurden später hinzugefügt. Manche davon wurden anderen Stilrichtungen entnommen, die heute die Herkunft für sich reklamieren. Das führt nicht selten zu Konflikten hinsichtlich der »Orthodoxie« der Kata.

Um in dieser Hinsicht mehr Klarheit zu gewinnen und um gemeinsame Nenner für die vielen »Katameisterschaften« zu finden, schuf man im Jahre 1986 das System der *Shitei kata*: Jeder der vier Hauptstile sollte seine beiden repräsentativsten und bekanntesten Kata auswählen, die als Grundlage für Meisterschaften dienen sollten und darüber hinaus auch für die offiziellen Lehrsysteme der Stile und die entsprechenden Gürtelprüfungen. Die folgenden Kata wurden ausgewählt: Für das Shōtōkan-ryū die Kata *Jion* und *Kankū dai*, für das Wadō-ryū die Kata *Seishan* und *Chintō*, für das Shitō-ryū die Kata *Seienchin* und *Bassai* und für das Gōjū-ryū die Kata *Seipai* und *Saifa*.

Bunkai

Jede Bewegung einer Kata hat ihren Sinn, ihre Interpretation: das *Bunkai*. Mitunter ist das *Bunkai* offensichtlich, manchmal schwer zu erkennen, mitunter sogar trügerisch. Die jeweilige Vorläufer- und Nachfolgetechnik kann helfen, es aus dem Ablauf heraus zu verstehen, aber auch das Niveau des Praktizierenden – vor allem das geistige, weniger das physische – ist für das Verständnis von Bedeutung. Jeder Karateka, der hinreichend lange trainiert, wird erkennen, dass seine Möglichkeiten, die *Bunkai* zu begreifen, sich mit der Zeit verändern. Zunächst unverständliche Sequenzen in den Kata werden nach einigen Jahren der Praxis und des Nachdenkens immer klarer. Zu Beginn muss man sich mit dem vorgegebenen Schema zufriedengeben. Dieses erscheint einem schon bald als unvollständig, und doch muss man sich lange Zeit gründlich damit befassen, sich genau danach richten. Später wird einem das Schema der *Bunkai* als eine Möglichkeit von mehreren erscheinen, und eines Tages hat man sein persönliches *Bunkai* gefunden – doch ohne auch nur das mindeste an den Techniken selbst zu ändern! Man darf nicht vergessen, dass die Kata auch eine Art Rätsel ist, damit, auch wenn man sie unermüdlich wieder und wieder übt, der Geist niemals einschlummert. Es gibt sogar echte Fallen, die den Praktizierenden von wirklichem Verständnis abhalten, doch auch diese erkennt man erst mit der Zeit. Dies ist Teil der fernöstlichen Lehrprinzipien und kann unserer westlichen Geisteshaltung als übertrieben erscheinen. Doch solche Dinge selbst zu entdecken, allen Widrigkeiten zum Trotz, ist ein unvergleichlicher Lohn.

Man sollte niemals eine Bewegung einer Kata ausführen, ohne dabei das entsprechende *Bunkai* im Sinn zu haben, und dies wiederum entsprechend dem erreichten Niveau. Es ist aber wichtig, immer weiter zu forschen. Mit der Zeit wird das *Bunkai* sich ändern. Es ist auch von Vorteil, von Zeit zu Zeit *Bunkai kumite* zu üben, bei dem zusammen mit einem Partner bestimmte Kata-Passagen praktiziert werden. Dabei sollte man so nah wie möglich an der Kata bleiben. Ist einem das nicht möglich, so sollte man lieber ein anderes *Bunkai* auswählen. Niemals sollte man sich jedoch berechtigt fühlen, die Kata zu verändern! Es gibt keine zwei Arten Karate, eine für den Kampf und eine der Kata. Tatsächlich existiert für jede Technik eine praktische und realistische Anwendung. Doch vor allem darf nie vergessen werden, auch das zu suchen, was sich hinter der Technik verbirgt.

Hito kata san nen

Dieser im *Budō* gebräuchliche Ausdruck bedeutet »eine Kata in drei Jahren«. Sein Sinn ist klar: Man studierte eine Kata mindestens drei Jahre lang, bevor man sich der nächsten zuwandte. Auch im chinesischen Boxen gibt es einen alten Sinnspruch, der besagt, dass man drei Jahre braucht, um die Position zu erlernen, drei weitere Jahre, um sich die eigentliche Technik anzueignen und schließlich noch drei Jahre, um ein Gefühl für die Bewegung zu entwickeln. Solche Formulierungen stellen zwar bewusste Übertreibungen dar, aber sie sollen verdeutlichen, dass die oberflächliche Annäherung an eine Kata nutzlos ist. Früher war es üblich, dass große Experten nicht mehr als drei oder vier Kata in ihrem Leben kennenlernten. Dies war mehr als ausreichend, um alles zu finden, was es darin zu entdecken gab. Es kann interessant sein, eine Vielzahl Kata zu kennen, da durch den Vergleich manches klarer werden kann und sie einander ergänzen können, aber tiefgründig sollte man sich nur mit einigen wenigen befassen, und dies das ganze Leben hindurch. Diese bevorzugten Kata sind die *Tokui kata*, die Lieblingskata des Karateka. Es geht nicht darum, alles über alle Kata zu erfahren – was zudem eine unmöglich zu lösende Aufgabe wäre. Es ist schon eine große Herausforderung und ehrgeizig genug, über eine einzige wichtige Sache alles herausfinden zu wollen. Je enger eine Tür erscheint, desto mehr wird man sich mühen, einzudringen.

Praktische Ratschläge

Meister Mabuni Kenwa, der Gründer des Shitō-ryū, schrieb, dass es drei wesentliche Punkte bei einer Kata gibt: die vollendete Art der Ausführung, die beständige Kontrolle der Atmung und die Beherrschung des Schwerpunktes – zu all diesem sollte das innere Empfinden hinzukommen.

Atmung und Rhythmus

Auf jeden Fall muss man den Atem und die Bewegung miteinander in Einklang bringen. Eine schlechte Koordination führt schnell zu wachsender Erschöpfung, man wird schwächer, langsamer und verliert schließlich die Kontrolle über die Gefühle, die einen bei einem Kampf überkommen können – Angst, Wut, instinktive Reaktionen – und die, indem sie sich auf den Herzrhythmus auswirken, die eigene Handlung stören. Die Atmung ist offensichtlich mit dem der Kata innewohnenden Rhythmus verbunden, oder sie richtet sich nach persönlichen Auslegungen. Darüber in einem Buch zu sprechen ist schwierig, aber dennoch sollen hier einige Ratschläge mit Bezug auf bestimmte Atemphasen erteilt werden, doch diese sind keineswegs immer zwingend. Vieles ist möglich, doch alles hängt dabei vom Niveau des Praktizierenden ab.

Die erste Stufe besteht darin, dass jedes Mal, wenn man eine Technik ausführt, kurz ausgeatmet wird, sei es bei der Verteidigung oder beim Angriff (*Kime*[12]). Dabei verharrt man kurz, was die Muskelkontraktion erleichtert. Am Beginn der Bewegung atmet man hingegen ein, was Entspannung und Schnelligkeit befördert. Doch auf einer fortgeschritteneren Stufe kann es interessant sein, genau das Gegenteil davon zu tun. Dies ist jedoch Bestandteil jener »Schlüssel für das Verständnis«, von denen weiter oben die Rede war. Eine leichter zu bewältigende Zwischenstufe kann darin bestehen, dass man bei einer Blocktechnik einatmet, so dass man sich

[12] *Kime*. Jpn. Kurzzeitige Fokussierung der geistigen und körperlichen Energie im *Hara* (Bauch) oder am Auftreffpunkt eines Schlages. *Kime* ist eine explosionsartige, perfekt aufs Ziel ausgerichtete Projektion der inneren Energie (*Ki*). Oft wird *Kime* von einem *Kiai* begleitet. – Habersetzer, R. u. G.: Enzyklopädie der Kampfkünste. Chemnitz: Palisander 2019.

dabei gewissermaßen ausdehnt, und bei einer Angriffstechnik ausatmet, wodurch man die Fokussierung der Kräfte begünstigt. Dennoch muss man zunächst mehrere Jahre lang auf der ersten Stufe verweilen, da diese den Vorteil hat, dass jede Bewegung durch den Atem verstärkt wird, indem das *Kime* erleichtert wird. Je nach dem Rhythmus und dem Umfang einer Technik gibt es fünf grundlegende Arten zu atmen:

a) **Bei normalem Atem, ohne Unterbrechungen** (*Jusoku*)
   1) Langes Einatmen – langes Ausatmen
   2) Langes Einatmen – kurzes Ausatmen
   3) Kurzes Einatmen – langes Ausatmen
   4) Kurzes Einatmen – kurzes Ausatmen

b) **Atmung mit Luftanhalten** (*Taisoku*)
   5) Einatmen – Luft anhalten (Kontraktion) – Ausatmen; oder: Ausatmen – Luft anhalten (Kontraktion) – Einatmen

Es ist auch möglich, an verschiedenen Stellen der Kata »stoßweise« ein- oder auszuatmen. Man atmet stets durch die Nase ein, wobei der Mund geschlossen ist, und durch den halb offenen Mund aus. Die Atmung muss eine tiefe, aus dem *Hara*[13] kommende Bauchatmung sein.

Manche Kata können von *Shigin* begleitet werden, das heißt, man rezitiert japanische Gedichte oder singt sie – letzteres vor allem bei den Atemkata des Gōjū-ryū, wie zum Beispiel *Sanchin* oder *Tenshō*. Das hat keine künstlerische Bedeutung, sondern soll bestimmte Muskelkontraktionen erleichtern, indem man auf diese Weise besser die Atmung kontrolliert. Der *Kiai*[14] muss auf sehr natürliche Weise erfolgen, wenn die Atmung richtig ist.

---

[13] *Hara* (jpn. »Bauch«), auch als »unteres Zinnoberfeld« bezeichnet (chin. *Dantian*, jpn. *Tanden*), ist nach der daoistischen Lehre das energetische (*Ki*) Zentrum des Menschen. Es befindet sich wenige Zentimeter unterhalb des Nabels. – Anm. d. Übers.

[14] *Kiai*. Jpn. In der Praxis des *Budō* ein Kampfschrei, der in der entscheidenden Phase einer Technik ausgestoßen wird und der die Einheit von Willen und Handlung zum Ausdruck bringt. Einen *Kiai* auszustoßen bedeutet, seine Energie, *Ki*, gegen den Gegner zu richten. Tatsächlich kann ein *Kiai* auch lautlos sein (*Kensei*). In der Regel handelt es sich jedoch um einen im Bauch (*Hara*) gebildeten Laut. Der *Kiai* ist sowohl eine Geisteshaltung (*Shin*) als auch eine Technik (*Waza*, *Gi*) der Stimme. Es ist die Kunst, all seine physische und mentale Energie mit unerschütterlicher Entschlossenheit auf ein Objekt zu fokussieren. – Habersetzer, R. u. G.: Enzyklopädie der Kampfkünste. Chemnitz: Palisander 2019.

Ortswechsel

Jede Kata wird entlang bestimmter Grundlinien ausgeführt, *Embusen* genannt. Zudem hat sie einen zentralen Punkt, das *Kiten*. Genau genommen sollte jede Kata mit dem Gesicht nach Norden beginnen und enden, was auch für die Taolu des Wushu oder für das Taijiquan gilt. Doch dies wird heute nur noch sehr selten berücksichtigt, bzw. ist sogar in Vergessenheit geraten. Die Verbindung der Kata mit den vier Himmelsrichtungen und damit dem Universum erinnert an die ursprüngliche Absicht, die Bewegungen in Zusammenhang mit einem Regenerationszyklus kosmischer Kräfte zu bringen. Der Ursprung dieser Herangehensweise stammt aus China. Im modernen Karate ist man sich dessen nicht mehr bewusst.

Generell ist auch der Anfangsort der Kata derselbe, an dem die Kata endet. Man berücksichtige, dass der Karateka hier mit Blick zum *Shōmen* steht. Hierauf werden sich auch die Beschreibungen der Bewegungsabläufe auf den folgenden Seiten beziehen.

Inneres Empfinden

Es geht darum, beim Ausüben einer Kata unaufhörlich das Gefühl zu haben, sich im Kampf zu befinden. Man muss versuchen, jeden Abschnitt der Kata zu verstehen. Es gibt eine ständige Wechselbeziehung zwischen dem inneren Verstehen einer Kata und der Meisterung ihrer äußeren Form. Jede Bewegung, jeder Rhythmuswechsel, jeder Stopp erklärt sich aus dem Gesamtzusammenhang und tritt genau im richtigen Moment auf. Man muss den Rhythmus der Kata suchen und respektieren, sei er langsam oder schnell. Dies gestattet einem, den »Augenblick am Schopf zu fassen«, den Gegner zu übertrumpfen. Es gibt keine Stillstandzeiten. Selbst, wenn einem die Kata einen Augenblick des Innehaltens auferlegt, muss man dabei einen wachen und aufmerksamen Geist (*Zanshin*[15]) bewahren. Hinter jedem ausgeführten Schlag steht immer der Geist, der ihn

[15] *Zanshin*. Jpn. Geisteszustand im *Budō*, der durch innere Ruhe, Wachheit und Bereitschaft gekennzeichnet ist. – Anm. d. Lekt.

beabsichtigt. Man sagt, dass sich der Geist zu Beginn »in allen vier Ecken« befindet – unfokussiert, aber bereit, in jeder Richtung einzugreifen. Doch mit der ersten Bewegung der Kata richtet er sich durch den ersten Gegner hindurch aus, ohne aber vollständig die Aufmerksamkeit aus den anderen Richtungen abzuziehen. Am Ende der Kata verweilt der Geist noch ein wenig beim letzten, besiegten Gegner, bevor er sich entspannt. Die Bewegungsfolgen müssen von ein und derselben Empfindung durchdrungen sein: Angreifen, kontern, blocken – alles erfolgt mit dem Gefühl, den Gegner zu umwickeln, sich an ihn zu heften, bis zum Ende, und ihn allein durch den Geist zu besiegen. Zumindest sollte man nicht an die Technik, die man gerade ausführt, denken, sondern an jene, die folgen (könnten). Durchlebt man eine Kata auf diese Weise, geht es in erster Linie um den Kampfgeist und erst in zweiter Linie um die Einzelheiten der Positionen. Der Blick ist scharf, flink und entschlossen und in Richtung der Handlung ausgerichtet. Er begleitet die Aktionen unaufhörlich, nimmt sie oftmals voraus und wird niemals gesenkt, auch nicht, während man sich umwendet. Das Gesichtsfeld muss so weit wie möglich sein. Dies erreicht man, indem man keinen bestimmten Punkt fixiert. Der Blick ist sozusagen »auf ein weit entferntes Gebirge« gerichtet; man sieht durch den Gegner »hindurch« (*Enzan no metsuke*).[16]

Das Üben der Kata

Die Bewegungen werden, wo dies erforderlich ist, mit maximaler Energie und Schnelligkeit ausgeführt. Bei jedem Aufschlag erfolgt ein *Kime*. Andere Sequenzen werden langsam und voll Konzentration geübt. Man macht schnelle Schritte, doch ohne zu hasten. Die Hüften sind abgesenkt, die Region des *Hara* ist angespannt. Der Mund ist geschlossen, das Kinn zurückgezogen, das Gesicht sollte nicht verzerrt sein. Der Körper wird als eine stabile Einheit bewegt, als ein Ganzes und ohne dass die Ortsveränderung zuvor signalisiert wird. Jede Kata beinhaltet mindestens ein oder zwei Techniken, die von einem *Kiai* begleitet werden. Nach dem *Kiai* verharrt

[16] *Enzan no metsuke*. Jpn. Blick auf das entfernte Gebirge.

man ein bis zwei Sekunden an seinem Ort, als würde man den Stoß geistig unterstützen. Dabei soll man für einen Augenblick »vom *Ki*, der Lebensenergie, erfüllt sein«.

Bei allem darf nicht vergessen werden, dass man sich mit den jeweiligen Grundtechniken des Stils, dem die Kata entstammt, vertraut machen muss.

Verschiedene Möglichkeiten, eine Kata auszuführen

- Langsam und entspannt – für das Erlernen der Kata, oder als Aufwärmübung.
- Schnell und entspannt – flüssiges Studium der Kata, um sich den Ablauf zu merken und sich der mit der Kata verbundenen Gefühle bewusst zu werden.
- Schnell, mit *Kime*, »Stück für Stück« – dies ist eine Methode, die für das Erlernen in der Gruppe in einem Karateclub üblich ist; der Lehrer benennt dabei laut jede »Sequenz« der Kata.
- Schnell, mit *Kime*, mit Kampfgeschwindigkeit: das ist die echte Kata; man führt sie so aus, als würde man tatsächlich kämpfen.
- Langsam und angespannt – dies kann als Krafttraining sinnvoll sein.
- Langsam, vollkommen entspannt, aber mit großer geistiger Konzentration; die Kraft ist im *Hara* gesammelt.
- Abfolge mehrerer Kata hintereinander oder von Teilen von Kata; Ausführung einer Kata in umgekehrter Reihenfolge, usw. – dies sind Ausführungsmöglichkeiten, die ausschließlich für sehr Fortgeschrittene möglich und von Interesse sind.

Das Erlernen der Kata: Die Form und das Wesen

Es gibt Punkte, die sowohl bei der Ausführung von Grundtechniken als auch von Kata unbedingt zu berücksichtigen sind, und es gibt Aspekte, die eher von sekundärer Bedeutung sind oder gänzlich unbedeutend. Das Problem besteht darin, letztere von ersteren unterscheiden zu können. Auf keinen Fall haben alle Details dieselbe Wichtigkeit. Oft begeht man einen Fehler, wenn man sich damit begnügt, die äußere Form der Ausübung dieses oder jenen Experten zu imitieren, sie zu kopieren, ohne zu erkennen zu versuchen, was daran wirklich wertvoll ist und was vielleicht sogar der Experte selbst missbilligen würde, wenn es ihm nur bewusst wäre. Solche Dinge lassen sich nur durch stetes Forschen ergründen und durch ein inneres Verstehen, das eines Tages unausweichlich daraus resultiert. Dies ist eine Frage der Zeit und des Willens. Die Unterscheidungsfähigkeit kommt mit der Erfahrung. Das ist der Grund, weshalb man die Dinge nach fünf, zehn oder zwanzig Jahren anders empfindet als zuvor. Selbst, wenn man versuchen würde, alles genau zu erklären, ist es nicht sicher, dass man verstanden würde. Das ist der Grund, weshalb ein Buch bestenfalls ein Leitfaden sein kann. Man kann dieses Wissen nicht mit einem Mal auf eine andere Person übertragen.

Dieses Handbuch enthält eine große Fülle an Details, aus denen der Leser mit der Zeit eine Auswahl treffen kann. Zu Beginn muss man auf alles achtgeben, so getreu wie möglich die geringste Einzelheit kopieren, ohne dabei allzu viele Fragen zu stellen. Nach einigen Jahren der Praxis wird man weiter gehen können. Wer dieses Buch dann von neuem liest, wird mit seiner Hilfe das Grundlegende entdecken, das wichtiger ist als die Form: Das Wesen der Kata, das heißt, die Empfindung und der Geist, den ihr Schöpfer durch sie vermitteln wollte. Keine Zeichnung und kein Foto kann das vermitteln. Und doch sollte man darauf vertrauen, dass der beste Weg, zum Wesentlichen zu gelangen, darin besteht, zu Beginn die Form zu respektieren.

Eröffnung und Abschluss

Man steht in natürlicher Haltung (*Shizentai*), entspannt, mit herabhängenden Armen, den Kopf aufrecht. Gegebenenfalls ist die Haltung entsprechend zu korrigieren. Die Fersen werden zusammengeführt, die Fußspitzen gespreizt (*Musubi dachi*), die Hände sind offen neben den Oberschenkeln, und man verbeugt sich langsam zum Gruß (*Ritsurei*) am Ausgangsort der Kata, *Kiten*, in Richtung der Zentralachse der Kata. Man richtet sich wie-

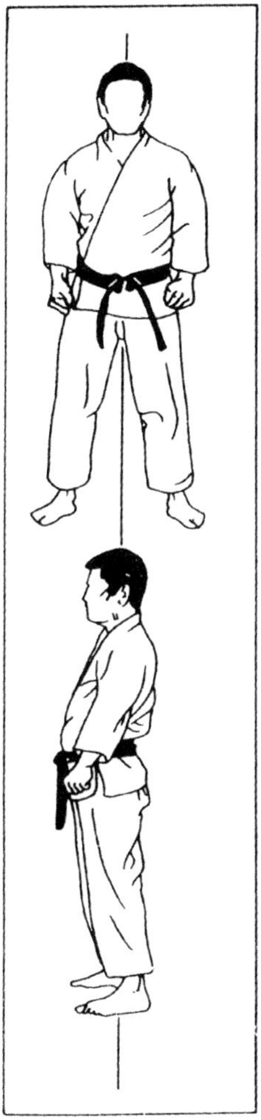

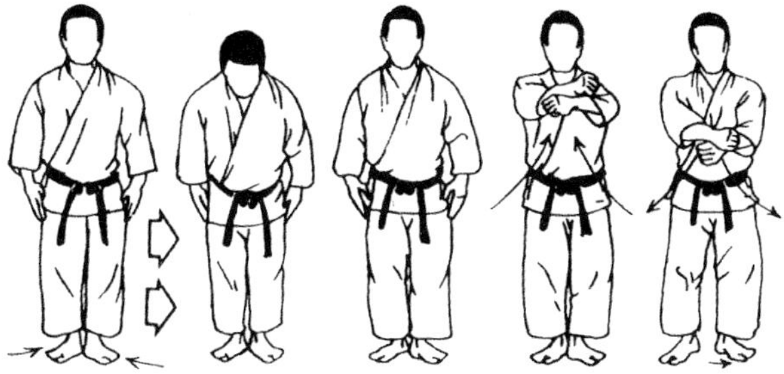

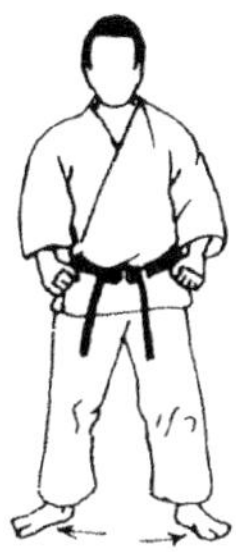

der auf und nennt mit kräftiger und entschlossener Stimme den Namen der Kata. Nun wird erst der linke, dann der rechte Fuß ein Stück zur Seite genommen (*Hachiji dachi*), und man nimmt die Bereitschaftshaltung *Yoi* ein; die geschlossenen Fäuste werden dabei vor dem Körper gekreuzt. Man ist ruhig und entspannt und steht aufrecht, wobei die Beine leicht gebeugt sind. Die gesamte Kraft konzentriert sich im *Hara*, der Geist ist aufmerksam (*Zanshin*), der Blick geht in die Ferne.

Am Ende der Kata nimmt man die gleiche Haltung ein. Dies ist das *Yame* bzw. *Naore*, die Rückkehr in die Position *Yoi*. Danach werden die Füße in den *Musubi dachi* zusammengeführt – erst wird der rechte, dann der linke Fuß in Richtung Mitte gesetzt. Man entspannt sich (*Yassme*) und grüßt wie zu Beginn. Am Ende richtet man sich wieder auf.

Anmerkung: *Manche Experten versetzen sowohl bei der Eröffnung als auch beim Abschluss der Kata lediglich den rechten Fuß, der linke bleibt nach dem Gruß bzw. der letzten Bewegung der Kata an seinem Ort. Im Gōjū-ryū, aber auch in manchen Kata anderer Stilrichtungen – was deutlich die gemeinsamen Ursprünge zeigt – beginnt die Kata oft unmittelbar nach dem Gruß, während man sich noch in der Position Musubi dachi befindet.*

Kata – Dō oder Jutsu?

Es ist bedauerlich, dass für viele Karateka die Kata letztendlich nichts weiter bedeutet als eine Abfolge von Techniken, die unter praktischen Gesichtspunkten, der Eignung für den Kampf, beurteilt werden, und dies unter dem Aspekt ihrer offenkundigen Anwendungsmöglichkeiten, der elementaren *Bunkai*. Solch eine formelle Herangehensweise wirkt sich verarmend auf die Welt der Kata aus. Darüber hinaus geschieht es oft, dass man die Techniken der Kata ausführt, ohne zu verstehen zu versuchen, wie man sie im realen Kampf anwenden kann. Das kann aus der Gewohnheit heraus geschehen oder aus Desinteresse, zumal es oft um nichts weiter geht, als durch das Ausführen der Kata höhere Graduierungen zu erhalten. Manch einer geht sogar so weit, dass er nach einem möglichen Nutzen der Kata gar nicht mehr fragt, überzeugt davon, dass Kata und *Kumite* sehr verschiedene Angelegenheiten sind. Wird die Kata aber nur noch als sportliche Übung betrachtet, als Krafttraining oder ästhetische Vorstellung, dann besteht die Gefahr, dass sie eines Tages verschwindet. Führt eine Gruppe von Karateka sie vor – mitunter gar zu Musik! –, so ist sie schön und spektakulär anzusehen … und doch nichts weiter als eine sinnentleerte Hülle, dazu bestimmt, von Außenstehenden beurteilt zu werden.

Im alten Okinawa wurde die Kata im Verborgenen geübt, denn sie musste für die Vorbereitung auf den Kampf wirksam bleiben. Man sah sich entschlossenen Gegnern gegenüber, und es war von entscheidender Bedeutung, über Techniken zu verfügen, die der Gegner nicht bereits ausspioniert hatte. Man beschränkte sich auf das Wesentliche. Um das zu erreichen, wurden wenig spektakuläre, von allem Überflüssigen befreite Bewegungsabläufe und Haltungen geübt. Die Kata war vor allen Dingen Kampf. Sie war Waffe und innerer Weg, eine technische Grundlage, der eines Tages das Authentische entspringen würde.

Ginge es lediglich um technische Aspekte, den Kampf, oder um sportliche Aspekte, den Wettkampf im Karate, könnte man mit gutem Grund die traditionellen Kata links liegen lassen. Denn auf technischer Ebene waren diese Kata oft recht beschränkt. So gesehen, ist es gerechtfertigt, neue Kata zu schaffen, die technisch gesehen vollständiger sind, da sie neuartige Situationen berücksichtigen, wie zum Beispiel den Straßenkampf mit in

Kampfkünsten erfahrenen Gegnern. Solches geschieht vor allem in vielen in den USA praktizierten Stilrichtungen. Doch hierbei handelt es sich um Karatejutsu, technisches Karate. Für das Karatedō, das heißt, dem Karate als Weg, als Lebensphilosophie, wäre ein solcher Kompromiss unmöglich. Hier zählt der Gehalt, der Geist. Es geht nicht an, dessen Gefäß, die Form, zu verändern. Das Ziel der Kata des Karatedō besteht darin, denjenigen, der sie praktiziert, in den gleichen Gefühls- und Geisteszustand zu versetzen wie den Meister, der die Kata einst geschaffen hat. Ein Zustand, den der Meister für wert erachtet hat, durch die »Gebärdensprache« der Kata weitervermittelt zu werden. Unter diesem Gesichtspunkt kann das Akzeptieren einer modernen Kata nur eines bedeuten: dass man ihrem Schöpfer den Rang eines Meisters in der vollen Bedeutung des Wortes zuerkennt. Von diesem – durchaus möglichen – Ausnahmefall abgesehen, muss man sich strikt an die alten Formen halten. Die Kata muss so getreu wie möglich und mit einem Vertrauen, das schon an Naivität grenzt, geübt werden. Die Bedeutung dieser grundlegenden Einstellung für den Praktizierenden kann nicht genug betont werden. Was zählt, ist zu wissen, was man will und was man auf dem Weg dahin bereits erreicht hat.

Die Tatsache, dass die Kata zwei unterschiedliche Aspekte vereint, gestattet vielen Lehrenden, sich nicht für die eine oder andere Seite entscheiden zu müssen. Aber sie führt auch zur Verwirrung bei den Lernenden, und das schon oft auf dem Niveau der Weißgurte. So gesehen wäre es wünschenswert, wenn in Zukunft in jedem *Dōjō* klar festgelegt würde, welcher grundlegenden Art die Kata, die hier praktiziert werden, angehören. Hierbei darf natürlich nicht aus dem Auge verloren werden, dass ein jeder im Laufe seiner persönlichen Entwicklung eines Tages seine Vorliebe ändern kann. Dies zu akzeptieren, ohne den Betreffenden deshalb zu ächten, verlangt dem Lehrenden eine Toleranz ab, die auf guter Kenntnis der kulturellen Hintergründe dessen, was er lehrt, beruht, selbst wenn er diese vielleicht nicht in vollem Umfang akzeptiert.

Im folgenden sollen die drei Stufen erläutert werden, die den Fortschritt beim Praktizieren der Kata charakterisieren. Diese gelten gleichermaßen für das Karatedō als Ganzes.

Erste Stufe: Man konzentriert sich ausschließlich und gewissenhaft auf die Technik. Man handelt. Schnell bemerkt man, dass man vorankommt, was dem eigenen Ego schmeichelt. Dies ist die Stufe des *Shu*, der äußeren Imitation. Es ist die verbreitetste Stufe, selbst für höhergraduierte Karateka.

Zweite Stufe: Man konzentriert sich auf die Technik, indem das Handeln zurückgesetzt wird und indem die den Techniken innewohnenden Möglichkeiten erweitert werden. Äußerlich ist kein Fortschritt mehr sichtbar. Die Form der Kata erscheint sehr gelungen, wenn nicht sogar vollendet. Was die innere Entwicklung angeht, so beginnt man tatsächlich, sein Ego zu vergessen. Dies stellt den Beginn der Entkopplung von Körper und Geist dar, die uns einen neuen Eindruck der Freiheit in der codierten Handlungsfolge vermittelt. Die Form wird nicht länger als »Zwangsjacke« empfunden. Dies ist die Stufe des *Ha*, der inneren Schöpfung, die höchste Stufe auf technischem Gebiet. Man hat seinen Meister erreicht, denn man hat nun Zugang zu allem, was dieser an Äußerem in die Kata gelegt hat. Die geistige Arbeit, die das Erreichen dieser Stufe voraussetzt, ist ermüdend und belebend zugleich. Das erzielte Ergebnis lässt sich nicht quantifizieren, es ist tatsächlich nicht sichtbar. Nur der Praktizierende selbst weiß, wo er sich nun befindet.

Dritte Stufe: Hierhin gelangt man nur ganz allein. Man denkt überhaupt nicht mehr an die Technik und doch wird sie mit größter Ernsthaftigkeit ausgeübt. Körper und Geist sind voneinander abgekoppelt. Paradoxerweise sagt man auch, dass nun eine Art Vereinigung von Körper und Geist erreicht wird. Man handelt, ohne etwas zu denken. Allenfalls denkt man vielleicht an irgend etwas anderes als an die Handlung. Eine Muskelkontraktion verlangt keine »Kontraktion« im Geist mehr. Man macht eine kraftvolle Bewegung, doch zugleich ist der Geist vollkommen ruhig. Jetzt wird die echte innere Arbeit möglich, die im Satori gipfeln kann, dem Erwachen, der »Rückkehr zur kosmischen Einheit« des Zen. Der Kampf ist etwas geworden, was sich außerhalb abspielt. Dies ist die Stufe des *Ri*.

Die Stufe des *Ri* zu erreichen bedeutet, die innere Entwicklung abzuschließen, ihren Höhepunkt zu erreichen. Das wirkliche Selbst ist erwacht. Man erlebt die Kata auf eine neue und sehr persönliche Weise. Die Freiheit ist wiedergefunden worden, und dies geschah durch codierte Bewegungen, was ein Paradoxon zu sein scheint. Die Kata wird gemäß den eigenen Vorstellungen »von innen« neu geschaffen, nachdem es zu einer Art wechselseitiger Durchdringung mit der auferlegten Form gekommen ist. Die Kata beginnt wieder zu leben. Auch wenn es nach außen hin nicht so scheint, hat die Kata nur noch sehr wenig mit dem zu tun, was man in der ersten Stufe praktizierte. Und erst jetzt ist man in der Lage, seine eigene Kata zu schaffen, wie dies einst mit dem Einverständnis und unter Berücksichtigung der Ratschläge des Meisters geschah.

All das ist der Grund, weshalb es nicht möglich ist, auf gerechte Weise eine Kata, die durch einen unbekannten Karateka vorgeführt wird, dessen Entwicklung man nicht mitverfolgen konnte, einzuschätzen. Dies gilt vor allem für Gürtelprüfungen. Natürlich gibt es immer irgendwelche Kriterien für die Einschätzung, aber diese sind sehr schwierig durch eine Jury zu erfassen, der es ausschließlich darum geht (und die oft leider auch ausschließlich dazu in der Lage ist), den dynamischen und ästhetischen Wert zu beurteilen, also die äußeren Aspekte einer Kata. Eine Kata durch jemanden beurteilen zu lassen, der den Ausführenden nicht seit längerem kennt, ist nur sehr eingeschränkt möglich. Genaugenommen nur dann, wenn sich der Ausführende auf der ersten Stufe, der Stufe des *Shu* befindet. Auf diesem Niveau ist es jedoch wenig bedeutsam, dass man beim Ausführen der Kata beobachtet und beurteilt wird. Man hat in jedem Fall das Gefühl, dass man die Kata je nach erreichtem Übungsgrad recht gut beherrscht.

Einige Jahre später wird man sich dessen vielleicht nicht mehr so sicher sein. Zwar ist man dann in der Lage, sie vollendet auszuführen, aber man ist sich möglicher Fehler sehr bewusst und auch der Relativität dessen, was man tut. Noch später, wenn man bereits höhere Graduierungen erreicht hat, wird man keinen Sinn mehr darin sehen, eine Kata vorzuführen, um sich dabei beobachten und beurteilen zu lassen. Die Kata ist inzwischen zu einer persönlichen Angelegenheit geworden. Entscheidet man sich, sie auszuführen, wird man dies mit absoluter Ernsthaftigkeit tun, ohne damit imponieren oder irgend etwas beweisen zu wollen. Die Kata ist nun die Verkörperung von etwas, das man im Innern trägt, und darum wird man sich nur wenig um den Eindruck, den sie auf andere macht, kümmern. Solch eine Kata kann vielleicht betrachtet, aber ganz gewiss nicht beurteilt werden, wenn man völlig ehrlich ist. Auf diesem Niveau wirkt die Kata befreiend, und ihre Lehren beginnen Früchte zu tragen.

Das Problem besteht nun darin, dass man nur selbst in der Lage ist, diese Entwicklung zu spüren, vor allem, wenn es um die Stufen des *Ha* und des *Ri* geht. Fehlt es einem an Bescheidenheit, so wird dies zu unwiderruflichen Irrtümern bei der Einschätzung der persönlichen Entwicklung führen. Es ist in jedem Fall besser, nichts zu überstürzen. Danach, was die Alten uns durch die Kata vermitteln wollten, sollte man in aller Bescheidenheit forschen. Ein solches Erbe vergeudet man nur ein einziges Mal.

All das bedeutet, dass das Forschungsgebiet der Kata tatsächlich unendlich ist. Man studiert die Kata sein ganzes Leben lang, wobei sich die Art und Weise mit dem Alter und dem Gesundheitszustand des Praktizierenden wandelt. Doch das wirkliche Studium beginnt erst dann, wenn man den Rausch des Kampfes oder des Sportwettkampfes weit hinter sich gelassen hat.

Jeder Karateka kann eines Tages ein bestimmtes Niveau der Praxis erreichen, auf dem er das Bedürfnis verspürt, der einen oder anderen Kata den letzten Schliff zu geben, die er von allen am meisten bevorzugt, die ihm besonders ans Herz wächst. Sie »fühlt« sich für ihn besser an als andere, da ihm die in ihr enthaltenen Techniken besonders geeignet für sich erscheinen. Dies ist die *Tokui kata*, die Lieblingskata des Karateka. Welche Kata dies sein wird, hängt unter anderem von seinem Körperbau, seinen geistigen Anlagen, seinem Verständnis seiner Kunst und der Richtung seiner Suche ab. Sein Geschmack kann sich wandeln, wie auch seine Gesamtsicht auf das Karatedō, und auch sein Körper wird sich verändern. Zudem erweitert sich während seiner Entwicklung natürlich die Auswahl an Kata. Aus all diesen Gründen muss die *Tokui kata* nicht unbedingt zeitlebens die gleiche bleiben.

Diese bevorzugte Kata wird man intensiver und leidenschaftlicher ergründen als alle anderen. Besonderes Augenmerk wird man auf die Erforschung der Empfindungen, die durch sie hervorgerufen werden, richten. Die ersten Schritte bestehen darin, die Techniken und den Rhythmus der Kata korrekt auszuführen. Man wird sie häufiger als alle anderen Kata, intensiver, unter verschiedenen Witterungsbedingungen und an unterschiedlichen Orten üben. Man wird die Form der Ausübung variieren, indem man sie in umgekehrter Reihenfolge, mit geschlossenen Augen, mit umgekehrtem Atemrhythmus usw. ausführt.

Man wird zunächst sämtliche offenkundigen, formellen Anwendungen (*Bunkai*) kennenlernen. Doch dabei wird man es nicht belassen. Mit der

Zeit wird man auch eine Menge weniger offensichtlicher *Bunkai* aus ihr entwickeln, weit über das elementare Niveau des Verständnisses hinaus. Dies sind die verborgenen Anwendungen der Kata, das heißt, Extrapolationen auf Grundlage der vorgegebenen, strengen Form, intuitive Verlängerungen von Techniken oder die Entschlüsselung von symbolischen Bewegungen.

Der Karateka, der dieses Niveau erreicht hat, wird nun verschiedene höchst subtile Gefühle empfinden, wie sie auch die alten Meister, die Väter des heutigen Karate, empfanden. Aus dieser höchsten Subtilität heraus bauten diese Meister absichtlich einige Fehler in den Ablauf der Kata ein, wie zum Beispiel überflüssige oder unvollständige Bewegungen, Techniken oder Schritte, die unmöglich in die codierte Form passten, oder invertierte Rhythmen. Der Zweck dieser Verfälschungen bestand darin zu vereiteln, dass unsichere Schüler oder gar Spione die echten Geheimnisse der Effektivität missbrauchten. Der Karateka, der diese Verinnerlichungsarbeit, diese Neuerschaffung der Kata aus einem starren Schema vollbracht hat, befindet sich nun auf der höchsten Stufe der Vollendung. Nun muss er auch in der Lage sein, jene Fallstricke für die »Unbefugten« zu erkennen.

Am Ende dieser inneren Entwicklung wird die Kata zu einer Tat ohne jede Zweckbestimmung. Sie repräsentiert keine Stufe mehr, sondern einen Zustand. Dies stellt das Ende einer Welt des Scheinbaren dar. Die Kata, wie auch die Gesamtheit des Karatedō, von dem sie nur ein Teil ist, hat nun ihre höchstmögliche Vollendung und Effizienz erreicht. Jedoch erfüllt sie nun keinen Zweck mehr. Dies erinnert an die alte Weisheit aus der japanischen Schwertkampfkunst, die besagt: »Das Schwert ist in seiner Scheide ein Schatz.« Dies ist das höchste »Geheimnis« der Kata, des Schmelztiegels der »Nicht-Form«, die letzte Pforte der »Kampfkunst mit der bloßen Hand«.

Das sogenannte moderne Karate benötigt Ausbilder, Pädagogen, Techniker, Kämpfer, selbst Wettkämpfer. Aber noch mehr benötigt es Karateka, die ein hohes technisches Niveau erreicht haben und zugleich geistig in der Lage sind, die höheren Kenntnisse des Karate sorgsam zu bewahren. Denn wenn erst einmal die Gussform zerbrochen ist, wer könnte sie neu erschaffen?

Zeit der Reife?

Lange Zeit kamen die Karateka der westlichen Länder nur langsam voran. Ihre Kenntnisse im Karate blieben elementar, und ihr Wissen über die Kata stagnierte in den Anfängen. Damals stürzten sich die Kampfkunstenthusiasten auf die Lehrgänge, die durch japanische Experten abgehalten wurden, von denen die meisten jedoch ihr heißbegehrtes Wissen für gewöhnlich recht knauserig weitergaben. Aber die Möglichkeit, eine neue Kata erlernen zu können, in welcher Form auch immer, ließ einen über alle Mängel hinwegsehen. Man nahm es hin, dass die verschiedenen Kampfkunstexperten die gleiche Kata teilweise etwas unterschiedlich ausführten, man akzeptierte die Ungenauigkeiten und Fehler, die unter diesen Umständen unvermeidlich waren, und man arrangierte sich damit, dass selbst ein und derselbe Experte mitunter von einem Jahr zum anderen Bewegungsabläufe veränderte. Man wollte endlich Zugang erlangen zu jenen Kata, die manchmal als »höhere« bezeichnet werden, weil sie nur den Trägern höherer Dangrade gezeigt wurden. Auf diese Weise glaubte man, das Karatedō besser begreifen, zu seiner wahren Wirkung vordringen zu können. Durch diese jugendliche Ungeduld, den verständlichen Heißhunger der neuen Adepten der Kampfkunst, verankerten sich allerdings auch manche Irrtümer und falsche Vorstellungen.

Indem namhafte Experten ihr Wissen bloß häppchenweise vermittelten, banden sie ihre Anhängerschaft immer fester an sich. Sie prägten den Kata, die sie lehrten, ihre persönliche Note und originelle Variationen auf und modifizierten sie somit. In der Folge kam es dann zu Spaltungen, die selbst Karateka ein und derselben Stilrichtung voneinander trennten. Die »Alten« werden sich noch lange an die »Kata-Schlacht« erinnern. Dieser Kampf wurde auf raffinierte Weise mittels eifersüchtig gehüteter Formen, Exklusivitäten, sorgfältig aufrechterhaltener Unklarheiten und künstlicher Erschwernisse hinsichtlich der *Bunkai* ausgetragen. Mitunter waren die Unterschiede aber auch schlichter Unwissenheit der Experten geschuldet. Solches Nichtwissen verlor allerdings in dem Augenblick seine Unschuld, wo es als angebliches Geheimwissen getarnt wurde. Der Streit der Spezialisten wurde bis heute nicht gänzlich beigelegt. Anhänger und Gegner einer bestimmten Variante verfügen über gleichermaßen gute Argumente, was letzten Endes nur eines beweist: Was immer man über eine Kata sagt, wie immer man sie interpretiert, ab einem bestimmten Niveau des Verständnisses bleibt sie stets sie selbst. Dies setzt natürlich voraus, dass gewisse Grundzüge gewahrt bleiben. Hinter Dogmatismus verbirgt sich oftmals nichts weiter als eine fragmentarische Kenntnis der Dinge. Der durchschnittliche Karateka verlor in diesem Streit allzu oft einfach jede Orientierung, und dies gilt nach wie vor.

Dennoch haben sich die Zeiten geändert. Viele Karateka hohen Niveaus aus Europa und Amerika sind mittlerweile nach Japan, an die Quelle ihrer Kunst, gereist und haben von dort vollkommen klare und gut beherrschte Ausführungsformen der Kata mitgebracht. Auch sind seit damals zahlreiche Veröffentlichungen erschienen, die jene Kata allgemein zugänglich werden ließen, die allzu lange einer Handvoll sich für eine Elite haltender Glückspilze im Umfeld einiger Wissensträger vorbehalten waren. Das ist eine begrüßenswerte Entwicklung, eine Befreiung aus der Abhängigkeit. Die Demokratisierung der Kata, aller Kata einer Stilrichtung, bedeutete schließlich, dass ein freier Zugang zur authentischen Kultur des Karatedō möglich wurde. Niemand musste sich mehr mit frustrierenden Bruchstücken, mit deformierten Häppchen abspeisen lassen. Die ungerechtfertigten und unbegreiflichen Hemmnisse waren beseitigt. Die großartige Entwicklung des Karate in den letzten Jahren hat einige Riegel aufspringen lassen und einige vorgebliche Dogmen revidiert.

Man kann nun einwenden, dass unter diesen Bedingungen die Gefahr, sich von der Tradition zu entfernen, nur noch größer geworden ist. Besagt doch deren Weisheit, dass nur durch langsames Fortschreiten echtes Wissen entsteht. Damit der Schüler das Wissen korrekt aufnehmen kann, muss es ihm der Meister zum rechten Zeitpunkt vorsichtig und mit Fingerspitzengefühl offenbaren. Dieser Einwand ist voll und ganz berechtigt. Aber einerseits hat sich heute das vertrauliche Lehren im Rahmen einer kleinen Gruppe überlebt oder ist zumindest zur Ausnahme geworden, und andererseits, ob man dies wahrhaben will oder nicht, haben der Einfluss der Massenmedien und der modernen Reise- und Kommunikationsmöglichkeiten einige Regeln des Spiels außer Kraft gesetzt.

Der moderne Karateka kann unmöglich außerhalb seiner Zeit leben, wie es ihm vielleicht vor hundert Jahren noch möglich gewesen wäre. Es ist fruchtlos, auf der Grundlage veralteter Ansichten argumentieren zu wollen. Will der Karateka von heute auf der Höhe seiner Zeit sein, muss er so früh wie möglich die Karten des Spiels kennenlernen, das er beherrschen lernen will, auch wenn er noch nicht weiß, wie sie richtig einzusetzen sind. Warum sollte man denjenigen, die die ersten Stufen im Karate bewältigt haben, nicht die Reife zutrauen, selbst zum richtigen Zeitpunkt das Passende auszuwählen? Dies mag eine Utopie sein. Aber dennoch: Die Zeit der künstlichen Beschränkungen auf dem Gebiet der Kampfkünste ist vorüber. Das *Budō* unserer Epoche ist doch auch – und möglicherweise vor allem – eine Form, individuelle Freiheit zu erlangen, indem man frei und vollkommen über sich selbst – den Körper und den Geist – zu verfügen lernt. Und Freiheit gibt es nur, wenn man zwischen verschiedenen Möglichkeiten wählen kann. Was – hoffentlich – bleibt, sind freiwillige Beschränkungen, die es ermöglichen, ein wirklich tiefgründiges Verständnis zu erlangen. Jeder muss selbst abschätzen, was sich hinter der alten Weisheit, »sich langsam zu beeilen«, verbirgt. Jeder muss lernen, sein eigenes Richtmaß zu finden, seine Etappen abzustecken, seinen Rhythmus zu finden und Hindernisse zu akzeptieren. Dabei sind Beharrlichkeit wie auch Bescheidenheit gefragt. Sind diese Voraussetzungen erfüllt, kann es tatsächlich durchaus sinnvoll sein, sich auf die Intelligenz des Schülers bei dessen Auswahl zu verlassen, und dies zu einem früheren Zeitpunkt, als es einst üblich war.

Die neue Begeisterung für die Kata ist eine großartige Sache, an deren Wiederkehr ich immer geglaubt habe, trotz aller Versuchungen, die ein Karate, das auf den Wettkampf oder auf seine spektakulären Aspekte reduziert wurde, darstellte. Ich will jedoch an dieser Stelle nachdrücklich darauf hinweisen, dass ein Buch lediglich die äußere Form vermitteln kann. Kein Wort, kein Bild vermag den wahren Reichtum einer Kata darzustellen. Dieser kann nur durch die Praxis entdeckt und erlebt werden. Eine Kata zwischen die Seiten eines Buches, ja, selbst in ein Video zu zwängen, ist kaum möglich. So etwas ist bereits bei einer isolierten Einzeltechnik nicht einfach. Die Beschreibung der Kata ist nur eine Art »Umkleidung«. Der tatsächliche Inhalt ist eine andere Angelegenheit. Dennoch, eine Umkleidung, die nicht allzu schwer zu »öffnen« ist, ist bereits ein ermutigender Anfang.

Dieses Buch ist als echtes Praxis-Handbuch konzipiert, das den Praktiker bis an die Grenze dessen zu führen vermag, was überhaupt durch Beschreibungen vermittelbar ist. Ich hoffe, dass jene, die es nutzen werden, genügend Erfahrung im Karate angesammelt haben, und dass sie so vernünftig sind zu wissen, dass jeder übermäßige Heißhunger abträglich für das Verinnerlichen der Formen ist. Dass die Kata für die Entwicklung des Selbst geschaffen wurden und nicht dafür, Wertschätzung in den Augen anderer zu gewinnen, gilt hierbei in besonderem Maße.

Viele von Ihnen werden all dies bereits intuitiv gewusst haben. Lassen Sie sich nicht von den Erscheinungsformen und Versuchungen eines modernen Karate, das mehr und mehr zum Spektakel verkommt, irritieren. Vertrauen Sie darauf, dass nur die Kata, die auf hohem Niveau und in vollkommener Selbstlosigkeit praktiziert wird, Sie begreifen lassen wird, was die »Kunst der leeren Hand« tatsächlich bedeutet. Sie werden schließlich unterscheiden lernen, was wirklich zu dieser Kunst gehört und was nicht, und Sie werden erkennen, was unbedingt bewahrt bleiben muss, wenn alles andere vergessen sein wird.

I

Die Kata des Wadō-ryū

和道流

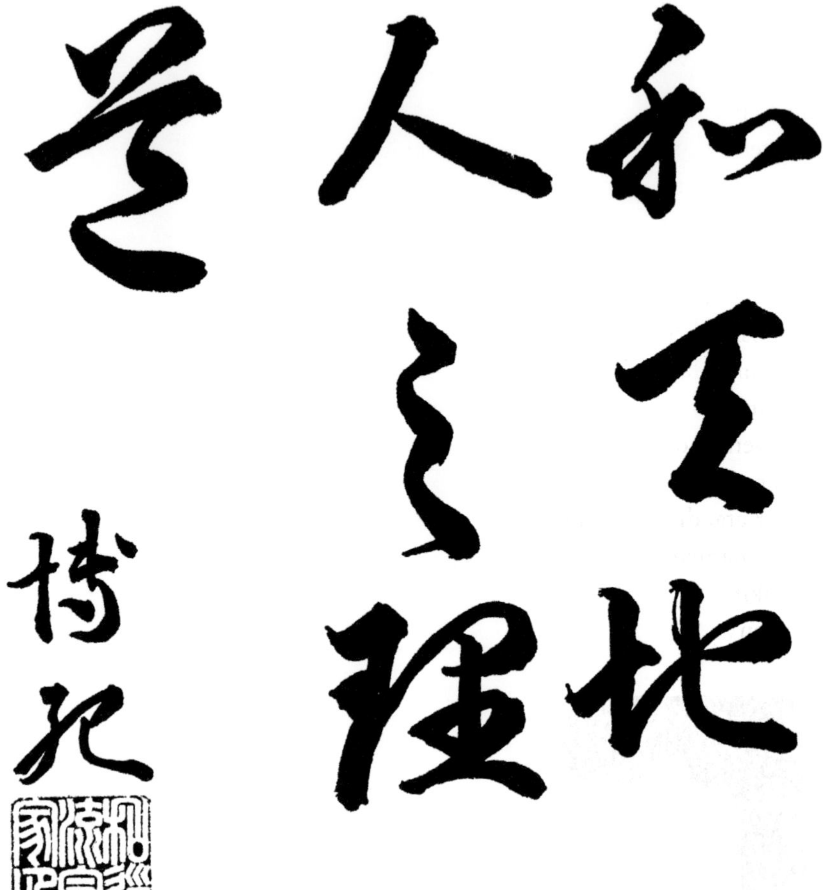

Kalligraphie von Meister Ōtsuka Hironori. Sie liest sich von oben nach unten und von rechts nach links: *Wa Ten Chi Jin no Ri Dō*. *Wa* – der Frieden bzw. die Harmonie, *Ten* – der Himmel, *Chi* – die Erde, *Jin* – der Mensch, *Ri* – die Vernunft, *Dō* – der Weg. Die Botschaft lautet somit sinngemäß: »Das Streben nach Harmonie mit Himmel und Erde ist der einzig vernünftige Weg des Menschen.«

Die Kata des Wadō-ryū

Ōtsuka Hironori wurde im Jahre 1892 in Shimodate, Japan, geboren. Im Alter von 29 Jahren erhielt er die Experten-Urkunde im Shindō Yoshinryū Jūjutsu, das er bei Tatsaburo Nakayama studiert hatte. 1922 machte er bei einer Vorführung Funakoshi Gichins in Tokio zum ersten Mal Bekanntschaft mit dem *Okinawa-te*. Schon bald wurde er zu einem der brillantesten Schülern des Meisters, den er in der Folge oft bei Karate-Vorführungen begleitete. Doch seit 1929 begann er, einen eigenen Weg zu entwickeln, indem er das Studium des *Jū kumite*, den freien Kampf, einführte, während Funakoshi weiterhin ausschließlich Kata lehrte. Sehr bald schon ergab sich daraus eine neue Stilrichtung, und 1935 erfolgte der Bruch mit Funakoshi. Ōtsuka schuf das Wadō-ryū, den »Weg des Friedens«, eine Karateschule, die vor allem auf Flexibilität und Ausweichtechniken basiert. Man findet hier einen sehr deutlichen Einfluss des alten japanischen Jūjutsu, verbunden mit zahlreichen Grundtechniken und Stellungswechseln aus dem Kendō, dem Aikidō und dem Jūdō.

Die Kata, die Ōtsuka seinen Sohn und Nachfolger Jirō lehrte, der später den Vornamen seines Vaters annahm, stellen somit eine Kombination aus dem okinawanischen *Shuri-te* und dem Jūjutsu dar. Die Stellungen entsprechen der »alten Art«, das heißt, sie sind weniger ausgeprägt als in ande-

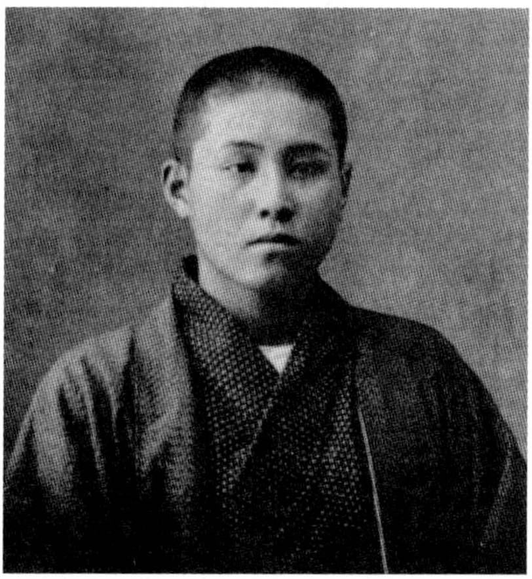

Foto 2: Ōtsuka Hironori (1910)

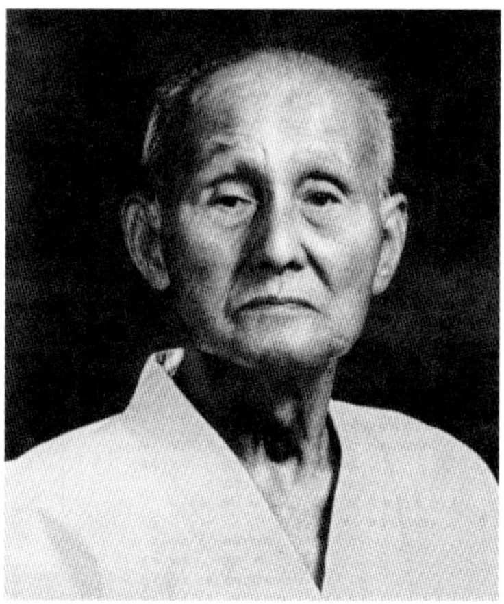

Foto 3: Ōtsuka Hironori (1975)

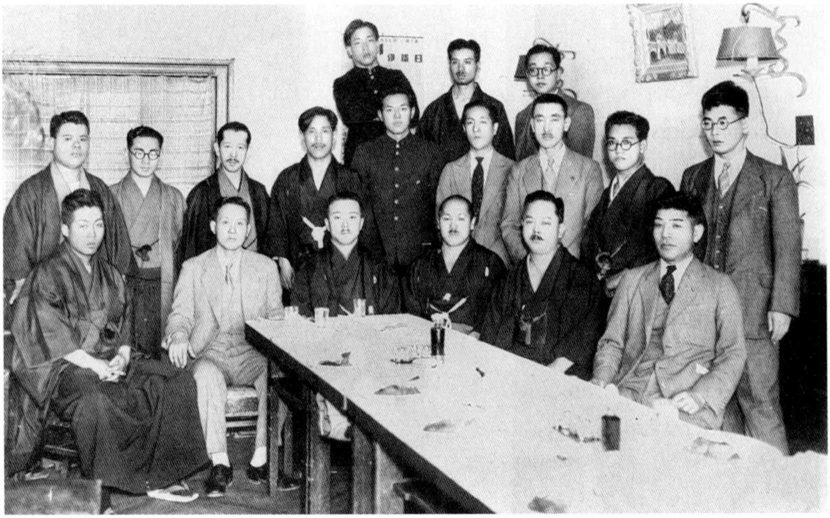

Foto 4: Diese Aufnahme aus den 1930er Jahren zeigt Ōtsuka Hironori (vordere Reihe, 2. v. l.). Zu seiner Linken sitzt Konishi Yasuhiro (1893-1983). Des weiteren ist auf dem Foto Mabuni Kenwa (1889-1952), der Gründer des Shitō-ryū, zu sehen (vordere Reihe, 2. v. r.).

ren Karatestilen, ähnlich dem ursprünglichen Shōtōkan. Ōtsuka Hironori starb im Jahre 1982.

Im folgenden werden die fünf *Pinan*-Kata und danach in alphabetischer Reihenfolge die höheren Kata des Wadō-ryū dargestellt: *Bassai, Chintō, Jion, Kūshankū*, die drei Kata *Naihanchi, Niseishi, Rōhai, Seishan* und *Wanshu*. Auch die zehn Serien des *Kihon kumite* sind Teil der klassischen Kata des Wadō-ryū, so dass auch diese Partnerübungen hier dargestellt werden.

Anmerkung 1: *Auf den Bildtafeln werden die Sequenzen, die von einem Kiai begleitet werden, mit einem schwarzen Viereck bzw. einem schwarzen Stern gekennzeichnet.*

Anmerkung 2: *Die Bezeichnung der Techniken ist in den unterschiedlichen Stilrichtungen nicht immer identisch. – Bei den Beschreibungen der Kata werden in der Regel die stilrichtungstypischen Bezeichnungen verwendet oder in eckigen Klammern hinzugefügt.*

Pinan shōdan

Die *Pinan*-Kata – *Pinan* bedeutet Frieden, aber auch innere Ruhe oder friedlicher Geist – wurden zu Beginn des 20. Jahrhunderts durch Itosu Ankō auf Grundlage alter Formen geschaffen. Als Funakoshi Gichin begann, sie in Japan zu lehren, benannte er sie in *Heian* um, in Anlehnung an eine wichtige Epoche in der Geschichte Japans.

Die *Pinan shōdan* des Wadō-ryū entspricht hinsichtlich der Techniken der Kata *Heian nidan* des Shōtōkan. Ihre Bezeichnung als *Shōdan*, erste Stufe, entstammt der alten Klassifikation – einst lehrte man sie als erstes. Aufgrund der größeren Schwierigkeiten lernt man sie heute im Wadō-ryū erst nach der *Pinan nidan* (*Nidan* bedeutet zweite Stufe).

1. Nach dem Gruß nimmt man die Haltung *Yoi* ein.
2. Ein erster Gegner greift von links mit *Jōdan zuki* an. Man setzt den linken Fuß ein Stück in seine Richtung, senkt sich am Ort in *Mahanmi no nekoashi dachi* ab und blockt mit einem linken *Jōdan ude uke [Jōdan soto uke]*. Der Unterarm wird senkrecht gehalten, die Faustinnenfläche ist zum eigenen Körper gerichtet. Währenddessen wird die rechte Faust in Abwehrhaltung nach vorn geführt. Während man blockt, dreht man den Kopf nach links und führte eine kurze, aber kraftvolle Drehung der Hüften in dieselbe Richtung aus.
3. Die folgenden beiden Sequenzen sind Blöcke mit Ausweichbewegungen auf Grundlage der Drehung der Hüften. Der Angreifer führt einen Schlag zum Bauch aus. Man wendet sich ihm zu, dabei dreht man das rechte Knie in seine Richtung und zieht den vorderen Fuß ein wenig zurück, wobei die Ferse angehoben bleibt *(Manmae no nekoashi dachi [Mashōmen no nekoashi dachi])*. Man pariert mit einem rechten *Chūdan tettsui*, während man die linke Faust abwehrbereit zur rechten Schulter bringt. Diese Aktionen müssen synchron verlaufen, man bleibt dabei aufrecht und zieht den Unterleib nicht zurück.
4. Seinen dritten Schlag führt der Angreifer gegen den Kopf aus. Man weicht nach hinten aus, indem man den linken Fußt zurücksetzt und

sich im *Hachiji dachi* wieder aufrichtet, während man einen linken *Jōdan tettsui* von innen nach außen ausführt. Die Hüften drehen sich dabei nach rechts, um den gegnerischen Schlag hinten an sich vorbeigehen zu lassen (simultanes Ausweichen und Gegenangriff).[17]

5. Wiederholung von Sequenz 2, in Richtung b-a, nach geringfügigen Versetzen des rechten Fußes und Drehung der Hüften nach rechts. Rechter *Jōdan ude uke [Jōdan soto uke]*.
6. Wiederholung von Sequenz 3: Linker *Chūdan tettsui*. Man beachte die Detailzeichnungen für die Sequenzen 5 und 6, die die Position und die Drehung des Körpers darstellen.
7. Wiederholung von Sequenz 4: Rechter *Jōdan tettsui*, wobei man wieder in *Hachiji dachi* geht. Man befindet sich nun an Punkt a.
8. Am Ort geht man leicht nach unten, indem man die Hüften nach rechts dreht, und man blickt nach hinten. Die rechte Faust wird zur linken Hüfte geführt. Unverzüglich werden nun ein rechter *Yoko geri* und ein rechter *Jōdan ude uke [Jōdan soto uke]* ausgeführt, während der Gegner einen Faustsoß gegen das Gesicht führt. Der Körper bleibt im Profil; der linke Fuß (Standbein) steht im rechten Winkel zur Linie a-h.
9. Der rechte Fuß wird neben den linken gesetzt, es folgt eine Drehung nach links, bevor man entlang der Linie a-d mit einem linken *Jōdan shutō uke* nach vorn geht; Position *Mahanmi no nekoashi dachi.*
10. Die gleiche Technik, während man den rechten Fuß vorsetzt.
11. Die gleiche Technik, während man den linken Fuß vorsetzt.
12. Es folgt ein *Chūdan nukite* (Speerhand) auf der Linie c-d im *Jun zuki no ashi* (Möglichkeit für einen *Kiai*),
13. Der linke Fuß wird im Kreisbogen nach hinten links geführt, um auf die Linie d-f zu gelangen im Winkel von 45° zur vorherigen Linie. Es wird ein linker *Jōdan shutō uke* ausgeführt.

---

[17] Dies stellt die übliche Form dar. Der Autor hat in Japan jedoch verschiedene Ausführungsformen dieser Kata kennengelernt, bei der der *Jōdan tettsui* der linken Faust von einem leichten Gleiten des rechten Fußes in Richtung des linken, der an seinem Platz bleibt, begleitet wird.

14. Es folgt ein rechter *Jōdan shutō uke* auf derselben Linie.
15. Der rechte Fuß wird im Kreisbogen nach hinten rechts geführt, um auf die Linie e-c zu gelangen, wobei erneut ein rechter *Jōdan shutō uke* erfolgt.
16. Linker *Jōdan shutō uke* in Richtung von Punkt g.
17. Der linke Fuß wird nach links gesetzt, und man dreht sich um 45°, so dass man sich auf der zentralen Achse der Kata, c-a, befindet und in Richtung von Punkt a blickt. In der Stellung *Gyaku ashi* (Arme und Beine entgegengesetzt) wird ein *Jōdan ude uke [Jōdan soto uke]* ausgeführt. Die Füße sind weit voneinander entfernt (*Gyaku zuki no ashi*) und die Hüften sind nach links gedreht, während der Block nach rechts ausgeführt wird.
18. Gegenangriff mit rechtem *Chūdan mae geri*, ohne das der Oberkörper bewegt wird. Der Fuß des Standbeins zeigt im Winkel von 45° nach links.
19. Der rechte Fuß wird abgesetzt, und es erfolgt ein *Chūdan gyaku zuki*. Siehe Detailzeichnungen für die Sequenzen 17 und 19.
20. Am Ort wird Sequenz 17 symmetrisch wiederholt. Die linke Faust wird an die rechte Taille geführt, anschließend erfolgt ein *Jōdan ude uke [Jōdan soto uke]* nach links, verbunden mit einer Drehung der Hüften nach rechts.
21. Wiederholung der Sequenz 18: Linker *Chūdan mae geri*.
22. Wiederholung der Sequenz 19: Rechter *Chūdan gyaku zuki*. Man befindet sich nun auf der Linie d-h, auf Höhe von Punkt a.
23. Nachdem man die rechte Faust zur linken Hüfte geführt hat, stoßen beide Arme nach rechts (siehe Detailzeichnung). Die linke Faust mit der Faustinnenfläche nach oben kommt auf Höhe des Solarplexus oder des rechten Ellbogens. Den rechten Fuß vorsetzen in *Jun zuki no ashi*, und Block mit *Jōdan morote ude uke*. *Kiai*.
24. Den linken Fuß nach hinten links setzen und 45°-Drehung, um im *Jun zuki no ashi* einen linken *Gedan barai* auf der Linie h-i auszuführen, begleitet von einer starken Drehung der Hüften.

25. Weiter auf Linie i-b mit einem *Jōdan uke.*

26. Wiederholung der Sequenz 24. Den rechten Fuß im Kreisbogen im Winkel von 90° nach hinten rechts führen, um erneut einen rechten *Gedan barai* auf der Linie i-j auszuführen.

27. Wiederholung Sequenz 24: Linker *Jōdan uke*, während man den linken Fuß in dieselbe Richtung nach vorn setzt.

28. Den linken Fuß zurücksetzen. *Yame. Rei.*

Ende der Kata.

Schlüsselelemente der Pinan shōdan

- Training von Ausweichtechniken: Am Ort (Linie a-c), beim Vorrücken (zentrale Achse), bei der Drehung.
- Studium der Kraftentfaltung
  - Die Betonung liegt auf der Kraftentfaltung durch die Drehung der Hüften, in derselben Richtung wie die Armtechnik (Sequenzen 2, 3, 5, 6, 13, 14, 15, 16, 23, 24, 26) oder in entgegengesetzter Richtung (Sequenzen 4, 7, 9, 10, 11, 17, 20).
  - Eine einzelne Technik, bei der die Kraft geradlinig entfaltet wird: Sequenz 12.
- Kampfstellungen: Die *Nekoashi dachi* (die *Shutō uke* können sowohl im *Hanmi no nekoashi dachi* als auch im *Mahanmi no nekoashi dachi* ausgeführt werden; der Schwerpunkt ist weiter nach vorn verlagert), *Jun zuki no ashi* und *Gyaku zuki no ashi.*
- Nicht den *Yoko geri* (8) und die beiden *Mae geri* auf mittlere Distanz (*Ma*) (18 und 21) miteinander verwechseln.
- Rhythmus: 1-2, 3, 4-5, 6, 7-8-9-10-11, 12-13, 14-15, 16-17, 18, 19-20, 21, 22-23-24, 25-26, 27-28.

Pinan shōdan

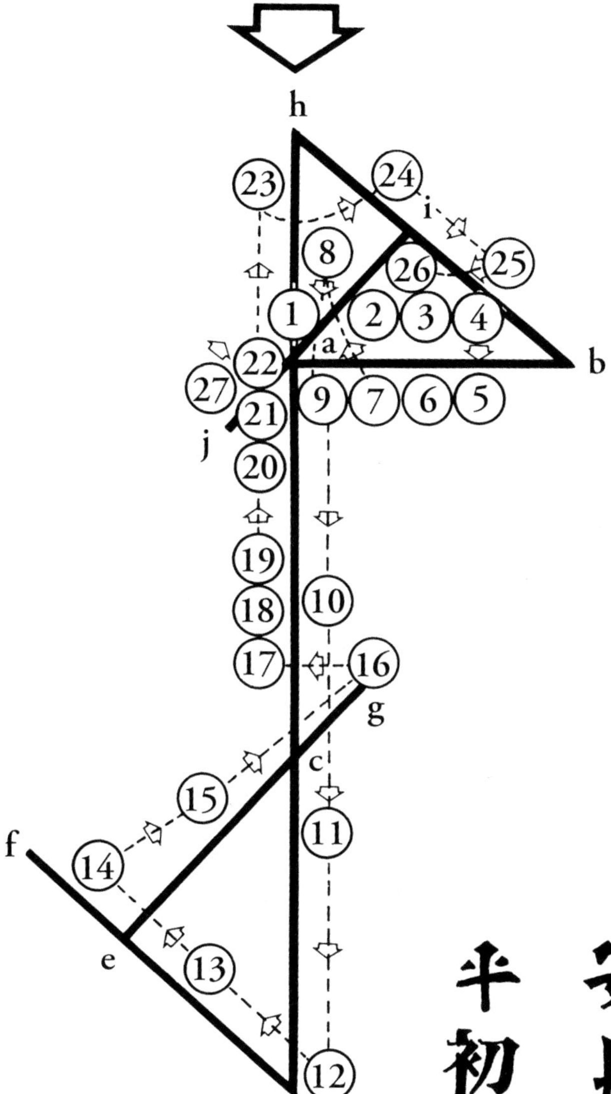

平安初段

Pinan shōdan

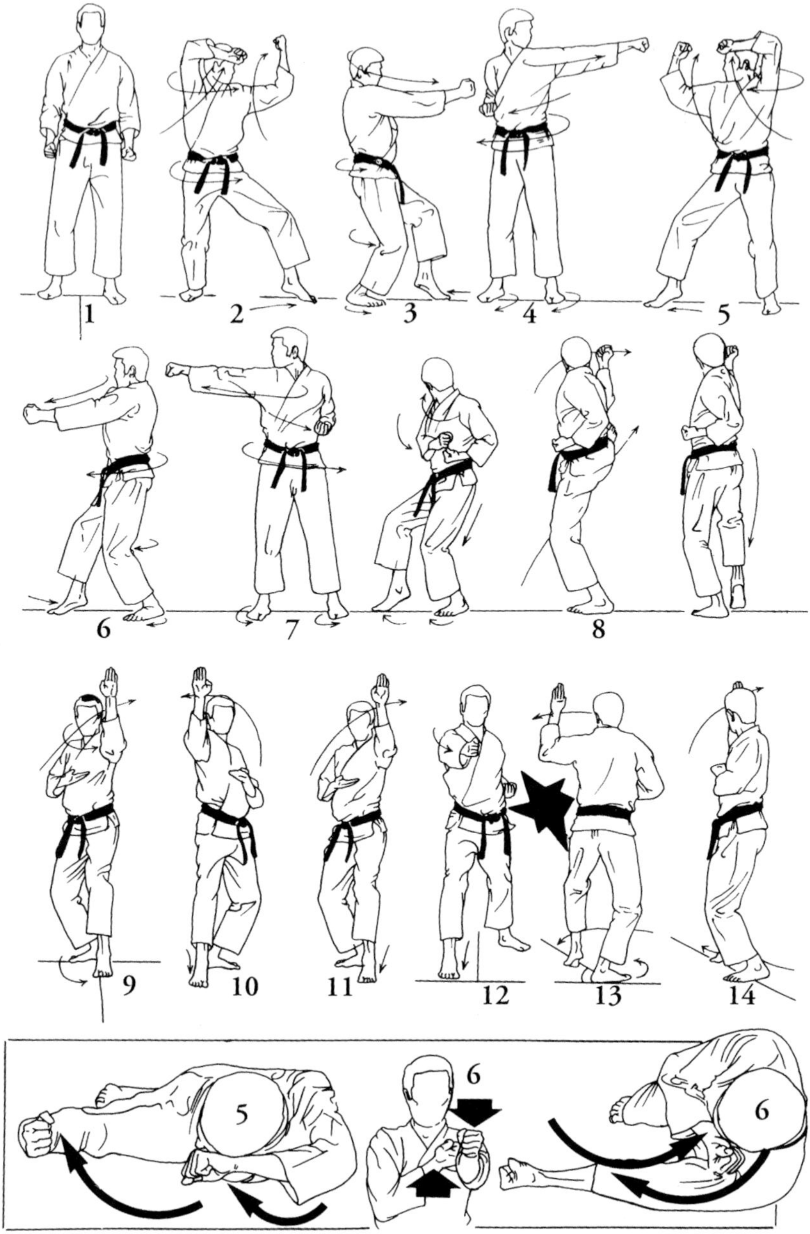

Pinan shōdan

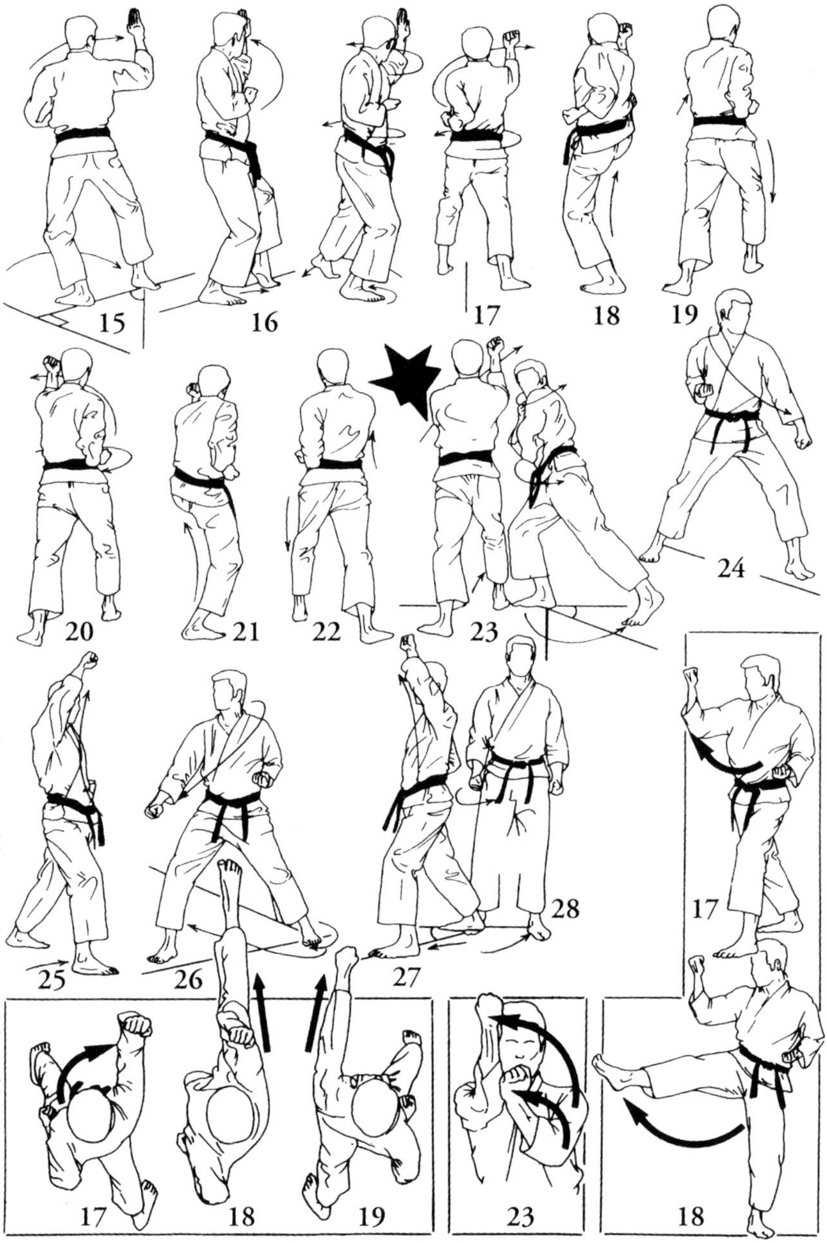

Pinan nidan

Die *Pinan nidan* im Wadō-ryū entspricht in technischer Hinsicht der *Heian shōdan* im Shōtōkan. Dies ist die Kata, mit der im modernen Lehrsystem des Wadō-ryū der Anfänger in die Welt der Kata eingeführt wird. Dennoch wurde der alte Name beibehalten, der aus der Zeit stammt, in der man diese Kata erst nach der schwierigeren *Pinan shōdan* lehrte.

1. Gruß. *Yoi.*
2. Ein erster Gegner greift von links mit *Chūdan zuki* an. Der linke Fuß wird ein Stück in seine Richtung gesetzt. Man geht am Ort tiefer, in den *Mahanmi no nekoashi dachi*, und blockt mit einem *Tettsui* der linken Faust. *Hikite* mit rechter Faust. Die Bewegung ist sehr knapp, verbunden mit einer starken Drehung des Kopfes nach links. Der linke Arm wird in der vertikalen Ebene des vorderen Beins abgesenkt.
3. Der Gegner wird mit rechtem *Chūdan jun zuki* auf der Linie a-b verfolgt.
4. Ein zweiter Gegner greift mit *Mae geri* von hinten an. Man setzt den rechten Fuß nach rechts hinten und dreht sich um 180°, so dass man sich nun in Richtung b-a befindet. Man wehrt den Angriff mit rechtem *Gedan barai* ab, verbunden mit starker Drehung der Hüften.
5. Da der Gegner erkennt, dass sein Fußtritt geblockt wurde, greift er mit einem Fauststoß gegen das Gesicht an. Man blockt mit rechtem *Jōdan uke*, während man den vorderen Fuß zurückzieht, um den Abstand zu vergrößern (Andeutung eines Ausweichens nach hinten). Man steht nun im *Migi shizentai.*
6. Der Gegner versucht, einen letzten Fauststoß gegen den Körper anzubringen. Man blockt am Ort mit rechtem *Chūdan tettsui*. Der Arm ist gestreckt, die Faust auf Höhe des Gürtels. Diese Bewegung folgt schnell auf die vorhergehende.
7. Linker *Chūdan jun zuki* auf der Linie b-a.
8. Der linke Fuß wird im Kreisbogen versetzt, und man dreht sich 90°

nach links, auf die zentrale Achse a-d, während man mit einem rechten *Gedan barai* im *Jun zuki no ashi* blockt.

9. Nach seinem *Mae geri* führt der Gegner einen *Tsuki* gegen das Gesicht aus. Man geht auf der Linie a-d nach vorn, während man diesen Angriff mit rechtem *Jōdan uke* blockt. Man steht im *Jun zuki no ashi* und ist nach vorn ausgerichtet.
10. Dieselbe Technik, wobei der linke Fuß vorgesetzt wird.
11. Dieselbe Technik, wobei der rechte Fuß vorgesetzt wird. Möglichkeit für einen *Kiai*.
12. Der linke Fuß wird im Kreisbogen nach hinten links geführt, so dass man auf der Linie d-f im Winkel von 45° zur vorherigen Linie steht. Man blockt, verbunden mit einer kraftvollen Drehung des Körpers, einen erneuten *Mae geri* mit linkem *Gedan barai* im *Jun zuki no ashi*.
13. Weiter mit rechtem *Chūdan jun zuki* auf derselben Linie.
14. Der rechte Fuß wird im Kreisbogen 90° nach hinten rechts geführt, so dass man auf die Linie e-c gelangt, wobei ein erneuter rechter *Gedan barai* und eine kraftvolle Drehung des Körpers in dieselbe Richtung ausgeführt werden.
15. Weiter mit linkem *Chūdan jun zuki* auf derselben Linie (in Richtung von Punkt g).
16. Der linke Fuß wird nach links versetzt, und man dreht sich um 45°, auf die zentrale Achse der Kata c-a. Man blickt in Richtung von Punkt a. Es erfolgt ein linker *Gedan barai*.
17. Rechter *Chūdan jun zuki* auf der Linie c-a.
18. Dieselbe Technik, wobei man mit linkem Fuß nach vorn geht.
19. Dieselbe Technik, wobei man mit rechtem Fuß nach vorn geht und einen *Kiai* ausstößt. Man beachte, dass man den Punkt a überschritten hat und man sich nun auf der Linie a-h befindet.
20. Der linke Fuß wird, während man sich nach rechts dreht, zurückgezogen, so dass der Fuß sich hinten rechts befindet und man sich auf der Linie h-i im Winkel von 45° zur vorherigen Linie im *Manmae no*

nekoashi dachi [Mashōmen no nekoashi dachi] befindet. Der linke Fuß ist vorn, die Hände sind übereinander. Die Hände sind in *Shutō*-Haltung, wobei die linke Hand sich mit der Handfläche nach oben über der rechten, Handfläche nach unten, befindet. Die Fingerspitzen sind in Höhe des Gürtels auf den Gegner gerichtet. Die Ellbogen sind eng am Körper. Man beachte, dass diese Sequenz eine vorbereitende Funktion hat, oder eine Sequenz ist, während derer man den Gegner beobachtet, bevor unverzüglich darauf die nächste Technik ausgeführt wird.

21. Der linke Fuß gleitet entlang der Linie h-i in Richtung Gegner, während man ihm weiter direkt zugewandt ist. Man weicht seinem Fauststoß im letzten Moment aus, in dem man die Hüften nach rechts dreht und einen linken *Chūdan nukite* ausführt (zugleich Andeutung eines *Chūdan barai*, der sich durch die rotierende Bewegung des Körpers nach rechts ergibt). Die Endstellung ist ein *Shiko dachi* mit der rechten Hand am Solarplexus. Die linke Hand hat schräg nach unten zugestoßen, während sie sich entlang der Bewegungsbahn drehte, so dass die Handfläche am Ende nach unten zeigt.

22. Rechter *Chūdan nukite* auf derselben Linie, während man den rechten Fuß vorsetzt. Man bleibt nach vorn ausgerichtet und dreht sich erst im letzten Moment.

23. Der rechte Fuß wird im Kreisbogen nach hinten rechts geführt, so dass man sich in der entgegengesetzten Position der Sequenz 20 auf der Linie i-j befindet, im Winkel von 90° zur vorherigen Linie. Der rechte Fuß ist vorn.

24. Wiederholung von Sequenz 21. Rechter *Chūdan nukite*, während man den rechten Fuß auf die Linie i-j gleiten lässt.

25. Wiederholung von Sequenz 22. Linker *Chūdan nukite* auf derselben Linie, während man den linken Fuß vorsetzt.

26. Den linken Fuß zurücksetzen. *Yame. Rei.*

Ende der Kata.

Schlüsselelemente der Pinan Nidan

- Training der Stabilität. Die Techniken sind bewusst einfach und wiederholend gehalten (*Jun zuki*, *Jōdan uke*, *Gedan barai*, *Tettsui*).
- Studium der Kraftentfaltung
  - Durch geradlinige Bewegung des Körpers (auf der zentralen Achse)
  - Durch Drehung des Körpers (während der *Gedan barai* und beim *Nukite*)
  - Durch Veränderung der Höhe des Schwerpunkts (Kraftentfaltung durch Absenken des Körpers in Sequenzen 2 und 6, Kraftentfaltung durch Strecken des Körpers in Sequenz 5).
- Kampfstellungen: *Hanmi no nekoashi* (schräge Katzenstellung), *Jun zuki no ashi* (Ausfallschritt nach vorn), *Manmae no nekoashi dachi [Mashōmen no nekoashi dachi]* (Katzenstellung nach vorn), *Shiko dachi*.
- Rhythmus: 1-2, 3-4, 5, 6, 7-8, 9, 10, 11-12, 13-14, 15-16, 17, 18, 19-20, 21, 22-23, 24, 25-26.

Pinan nidan

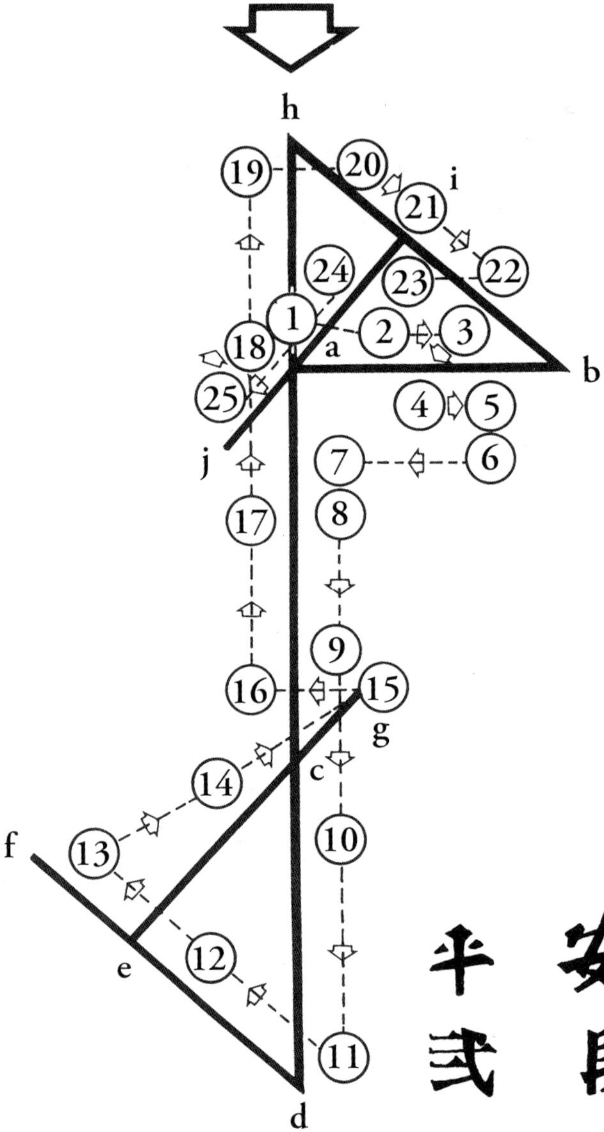

平安
弐段

Pinan nidan

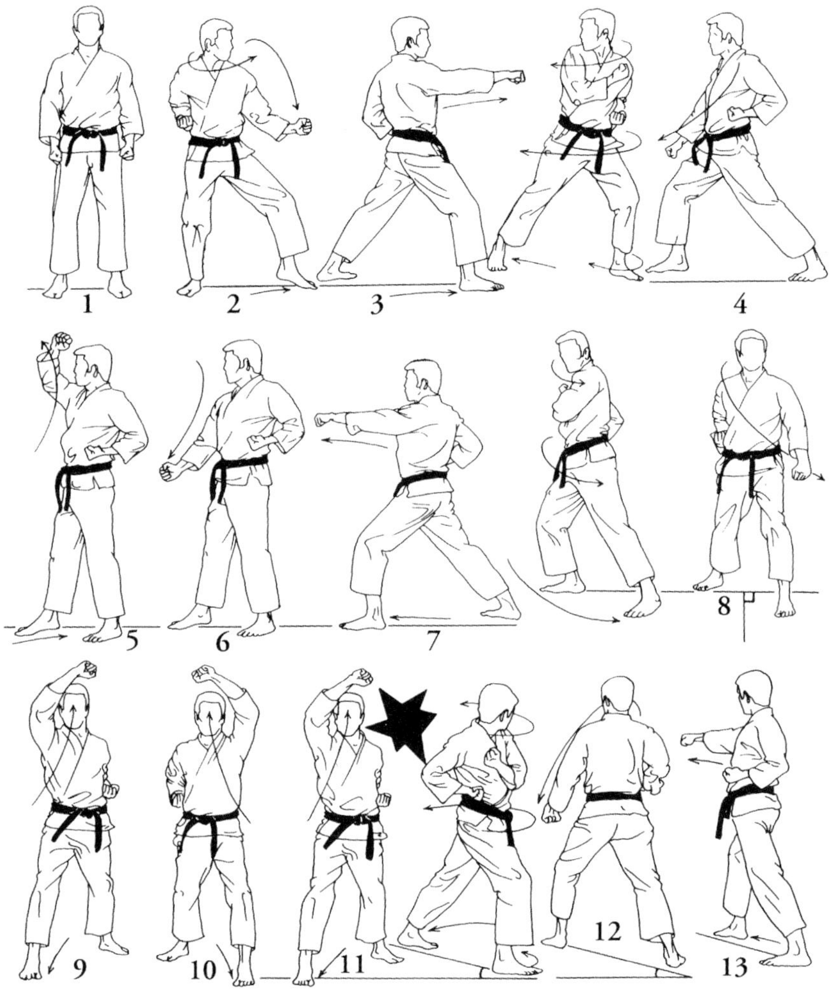

Pinan nidan

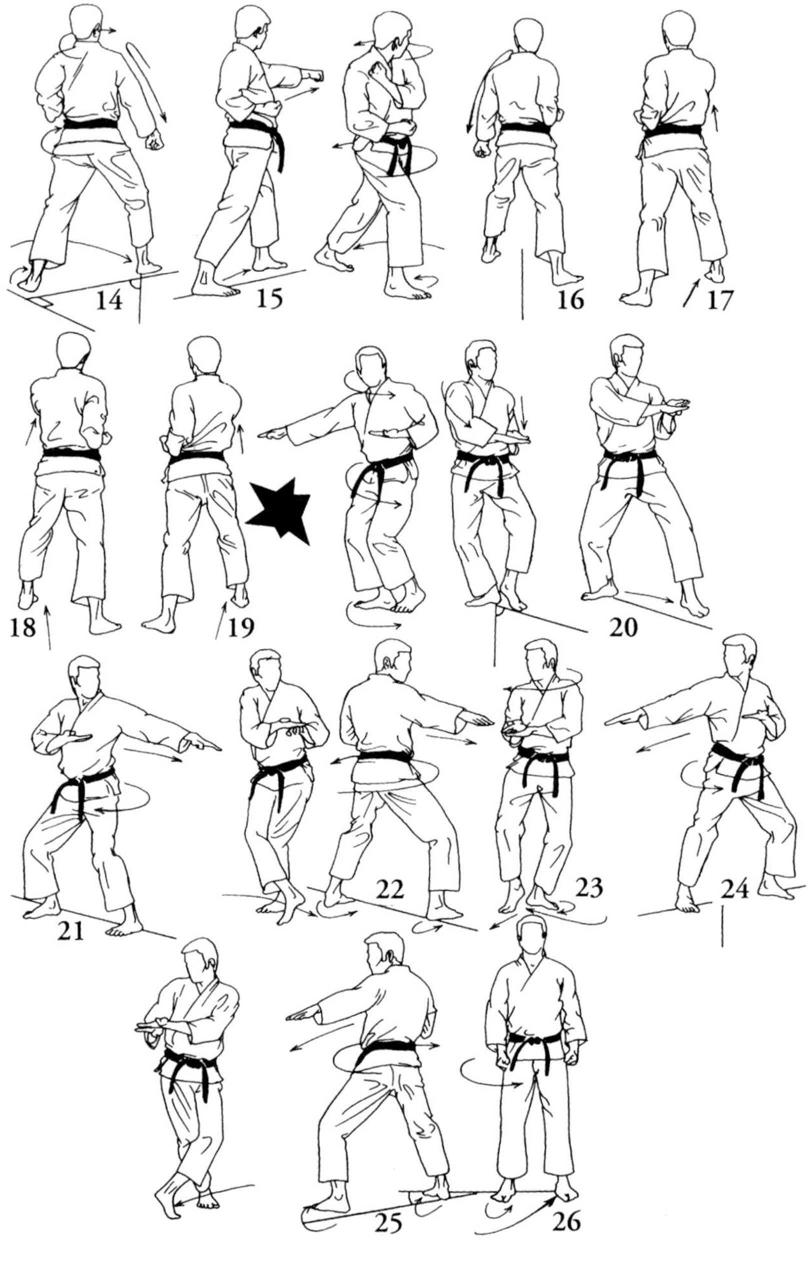

Pinan sandan

1. Gruß. *Yoi.*
2. Ein erster Gegner greift von links mit einem Fauststoß gegen das Gesicht an. Man setzt den linken Fuß ein Stück in seine Richtung, so dass man ihm auf der Linie a-b im *Manmae no nekoashi dachi [Mashōmen no nekoashi dachi]* direkt gegenübersteht. Zugleich blockt man den Stoß mit einem linken *Jōdan ude uke [Jōdan soto uke]*, wobei sich die rechte Faust in *Hikite* befindet.
3. Man richtet sich wieder auf und führt den rechten Fuß zum linken, so dass man im *Heisoku dachi* steht. Zugleich erfolgt eine doppelte Abwehr mit einem linken *Gedan barai* und einem rechten *Jōdan ude uke [Jōdan soto uke]*. Der Oberkörper ist dabei nach vorn ausgerichtet. Der Abstand zwischen den Ellbogen darf nicht größer sein als die Breite der Schultern. Man steht aufrecht, die Bauchmuskeln sind angespannt.
4. Am Ort führt man die gleiche Doppelverteidigung aus, indem man mit den Armen zwei Halbkreise beschreibt, die sich vor der Brust überschneiden: Rechter *Gedan barai* und linker *Jōdan ude uke [Jōdan soto uke]* (siehe Detailzeichnung).
5. Ein weiterer Gegner greift von hinten an. Man setzt den rechten Fuß nach hinten rechts und dreht sich um 180° in diese Richtung, so dass man auf derselben Linie im *Manmae no nekoashi dachi [Mashōmen no nekoashi dachi]* in Richtung von Punkt a steht. Man wehrt den Angriff mit rechtem *Jōdan ude uke [Jōdan soto uke]* ab.
6. Wiederholung von Sequenz 3. Man richtet sich in einen *Heisoku dachi* auf, wobei man den linken Fuß zum rechten führt. Die Abwehr erfolgt mit linkem *Jōdan ude uke [Jōdan soto uke]* und rechtem *Gedan barai.*
7. Wiederholung von Sequenz 4. Am Ort erfolgt ein rechter *Jōdan ude uke [Jōdan soto uke]* und ein linker *Gedan barai.*
8. Der linke Fuß wird im Kreisbogen versetzt, und man dreht sich um 90° nach links, so dass man sich auf der zentralen Achse a-c befindet. Dabei blockt man erneut mit linkem *Jōdan ude uke [Jōdan soto uke]* im *Manmae no nekoashi dachi [Mashōmen no nekoashi dachi].*

9. Rechter *Chūdan nukite* (Speerhand) im *Jun zuki no ashi.*

10. Dem Gegner ist es gelungen, dem vorherigen Gegenangriff auszuweichen, und er hat die rechte Hand ergriffen. Man setzt den linken Fuß nach hinten links und dreht sich, während man sich vorbeugt, um 180°, den Kopf in Richtung Punkt a. Zugleich »entreißt« man dem Gegner seine Hand, indem man die Drehung des Körpers und das starke Nach-vorn-Beugen synchron mit dem Zurückziehen des rechten Arms, der gegen den Rücken gepresst wird, erfolgen lässt (die Hand dreht sich nach innen und wird mit der Handfläche nach oben gegen die rechte Gesäßbacke gehalten). Die linke Faust bleibt in *Hikite.*

11. Nach dieser Abfolge richtet man sich unverzüglich auf und setzt den linken Fuß in Richtung des Gegners auf die Linie a-c, wobei man sich erneut um 180° nach links dreht. Die Drehung endet, mit den Fersen auf der zentralen Achse der Kata, mit einem linken *Chūdan tettsui* in der Position *Shiko dachi.* Die rechte Faust geht zurück in *Hikite* (die Hand wird beim Auftreffen des *Tettsui* als befreit betrachtet).

12. In dieselbe Richtung erfolgt nun ein rechter *Chūdan jun zuki* (Möglichkeit eines *Kiai*).

13. Drehung um 180° nach links auf dem rechten Fuß, wobei der linke Fuß zum rechten zurückgesetzt wird. Man richtet sich am Punkt c in *Musubi dachi* auf, der Blick geht in Richtung von Punkt a. Zugleich werden die Fäuste zu den Hüften gebracht, die Faustinnenflächen zeigen nach hinten, die Handgelenke sind gerade, die Ellbogen zeigen zu den Seiten. Diese Bewegung erfolgt langsam (vorbereitende Position oder Provokation des Gegners). Man verharrt in dieser Haltung für zwei Sekunden (Konzentration).

14. Der Gegner greift von vorn auf *Gedan*-Höhe an. Man setzt den rechten Fuß in seine Richtung (Linie c-a), die Brust ist nach vorn ausgerichtet, die Fäuste sind immer noch an den Hüften, aber die rechte Faust dreht sich in klassisches *Hikite,* der Ellbogen geht dabei nach hinten. Nun blockt man mit dem rechten Ellbogen, indem man sich kraftvoll nach links dreht, wobei man *Shiko dachi* einnimmt. Die rechte Faust rollte auf der Hüfte, um in die Position von Sequenz 13 zurückzukommen.

Man beugt sich dabei nicht nach vorn, sondern lässt den rechten Ellbogen ein wenig über die Ebene hinausgehen, die vertikal über der Linie a-c liegt (Verteidigung mittels *Kata uke*).

15. Unverzüglich wird der rechte Ellbogen in derselben Ebene nach rechts geführt, und am Ort wird mit einem rechten *Chūdan tettsui* gekontert. Die rechte Faust wird in die Ausgangsstellung zurückgeführt (Fäuste an den Hüften, Ellbogen an den Seiten).
16. Wiederholung von Sequenz 14: Man setzt den linken Fuß vor und (siehe Detailzeichnung 16a) dreht sich auf der Stelle, wobei man mit dem linken Ellbogen blockt.
17. Wiederholung von Sequenz 15: Linker *Chūdan tettsui*, danach Rückkehr der Faust in Ausgangsstellung.
18. Wiederholung von Sequenz 14: Block mit dem rechten Ellbogen.
19. Wiederholung von Sequenz 15: Rechter *Chūdan tettsui* (siehe Detailzeichnung), aber der rechte Arm bleibt gestreckt.
20. Man bewegt sich auf der Linie c-a mit einem linken *Jun zuki* vorwärts. *Kiai*.
21. Der hintere Fuß wird auf Höhe des vorderen geführt (Linie a-b), ohne dass der Oberkörper bewegt wird und ohne die Hüften anzuheben. Unverzüglich wird der linke Fuß in einem weiten Kreisbogen nach hinten links geführt, und man dreht sich um 180°. Während man sich aufrichtet, wird der rechte Fuß ein Stück in Richtung des linken geführt, so dass man im *Hachiji dachi* steht. Dabei schlägt man mit der rechten Faust über die linke Schulter und stößt den linken Ellbogen nach hinten (Position *Hikite* der linken Faust). Dies stellt eine doppelte Verteidigung gegen den Versuch des Gegners dar, einen von hinten zu packen.
22. Der rechte Fuß gleitet weit nach rechts auf derselben Linie, und man folgt ein Stück mit dem linken Fuß in dieselbe Richtung. Man richtet sich auf (*Hachiji dachi*), während man den linken Ellbogen nach hinten stößt und mit der linken Faust über die rechte Schulter schlägt.
23. Der rechte Fuß wird ein Stück zurückgesetzt. *Yame*. Gruß.

Ende der Kata.

Schlüsselelemente der Pinan sandan

- Mit ihren kurzen Stellungen, ihren Drehungen am Ort und ihrem notwendigerweise »abgehackteren« Rhythmus dominiert in dieser Kata eher die Kraft als die Schnelligkeit.
- Studium der Kraftentfaltung:
  - Durch Drehung des Körpers (für die Verteidigungen im *Nekoashi dachi* und im *Shiko dachi*)
  - Durch Veränderung der Höhe des Schwerpunktes (Sequenzen 3, 6, 10, 21, 22).
- Kampfstellungen: Diese Kata beruht auf den Stellungen *Shiko dachi* und *Nekoashi dachi*. Die Füße werden nur in den Sequenzen 21 und 22 geschlossen, indem ein Bein kraftvoll zum anderen gezogen wird.
- Rhythmus: 1-2-3. 4-5-6, 7-8, 9-10, 11, 12-13-14, 15-16, 17-18, 19, 20-21-22-23.

Pinan sandan

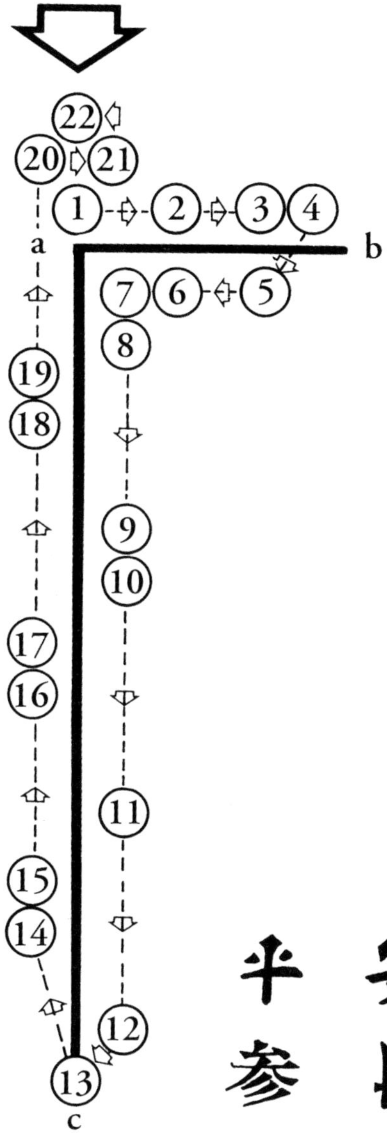

平安
参段

Pinan sandan

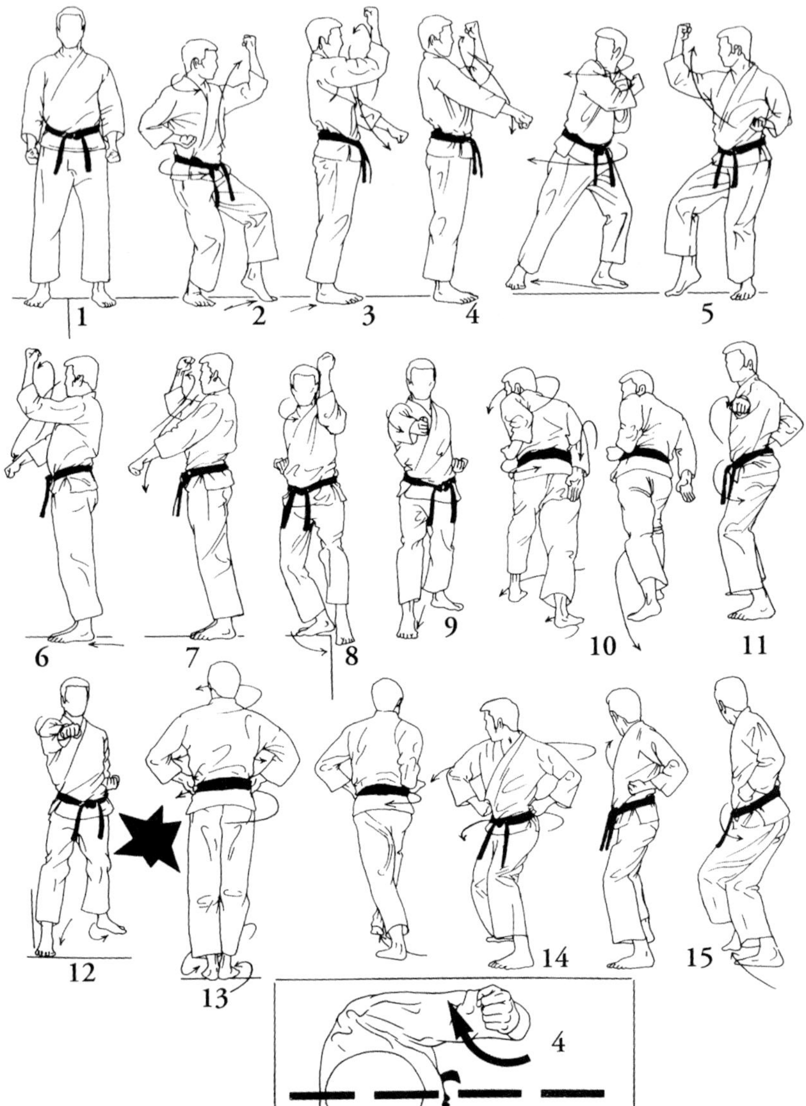

Pinan sandan

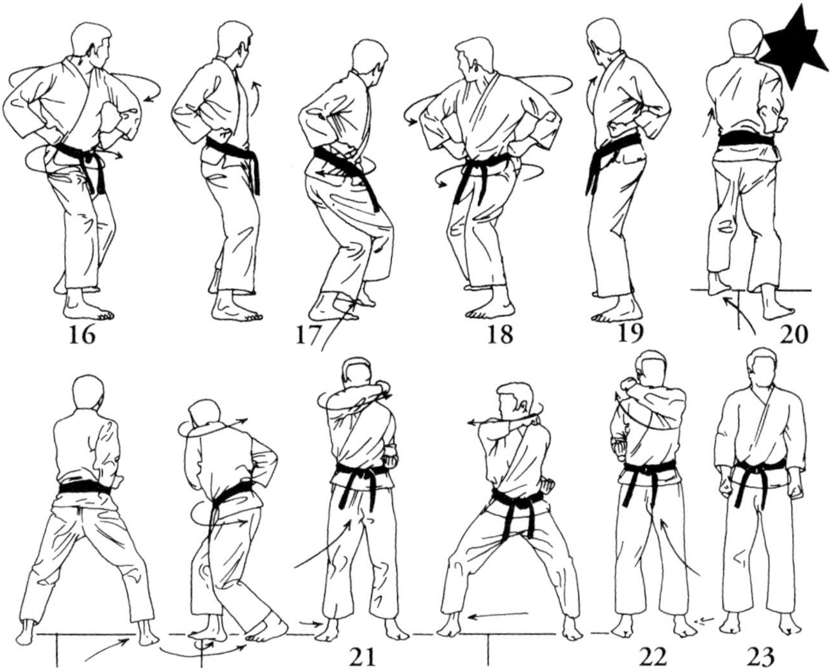

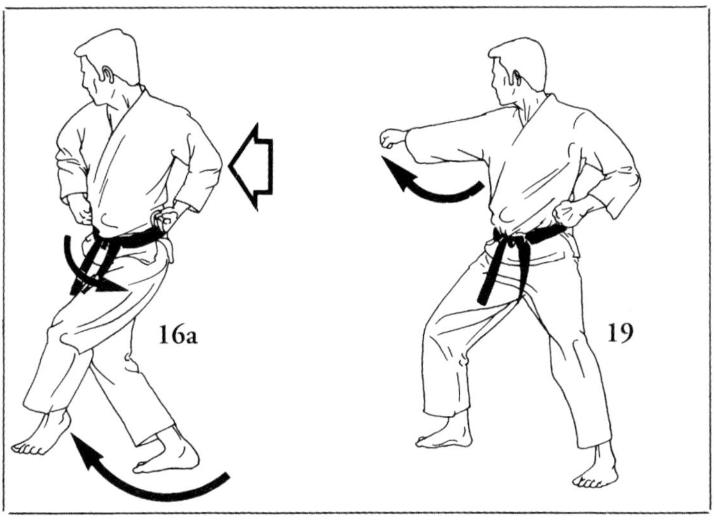

Pinan yondan

1. Gruß. *Yoi.*
2. Ein erster Gegner greift von links mit einem Schlag gegen das Gesicht an. Der linke Fuß wird ein Stück in seine Richtung gesetzt, und man dreht die Hüften nach links. Während man mit einem linken *Jōdan haishu uke* abwehrt, wird die rechte Hand mit der Handfläche nach außen nach vorn in Bereitschaft gebracht. Die Stellung ist *Mahanmi no nekoashi dachi* oder *Manmae no nekoashi dachi [Mashōmen no nekoashi dachi].*
3. Ein zweiter Gegner kommt von hinten. Der linke Fuß wird ein Stück nach rechts geführt, ohne dass man dabei die Stellung erhöht. Der Kopf wird nach rechts gedreht, und die Arme werden leicht nach links gestreckt. Unverzüglich wird der rechte Fuß in dieselbe Richtung versetzt (in Richtung von Punkt a), und man nimmt wieder einen *Mahanmi no nekoashi dachi* ein mit dem rechten Fuß vorn, um mit rechtem *Jōdan haishu uke* zu parieren, mit der linken Hand in Bereitschaft vorn.
4. Der rechte Fuß wird auf der Linie a-b zum linken gesetzt (Hüftbreite), ohne dabei aber den Schwerpunkt anzuheben. Dabei werden beide Fäuste in *Hikite* genommen. Unverzüglich wird nun der linke Fuß auf der Linie a-c vorgesetzt, um einen *Mae geri* mittels *Gedan juji uke* im *Jun zuki no ashi* zu blocken (die rechte Faust ist oben). Man bleibt dabei aufrecht.
5. Der rechte Fuß wird auf derselben Linie nach vorn gebracht, und man blockt mit *Jōdan uke [Soto uke]* in der Stellung *Mahanmi no nekoashi dachi*. Dabei ist man im Profil, die linke Faust ist beim Solarplexus.
6. Der linke Fuß wird zum rechten geführt, und man richtet sich auf, so dass man im *Heisoku dachi* steht, mit dem Kopf nach links. Die rechte Faust ist im *Hikite*, die linke Faust kommt von oben mit Faustinnenfläche nach unten. Der linke Oberarm ist waagerecht. Dies ist eine Sequenz, bei der man beobachtet. Sie wird langsam ausgeführt.
7. Man blockt den Angriff des Gegners mit einem linkem *Chūdan barai*

(*Tettsui uchi*), während man mit linkem *Chūdan yoko geri* auf der Linie c-d kontert. Der Tritt in dieser Sequenz wie auch in Sequenz 10 ist ein seitlicher Tritt mit dem Körper im Profil (*Yoko geri*), im Gegensatz zum frontalen Tritt (*Mae geri*) in den Sequenzen 16 und 20.

8. Der vordere Fuß wird zurückgezogen und auf der Linie c-d abgesetzt, so dass man im *Gyaku zuki no ashi* steht. Die Bewegungsfolge wird mit einem horizontalen *Chūdan gyaku mae empi uchi,* begleitet von einer starken Drehung der Hüften nach links, abgeschlossen. Der rechte Ellbogen trifft auf die linke Handfläche, die sich nach Sequenz 7 geöffnet hat und das Ziel darstellt.

9. Der rechte Fuß wird langsam zum linken geführt, während man sich nach rechts dreht und sich im *Heisoku dachi* aufrichtet. Die Fäuste sind an der linken Seite in Bereitschaft, analog zu Sequenz 6. Man befindet sich auf der Linie d-c, und der Blick geht in Richtung von Punkt c.

10. Wiederholung von Sequenz 7: Rechter *Chūdan yoko geri* mit rechtem *Chūdan barai* auf der Linie d-c.

11. Wiederholung von Sequenz 8: Linker *Chūdan gyaku mae empi uchi* in die rechte Handfläche.

12. Man dreht am Ort beide Füße um 90° nach links, in Richtung von Punkt e. Man geht in *Gyaku zuki tsukomi no ashi*, das rechte Bein ist gestreckt. Man lenkt einen Angriff auf *Chūdan*-Niveau mit Hilfe der rechten Hand ab (Daumen nach oben, die Finger zeigen zum Boden, die ganze Hand ist in der vertikalen Ebene, in welcher sich auch das vordere Knie befindet), während die linke Hand mit der Handfläche nach vorn in Bereitschaft vor der Stirn ist. Siehe Detailzeichnungen für die Sequenzen 10 bis 12.

13. Rechter *Chūdan mae geri* auf Linie c-e, ohne den Oberkörper zu bewegen; allerdings dreht man den Standfuß etwas nach außen, um die Hüften kraftvoller in Richtung des Tritts bewegen zu können.

14. Der rechte Fuß wird zurückgezogen, doch das Knie bleibt angehoben; der Standfuß wird in die Ausgangsstellung gedreht (Zehen nach vorn). Der rechte Fuß wird im Sprung nach vorn gesetzt (Punkt e), während die linke Hand vorn von oben nach unten blockt (*Chūdan tenshō uke*)

und die rechte Faust vor der Brust in Bereitschaft genommen wird. Sobald der rechte Fuß vorn abgesetzt wurde, wird mit der rechten Faust ein *Jōdan uraken* ausgeführt. Dabei wird, um die Stellung zu stärken, das linke Knie gegen das rechte gepresst. Die linke Faust wird in *Hikite* genommen. Die linke Ferse ist angehoben. Möglichkeit eines *Kiai*. Man vergleiche die entsprechende Passage in der Kata *Kūshankū* (Zeichnungen auf S. 136 und 137).

15. Der linke Fuß wird nach hinten links gesetzt, und man dreht sich in diese Richtung, um auf der Linie e-g im *Manmae no nekoashi dachi [Mashōmen no nekoashi dachi]* mit *Jōdan ude uke [Jōdan soto uke]* zu blocken.
16. Rechter *Chūdan mae geri.*
17. Der rechte Fuß wird abgesetzt, und man führt einen rechten *Jun zuki* aus.
18. Am Ort wird ein linker *Gyaku zuki* ausgeführt. Man beachte, dass die drei Gegenangriffe in Richtung von Punkt g erfolgen und dass ihre Abfolge sehr schnell ist.
19. Der rechte Fuß wird im Winkel von 90° zur vorherigen Linie nach hinten rechts gesetzt. Man führt nun im *Manmae no nekoashi dachi [Mashōmen no nekoashi dachi]* in Richtung f-h einen rechten *Jōdan ude uke [Jōdan soto uke]* aus.
20. Wiederholung von Sequenz 16: Linker *Chūdan mae geri.*
21. Wiederholung von Sequenz 17: Linker *Jun zuki.*
22. Wiederholung von Sequenz 18: Rechter *Gyaku zuki.*
23. Der linke Fuß wird im Winkel von 45° nach links auf die Linie c-a gesetzt. Man blockt mittels linkem *Jōdan ude uke [Jōdan soto uke]* im *Hanmi no nekoashi dachi*. Die rechte Faust ist am Solarplexus. Manche Experten nehmen in den Sequenzen 23, 24 und 25 einen *Mahanmi no nekoashi dachi* ein, mit dem Körper deutlich im Profil, und in Seqzenz 26 wird der vordere Fuß in diesem Fall deutlich zurückgezogen.
24. Man setzt den rechten Fuß entlang der Linie nach vorn und führt einen rechten *Jōdan ude uke [Jōdan soto uke]* aus.

25. Der linke Fuß wird vorgesetzt und ein linker *Jōdan ude uke [Jōdan soto uke]* ausgeführt.

26. Der vordere Fuß wird ein wenig nach vorn gebracht, und man nimmt am Ort einen *Manmae no nekoashi dachi [Mashōmen no nekoashi dachi]* ein, während man mit beiden Armen einen *Jōdan ude uke [Jōdan soto uke]* ausführt (*Kakiwake uke*). Die Unterarme sind dabei parallel und stehen senkrecht (Abwehr des Versuchs des Gegners, einen zu packen). Die Brust wird dabei nach vorn ausgerichtet.

27. Man kontert mit *Hiza geri* (Stoß mit dem rechten Knie) von unten nach oben, in Richtung von Punkt i. Dabei werden die Fäuste nach hinten und unten gezogen, wie für einen doppelten *Gedan barai* (man ergreift den Gegner, der auf die Knie fällt). *Kiai.*

28. Die Spitze des rechten Fußes wird nach links geführt, so dass sie leicht über Kreuz mit dem linken Fuß ist. Daraufhin wird der linke Fuß im Kreisbogen nach hinten links auf die Linie i-b geführt. Man dreht sich auf der Stelle und geht in einen *Hanmi no nekoashi dachi*, während man mit der linken Hand einen *Jōdan kake uke* und mit der rechten einen *Chūdan otoshi uke* ausführt. Siehe Detailzeichnung (Handfläche zum Boden zeigend, Daumen abgespreizt).

29. Man dreht den Kopf nach rechts; der rechte Fuß wird im Kreisbogen nah zum linken geführt, und die Ferse wird – mit starrem Bein – auf die Linie b-j im Winkel von 90° zur vorherigen Linie gesetzt. Man lässt die Ferse nun ein wenig in diese Richtung gleiten und wechselt dann auf die Fußspitze, indem das Bein eingebeugt wird. Dies lässt den ganzen Körper in Richtung des Punktes j gleiten (das linke Bein, das ständig gebeugt ist, folgt). Man steht nun im *Hanmi no nekoashi dachi* und führt einen rechten *Jōdan kakete uke* und einen linken *Chūdan otoshi uke* aus.

30. Der linke Fuß wird ein Stück zurückgenommen, ohne dass man sich aufrichtet. Der rechte Fuß folgt, und man richtet sich auf. *Yame*. Gruß.

Ende der Kata.

Schlüsselelemente der Pinan yondan

- Diese Kata kombiniert auf harmonische Weise kraftvolle Techniken und Ausweichbewegungen, Kraft-Sequenzen und Sequenzen rascher Abfolgen von Techniken.
- Die gesamte Kata ist ebenfalls sehr gut geeignet für das Studium aller Prinzipien der Kraftentfaltung, mit einigen interessanten Weiterentwicklungen: Sequenzen 3, 14 und 29 (geradlinige Verschiebung mit Verschiebung des Standpunktes).
- Kampfstellungen: *Nekoashi dachi.* Die Sequenzen 2, 3, 23, 24, 25, 28 und 29 können im *Hanmi* oder im *Mahanmi no nekoashi dachi* praktiziert werden.
- Rhythmus: 1-2-3-4-5-6-7, 8-9-10, 11-12, 13, 14-15, 16, 17, 18-19, 20, 21, 22-23-24-25-26, 27-28-29-30.

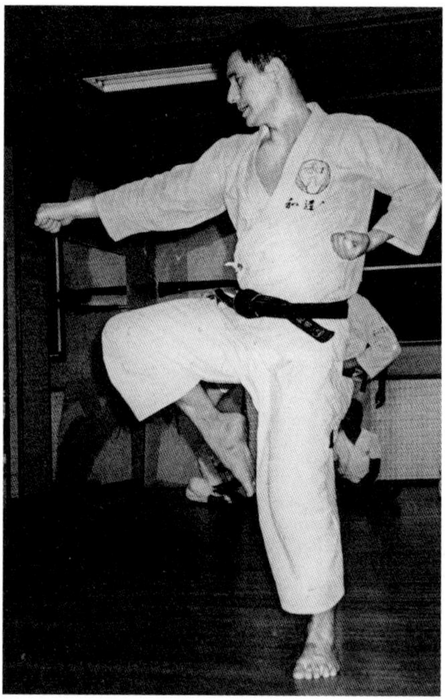

Foto 5: Ōtsuka (Jirō) Hironori II in einer Position der *Pinan yondan* (Rückkehr vom *Yoko geri* zwischen den Sequenzen 10 und 11).

Pinan yondan

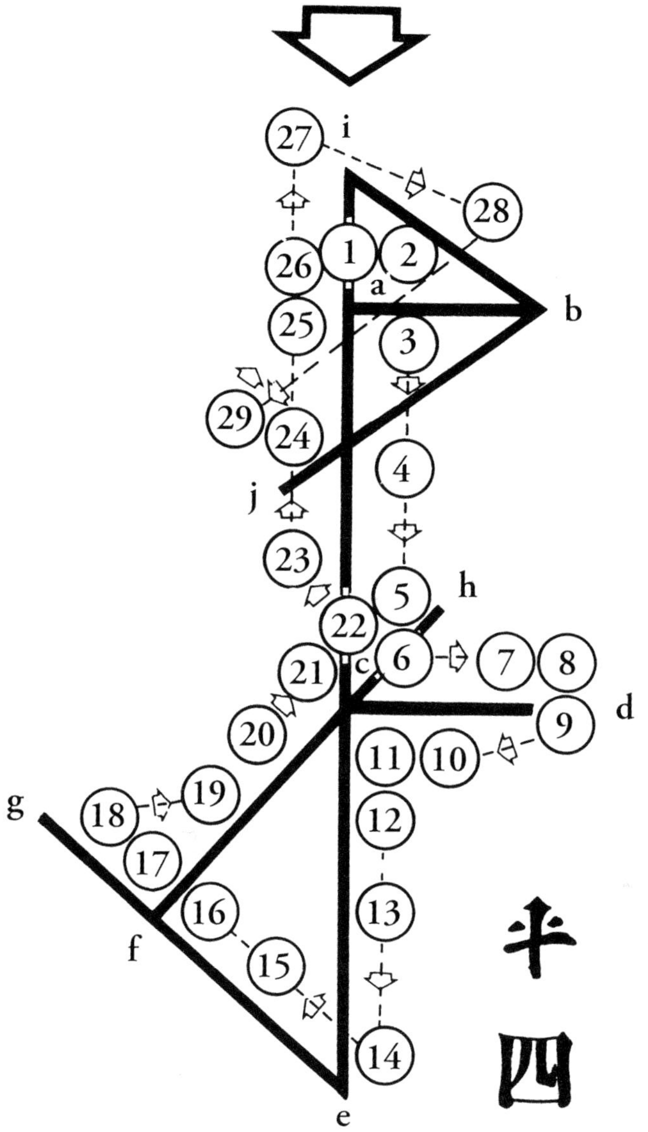

平安
四段

Pinan yondan

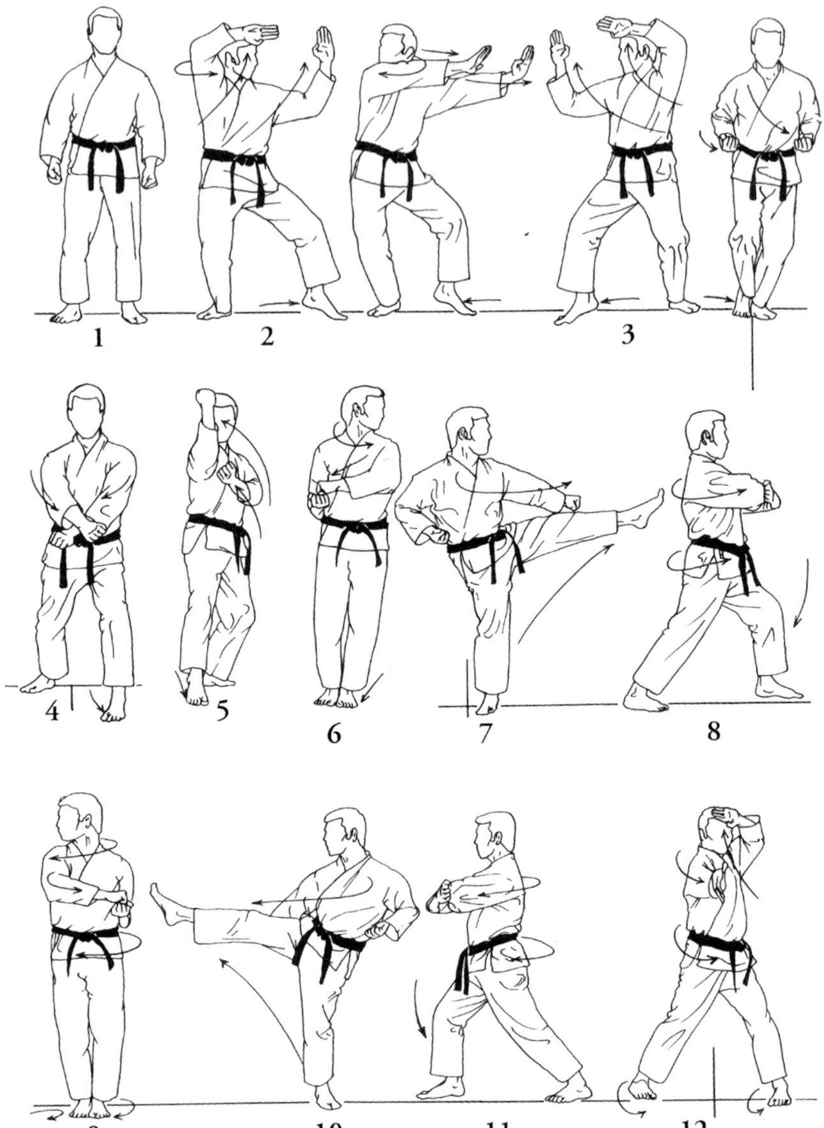

Pinan yondan

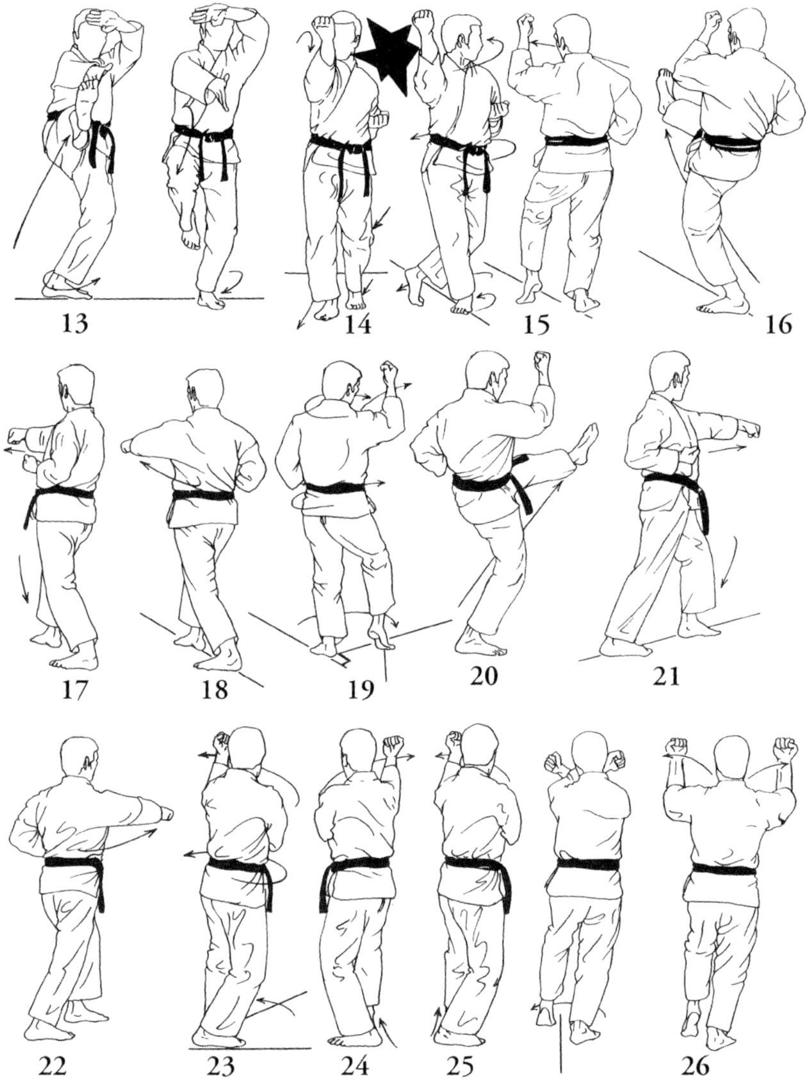

Pinan yondan

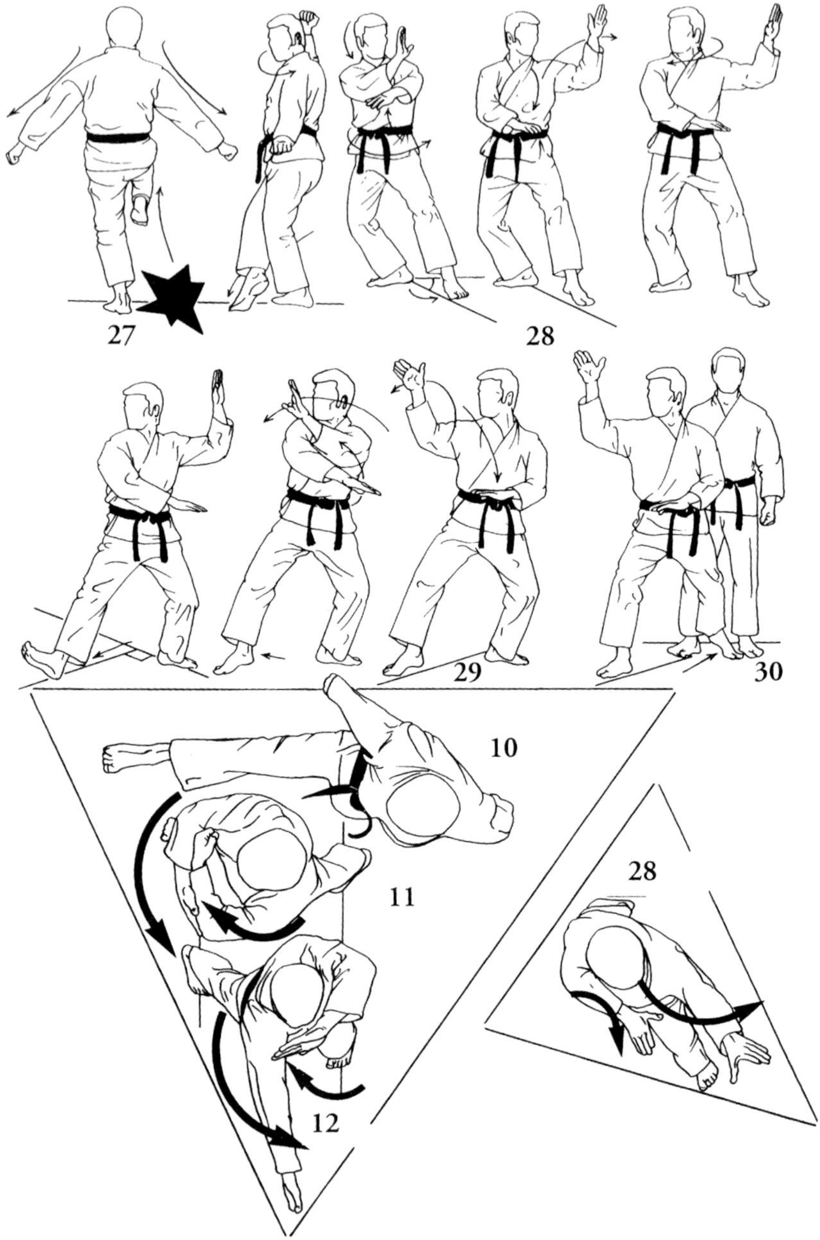

Pinan godan

1. Gruß. *Yoi.*

2. Ein erster Gegner greift von links mit einem Fauststoß gegen das Gesicht an. Man setzt den linken Fuß ein wenig in seine Richtung und wendet sich kraftvoll nach links, um ihm frontal auf der Linie a-b im *Manmae no nekoashi dachi [Mashōmen no nekoashi dachi]* gegenüberzustehen. Der Stoß wird mit linkem *Jōdan ude uke [Jōdan soto uke]* geblockt, ähnlich wie in der Kata *Pinan sandan.*

3. Am Ort, ohne das Gewicht zu verlagern, kontert man mit einem rechten *Chūdan gyaku zuki.*

4. Der rechte Fuß wird zum linken zurückgeführt. Man wendet sich nach 90° nach rechts und richtet sich wieder auf, so dass man im *Musubi dachi* steht. Die Fersen sind auf Linie a-b, der Blick geht in Richtung von Punkt a. Der linke Arm geht ein wenig nach unten geneigt vor dem Körper in *Mizu nagare no kamae.* Die Faust ist auf Höhe des rechten Brustmuskels und etwa eine Faustbreite von der Brust entfernt. Die rechte Faust geht wieder in den *Hikite.* Diese Bewegung wird langsam ausgeführt (Position des Abwartens, der Konzentration oder der Herausforderung).

5. Der Gegner führt einen neuerlichen Angriff mit der Faust gegen das Gesicht aus. Man setzt den rechten Fuß auf der Linie nach vorn und pariert im *Manmae no nekoashi dachi [Mashōmen no nekoashi dachi]* mit rechtem *Jōdan ude uke [Jōdan soto uke].*

6. Wiederholung der Sequenz 3. Am Ort: linker *Chūdan gyaku zuki.*

7. Wiederholung von Sequenz 4, aber der Blick ist entlang der zentralen Achse der Kata, a-c, gerichtet.

8. Man setzt den rechten Fuß auf dieser Linie vor und weicht einem Schlag gegen das Gesicht mit rechtem *Jōdan ude uke [Jōdan soto uke]* aus, während man die Hüften in Gegenrichtung dreht (nach links). Die linke Faust bleibt beim Solarplexus, die Stellung ist *Mahanmi no nekoashi dachi.*

9. Der linke Fuß wird vorgesetzt, und man blockt einen *Mae geri* mittels *Gedan juji uke* im *Jun zuki no ashi* (rechte Faust oben).

10. Die drei folgenden Sequenzen erfolgen am Ort und in derselben Stellung. Der Gegner führt einen Faustangriff gegen das Gesicht aus, und man pariert mit *Jōdan juji uke*, wobei man die offenen Hände hebt. Die linke Hand ist vorn, die Handflächen zeigen nach vorn. Man beachte, dass die Handgelenke umeinander rollen, ohne dass sie sich voneinander trennen. Die Ellbogen sind eng beieinander; die Schultern werden nicht gehoben.

11. Die rechte Hand wird in einer kreisbogenförmigen, senkrechten Bewegung abgesenkt und stoppt auf Höhe des Gürtels; die Handfläche zeigt nach oben. Die linke Hand folgt unmittelbar der rechten; sie wird ebenfalls kreisbogenförmig in einer senkrechten Ebene abgesenkt, und die Handfläche bleibt nach unten gerichtet (siehe die Einzelheiten der Sequenzen 10 und 11 in der Detailzeichnung). Diese doppelte Bewegung, die in eine Zeit erfolgt, stellt eine doppelte Abwehr gegen einen gegen den Bauch gerichteten Stoß dar (*Morote otoshi uke*). Die linke Hand stoppt über der rechten mit der Handfläche nach unten. Die Ellbogen und Unterarme bleiben eng am Körper.

12. Am Ort wird die Bewegungsfolge mit einem *Chūdan jun zuki* beendet; die rechte Faust geht zurück in *Hikite*.

13. Auf derselben Linie erfolgt nun ein rechter *Chūdan jun zuki* (Möglichkeit eines *Kiai*).

14. Die rechte Faust wird mit der Faustinnenfläche zum Gesicht zurückgezogen. Der linke Fuß wird ein Stück zurückgesetzt, bevor man den rechten Fuß vor ihm über Kreuz setzt. Man wendet sich nun um 180° nach links (der linke Fuß bleibt am Ort), und man steht nun im *Shiko dachi* auf der Linie c-a, während man einen rechten *Gedan barai* ausführt. Siehe Detailzeichnung.

15. Der Kopf wird nach links gedreht, und man nimmt den linken Fuß ein wenig zurück, um sich in *Hachiji dachi* aufzurichten. Im gleichen Moment erfolgt ein linker *Chūdan tettsui*. Die rechte Faust geht zurück in *Hikite*. – Siehe Detailzeichnung.

16. Der rechte Fuß wird auf derselben Linie nach vorn gesetzt, und man schlägt den rechten Ellbogen in die linke Handfläche (*Chūdan mae empi uchi*). Man steht dabei im *Jun zuki no ashi [Zenkutsu dachi]*.

17. Das hintere Knie wird gegen das vordere Knie geführt. Die linke Ferse ist angehoben (*Kake dachi*, wie in Sequenz 14 der *Pinan yondan*. Vergleiche auch die entsprechende Position in der Kata *Kūshankū*), während ein *Jōdan sasae uke* (rechter *Jōdan ude uke [Jōdan soto uke]*, unterstützt vom linken Arm; die Faust mit der Faustinnenfläche nach unten ist am rechten Ellbogen) erfolgt.

18. Der linke Fuß wird auf der zentralen Achse c-a zurückgesetzt. Man blickt in dieselbe Richtung über die linke Schulter. Während dieser energischen Drehung der Hüften wird der rechte Arm gestreckt; die Innenseite der Faust zeigt nach oben, als würde man einen Schlag gegen das Kinn des Gegners führen (*Jōdan ura zuki*). Die linke Faust wird am Solarplexus in Bereitschaft gebracht. Man beachte, dass das gesamte Körpergewicht auf dem rechten Bein ruht (linkes Bein gestreckt, Ferse am Boden), das stark gebeugt ist. Man muss die Drehung des Körpers mit dem Stoß der rechten Faust synchronisieren (dasselbe Prinzip wie beim *Nagashi zuki*). Dies ist auch eine vorbereitende Haltung für den nachfolgenden Sprung.

19. Ohne die Füße zu bewegen, werden die Hüften nach links gedreht, und der rechte Arm wird nach vorn gestreckt. Die Innenseite der Faust zeigt noch immer nach oben. Dieser Schwung der Hüfte ermöglicht einen Sprung (rechtes Knie zuerst) mit starkem Impuls vom linken Fuß, wobei man sich weiter nach links dreht. Man springt so hoch wie möglich. Der Oberkörper ist aufrecht, und die Fäuste werden in Bereitschaft zur Taille gebracht (*Hikite*). Die Fersen schlagen beim Sprung an die Gesäßbacken. Auf diese Weise weicht man einem schnellen, tief geführten Schlag mit einem Stock aus.

20. Man landet mit gebeugten Knien, mit dem rechten Fuß zuerst. Der rechte Fuß ist vorn, und der linke Fuß dahinter, mit angehobener Ferse. Während man landet, blockt man einen *Mae geri* mittels *Gedan juji uke*. Die rechte Faust ist dabei oben. Man befindet sich auf der Linie c-a, aber die Abwehr erfolgt im Winkel von 90° zur Linken von dieser Linie.

21. Der rechte Fuß wird in Richtung von Punkt a gesetzt, so dass man im *Jun zuki no ashi* steht, wobei ein *Morote jōdan ude uke* erfolgt. Die Brust ist nach vorn ausgerichtet. *Kiai.*

22. Der linke Fuß wird im Kreisbogen ein wenig nach links geführt, so dass er sich auf Höhe der Ferse des rechten befindet (Linie c-a). Man wendet sich um 180° nach links, wobei das gesamte Körpergewicht auf dem rechten Bein ruht. Man nimmt nun eine sehr offene Form des *Mahanmi no nekoashi dachi* ein. Der Oberkörper ist auf der Linie des vorderen, gestreckten Beins, Ferse am Boden, nach hinten geneigt (Ausweichen). Während der Wendung wird ein rechter *Jōdan ude uke [Jōdan soto uke]* und ein linker *Gedan barai* ausgeführt.

23. Ohne den Oberkörper zu bewegen, wird der linke Fuß zum rechten gezogen, und man richtet sich auf, so dass man im *Musubi dachi* steht.

24. Der Kopf wird 45° in Richtung von Punkt d gedreht, und der rechte Fuß wird auf der Linie a-d im Winkel von 45° zur Linie a-c vorgesetzt, ohne dass dabei die Arme bewegt werden. Man dreht mit einer schnellen Bewegung die Hüften nach links, um die umgekehrte Stellung von Sequenz 22 einzunehmen. Es erfolgt ein rechter *Gedan barai* und ein linker *Jōdan ude uke [Jōdan soto uke].*

25. Der rechte Fuß wird zurückgesetzt. *Yame.* Gruß.

Ende der Kata.

Schlüsselelemente der Pinan godan

- Diese Kata fügt den bereits aus der *Pinan yondan* bekannten Elementen ein Training des Gleichgewichts hinzu.
- Hinsichtlich der Kraftentfaltung durch Drehung des Körpers finden sich in der Kata einige interessante Ideen: Wendung mit Versetzen des vorderen Fußes (14), Drehung nach Art *Nagashi zuki* (18), gesprungene Wendung (19), Wendung mit entgegengesetzten Kräften (22 und 24).
- Kampfstellungen: Das gesamte Spektrum, außer *Naihanchi dachi.*
- Rhythmus: 1-2, 3-4-5, 6-7-8, 9, 10, 11, 12, 13-14, 15, 16, 17-18-19, 20, 21-22, 23, 24, 25.

Pinan godan

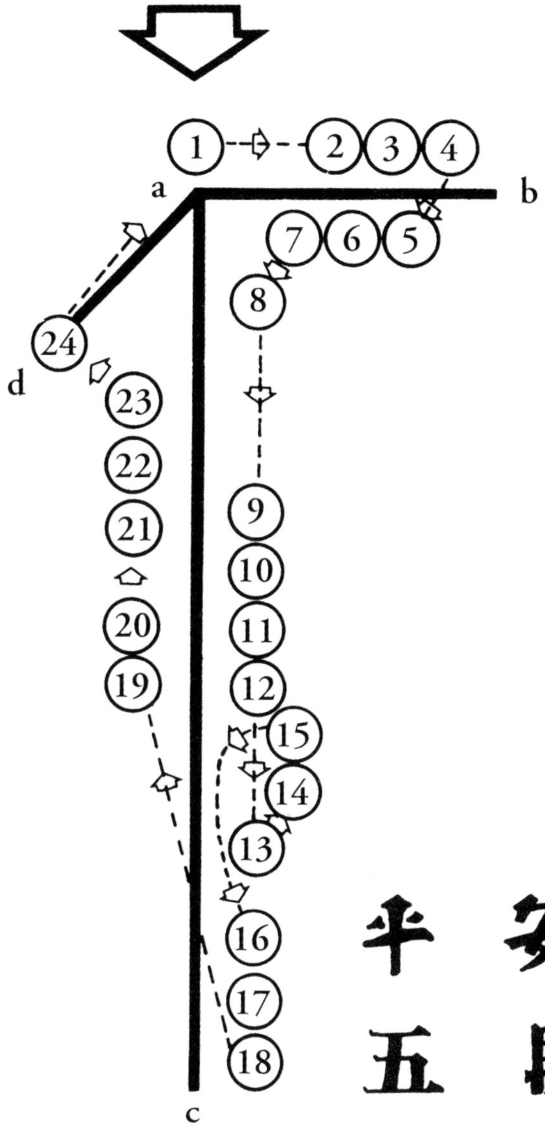

平安五段

Pinan godan

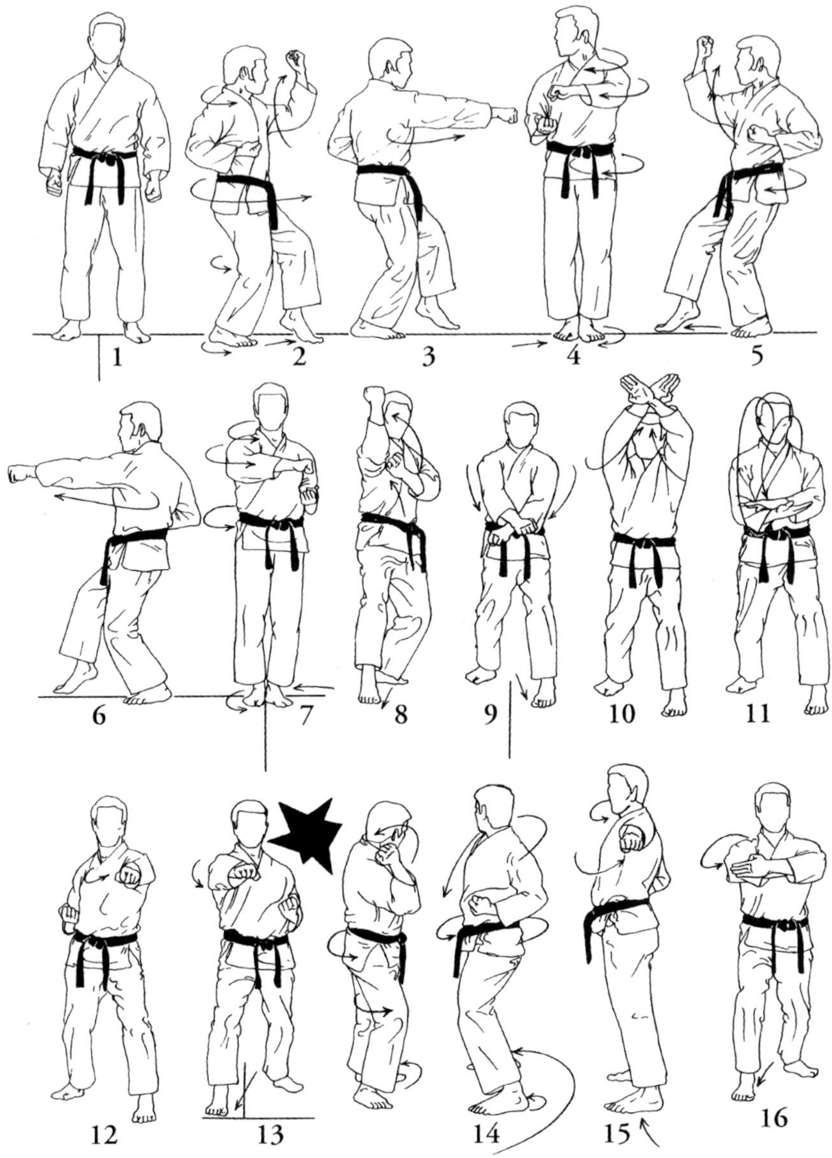

Pinan godan

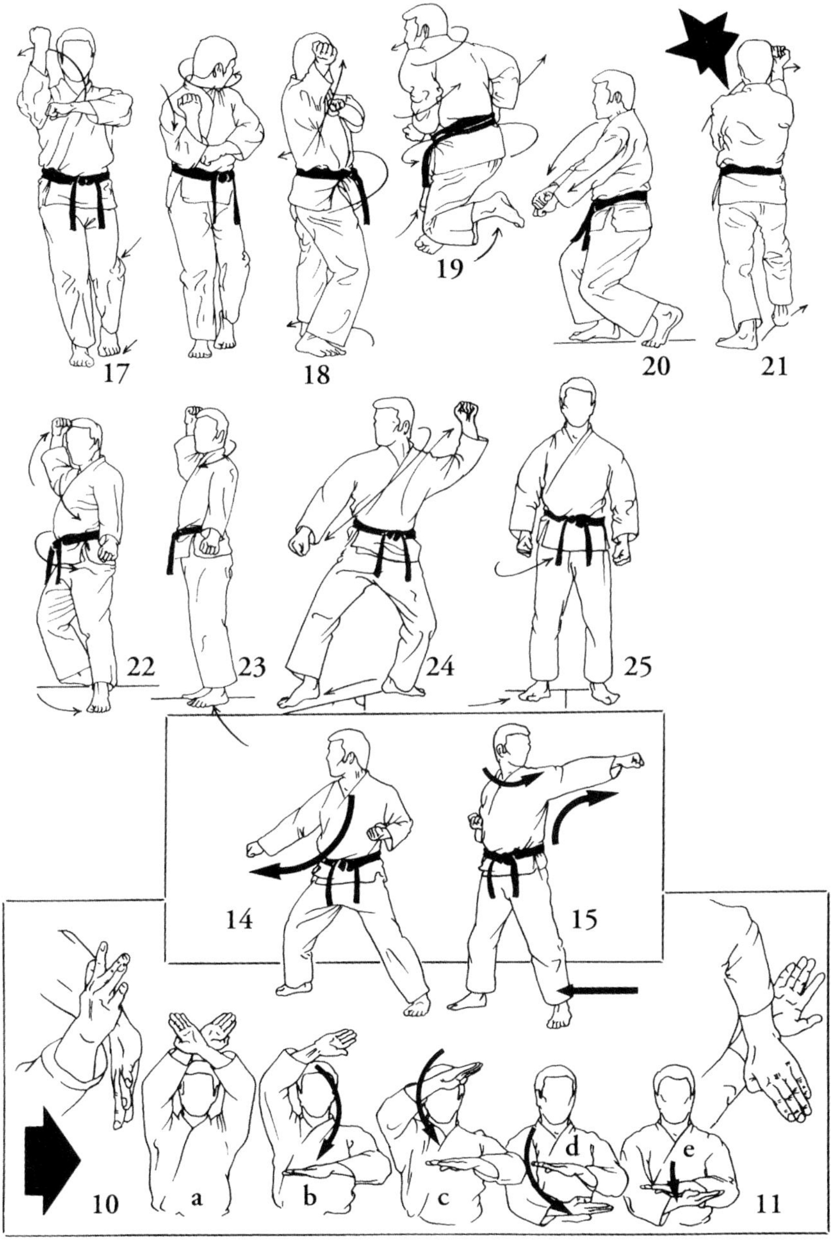

Bassai

Die *Bassai* ist eine der ältesten Kata. Ihr Schöpfer ist unbekannt. Es gibt davon zahlreiche Varianten. *Bassai* bedeutet »die Festung brechen«. Im Shōtōkan gibt es eine große (*Dai*) und eine kleine (*shō*) Form. Im Wadōryū hingegen gibt es nur eine *Bassai*. Viele der Techniken und Richtungen sind hier die gleichen wie im Shōtōkan. Für manche Detailstudien kann man sich daher auf die *Bassai dai* dieses Stils beziehen, doch muss berücksichtigt werden, dass die Abwehrtechniken, die im Shōtōkan auf *Chūdan*-Niveau erfolgen, hier auf *Jōdan*-Niveau ausgeführt werden.

Die Zeichnungen in den Rahmen zeigen manche Abschnitte der Kata unter einem anderen Blickwinkel.

1. Nach dem *Rei* werden die Füße im *Heisoku dachi* zusammengebracht. Man blickt in Richtung von Punkt c, die rechte Faust (mit der Innenseite nach oben) liegt in der Handfläche der rechten, offenen Hand, deren Finger nach unten zeigen (Daumen vorn).

2. Man springt mit dem rechten Fuß zum Punkt c, daraufhin setzt man unverzüglich den linken Fuß mit angehobener Ferse über Kreuz hinter den rechten (*Kake dachi*) [alternativ: der linke Fuß wird in Linie hinter den rechten gesetzt], während ein *Jōdan sasae uke* ausgeführt wird: Der rechte Unterarm, der senkrecht steht, blockt, während die linke Hand die Abwehr verstärkt, indem sie auf Höhe des Handgelenks bzw. des »Eisenhammers« stützt. Der Körper ist im Viertelprofil und so kraftvoll positioniert, dass man in der Lage ist, jedes Hindernis beiseite zu stoßen.

3. Man wendet sich auf dem rechten Fuß nach links, und der linke Fuß wird nach hinten auf der zentralen Achse der Kata versetzt. Man nimmt einen *Gyaku zuki no ashi* ein und blockt mit linkem *Jōdan ude uke [Jōdan soto uke]*.

4. Am Ort wird die rechte Faust in Bereitschaft zur linken Hüfte gebracht, und man führt einen *Jōdan ude uke [Jōdan soto uke]* aus, wobei man die Hüften nach links dreht.

5. Man wendet sich auf dem linken Fuß nach rechts und versetzt den rech-

ten Fuß im Kreisbogen nach hinten in die gleiche Richtung, so dass man sich auf derselben Linie, aber zum Punkt c gerichtet, im *Gyaku zuki no ashi* befindet, während man einen linken *Jōdan uchi uke* ausführt.

6. Am Ort: rechter *Jōdan ude uke [Jōdan soto uke]* mit Drehung der Hüften in Gegenrichtung.
7. Man wendet auf dem linken Fuß nach rechts, während man den rechten Fuß nach vorn auf die Linie a-b zurücksetzt. Man nimmt einen *Manmae no nekoashi dachi [Mashōmen no nekoashi dachi]* ein und wehrt mittels *Gedan uke* mit der Innenkante des rechten Unterarms ab, während man die Stellung absenkt.
8. Man setzt die kreisbogenförmige Bewegung der rechten Faust bis zum rechten Ohr fort und führt nach vorn einen *Jōdan soto uke* aus, ohne dass der Rest des Körpers sich bewegt.
9. Am Ort erfolgt ein linker *Jōdan ude uke [Jōdan soto uke]* mit entgegengesetzter Drehung der Hüften.

Anmerkung: *Die Sequenzen 10 bis 15 entsprechen den Sequenzen 5 bis 10 der Kata Kūshankū (siehe S. 123).*

10. Man wendet sich gleichzeitig auf beiden Füßen, indem man die Fersen versetzt, um mit Blick in Richtung von Punkt c einen *Hachiji dachi* einzunehmen. Dabei werden die Fäuste nach rechts in *Koshi kamae* genommen (rechte Faust in *Hikite*, linke darüber mit der Faustinnenseite nach unten).
11. Am Ort erfolgt ein linker *Tettsui chūdan*, der aus der vorherigen Position entwickelt wird, während die Hüften nach rechts gedreht werden, um die Bewegung zu unterstützen.
12. Am Ort: Aus vorheriger Bewegung entwickelter rechter *Chūdan zuki*, mit Bewegung der Hüften.
13. Der linke Fuß wird seitlich auf die Linie a-b gestellt, um so einen *Gyaku zuki tsukomi no ashi* einzunehmen, während man mit rechtem *Jōdan ude uke [Jōdan soto uke]* nach vorn blockt (Abwehr eines Angriffs, der auf der Linie a-c erfolgt). Man beachte, dass man, um dieser Technik die erforderliche Wucht zu verleihen, zunächst den Fuß nach

vorn bringen muss, während man die Faust zur Vorbereitung zur gegenüberliegenden Hüfte bringt. Der anschließende Block erfolgt ausschließlich dadurch, dass man seine Position absenkt, während sich die Hüften kraftvoll in Gegenrichtung drehen.

14. Der linke Fuß wird versetzt, um so einen *Hachiji dachi* nach vorn einzunehmen. Die daraus resultierende seitliche Verschiebung der Hüften wird von einem rechten *Chūdan choku zuki* in Richtung von Punkt c begleitet.

15. Gegenläufige Bewegung zu Sequenz 13: Der rechte Fuß wird seitlich nach rechts gestellt, so dass man im *Gyaku zuki no ashi* steht, wobei man einen linken *Jōdan ude uke [Jōdan soto uke]* auf der zentralen Achse ausführt.

16. Ohne den Oberkörper zu bewegen, wird der linke Fuß näher zum rechten gesetzt (Abstand zwischen den Füßen halbieren), so dass er sich unterhalb des Schwerpunkts des Körpers befindet. Daraufhin wird der rechte Fuß auf der Linie a-c nach vorn gesetzt, so dass man einen *Mahanmi no nekoashi dachi* einnimmt, um einen rechten *Jōdan shutō uke* auszuführen.

17. Man geht in die gleiche Richtung im *Mahanmi no nekoashi dachi* mit einem linken *Jōdan shutō uke* vor.

18. Man geht in die gleiche Richtung im *Mahanmi no nekoashi dachi* mit einem rechten *Jōdan shutō uke* vor.

19. Rücksetzen des rechten Fußes auf derselben Linie, um sich im *Mahanmi no nekoashi dachi* mit linkem *Jōdan shutō kake uke* (Hand offen mit Handfläche nach vorn, Finger nach außen, ohne Handgelenk zu beugen) und rechtem *Chūdan otoshi uke* zu verteidigen (Sequenzen 28 und 29 der *Pinan yondan*).

20. Am Ort Wendung nach links, wobei das Körpergewicht auf das linke Bein verlagert wird (die rechte Ferse wird angehoben), und das von der linken Hand »Ergriffene« wird nach unten bis vor den Bauch gedrückt, wobei die rechte Hand, die nach vorn geführt wird, den »Griff« verstärkt.

21. Ohne die Position der Hände zu verändern, wird das rechte Knie sehr hoch gehoben, um daraufhin einen *Chūdan sokutō fumikomi* auszuführen, wobei die Hände kraftvoll nach hinten gezogen werden. Erste Möglichkeit für einen *Kiai*.

22. Die rechte Ferse wird an die linke gesetzt. Der linke Fuß wird nun nach vorn gebracht, so dass man im *Mahanmi no nekoashi dachi* in Richtung von Punkt a steht, wobei ein linker *Jōdan shutō uke* ausgeführt wird.

23. Der rechte Fuß wird in dieselbe Richtung nach vorn gesetzt, um rechten *Jōdan shutō uke* im *Mahanmi no nekoashi dachi* auszuführen.

24. Rechten Fuß zum linken setzen (*Heisoku dachi*), während beide Arme zum *Morote jōdan age uke* erhoben werden. Der Blick ist in Richtung von Punkt a gerichtet.

25. Die Unterarme werden seitlich auseinandergebracht (Befreiung), und der rechte Fuß wird nach vorn gesetzt (Punkt a) … bis man einen *Jun zuki no ashi [Zenkutsu dachi]* eingenommen hat, während man zugleich mit beiden Fäusten einen *Chūdan tettsui* ausführt.

26. Ohne Unterbrechung des Bewegungsflusses lässt man den rechten Fuß ein Stück nach vorn gleiten, worauf man mit dem linken folgt (*Yori ashi*). Man bleibt im *Jun zuki no ashi*, um einen rechten *Chūdan zuki* auszuführen, während die linke Faust in *Hikite* geht.

27. Wendung auf dem rechten Fuß um 90° nach links und den linken Fuß auf Höhe des rechten bringen (*Musubi dachi*: Fersen geschlossen, Fußspitzen auseinander). Der Blick wird in Richtung c gerichtet, während man mit linkem *Gedan barai* und rechten *Jōdan ude uke [Jōdan soto uke]* blockt.

28. Wendung auf dem linken Fuß um 180° nach links; die Hüften drehen sich mit, und der rechte Fuß wird auf die zentrale Achse gestellt. Man nimmt einen *Shiko dachi* ein und blockt mit linkem *Gedan barai* im Gegensinn zur Drehung des Körpers.

29. Der linke Fuß wird zum rechten geführt, und man richtet sich in *Hachiji dachi* auf, wobei man in Richtung von Punkt b blickt. Dabei

führt man einen linken *Chūdan tettsui* aus und nimmt die rechte Faust in *Hikite*.

30. Die linke Hand wird mit der Handkante nach unten und den Fingern in Richtung a geöffnet. Man führt einen rechten *Mikazuki geri* in die offene Hand aus, wobei man auf dem linken Fuß dreht.
31. Die Wendung wird vollendet, und man setzt den Fuß so ab, dass man im *Shiko dachi* steht. Dabei wird mit dem rechten Ellbogen ein *Chūdan empi uchi* in die linke Hand, die sich noch immer am selben Ort bezüglich des Körpers befindet, ausgeführt.
32. Die vier folgenden Sequenzen erfolgen im *Shiko dachi* am Ort. Der Kopf wird nach rechts gedreht, und man führt einen *Gedan tettsui uchi* mit der rechten Faust nach rechts aus, während die linke Hand mit der Faustinnenfläche nach oben zum rechten Brustmuskel geführt wird.
33. Umgekehrte Bewegung: *Gedan tettsui uchi* mit linker Faust, und rechte Faust zum linken Brustmuskel.
34. Analog zu Sequenz 33.
35. Die Fäuste werden in *Hikite* genommen (vorbereitende Position) …
36. … und das Gewicht des Körpers wird nach vorn in einen *Jun zuki tsukomi no ashi* verlagert, um einen *Yama zuki* auszuführen.
37. Der rechte Fuß wird zum linken geführt (*Heisoku dachi*), man blickt zum Punkt a. Die Fäuste werden abwehrbereit zur rechten Hüfte gebracht (rechte Faust im *Hikite*, die linke darüber, Faustinnenfläche nach unten).
38. Der linke Fuß wird in *Jun zuki tsukomi no ashi* in Richtung Punkt a vorgesetzt. Dabei erfolgt ein *Yama zuki*. Symmetrische Sequenz 36.
39. Der linke Fuß wird zum rechten geführt, und die Fäuste werden nach links in Abwehrbereitschaft gebracht.
40. Wiederholung von Sequenz 36: Dritter *Yama zuki*, mit rechtem Fuß vorn. Zweite Möglichkeit für einen *Kiai*.
41. Wendung auf dem rechten Fuß nach links, wobei der linke Fuß kreisbogenförmig nach hinten versetzt wird, um auf die Linie a-b zu gelan-

gen. Dabei erfolgt ein rechter *Jōdan ude uke [Jōdan soto uke]* im *Gyaku zuki tsukomi no ashi* mit gebeugtem linken Knie.

42. Wendung auf beiden Füßen nach rechts. Linker *Jōdan ude uke [Jōdan soto uke]* auf der zentralen Achse, indem die Position umgekehrt wird.

43. Wiederholung von Sequenz 16: Den linken Fuß zum rechten setzen, daraufhin den rechten Fuß auf der Linie a-c nach vorn setzen und im *Mahanmi no nekoashi dachi* einen *Jōdan shutō uke* ausführen.

44. Blick in Richtung Punkt d, im Winkel von 45° zur zentralen Achse. Der rechte Fuß wird auf die Linie a-d gesetzt, ohne dass der Oberkörper bewegt wird. Das linke Knie bleibt gebeugt. Die Stellung ist *Hanmi no nekoashi dachi.*

45. Ohne den Oberkörper zu bewegen, wird der rechte Fuß senkrecht unter den Schwerpunkt gesetzt. Daraufhin wird unverzüglich der linke Fuß in Richtung von Punkt d versetzt, und man führt auf der Linie a-d im Winkel von 45° zur zentralen Achse im *Hanmi no nekoashi dachi* einen linken *Jōdan shutō uke* aus.

Anmerkung: *Die Sequenzen 43, 44 und 45 (drei Shutō uke) werden langsam ausgeführt.*

46. Man verharrt eine Sekunde. Der linke Fuß wird nach h zurück direkt unter den Schwerpunkt gesetzt. Dann wird der rechte Fuß neben den linken geführt, und man richtet sich in einen *Heisoku dachi* auf, während die Hände wieder in die Position der 1. Sequenz gebracht werden. Die Fußspitzen werden gespreizt (*Musubi dachi*). Rei.

Ende der Kata.

Bassai

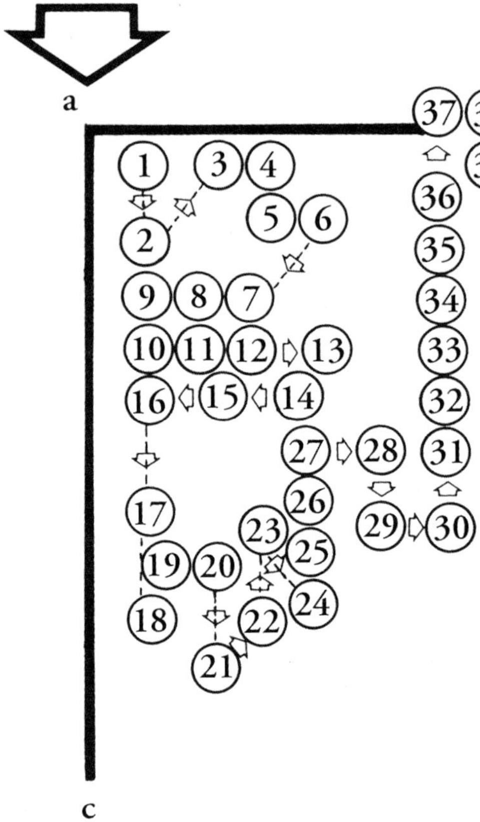
a
b
c
d
1 2 3 4 5 6 7 8 9 10 11 12 13 14 15 16 17 18 19 20 21 22 23 24 25 26 27 28 29 30 31 32 33 34 35 36 37 38 39 40 41 42 43 44 45 46 47

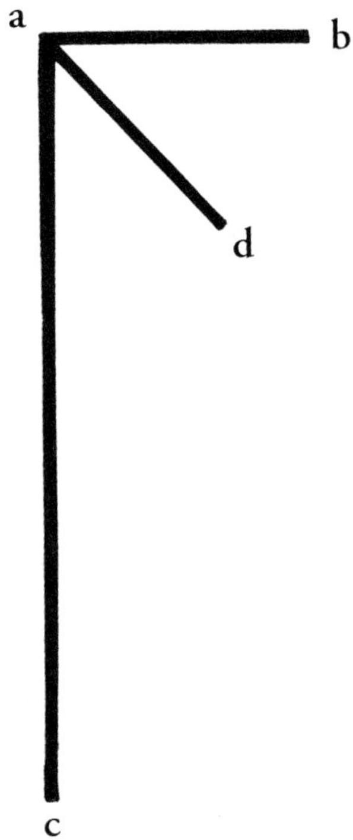
a
b
c
d

抜塞

Bassai

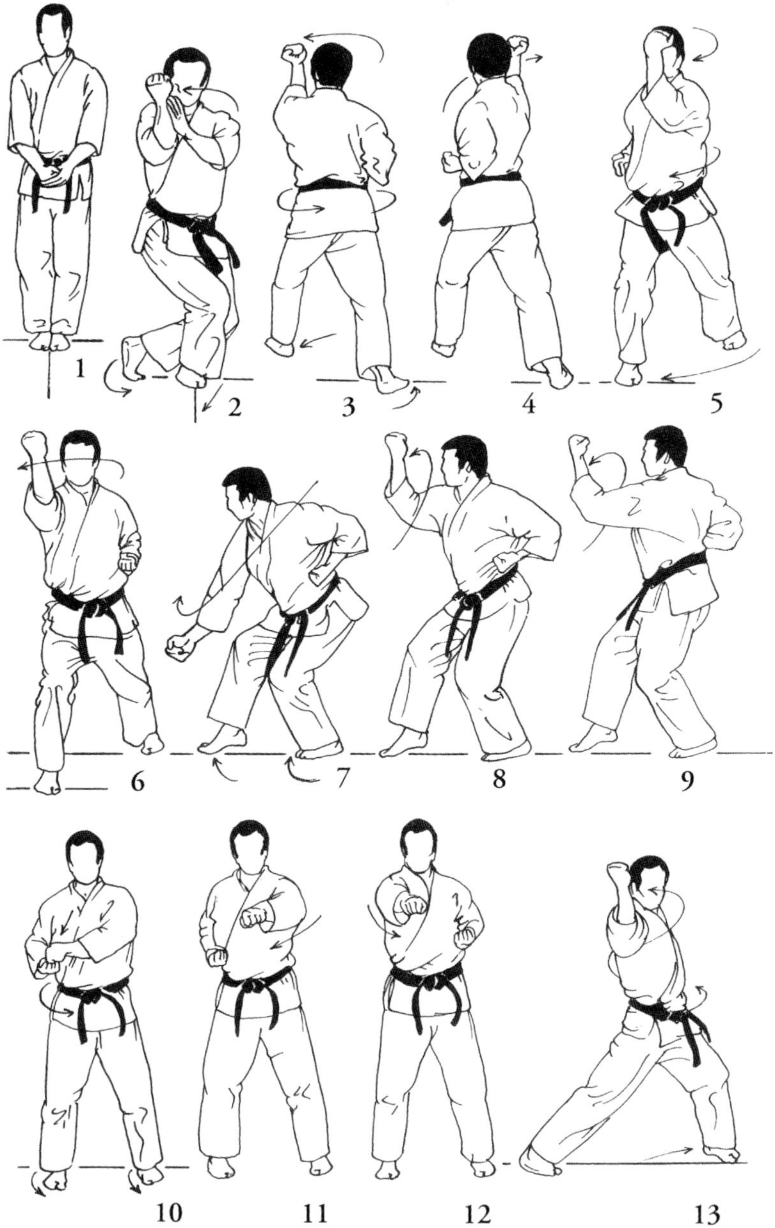

Bassai

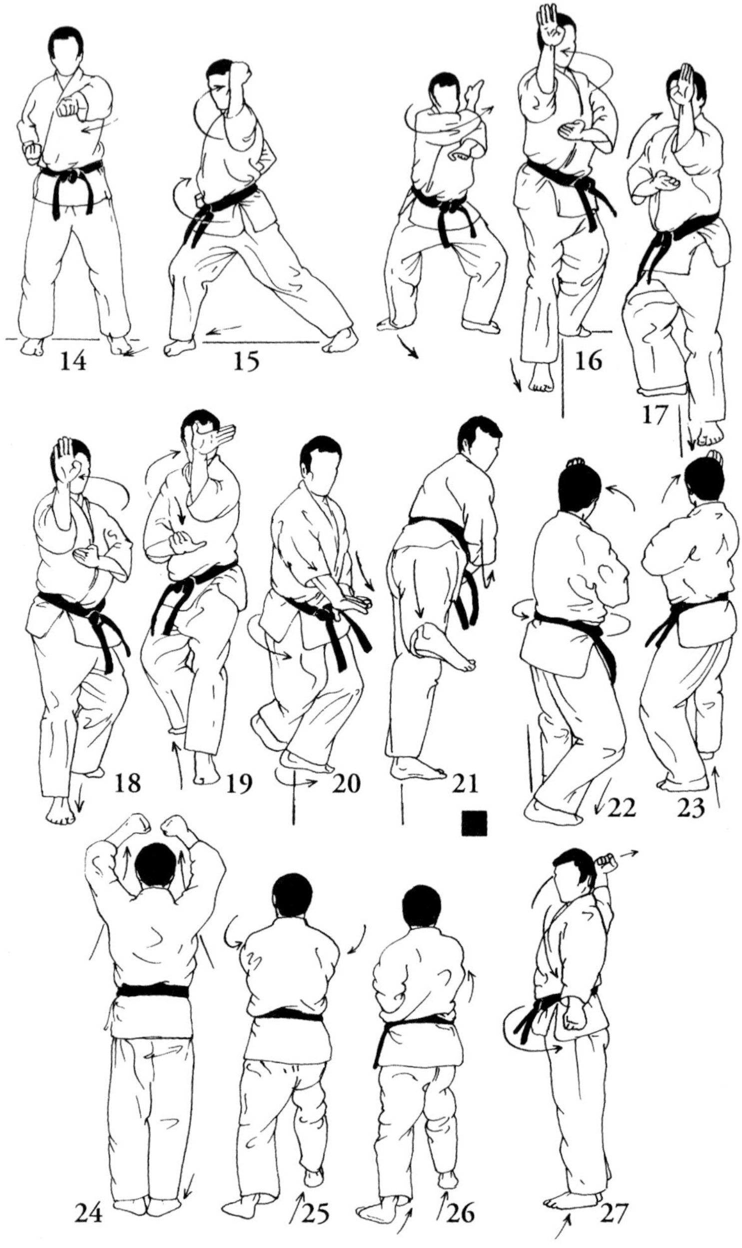

Bassai

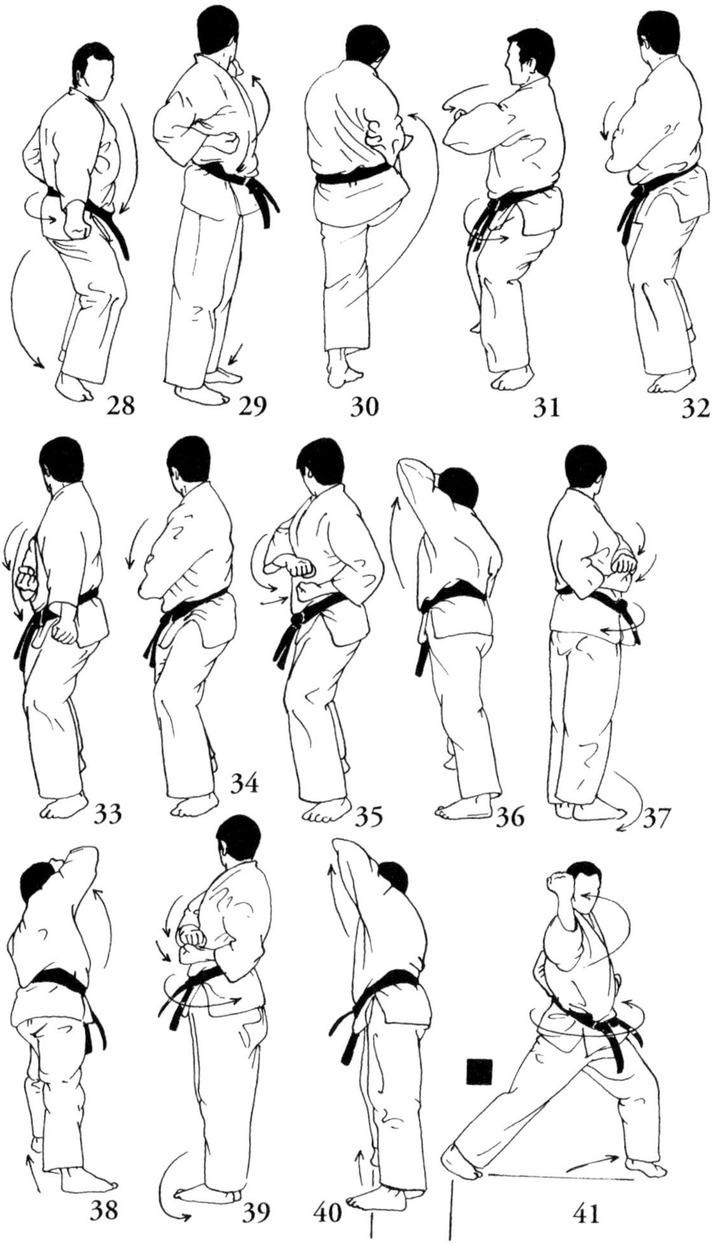

Bassai

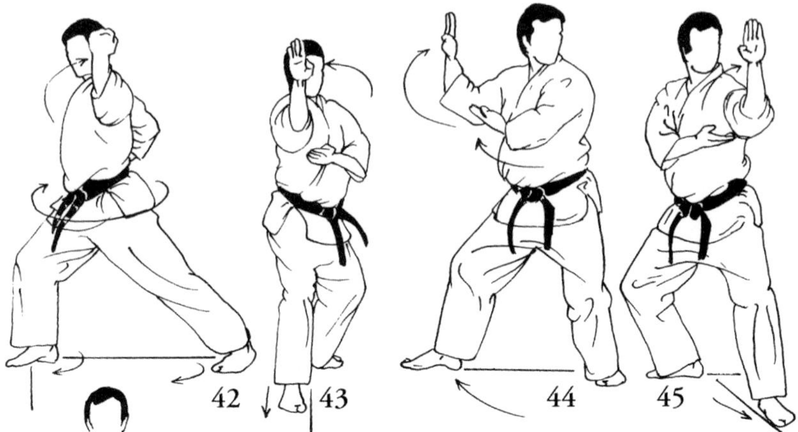

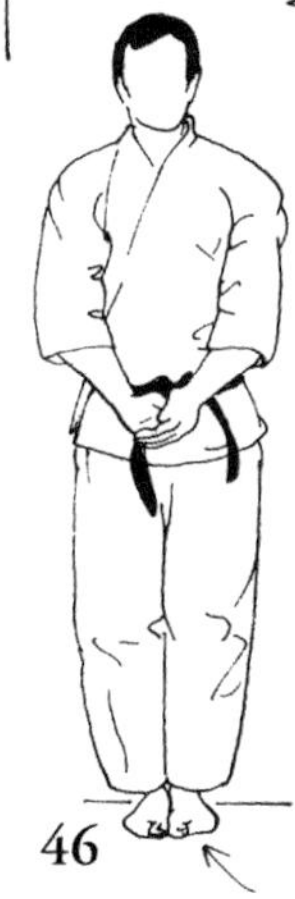

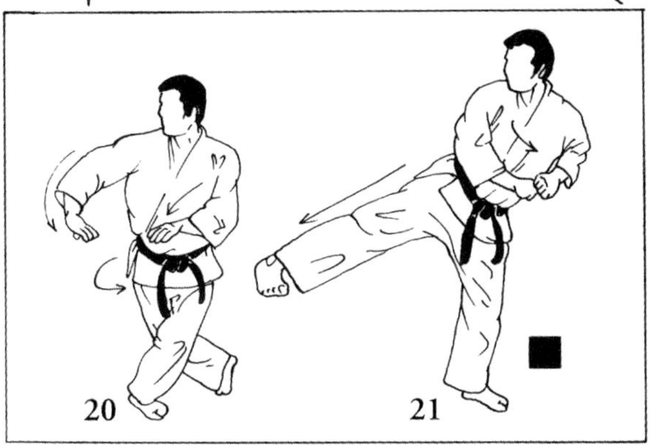

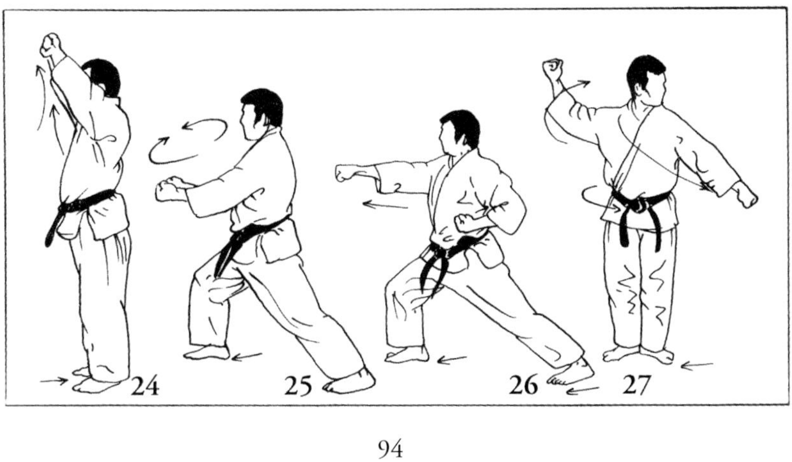

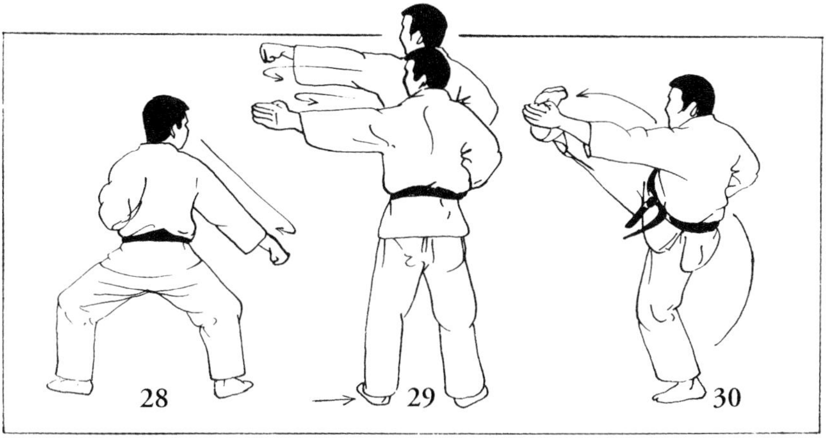

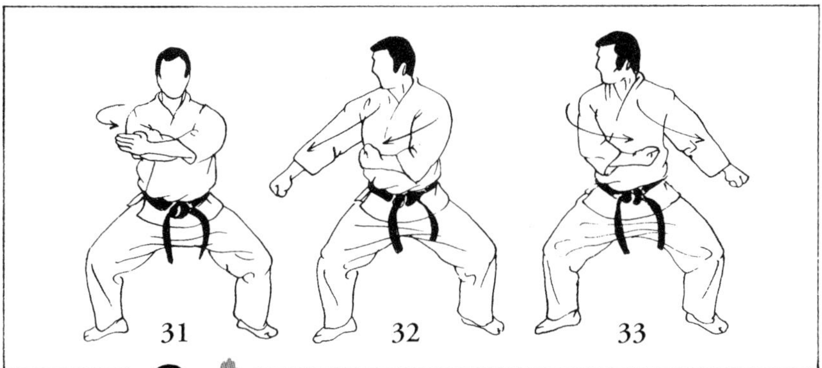

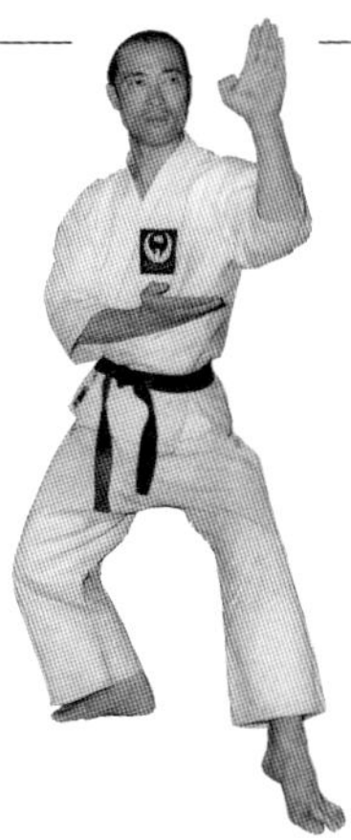

Foto 6: Suzuki Tatsuo in einer Haltung der Kata *Bassai*.

Chintō

Diese Kata entspricht der *Gankaku* des Shōtōkan-ryū. *Chintō* bedeutet »Kranich auf einem Felsen«. Diesen Namen erhielt die Form wegen ihrer zahlreichen Positionen auf einem Bein (*Sagiashi dachi* oder *Tsuruashi dachi*), die sich auch in den Kata *Wanshu* und *Rōhai* wiederfinden.

Diese Kata entstammt dem Stil des *Tomari-te* (die erste *Chintō* Kata war die nach Kyan Chōtoku benannte *Kyan no Chintō*) vereint Schnelligkeit und Stabilität trotz der zahlreichen Wenden. Die gesamte Form verläuft auf einer einzigen Linie.

Anmerkung: *Die Kata Chintō ist eine der beiden Wadō-ryū-Kata, die als Shitei kata ausgewählt wurden.*

1. Nach dem Gruß nimmt man die Haltung *Yoi no kamae* ein.
2. Der linke Fuß wird rasch zurückgesetzt, und in der Position *Tate seishan dachi [Chintō dachi]* blockt man mittels *Morote jōdan nagashi uke*. Die Fersen sind auf einer Höhe, und der Körper ist in *Hanmi*.
3. Am Ort und unterstützt von der gesamten Körperkraft pariert man rechts vor sich mit *Morote chūdan otoshi uke* (mit offenen Händen).
4. Unverzüglich wird am Ort ein linker *Chūdan zuki* ausgeführt, während die rechte Faust in *Hikite* genommen wird.
5. Es folgt ein rechter *Chūdan zuki* (*Gyaku*), wobei der linke Fuß ein wenig geöffnet wird; man bleibt jedoch im *Tate seishan dachi*.

Anmerkung: *Die Techniken 2 bis 5 werden mit großer Schnelligkeit ausgeführt, ohne dass der Bewegungsfluss unterbrochen wird.*

6. Wendung auf dem linken Fuß nach links. Während die Hüften weit gedreht werden, wird der rechte Fuß im Kreisbogen geführt und so abgesetzt, dass man im *Shiko dachi* steht. Dabei erfolgt ein rechter *Gedan barai* auf der Linie der Kata, doch der Blick ist nach hinten gerichtet. Man muss sich sehr schnell umwenden. Der Schwerpunkt bleibt stets hinter dem linken Knie und wird im Idealfall seine Position nicht verändern.

7. Wendung nach links, und Versetzen des linken Fußes, so dass man in *Zenkutsu dachi* steht. Dabei erfolgt ein *Jōdan juji uke*.
8. Am Ort werden die Fäuste kraftvoll mit *Tettsui morote otoshi uke* nach unten gebracht. Die Ellbogen sind dicht am Körper.
9. Mit einem vom linken Fuß ausgehenden Impuls wird das rechte Knie nach oben gerissen, und es erfolgt ein *Nidan tobi geri* mit dem rechten Fuß, gefolgt von einem Tritt mit dem linken. Während man den rechten Fuß wieder absetzt, werden die Fäuste in *Hikite* gezogen, um unverzüglich mit *Gedan juji uke* zu blocken. Die Fäuste sind dabei geschlossen, und der linke Fuß wird nach vorn in *Zenkutsu dachi* abgesetzt.
10. Die Fäuste werden wieder in *Hikite* genommen, und der Körper wird auf dem rechten Fuß nach hinten rechts gewendet, um sich mit Blick in die rückwärtige Richtung der Linie der Kata wiederzufinden. Der linke Fuß wird nun rasch in diese Richtung nach vorn gestellt, und es erfolgt erneut ein *Gedan juji uke* mit geschlossenen Fäusten.
11. Wendung auf dem linken Fuß nach hinten rechts und gleichzeitiges Versetzen des rechten Fußes, um einen rechten *Morote gedan barai* auszuführen. Die Position ist ein spezieller *Kokutsu dachi* (der sich auch in der Kata *Pinan godan* findet), mit der Spitze des vorn stehenden Fußes in Richtung Gegner und gestrecktem vorderen Bein. Der Körper ist nach hinten verschoben, um auszuweichen.
12. Der Körper wird wieder frontal gestellt, ohne die Haltung der Arme zu verändern, indem der linke Fuß unmittelbar neben den rechten gestellt wird (Zwischenstellung *Heisoku dachi*). Unverzüglich wird der linke Fuß nach vorn weitergeführt, so dass man in anderer Auslage im *Kokutsu dachi* steht. Es erfolgt ein *Morote gedan shutō uke*, wobei die rechte Hand zum Solarplexus geführt wird.
13. Man geht nach vorn in einen rechten *Zenkutsu dachi*, wobei frontal ein *Morote jōdan shutō barai* erfolgt.
14. Man wendet sich auf dem rechten Fuß nach links und führt den linken Fuß ein Stück nach vorn, so dass der auf Höhe der rechten Ferse steht, um einen *Hanshiko dachi* einzunehmen (ein wenig höher als

Shiko dachi) und einen *Morote jōdan shutō uchi uke [Morote jōdan shutō soto uke]* auszuführen.

15. Ohne die Füße zu bewegen, richtet man sich auf. Während man den Kopf nach links dreht (nach hinten bezüglich der Kata-Achse) und die Fäuste absenkt. Im Unterschied zu den vorherigen Bewegungen, erfolgt diese Sequenz mit langsamer Geschwindigkeit.

16. Der linke Fuß wird ein wenig nach vorn gesetzt. Man nimmt wieder die Stellung *Kokutsu dachi* der Sequenzen 11 und 12 ein und führt einen linken *Gedan barai* aus, verbunden mit einem rechten *Jōdan uchi uke [Jōdan soto uke]* (wie in der Kata *Pinan godan*).

17. Der rechte Fuß wird neben den linken gesetzt, während der Körper wieder frontal ausgerichtet wird, ohne dass dabei die Position der Arme verändert wird (Zwischen-Sequenz). Daraufhin führt man die Abfolge fort, indem der rechte Fuß auf derselben Linie nach vorn gesetzt wird, um die vorhergehende Haltung in anderer Auslage einzunehmen und die symmetrische Technik auszuführen: Rechter *Gedan barai* mit linkem *Jōdan uchi uke [Jōdan soto uke]*.

18. Wendung auf dem rechten Fuß nach links, wobei der linke Fuß zum rechten gesetzt wird, ohne dass dabei die Haltung der Arme verändert wird. Während dieser Zwischen-Sequenz blickt man erneut in die vordere Richtung der Kata. Man beachte, dass man bei der Wendung das Gleichgewicht auf den Fußballen aufrechterhalten muss, indem die Fersen ein wenig angehoben werden. Man dreht sich weiter auf dem rechten Fuß nach links, und indem der linke Fuß nach hinten bezüglich der Linie der Kata versetzt wird, wiederholt man die Sequenz 16.

19. Der rechte Fuß wird über Kreuz hinter den linken gestellt (*Kake dachi*), wobei ein *Gedan juji uke* im Winkel von 90° bezüglich der vorherigen Richtung erfolgt. Der Körper bleibt dabei aufrecht.

20. Man führt die Bewegungsfolge weiter, indem man den rechten Fuß nach rechts setzt, um einen *Hanshiko dachi* einzunehmen, verbunden mit einem *Morote jōdan uchi uke*.

21. Man richtet sich langsam auf. Die Füße bleiben an ihrem Ort. Man

nimmt auf diese Weise einen *Hachiji dachi* ein, während die Fäuste wie in der Position *Yoi no kamae* abgesenkt werden.

22. Am Ort werden die Fäuste zu den Hüften geführt, mit Faustinnenflächen nach hinten.

23. Man dreht die rechte Faust, so dass die Faustinnenfläche nach oben zeigt, in *Hikite*, bevor man die Hüften nach links dreht und sich dabei auf beiden Füßen nach links wendet und die rechte Faust und den rechten Ellbogen wieder in die Position von Sequenz 22 bringt. Dies ist eine Blocktechnik, wie in der Kata *Pinan sandan* (*Empi uke*).

24. Man wendet sich wieder in Gegenrichtung durch Drehung der Hüften, um mit dem rechten Ellbogen zu blocken (man beachte, dass zuvor analog zur Sequenz 23 die linke Faust in *Hikite* mit der Faustinnenfläche nach oben gedreht wird).

25. Die Wendung wird auf dem rechten Fuß weitergeführt, so dass man sich schließlich auf derselben Linie, aber in Gegenrichtung im Vergleich zu Sequenz 22 im *Kake dachi* befindet. Dabei erfolgt ein *Morote jōdan ude uke [Morote jōdan soto uke]*. Bei all diesen Drehungen muss der Oberkörper aufrecht bleiben. Bei dieser abschließenden Wendung wird mit einem kraftvollen *Kime* geblockt.

26. Man richtet sich auf dem rechten Bein auf, indem das Knie ein wenig gehoben wird (*Tsuruashi dachi*, linkes Knie angehoben, linker Fuß an rechtes Knie seitlich angelehnt). Der Kopf ist nach links gerichtet, also wieder in die vordere Richtung der Linie der Kata, und man pariert simultan mit linkem *Chūdan tettsui* und rechten *Jōdan ude uke [Jōdan soto uke]*. Der Oberkörper ist dabei im Profil (*Manji gamae*).

27. Die Fäuste werden rechts in *Hikite* gezogen (linke Faust oben), und daraufhin erfolgen simultan ein linker *Chūdan mae geri* und ein linker *Chūdan tettsui*. Das Standbein bleibt dabei gespannt. Die linke Faust bleibt an ihrem Ort, während der linke Fuß ein wenig nach vorn gebracht wird, bevor er wieder abgesetzt wird. Unverzüglich darauf erfolgt ein kraftvoller rechter *Chūdan jun zuki*. Die gesamte Sequenz wird in einem fließenden Ablauf ausgeführt. – Erste Möglichkeit für einen *Kiai*.

28. Man richtet sich auf dem linken Bein auf, während man sich nach links wendet um – mit Oberkörper im Profil und Blick nach wie vor in vordere Richtung der Kata-Linie – simultan einen rechten *Chūdan barai* und einen linken *Jōdan ude uke [Jōdan soto uke]* auszuführen. Die Stellung ist ein *Tsuruashi dachi*. Dies ist die symmetrische Technik zu Sequenz 26.

29. Die Fäuste werden nach links in *Hikite* gezogen. Daraufhin werden simultan ein rechter *Chūdan tettsui* und ein rechter *Chūdan mae geri* ausgeführt in die vordere Richtung der Linie der Kata, bevor der rechte Fuß in *Tate seishan dachi* abgesetzt wird und ein linker *Gyaku zuki* auf *Chūdan*-Höhe erfolgt.

30. Das Körpergewicht wird auf das vordere Bein verlagert, und man richtet sich auf diesem Bein auf, während man sich nach hinten links wendet: Man befindet sich nun im *Tsuruashi dachi*. Der Blick geht in die hintere Richtung der Kata-Linie, und man führt einen linken *Chūdan barai* und einen rechten *Jōdan uke* aus.

31. Symmetrische Technik zu Sequenz 29: Linker *Chūdan mae geri* und linker *Chūdan barai*, gefolgt von rechtem *Chūdan gyaku zuki* im *Tate seishan dachi [Chintō dachi]*. Diese Bewegungen werden in einer kontinuierlichen schnellen Abfolge ausgeführt.

32. Man wendet sich langsam auf den Fersen nach hinten rechts, und während man einen *Shiko dachi* einnimmt, führt man mit der rechten Hand einen *Jōdan kake uke* aus, wobei die linke Faust in *Hikite* bleibt.

33. Am Ort, aber mit einer starken Drehung der Hüften nach rechts, um einen rechten *Tate seishan dachi [Chintō dachi]* einzunehmen, stößt man den linken Ellbogen von unten nach oben in die rechte Handfläche (*Gyaku empi chūdan*).

34. Am Ort wird langsam die rechte Faust geschlossen und gegen die linke Handfläche gebracht.

35. Die rechte Faust wird rasch von unten nach oben gerissen (*Uraken uchi*), während man die linke Faust wieder in *Hikite* zieht. Gleichzeitig wird das rechte Knie hochgerissen. Während des *Uraken uchi* der rechten Faust beginnt man, sich auf dem rechten Fuß von links nach rechts zu

drehen, um sich schließlich im *Tsuruashi dachi* wiederzufinden. Man steht noch immer auf dem rechten Fuß, aber man blickt in die rückwärtige Richtung der Linie der Kata. Die Fäuste werden zur rechten Taille in *Hikite* gezogen, die linke Faust ist oben. All diese Techniken werden ohne Unterbrechung ausgeführt. Man beachte die Unterschiede in den Haltungen von Oberkörper und Knie in den Sequenzen 30 und 35.

36. Nachdem man eine Sekunde lang in der vorherigen Stellung verharrte (Vorbereitung), führt man rasch einen linken *Chūdan mae geri* und einen linken *Chūdan barai* aus. Der linke Fuß wird nach vorn abgesetzt, und unverzüglich darauf erfolgt ein rechter *Chūdan jun zuki*, während die linke Faust in Hikite gezogen wird. Zweite Möglichkeit für einen *Kiai*.

37. Man wendet sich auf dem rechten Fuß nach links, versetzt den linken Fuß im Kreisbogen nach hinten und nimmt wieder die Haltung *Yoi no kamae* ein. *Rei*.

Ende der Kata.

Für das Studium der Kata Chintō

1 – großer schwarzer Pfeil: Beginn und Ende der Abfolge auf der jeweiligen Bildtafel

2 – kleiner schwarzer Pfeil: Richtung der Abfolge

3 – umrahmter Pfeil innerhalb von Rahmen: Richtung der Abfolge (einzelne Zeichnungen oder vollständige Bildtafel innerhalb von Rahmen zeigen die Kata unter einem anderen Winkel als dem vom Ausgangspunkt aus gesehen, *Yoi* in Richtung Betrachter)

4 – gestrichelte Linie, die durch die Figuren verläuft: Ablaufrichtung

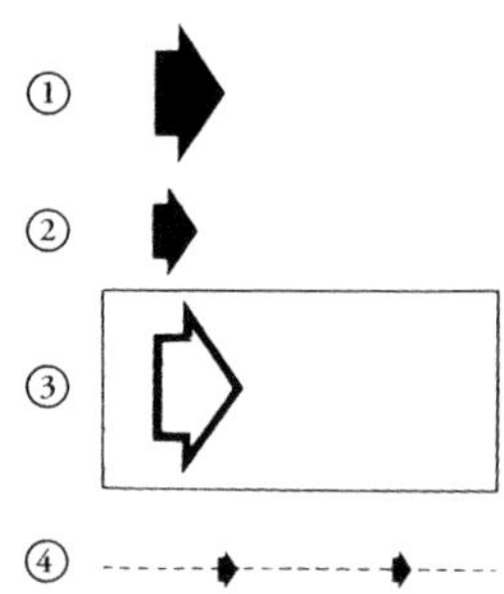

5 – gestrichelte Linie, die die Figuren nicht miteinander verbindet: sekundäre Achsen, Wenden, Entsprechungen

6 – Linie der Ortsveränderungen (*Embusen*: Plan am Kapitelanfang)

7 – *Bunkai* (mit der Nummer der entsprechenden Technik)

8 – *Kiai* (*Kensei*)

9 – Nr. der Technik

10 – Mehrere Techniken während einer einzigen Sequenz

11 – Pfeile, die die hauptsächlichen Bewegungen und Ortsveränderungen hervorheben

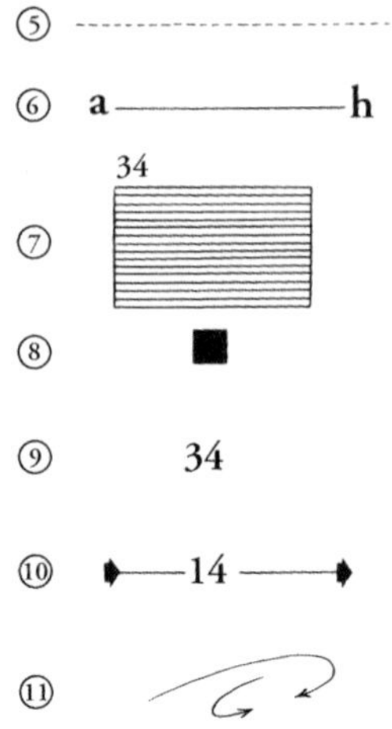

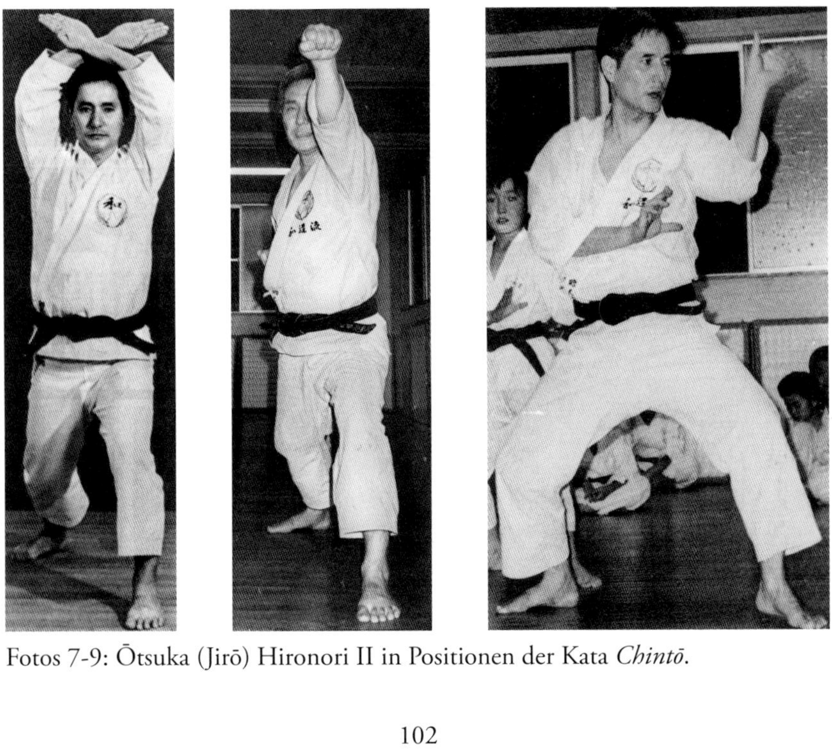

Fotos 7-9: Ōtsuka (Jirō) Hironori II in Positionen der Kata *Chintō*.

Chintō

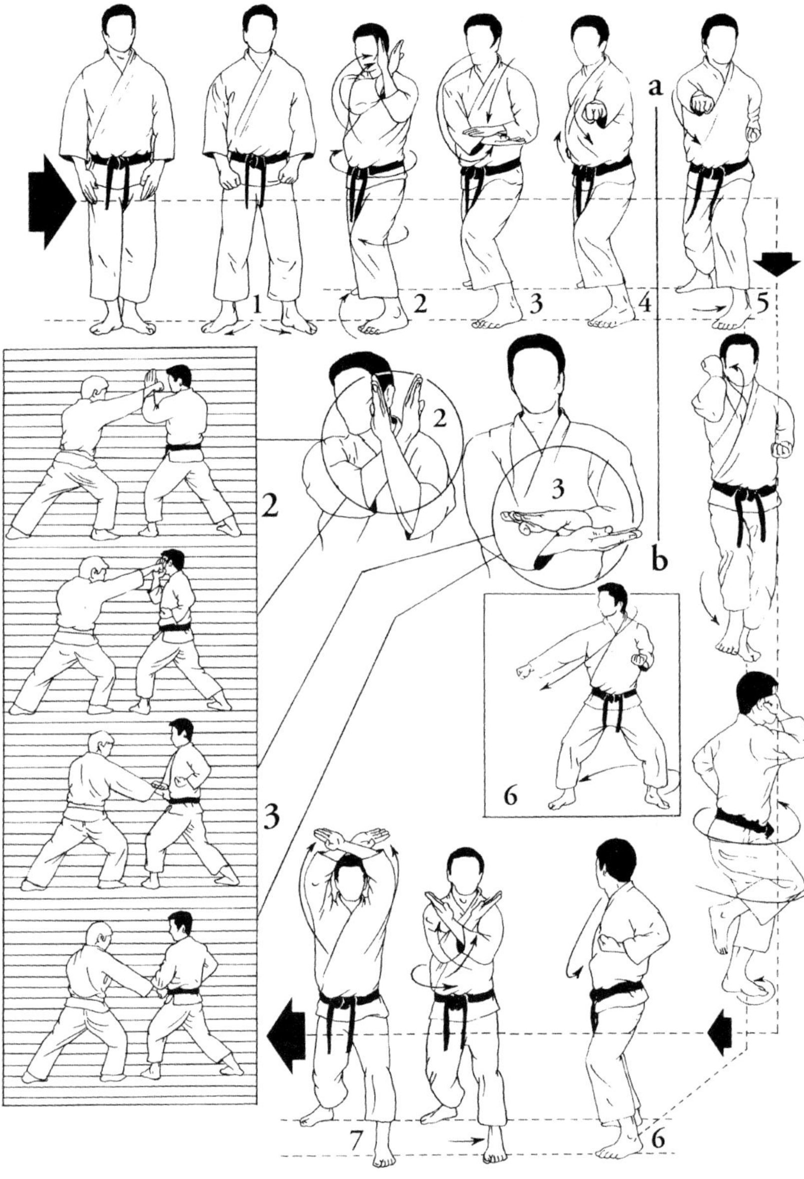

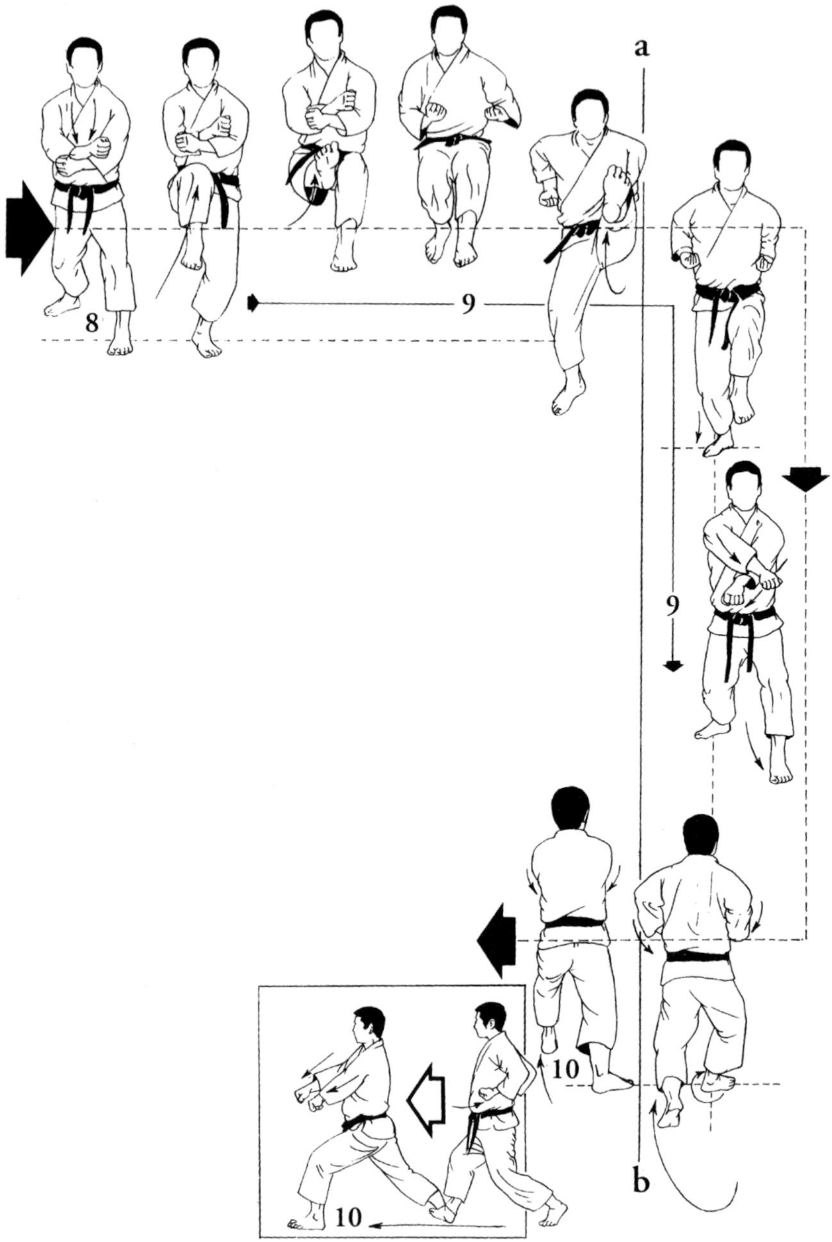
a
8
9
9
10
10
b

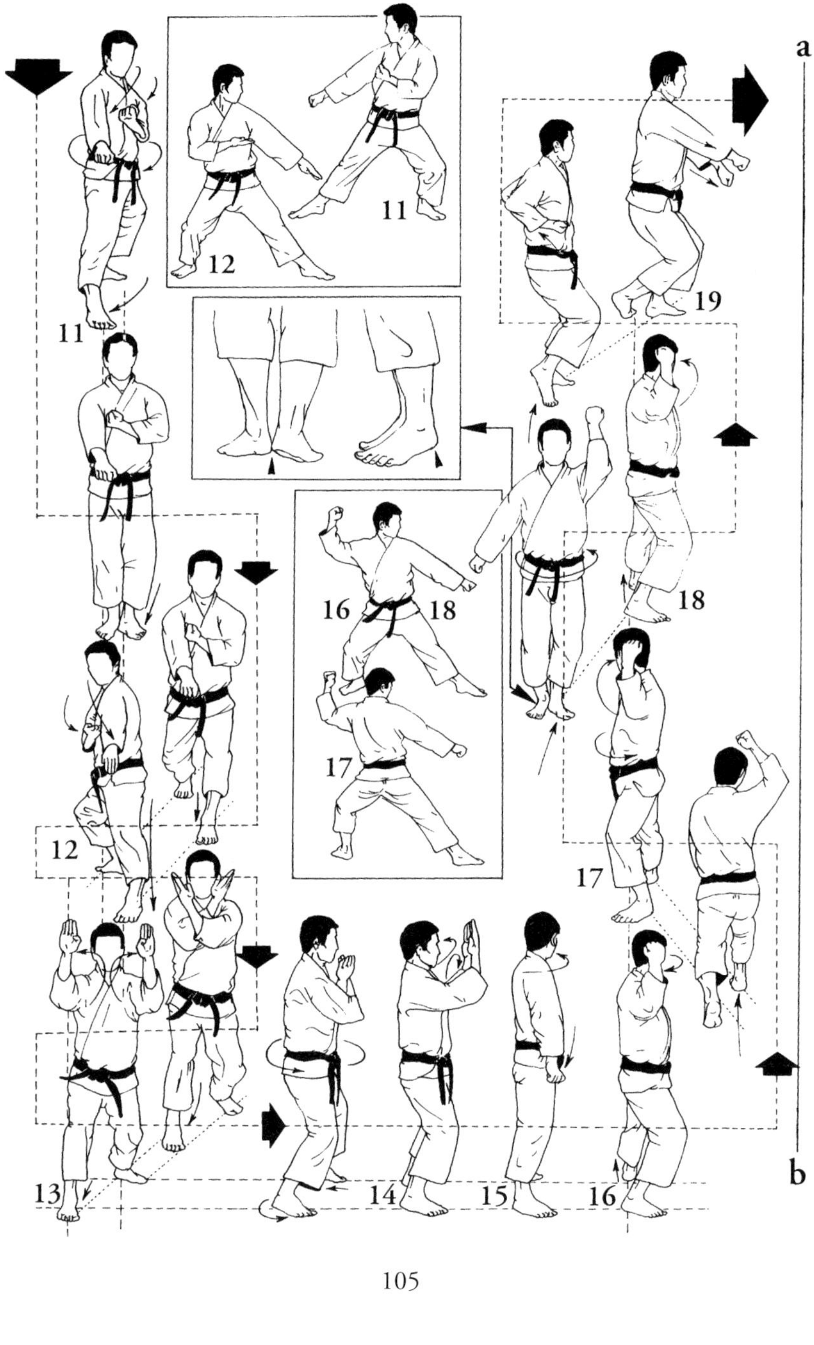
a
11
12
11
19
16
18
18
17
12
17
13
14
15
16
b

Chintō

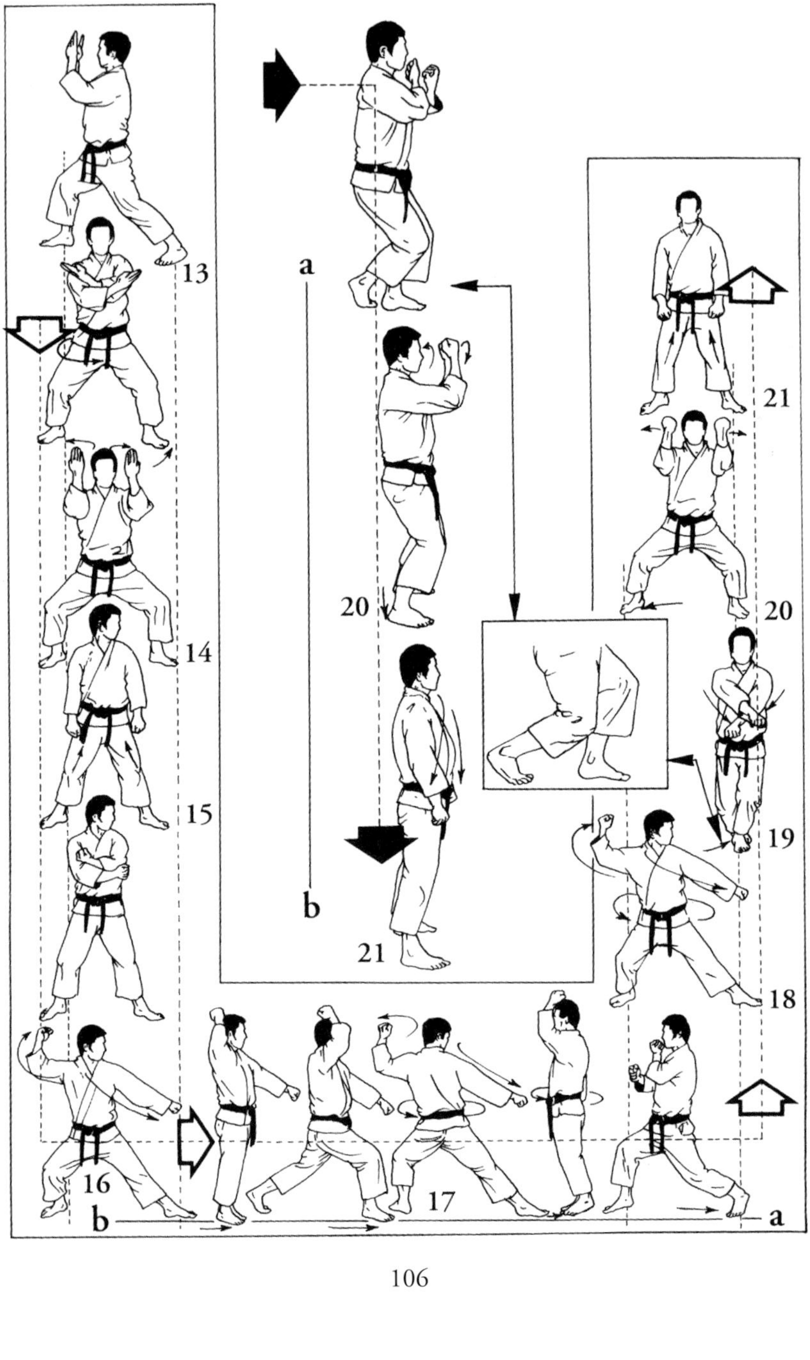

Chintō

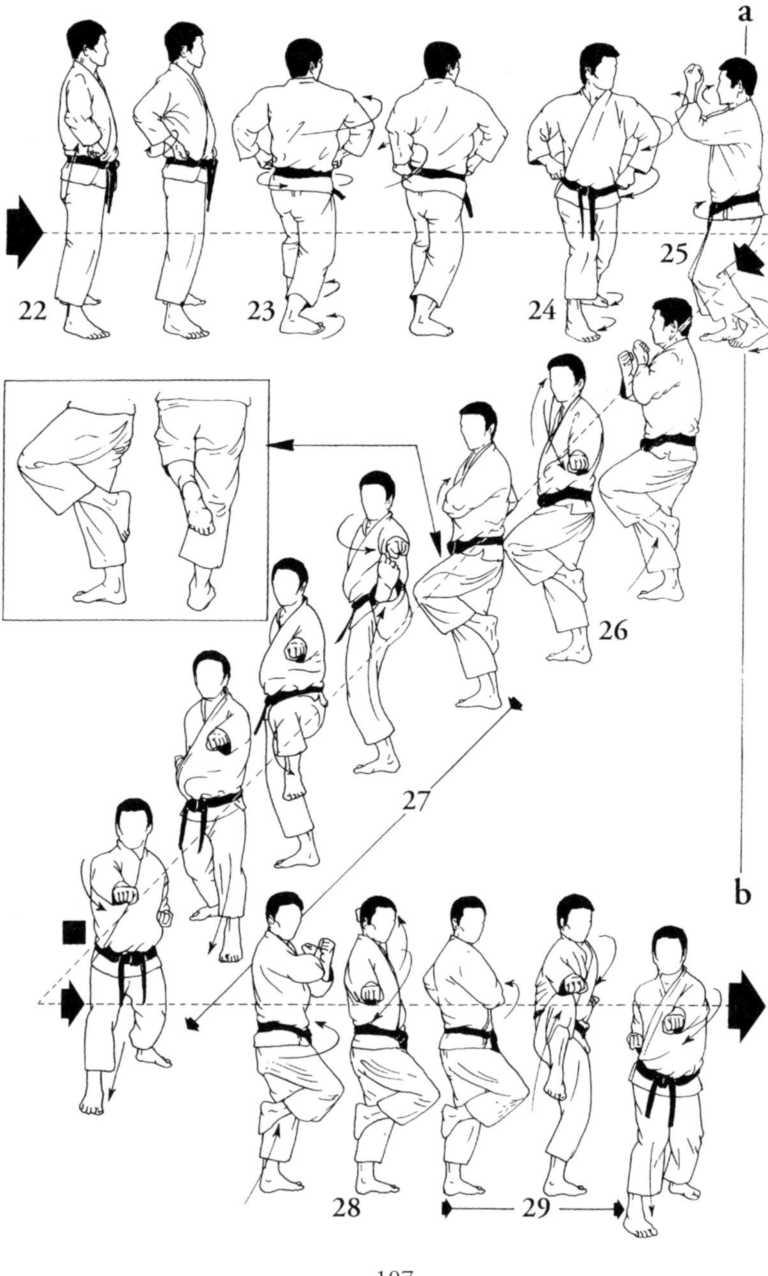

Chintō

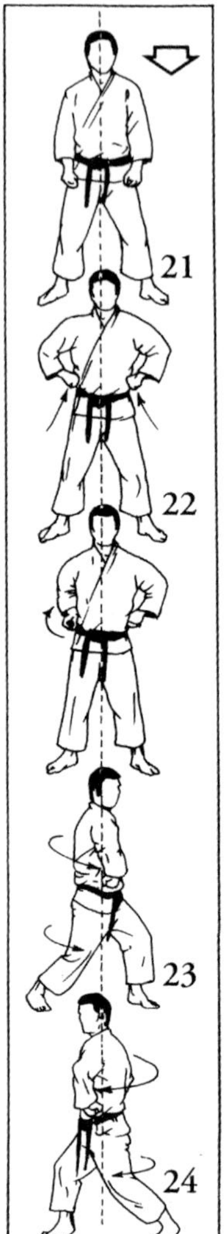

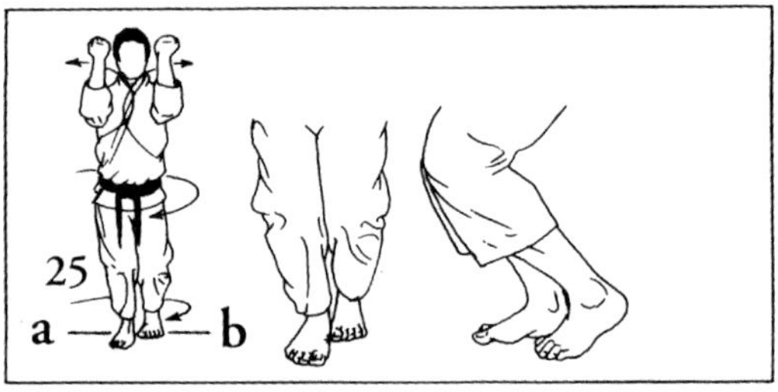

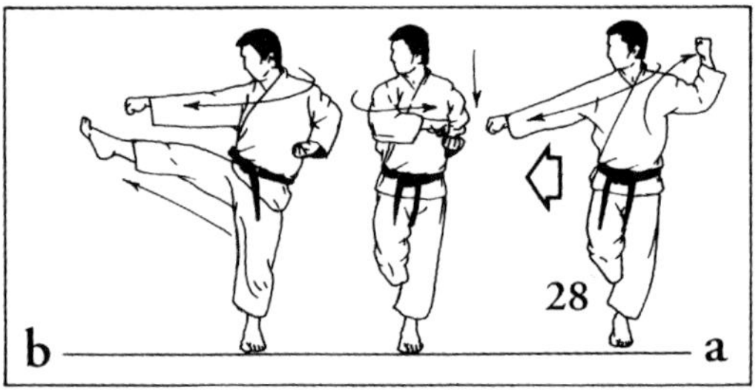

Chintō

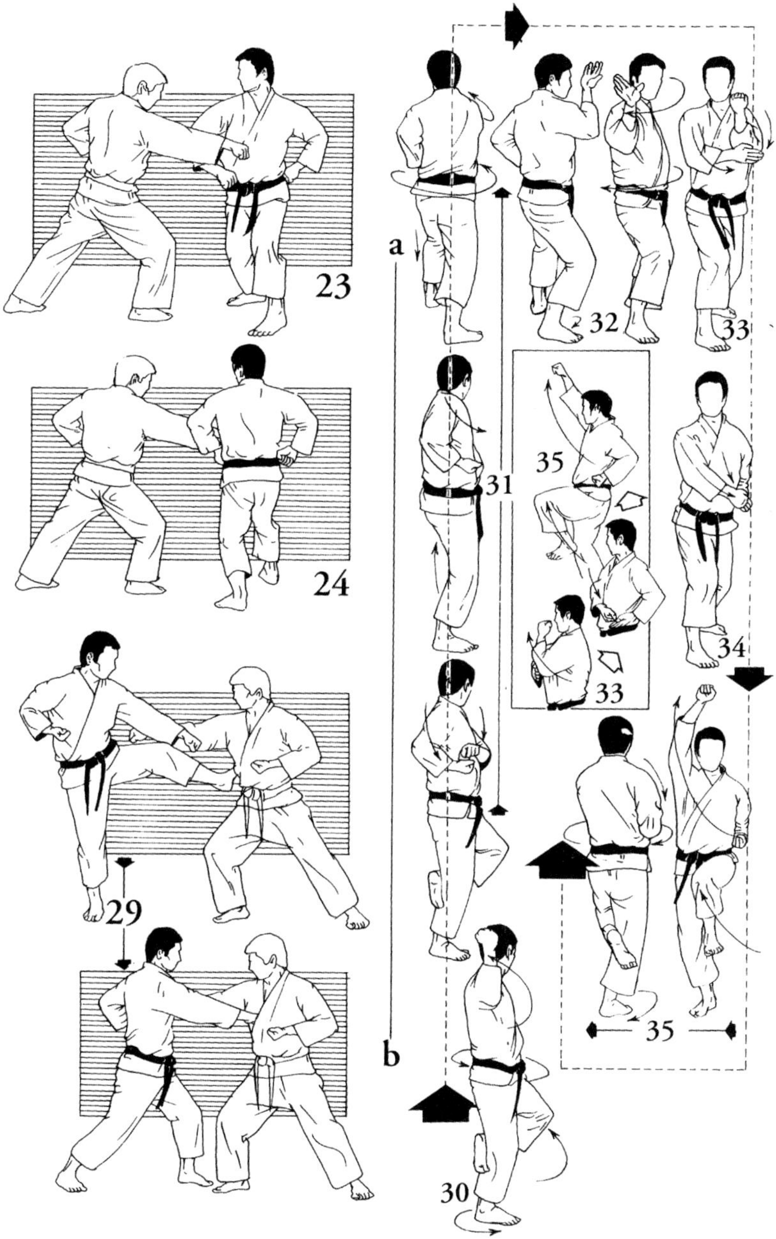

Chintō

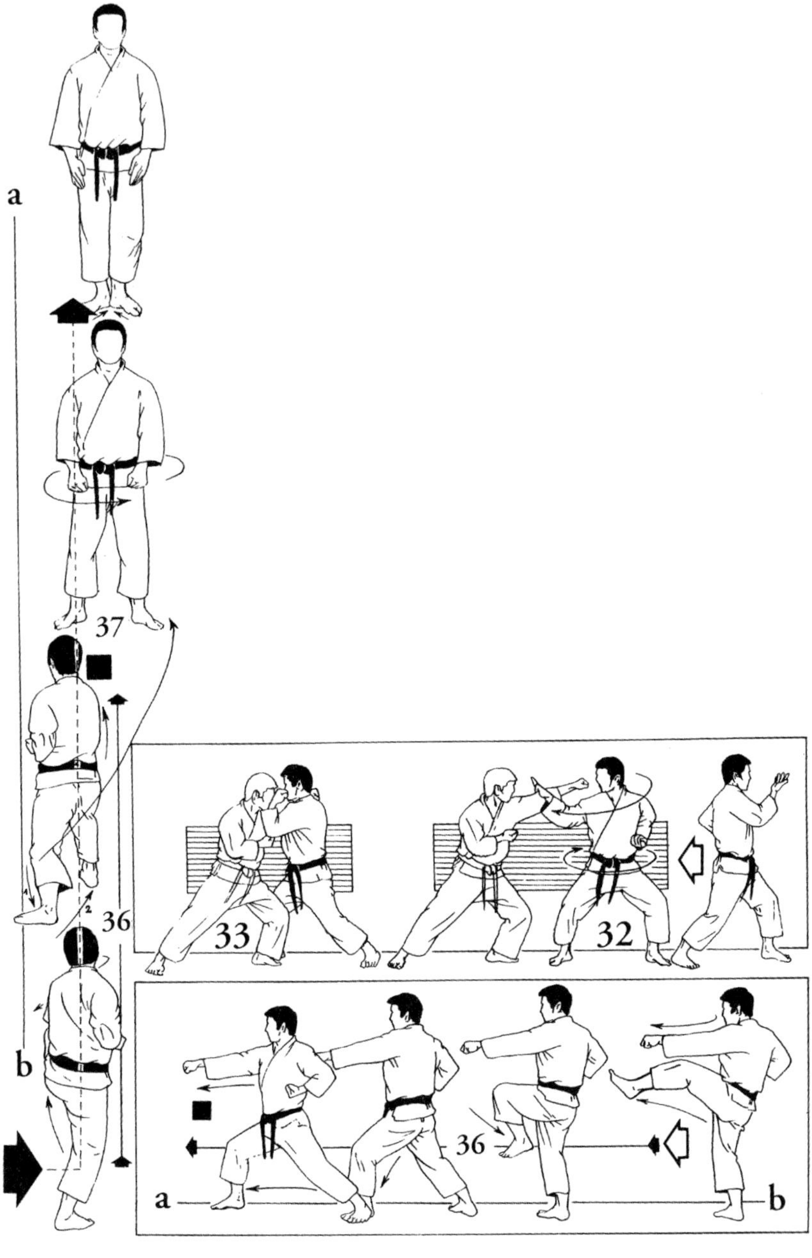

Jion

Der Name dieser wahrscheinlich aus China stammenden und vom okinawanischen *Tomari-te* übernommenen Kata bezieht sich auf den Buddhismus. Wörtlich bedeutet *Jion* »Liebe und Mitgefühl«, die entsprechenden chinesischen Schriftzeichen können aber auch als »*Shao*« und »*Lin*« gelesen werden, was sich auf den berühmten Shaolin-Tempel bezieht.

Diese Kata findet sich auch im Shōtōkan-ryū.

1. Nach dem Gruß nimmt man die Haltung *Yoi no kamae* ein, die ebenso wie in der Kata *Bassai* direkt am Ort erfolgt. Die Fersen bleiben beieinander. Man schließt die Füße (*Heisoku dachi*) und bringt die rechte Faust in die linke Hand, auf Höhe des Kinns.
2. Der linke Fuß wird in *Zenkutsu dachi* zurückgenommen, während simultan mit rechtem *Chūdan ude uke [Chūdan soto uke]* und linkem *Gedan barai* geblockt wird. Die Arme werden zum Schwungholen deutlich überkreuzt.
3. Der Blick richtet sich nach links, und man setzt den linken Fuß im Winkel von 45° zur zentralen Achse der Kata nach vorn, um in der Stellung *Shōmen nekoashi dachi* mit einem *Morote chūdan ude uke* (*Kakiwake*) [*Morote chūdan soto uke*] zu blocken. Die Innenseiten der Unterarme sind dabei parallel zueinander.
4. Ohne die Haltung der Arme zu verändern, wird in dieselbe Richtung ein rechter *Chūdan mae geri* ausgeführt.
5. Der Fuß wird nach vorn gesetzt, so dass man im *Zenkutsu dachi* steht, und es erfolgt ein rechter *Chūdan zuki* (die rechte Faust ist zuvor nicht in *Hikite* gezogen worden).
6. Am Ort erfolgt ein linker *Chūdan gyaku zuki*.
7. Am Ort erfolgt ein rechter *Chūdan zuki*. Diese drei Fauststöße folgen aufeinander schnell und ohne Unterbrechung des Bewegungsflusses.
8. Der linke Fuß wird nach rechts gedreht, und der rechte Fuß wird im Kreisbogen auf eine Linie, im Winkel von 45° zur zentralen Achse, ge-

setzt. Man befindet sich im rechten *Shōmen nekoashi dachi*, im Winkel von 90° zur vorherigen Linie. Symmetrische Technik zu Sequenz 3.

9. Symmetrisch zu Sequenz 4.
10. Symmetrisch zu Sequenz 5.
11. Symmetrisch zu Sequenz 6.
12. Symmetrisch zu Sequenz 7.
13. Der linke Fuß wird auf die zentrale Achse der Kata gestellt. Man ist nach vorn ausgerichtet und blockt mittels *Gyaku jōdan uke* im *Zenkutsu dachi.*
14. Am Ort: linker *Jōdan uke.*
15. Man geht auf der Linie nach vorn und führt rechten *Chūdan jun zuki* aus.
16. Am Ort: linker *Jōdan uke.*
17. Am Ort: rechter *Jōdan uke.*
18. Man geht auf der Linie nach vorn und führt linken *Chūdan jun zuki* aus.
19. Am Ort: rechter *Jōdan uke.*
20. Am Ort: linker *Jōdan uke.*
21. Man geht auf der Linie nach vorn und führt rechten *Chūdan jun zuki* aus. *Kiai.*
22. Wendung auf dem rechten Fuß nach hinten links. Man steht im *Mahanmi no nekoashi dachi* (alte Form: vorderes Bein gestreckt, Fuß in Richtung Angreifer, Körper nach hinten gelehnt) im Winkel von 90° zur vorherigen Linie. Block mit *Manji uke*: linker *Gedan barai* und rechter *Jōdan ude uke [Jōdan soto uke].*
23. Mittels Gleitschritt (*Yori ashi*) geht man in *Shiko dachi*, während man einen rechten *Chūdan kagi zuki* ausführt und die linke Faust in *Hikite* zieht.
24. Am Ort blickt man nach rechts und führt einen *Manji uke* symmetrisch zu dem von Sequenz 22 aus.

25. Symmetrisch zu Sequenz 23.
26. Der linke Fuß wird auf der zentralen Achse der Kata (Gegenrichtung zur Ausgangsrichtung) nach vorn gesetzt, und man blockt mit linkem *Gedan barai* im *Zenkutsu dachi*.
27. Der rechte Fuß wird auf Höhe des linken nach vorn gesetzt, während die rechte Hand auf Höhe des Ohrs in Bereitschaft genommen wird. Man geht auf der Linie weiter und nimmt einen rechten *Zenkutsu dachi* ein, während man einen rechten *Jōdan teishō uchi* ausführt.
28. Symmetrisch zu Sequenz 27.
29. Wiederholung von Sequenz 27, mit *Kiai*.
30. Sobald man am Ende der zentralen Achse (in Gegenrichtung zur Ausgangsrichtung) angelangt ist, wiederholt man Sequenz 22.
31. Die linke Faust wird an der rechten Hüfte in Bereitschaft gebracht, und indem man mit einem *Yori ashi* nach vorn gleitet, richtet man sich in einen *Musubi dachi* auf, um mittels linkem *Jōdan morote uke* zu kontern, während der Körper nach oben geht.
32. Symmetrisch zu Sequenz 30, in entgegengesetzte Richtung.
33. Symmetrisch zu Sequenz 31.
34. Am Ort, noch immer im *Musubi dachi*, kreuzt man langsam die Arme vor dem Körper, bevor sie in *Ryōwan no kamae* (*Morote gedan barai*) gebracht werden.
35. Sprung nach vorn, direkt auf der zentralen Achse, während die Fäuste in *Hikite* genommen werden. Die Sequenz endet mit einem *Gedan juji uke* im *Kake dachi*; das linke Knie wird zum rechten gebracht.
36. Der linke Fuß wird in *Zenkutsu dachi* zurückgesetzt, und die Arme werden über Kreuz vor der Brust in Bereitschaft gebracht. Anschließend blockt man mit *Morote gedan barai*.
37. Der linke Fuß wird vorgesetzt, und man blockt mittels *Jōdan juji uke* im *Zenkutsu dachi*.
38. Der rechte Fuß wird vorgesetzt, und man führt einen *Jōdan uraken uchi* im *Zenkutsu dachi* aus. Die linke Faust wird mit Faustinnenfläche

nach unten und waagerechtem Unterarm zum Schutz an den rechten Ellbogen gebracht.

39. Am Ort werden die Hüften nach rechts hinten gedreht, und man führt simultan einen linken *Gedan barai* und einen rechten *Jōdan mae ude hineri uke [Jōdan mae uchi hineri uke]* aus.

40. Am Ort, verbunden mit einer starken Drehung der Hüften in Gegenrichtung, wird mit der linken Faust ein erneuter *Jōdan uraken uchi* ausgeführt.

41. Man dreht sich auf dem rechten Fuß im Winkel von 90° zur vorherigen Linie nach hinten links, so dass man im *Shōmen nekoashi dachi* steht. Block mittels linkem *Jōdan ude uke [Jōdan soto uke]*, *Hikite* mit rechter Faust.

42. Auf dieser neuen Linie geht man nach vorn und führt rechten *Chūdan jun zuki* aus.

43. Wendung auf dem linken Fuß nach hinten rechts. Der rechte Fuß wird auf die vorherige Linie gesetzt, aber in umgekehrte Richtung. Rechter *Jōdan ude uke [Jōdan soto uke]*, symmetrisch zu Sequenz 41.

44. Symmetrisch zu Sequenz 42.

45. Wie Sequenz 26: Rückkehr auf die zentrale Achse. Linker *Gedan barai* im *Zenkutsu dachi*.

46. Man geht in rechten *Zenkutsu dachi* mit rechtem *Jōdan tettsui uchi* [alternativ auch *Uchi uke*].

47. Symmetrisch zu Sequenz 46.

48. Wiederholung von Sequenz 46. Möglichkeit für einen *Kiai*.

49. Wendung auf dem rechten Fuß nach hinten links, mit neuer Ausrichtung der Füße. Dabei schützt man sich mit der rechten Hand, während die linke Faust zur rechten Hüfte geführt wird. Man steht auf der neuen Linie im Winkel von 90° zur vorherigen, und man lässt den linken Fuß seitlich gleiten, um im *Shiko dachi* einen *Jōdan tettsui uchi* auszuführen. Die rechte Faust wird mit der Faustinnenfläche zum Boden zeigend nach unten gebracht, um die Bauchregion zu schützen.

Man beachte, dass der Übergang in *Shiko dachi* mittels Gleitschritt (*Yori ashi*) erfolgt.

50. Am Ort dreht man den Kopf nach rechts und bringt die rechte Faust in Bereitschaft zur linken Hüfte, mit Schutz durch die linke Hand.

51. Man macht einen *Yori ashi* nach rechts und führt die zu Sequenz 49 symmetrische Technik aus.

52. Rückkehr in *Musubi dachi*, indem der rechte Fuß und danach der linke Fuß zurückgesetzt wird. Die rechte Faust wird zur linken Hand geführt. *Rei*.

Ende der Kata.

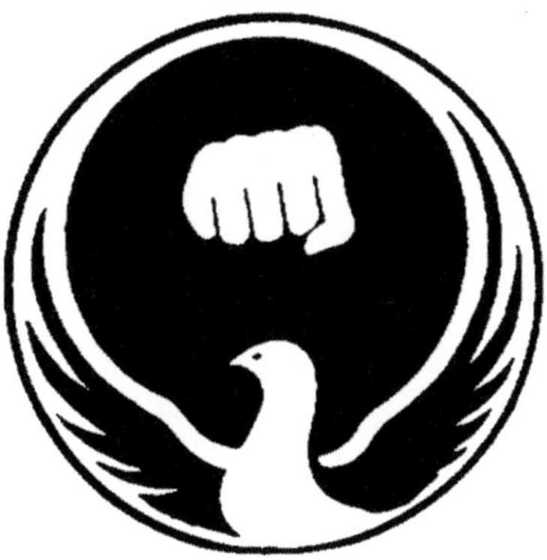

Wappen des Wadō-ryū

Jion

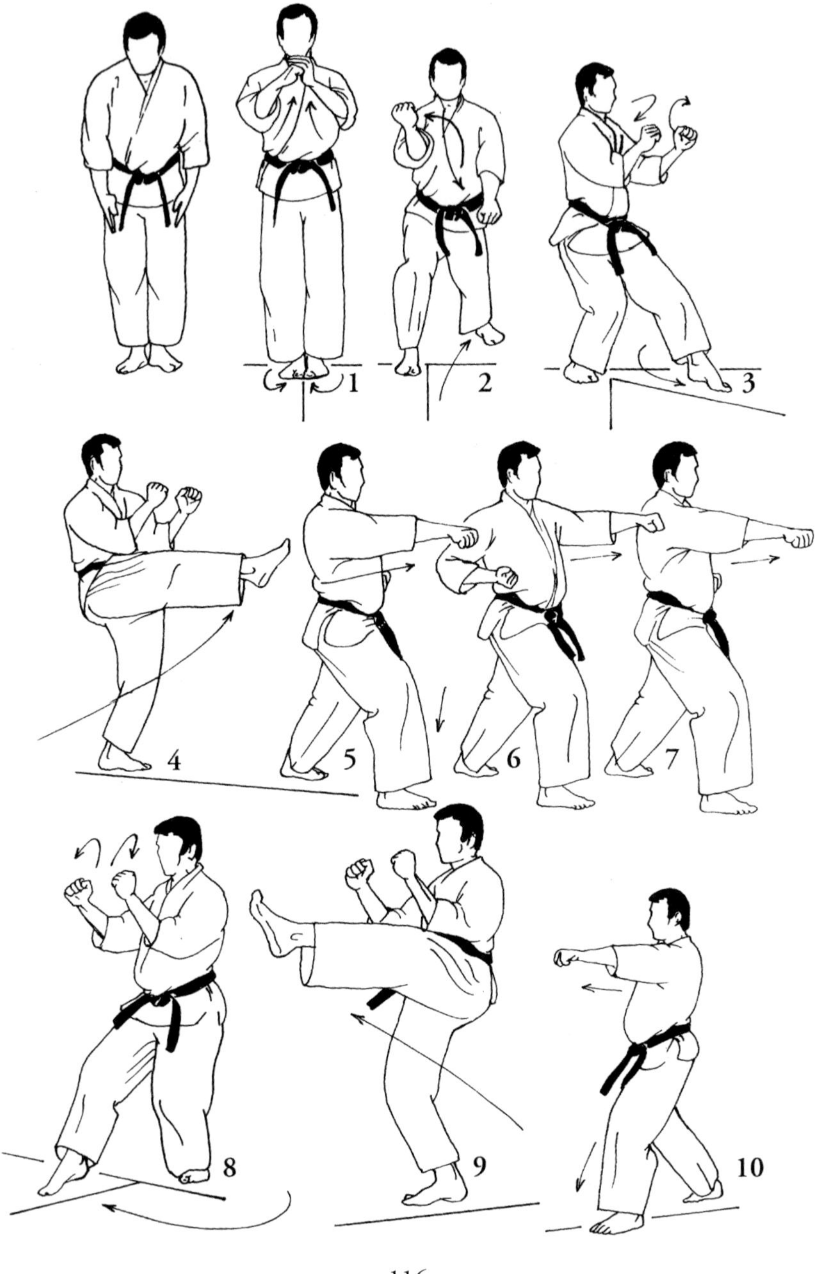

Jion

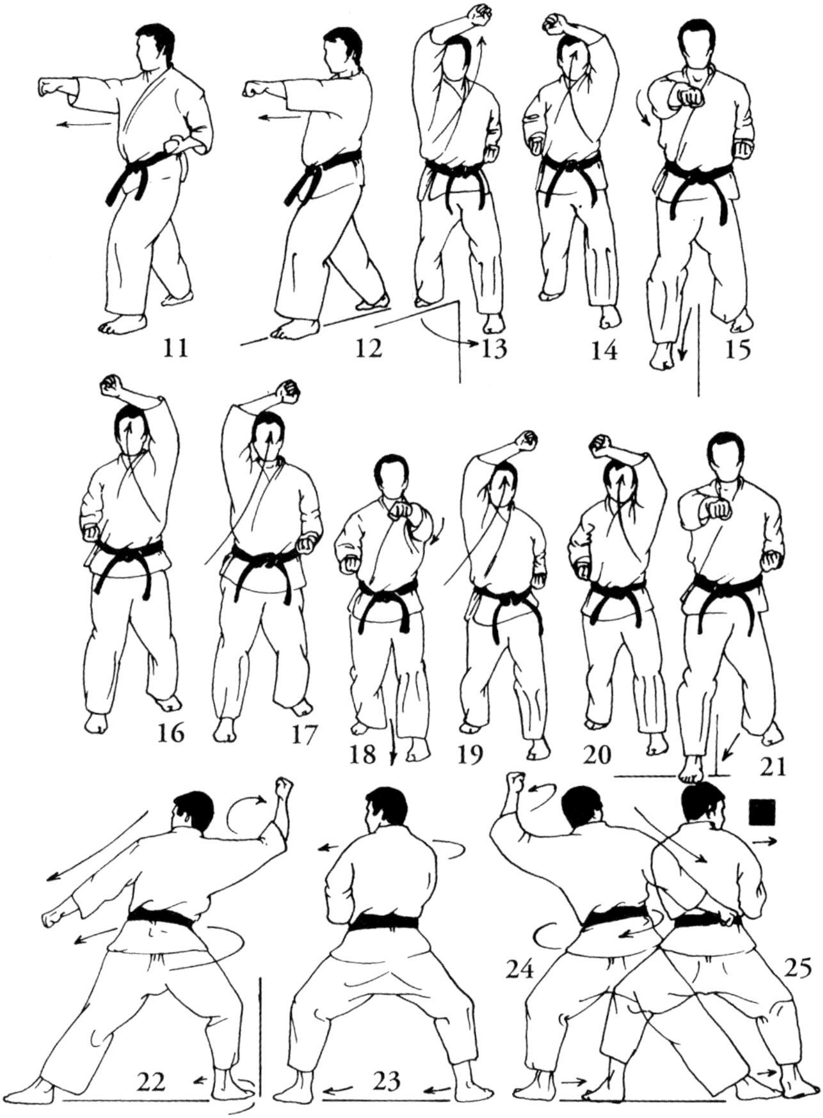

Jion

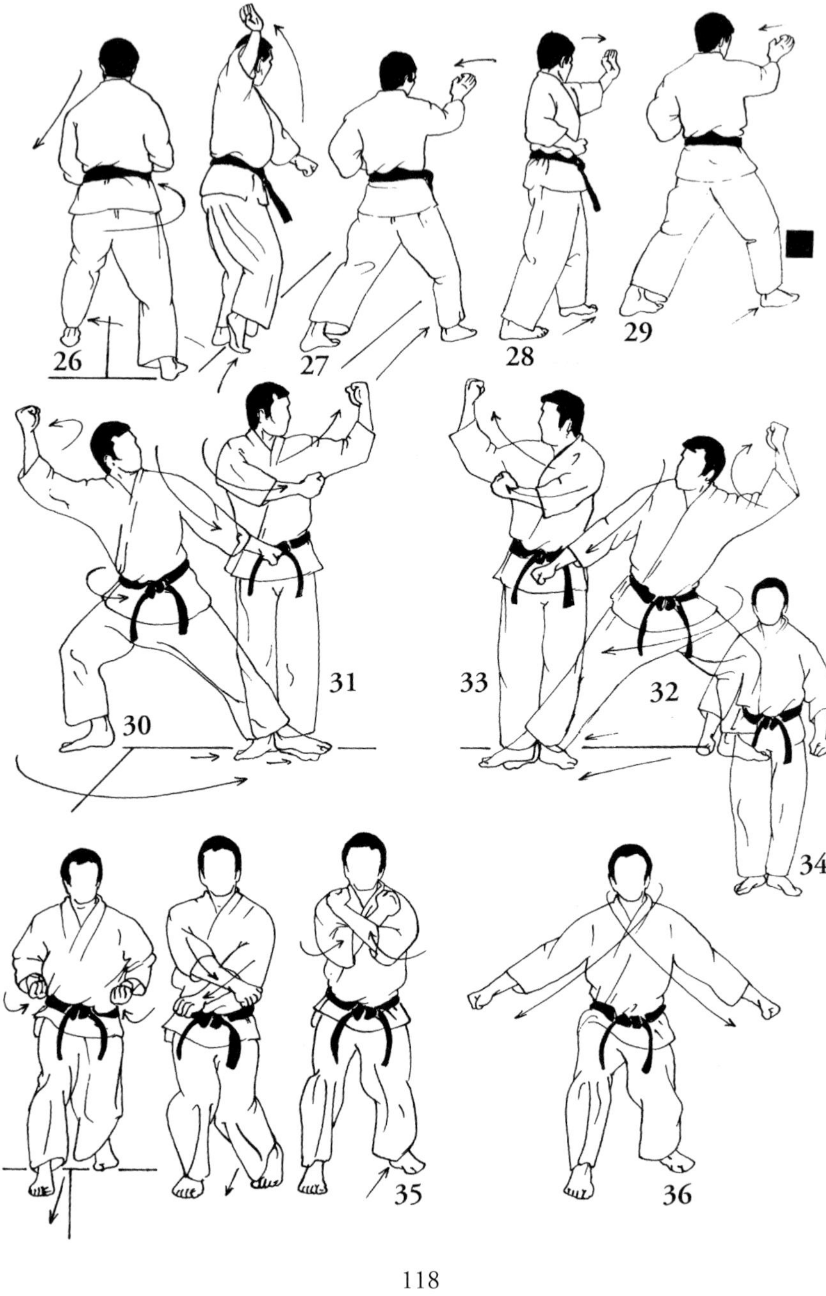

Jion

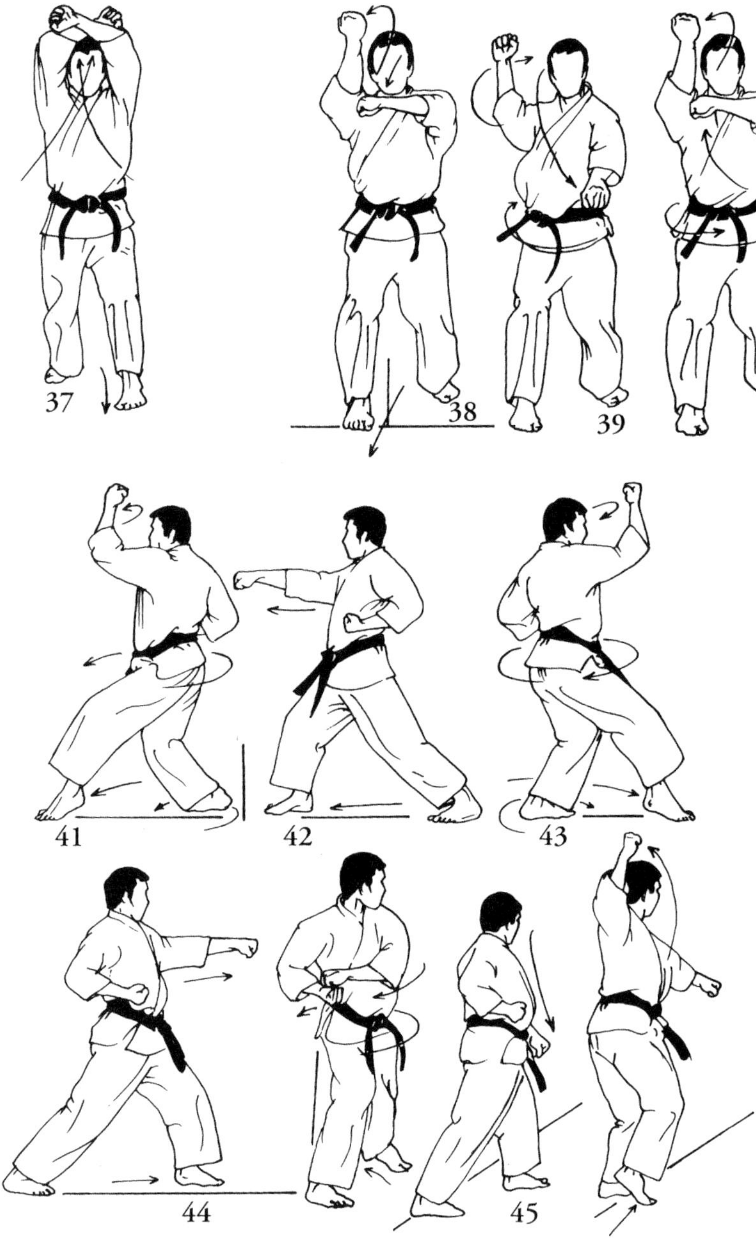

Jion

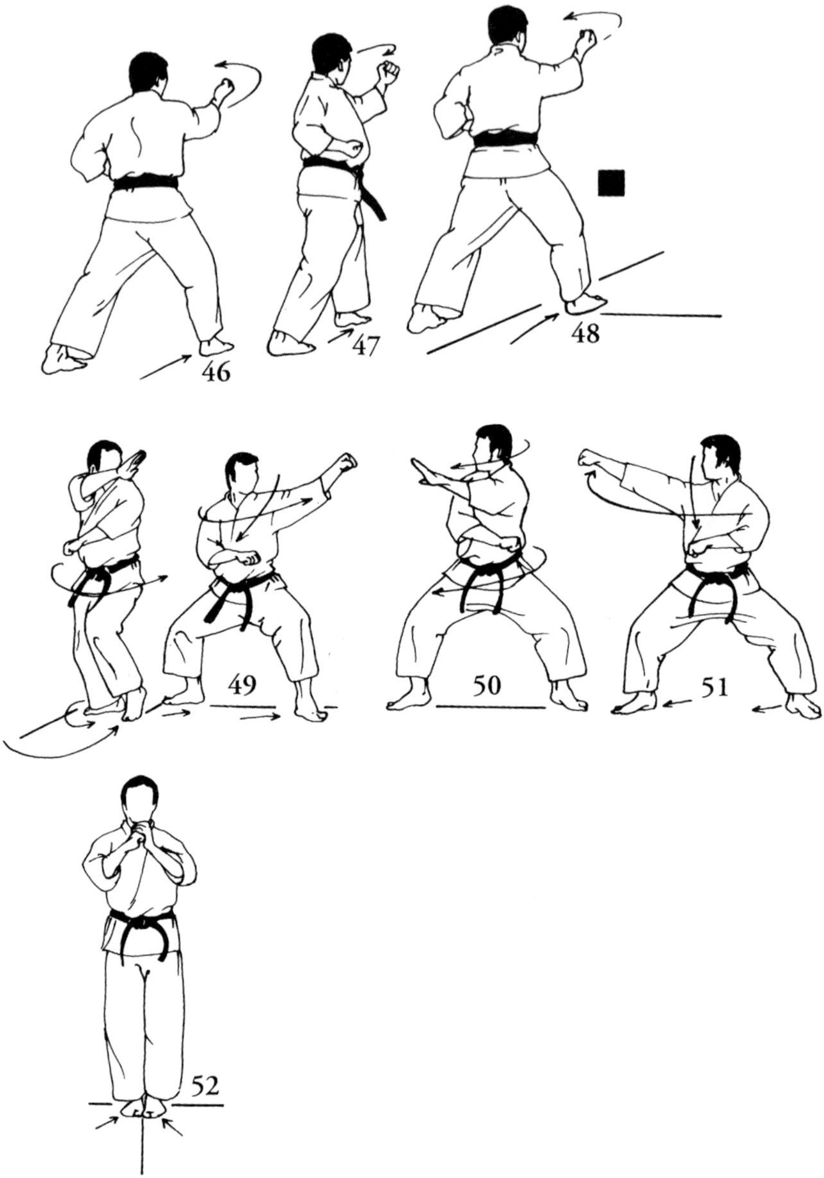

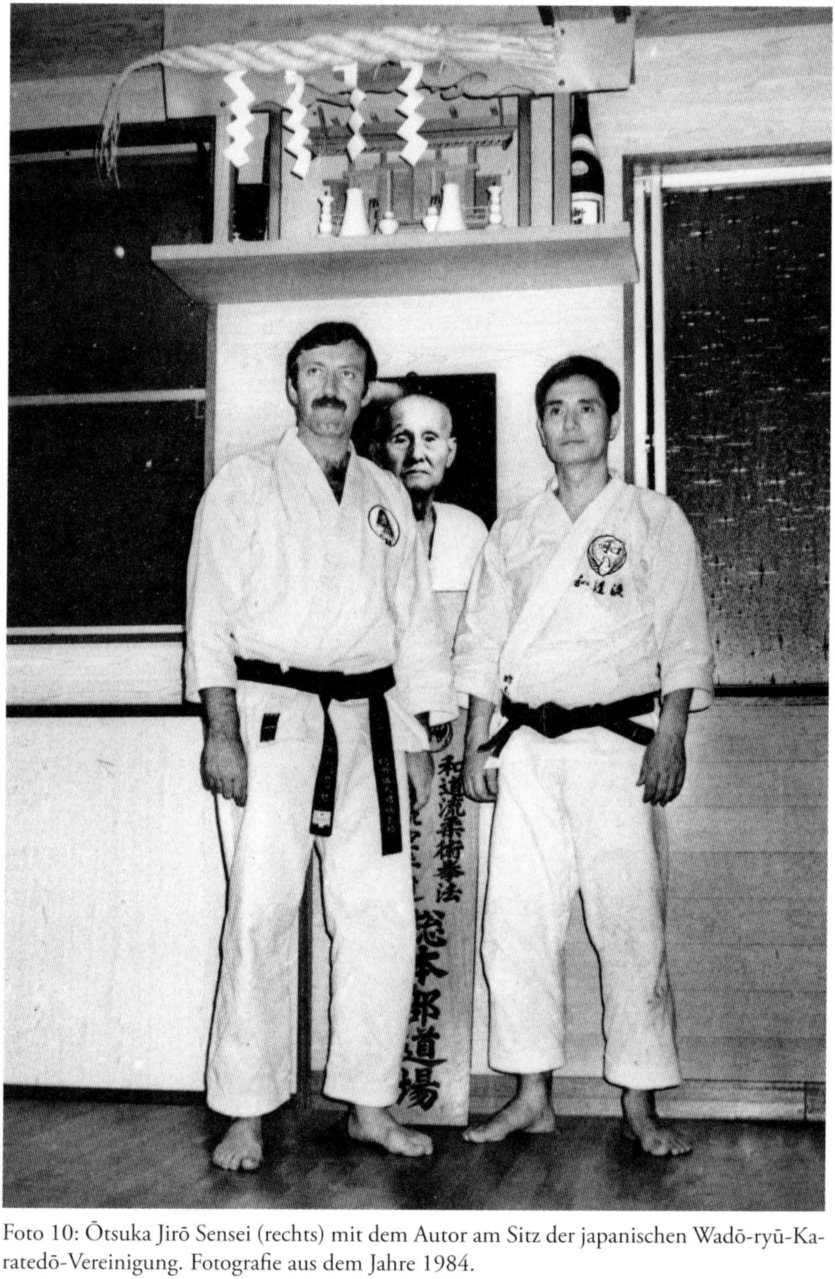

Foto 10: Ōtsuka Jirō Sensei (rechts) mit dem Autor am Sitz der japanischen Wadō-ryū-Karatedō-Vereinigung. Fotografie aus dem Jahre 1984.

Kūshankū

Der Name der Kata ist der eines chinesischen Offiziers, Teilnehmer einer offiziellen Delegation, die 1756 von China auf die Insel Okinawa entsandt wurde. Vermutlich führte er dort eine Taolu, das chinesische Äquivalent der Kata, vor. Man nannte die Kata auf Okinawa Kosokun.

Als Funakoshi Gichin sie in Japan lehrte, gab er ihr den Namen *Kankū* (»den Himmel betrachten«). Im Shōtōkan-Stil gibt es die große (*Dai*) und die kleine Form (*Shō*), aber im Wadō-ryū gibt es nur eine einzige *Kūshankū*. Hier kam es zu einer sonderbaren Mischung aus alten Interpretationen und modernen Formen, die der Shōtōkan-Variante recht nahe ist. Viele Techniken und Richtungen sind die gleichen. Für manche Details ist daher der Vergleich mit der *Kankū dai* hilfreich. Man muss jedoch beachten, dass die Verteidigungen auf *Chūdan*-Höhe in jener Form hier auf *Jōdan*-Höhe erfolgen.

Die umrahmten Zeichnungen zeigen ausgewählte Sequenzen unter einem anderen Blickwinkel.

1. *Rei.* Man geht am Punkt b in *Hachiji dachi.*
2. Am Ort führt man die Eröffnungsbewegung der *Kankū dai* aus. Doch es gibt dabei einen Unterschied: Zu Beginn ist es die linke Hand, die über der rechten gekreuzt wird – linker Zeigefinger über dem rechten. Außerdem gibt es keinen Rhythmusbruch während der kreisbogenförmigen Bewegung der Hände, die im übrigen sehr langsam ausgeführt wird. Schließlich enden die Hände vor dem Unterleib, wobei die Handflächen einander gegenüberliegen und sich mit den Fingerspitzen, die nach unten zeigen, berühren.
3. Der linke Fuß wird in Richtung des rechten versetzt (Punkt c), und man führt einen linken *Jōdan haishu uke* im *Hanmi no nekoashi dachi* aus. Die linke Hand ist beim Solarplexus.
4. Der linke Fuß wird senkrecht unter den Körperschwerpunkt gestellt. Dabei geht man weder nach oben, noch wird der Oberkörper bewegt (doch der Kopf dreht sich nach rechts, und die Hände werden ein Stück nach links geschoben). Im *Hanmi no nekoashi dachi* erfolgt ein

Jōdan haishu uke in die entgegengesetzte Richtung, wobei der rechte Fuß einen Gleitschritt ausführt. Dies führt zur kraftvollen seitlichen Verschiebung der Hüften.

5. Der rechte Fuß wird zurückgenommen, und man richtet sich frontal in *Hachiji dachi* auf. Dabei werden die Fäuste zur rechten Hüfte gebracht (*Koshi kamae*). Die rechte Faust ist dabei in *Hikite*, die linke ist darüber, mit der Faustinnenfläche nach unten. Die Sequenz wird langsam ausgeführt. Sie entspricht der Sequenz 10 der Kata *Bassai*.
6. Siehe Sequenz 11 der *Bassai*: Linker *Tettsui chūdan*.
7. Siehe Sequenz 12 der *Bassai*: Rechter *Chūdan zuki*.
8. Siehe Sequenz 13 der *Bassai*: Rechter *Jōdan ude uke [Jōdan soto uke]*, mit Ortsverschiebung nach links.
9. Siehe Sequenz 14 der *Bassai*: Linker *Chūdan zuki*.
10. Siehe Sequenz 15 der *Bassai*: Linker *Jōdan ude uke [Jōdan soto uke]*, mit Ortsverschiebung nach rechts.
11. Der linke Fuß wird senkrecht unterhalb des Körperschwerpunkts gesetzt. Das Körpergewicht wird auf das linke Bein verlagert. Die Hüften werden nach rechts gedreht (hinter der zentralen Achse der Kata, zum Punkt i). Währenddessen wird die linke Faust in *Hikite* gezogen, und man bringt auf ganz natürliche Weise die rechte Faust zur linken Hüfte, ein wenig unter der linken Faust. Dies ist eine vorbereitende Haltung, bei der man bereits in Richtung des nächsten Schlages blickt. – Es folgen ein rechter *Yoko geri* und ein rechter *Jōdan ude uke [Jōdan soto uke]* (siehe Sequenz 8 der *Pinan shōdan*).
12. Siehe Sequenz 9 der *Pinan shōdan*: Linker *Jōdan shutō uke* im *Mahanmi no nekoashi dachi*, wobei erst der linke und dann der rechte Fuß nach vorn geht.
13. Siehe Sequenz 10 der *Pinan shōdan*: Rechter *Jōdan shutō uke*, während man nach vorn geht.
14. Siehe Sequenz 11 der *Pinan shōdan*: Linker *Jōdan shutō uke*, während man nach vorn geht. Die Stellung ist immer noch *Mahanmi no nekoashi dachi*.

15. Siehe Sequenz 12 der *Pinan shōdan*: *Chūdan tate nukite* im *Jun zuki no ashi* nach rechts.
16. Siehe Sequenz 12 der *Pinan yondan*: Wendung um 180° auf dem rechten Fuß nach links, wobei der linke Fuß nach hinten in die gleiche Richtung versetzt wird. Damit befindet man sich wieder auf der zentralen Achse, jedoch zum Punkt l hin gerichtet, im *Gyaku zuki tsukomi no ashi*. Während der Drehung führt man mit der rechten Hand einen *Chūdan tenshō uke* aus, während die linke Hand mit der Handfläche nach vorn vor die Stirn geführt wird.
17. Siehe Sequenz 13 der *Pinan yondan*: Rechter *Chūdan mae geri* in dieselbe Richtung, ohne dabei den Oberkörper zu bewegen. Man beachte, dass der Tritt an der Außenseite des rechten Arms vorbeigehen muss.
18. Der rechte Fuß wird nach vorn abgesetzt, und man verlagert das gesamte Körpergewicht auf das rechte Bein, während man sich nach links wendet. Man geht mit dem rechten, stark gebeugten Knie (die rechte Ferse ist jedoch angehoben – man dreht sich auf dem Fußballen) nach unten, wobei man sich in diese Richtung vorbeugt. Das linke Bein ist gestreckt, der Fuß sitzt auf der ganzen Fläche auf. Man führt synchron zum Absenken und zur Drehung einen linken *Gedan barai* aus und hebt die rechte Faust in Bereitschaft zur Stirn, mit der Faustinnenfläche nach außen (Block- und Ausweichtechnik). Man beachte, dass das rechte Knie in der klassischen Form vollständig gebogen wird, mit der Ferse am Gesäß.
19. Am Ort erfolgt ein rechter *Chūdan soto uke [Chūdan uchi uke]* (*Tettsui)*, wobei die linke Faust in Gegenrichtung zur rechten Achselhöhle gezogen wird.
20. Man richtet sich auf dem rechten Bein auf, wobei man simultan den linken Fuß (*Hachiji dachi*) zurücksetzt und einen linken *Chūdan tettsui* im Gegensinn der Drehung der Hüften ausführt und die rechte Faust in *Hikite* zieht. Man beachte, dass die Bewegungen der Hüfte in den Sequenzen 16 bis 20 von wesentlicher Bedeutung sind.
21. Wiederholung von Sequenz 16, nachdem man den linken Fuß nach

links gesetzt hat. Man befindet sich noch immer auf der zentralen Achse der Kata, aber man blickt in Richtung von Punkt e.

22. Wiederholung von Sequenz 17: *Chūdan mae geri* in diese Richtung.
23. Wiederholung von Sequenz 18.
24. Wiederholung von Sequenz 19.
25. Wiederholung von Sequenz 20. Man blickt erneut in Richtung von Punkt l.
26. Siehe Sequenz 6 der *Pinan yondan*: *Heisoku dachi*, und man blickt zu Punkt d.
27. Siehe Sequenz 7 der *Pinan yondan*: Linker *Chūdan yoko geri* mit linkem *Chūdan tettsui barai* in Richtung von Punkt e.
28. Siehe Sequenz 8 der *Pinan yondan*: Rechter *Empi uchi* im *Gyaku zuki no ashi*.
29. Siehe Sequenz 9 der *Pinan yondan*: *Heisoku dachi*, und Blick in Richtung von Punkt f.
30. Siehe Sequenz 10 der *Pinan yondan*: Rechter *Chūdan yoko geri* mit rechtem *Chūdan tettsui barai*.
31. Siehe Sequenz 11 der *Pinan yondan*: Linker *Empi uchi*.

Anmerkung: *Die folgenden vier Sequenzen sind Abwehrtechniken mit der »Schwerthand«. Bezüglich der Richtungen entsprechen sie nicht, wie man hätte erwarten können, den Sequenzen 13 bis 16 der Pinan shōdan, sondern denen der entsprechenden Techniken der Kankū dai des Shōtōkan.*

32. Man wendet sich auf dem rechten Fuß nach links und versetzt den linken Fuß in diese Richtung, so dass man sich auf der Linie e-d im Winkel von 90° zur zentralen Achse befindet. Linker *Jōdan shutō uke* im *Hanmi no nekoashi dachi*.
33. Man setzt den rechten Fuß auf der Linie d-k nach vorn für einen rechten *Jōdan shutō uke* im *Mahanmi no nekoashi dachi*.
34. Man wendet auf dem linken Fuß nach rechts und setzt den rechten Fuß in Richtung e, um einen rechten *Jōdan shutō uke* im *Hanmi no nekoashi dachi* auszuführen.

35. Der linke Fuß wird auf der Linie e-i vorgesetzt. Es erfolgt ein linker *Shutō jōdan uke* im *Mahanmi no nekoashi dachi*.

36. Wiederholung der Sequenz 17, indem man sich nach links wendet und den linken Fuß auf die zentrale Achse e-l setzt: Rechter *Chūdan tenshō uke* im *Gyaku zuki tsukomi no ashi* in Richtung von Punkt l.

37. Wiederholung von Sequenz 17: *Chūdan mae geri* in diese Richtung.

38. Siehe Sequenz 14 der *Pinan yondan*: Sprung nach vorn. Rechter *Jōdan uraken uchi*, wobei das linke Knie, bei erhobener linker Ferse, gegen das rechte gedrückt wird. Erste Möglichkeit für einen *Kiai*.

39. Der linke Fuß wird zurückgesetzt, während man mittels rechtem *Jōdan ude uke [Jōdan soto uke]* pariert, ohne dass die linke Faust sich bewegt. Die Abwehr erfolgt im selben Moment, in dem man seine Stellung einnimmt.

40. Am Ort: Linker *Chūdan gyaku zuki*.

41. Am Ort: Rechter *Chūdan zuki*, sehr rasch an die vorige Technik anschließend. Die Endstellung ist *Jun zuki dachi*.

42. Wendung um 180° nach links auf dem rechten Fuß. Der linke Fuß wird im Kreisbogen mitgeführt, so dass man sich wieder auf der zentralen Achse stabil im *Jun zuki no ashi* befindet, mit Blick zum Punkt e. Für die Ausführung dieser Drehung gibt es zwei Möglichkeiten (man beachte, dass manche Experten einen direkten Übergang von 41 zu 42 lehren, bei denen man simultan auf beiden Fersen wendet, ohne dass man die Zwischensequenz ausführt, bei der man erneut in einen umgekehrten *Junzuki no ashi* geht):

    Erste Variante (illustriert): Während der Drehung lässt man auf natürliche Weise die Arme sinken, im Winkel von jeweils ca. 45° vom Körper. Die rechte Faust ist geschlossen, die linke Hand ist offen. Danach hebt man das rechte Knie sehr hoch. Synchron dazu erfolgt eine Bewegung beider Hände nach vorn: *Tate nukite* mit der linken Hand, und *Ura zuki* mit der rechten Faust. Beide Techniken enden auf *Chūdan*-Höhe, knapp oberhalb der Ebene, in der sich das gehobene Knie befindet, mit der rechten »Eisenfaust« in der offenen linken Handfläche. Der Oberkörper wird ein wenig nach vorn gebeugt.

Interpretation: Ansatz von *Mae geri*, *Nukite* und *Ura zuki*, aber alles wird im Anfangsstadium blockiert, da *Tori* vor dieser einfachen Bedrohung zurückweicht oder darauf verzichtet, anzugreifen. Die Bewegung ist sehr schnell, verbunden mit starker geistiger Konzentration (*Ki*).

Zweite Variante (nicht illustriert): Während man sich dreht, werden die Arme waagerecht auseinandergebracht, wobei die linke Handfläche nach vorn zeigt und die rechte Faust geschlossen bleibt. Stoß mit dem rechten Knie, während man mit der rechten Faust auf mittlerer Höhe, oberhalb des Knies, in die linke Handfläche stößt.

Die Endposition ist somit bei beiden Varianten die gleiche, aber der Körper ist bei der zweiten Form aufrechter.

Bunkai: Stoß mit dem Knie, während der Kopf von Tori ergriffen wird und ein seitlicher Tettsui mit der rechten Faust erfolgt.

43. Man lässt sich nach vorn auf den rechten Fuß fallen (verbunden mit dem Gefühl, *Tori* im Geiste zurückzustoßen oder ihm auszuweichen); Landung auf den Händen, mit nach innen gerichteten Fingern. Das linke Bein ist gestreckt, beide Fersen sind angehoben.
44. Wendung auf dem rechten Fuß um 90° nach links, während man sich mit *Jōdan shutō uke* in *Hanmi no nekoashi dachi* aufrichtet, in Richtung von Punkt l.
45. Der rechte Fuß wird auf der Linie nach vorn gesetzt, wobei ein rechter *Jōdan shutō uke* im *Hanmi no nekoashi dachi* erfolgt (manche Experten nehmen stattdessen *Mahanmi no nekoashi dachi*, mit dem Körper deutlich im Profil, ein).
46. Wendung auf dem rechten Fuß nach links, und der linke Fuß wird in weitem Bogen bis zur Linie h-i geführt. Sobald dieser Fuß abgesetzt ist, bewegt sich der Körper in Richtung von Punkt i. Der rechte Fuß folgt, so dass man in *Manmae no nekoashi dachi [Mashōmen no nekoashi dachi]* gelangt. Dabei wird ein linker *Jōdan ude uke [Jōdan soto uke]* ausgeführt, und die rechte Faust wird in *Hikite* gezogen. Bei dieser Technik wird ein kleiner Sprung nach vorn in Richtung von Punkt i ausgeführt.
47. Am Ort: rechter *Chūdan gyaku zuki*.

48. Der rechte Fuß wird nach hinten auf der Linie versetzt. Man wendet sich nach rechts und bewegt den Körper in Richtung von Punkt h, indem man dem linken Fuß folgt (kleiner Sprung). Rechter *Jōdan ude uke [Jōdan soto uke]* im *Manmae no nekoashi dachi [Mashōmen no nekoashi dachi]*.

49. Am Ort: Linker *Chūdan gyaku zuki*.

50. Am Ort: Unmittelbar daran anschließend rechter *Chūdan zuki*.

51. Wiederholung von Sequenz 11, aber diesmal wird, nach einfacher Drehung nach rechts und mit dem Körpergewicht auf dem linken Bein, direkt ein *Yoko geri* in die rückwärtige Richtung der zentralen Achse ausgeführt. Simultan dazu erfolgt ein rechter *Jōdan ude uke [Jōdan soto uke]*.

52. Wiederholung von Sequenz 12: Linker *Jōdan shutō uke*, während man wieder nach vorn geht.

53. Der linke Fuß wird zur Seite gesetzt, und man nimmt einen *Gyaku zuki no ashi* ein, während man mit *Chūdan otoshi uke* mit der linken Hand blockt. Man bringt diese vor sich nach unten, während die rechte Hand mit der Handkante nach unten nach vorn auf den linken Handrücken geführt wird.

54. Der rechte Fuß wird vorgesetzt, so dass man in *Jun zuki no ashi* geht. Dabei erfolgt ein rechter *Chūdan tate nukite* (Gefühl wie bei *Jun zuki*), ohne dass die linke Hand sich bewegt.

Anmerkung: *Die Sequenzen 53 und 54 werden schnell entwickelt. Nach der Sequenz 53 soll der Bewegungsfluss nicht unterbrochen werden.*

55. Das gesamte Körpergewicht wird auf das vordere Bein verlagert, während man beginnt, sich nach links zu drehen. Dabei wird der rechte Ellbogen zum Körper gebracht und die rechte Handfläche nach oben gedreht (schraubenförmige Bewegung). Die Drehung wird fortgesetzt, indem der linke Fuß zum Punkt e auf die Linie geführt wird. Dabei wird auch die Drehung der rechten Hand fortgesetzt, deren die Handkante jetzt nach oben zeigt. Man beendet die Drehung im *Shiko dachi*. Der Blick ist in Richtung von Punkt e gerichtet, und es wird ein linker *Chūdan tettsui* in diese Richtung ausgeführt. Zur gleichen Zeit wird die rechte Faust wieder in *Hikite* gezogen.

56. Doppelter Gleitschritt (links, dann rechts), wobei man im *Shiko dachi* bleibt. Mit der linken Faust wird ein *Jōdan uraken* ausgeführt, während die rechte Hand in ihrer Position bleibt.

57. Der linke Fuß wird zur Seite gestellt, so dass man in *Gyaku zuki no ashi* steht, und man führt in Richtung von Punkt e einen rechten *Mae chūdan empi uchi* in die linke Hand aus.

58. Wendung auf dem linken Fuß nach rechts, und der rechte Fuß so wird zurückgezogen, dass man sich auf der zentralen Achse in *Hachiji dachi* aufrichtet. Der Kopf ist in Richtung von Punkt l gedreht. Man führt einen rechten *Gedan barai* und simultan einen linken *Jōdan ude uke [Jōdan soto uke]* aus. Die Techniken werden durch Drehung der Hüften unterstützt.

59. Der Körper wird im Uhrzeigersinn gedreht, indem der linke Fuß über Kreuz vor den rechten gesetzt wird, um im *Shiko dachi* auf der Linie e-l zu gelangen. Sobald man diese Stellung stabil eingenommen hat, wird die linke Faust, die während der Drehung an ihrem Ort geblieben war, in einer kreisbogenförmigen Bewegung vor dem Unterleib abgesenkt (*Gedan soto uke*, oder *Otoshi uke* des Faustrückens mit einer geradlinigeren Bewegung). Der Faustrücken zeigt zum Boden, während die rechte Faust nach oben gebracht wird (Ausgleichsbewegung). Der linke Arm ist fast vollständig gestreckt. Man bleibt sehr aufrecht stehen.

60. Am Ort wird die rechte Faust im Kreisbogen nach unten gebracht, um als »Eisenhammer« zu blocken. Sie wird dabei unterhalb der linken Faust, die an ihrem Ort bleibt, mit dieser über Kreuz gebracht.

61. Am Ort werden die noch immer gekreuzten Hände gehoben und für einen *Jōdan juji uke* geöffnet. Die Handflächen werden nach außen gedreht, die rechte vor der linken.

62. *Tori* kommt von links. Man blickt in diese Richtung (Punkt l) und stellt den linken Fuß vor den rechten in Richtung von Punkt e über Kreuz, nach wie vor auf der zentralen Achse. Anschließend wendet man sich sehr schnell nach links (Ausweichen), um frontal in Richtung von Punkt l im rechten *Jun zuki no ashi* zu stehen, die Arme noch immer erhoben.

63. Am Ort senkt man mit einer knappen Bewegung die Fäuste ab (*Morote chūdan otoshi uke*), wobei man die Ellbogen zum Körper führt. Die Unterarme sind horizontal, die Fäuste vertikal und in Richtung von Punkt l ausgerichtet.

64. Ohne die Arme zu bewegen, springt man und führt einen *Nidan tobi mae geri* aus: Das linke Knie für den ersten Fußtritt gehoben, anschließend wird die Bewegungsfolge mit einem Stoß des rechten Fußes in dieselbe Richtung fortgesetzt, bevor der linke Fuß den Boden wieder berührt.

65. Nach dem Sprung steht man wieder mit einem rechten *Jōdan uraken uchi* und der linken Faust im *Hikite* in rechtem *Jun zuki no ashi* auf der zentralen Achse. Zweite Möglichkeit für einen *Kiai*.

66. Die Fäuste werden nach links erhoben, und der linke Fuß wird bis auf die Linie a-c vor den rechten über Kreuz gesetzt. Von dieser Stellung aus wendet man den Körper nach rechts und geht so tief wie möglich nach unten. Gleichzeitig blockt man mit beiden Armen nach rechts (rechter *Gedan uchi uke* und linker *Gedan soto uke*). Man ist in der Hocke, der Oberkörper ist aufrecht, die Endposition der Hände ist wie die in Sequenz 60. Man verharrt eine Sekunde in sehr tiefer und sehr stabiler Haltung.

67. Kraftvoll richtet man sich in *Hachiji dachi* auf, wobei man die Arme wie für zwei *Jōdan ude uke [Jōdan soto uke]* zu den Seiten hebt (aber die Idee besteht darin, nach hinten zu werfen). Die Unterarme sind senkrecht, die Innenseiten der Fäuste zeigen zum Kopf. Die Schultern werden nicht angespannt – die gesamte Kraft ist im *Hara*.

    Der rechte Fuß wird ein wenig zur Mitte gesetzt, während man die Hände in die Haltung aus Sequenz 1 sinken lässt, aber die linke Hand ist vor der rechten. Nun wird der linke Fuß ein Stück zur Mitte gesetzt, danach der rechte in gleichem Maß, so dass man mit den Händen an den Seiten im *Musubi dachi* steht. *Rei.*

Anmerkung: *Man beachte, dass man weder am Anfang noch am Ende dieser Kata einen Yoi dachi einnimmt.*

Ende der Kata.

Kūshankū

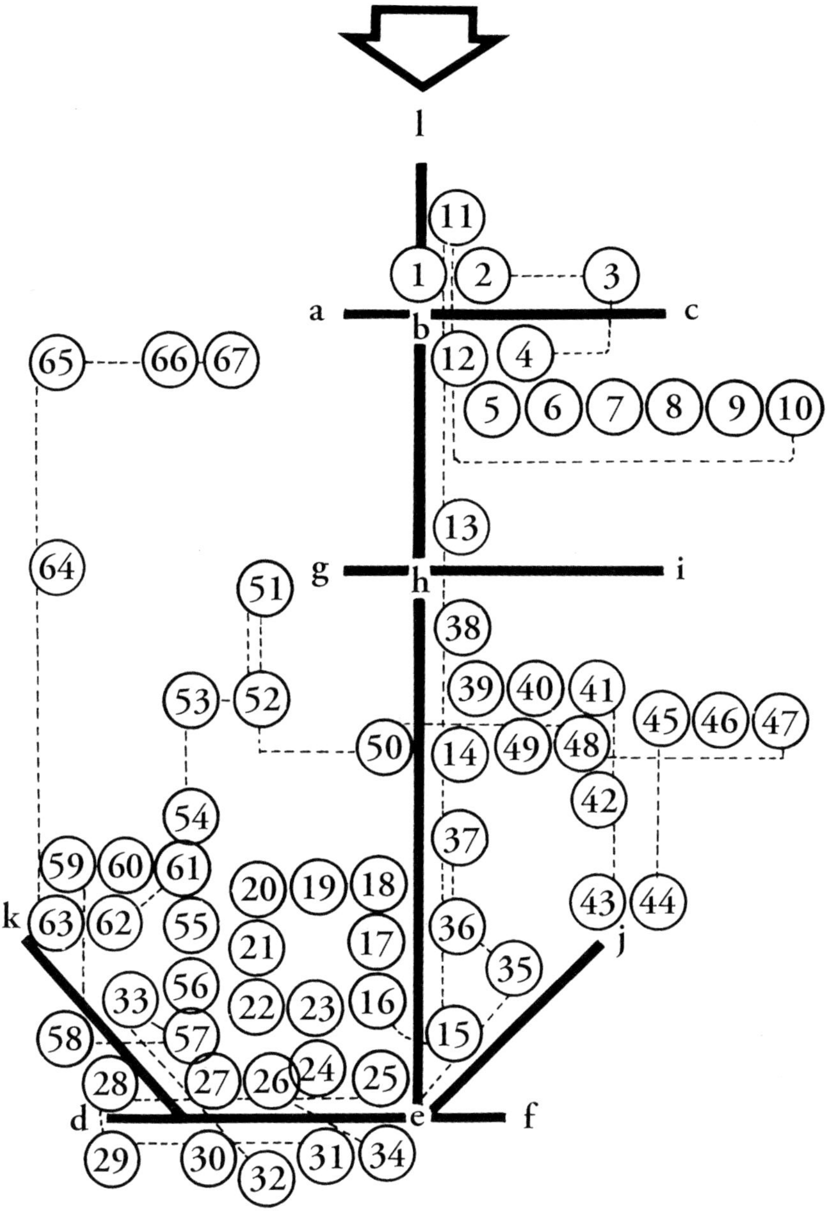

l
a
b
c
g
h
i
d
e
f
j
k
1
2
3
4
5
6
7
8
9
10
11
12
13
14
15
16
17
18
19
20
21
22
23
24
25
26
27
28
29
30
31
32
33
34
35
36
37
38
39
40
41
42
43
44
45
46
47
48
49
50
51
52
53
54
55
56
57
58
59
60
61
62
63
64
65
66
67

Kūshankū

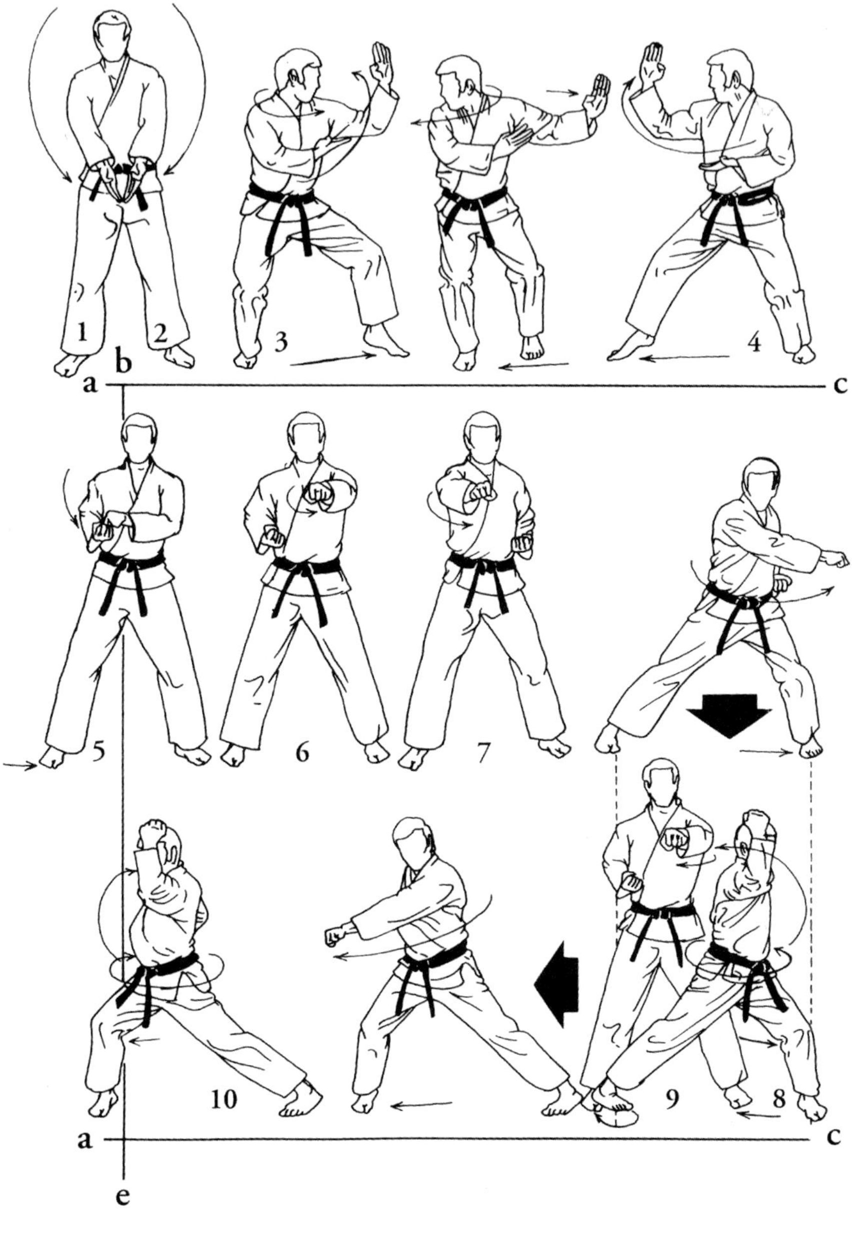

Kūshankū

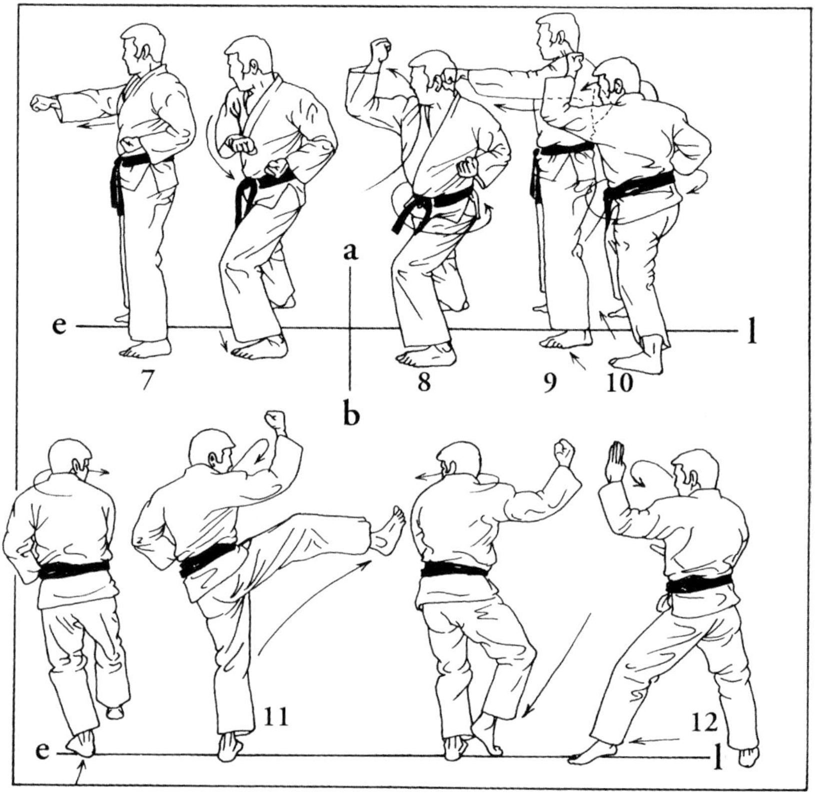

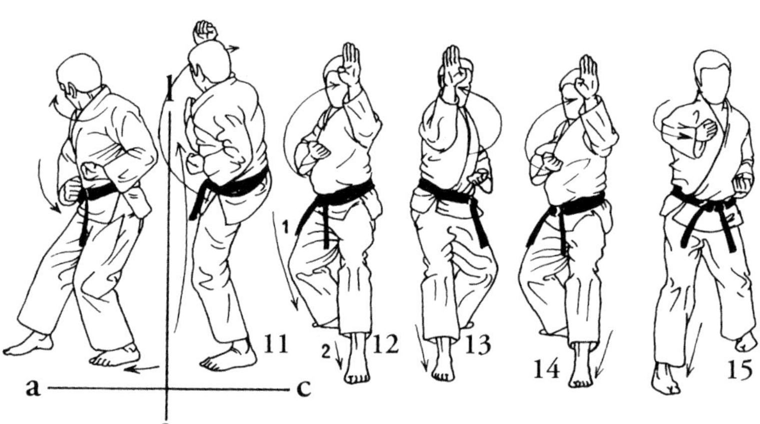

Kūshankū

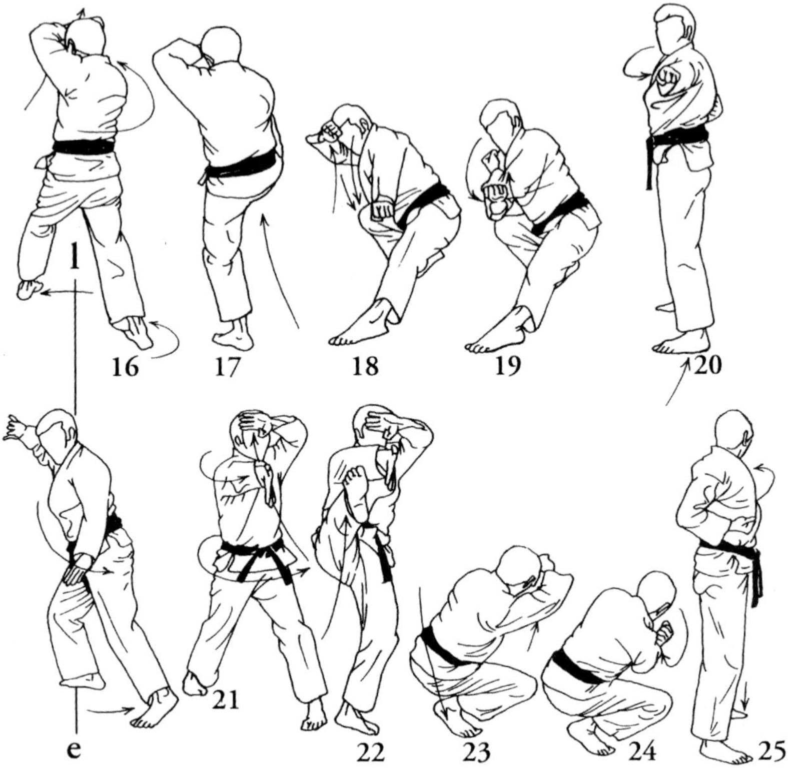

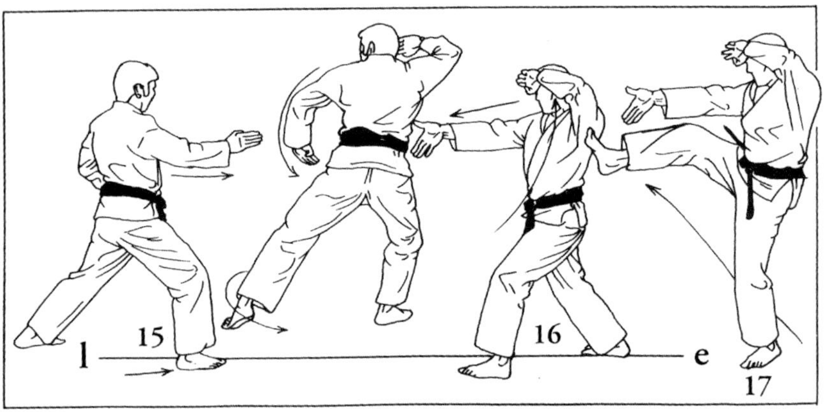

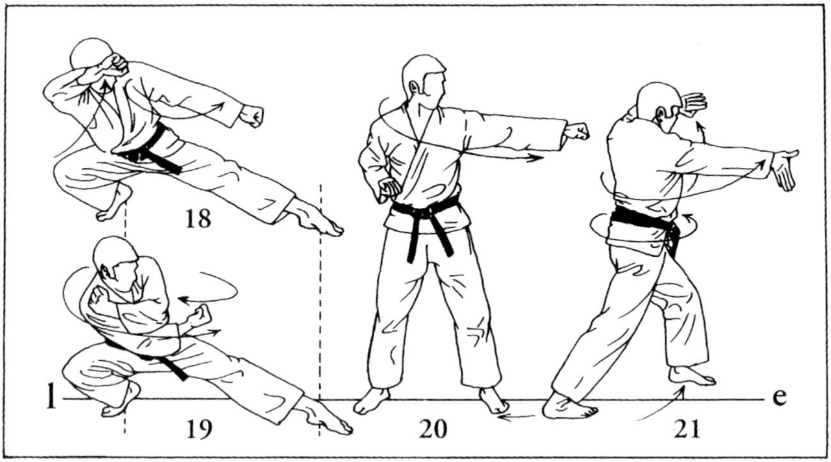
18
19
20
21
l
e

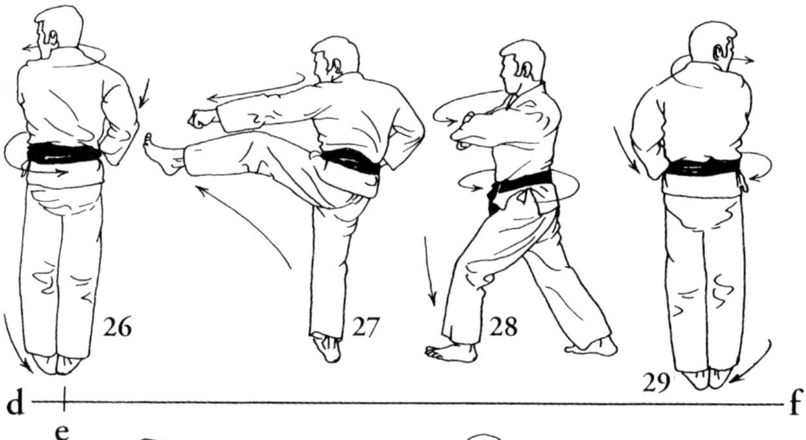
26
27
28
29
d
e
f

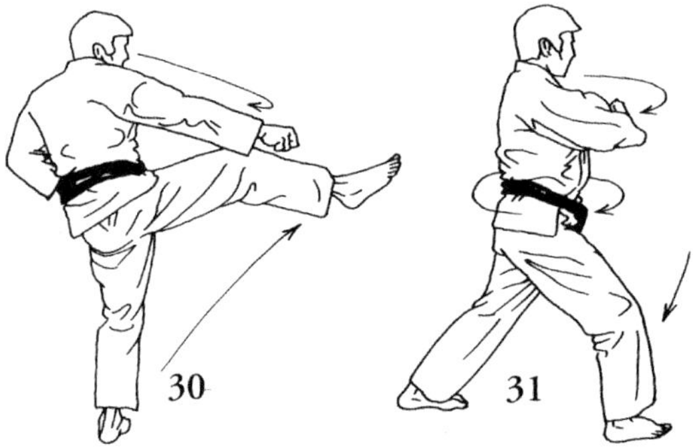
30
31

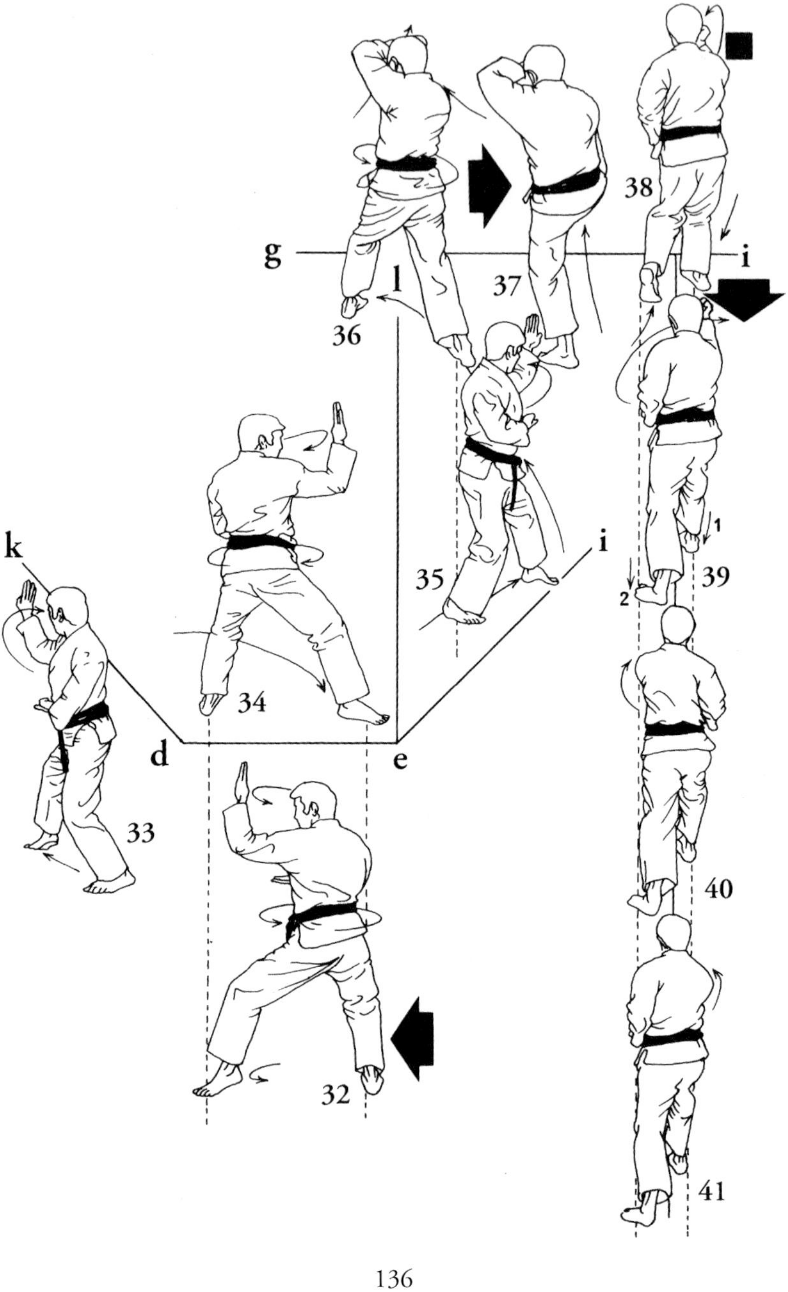
g
i
l
36
37
38
35
i
39
1
2
k
34
d
e
33
40
32
41

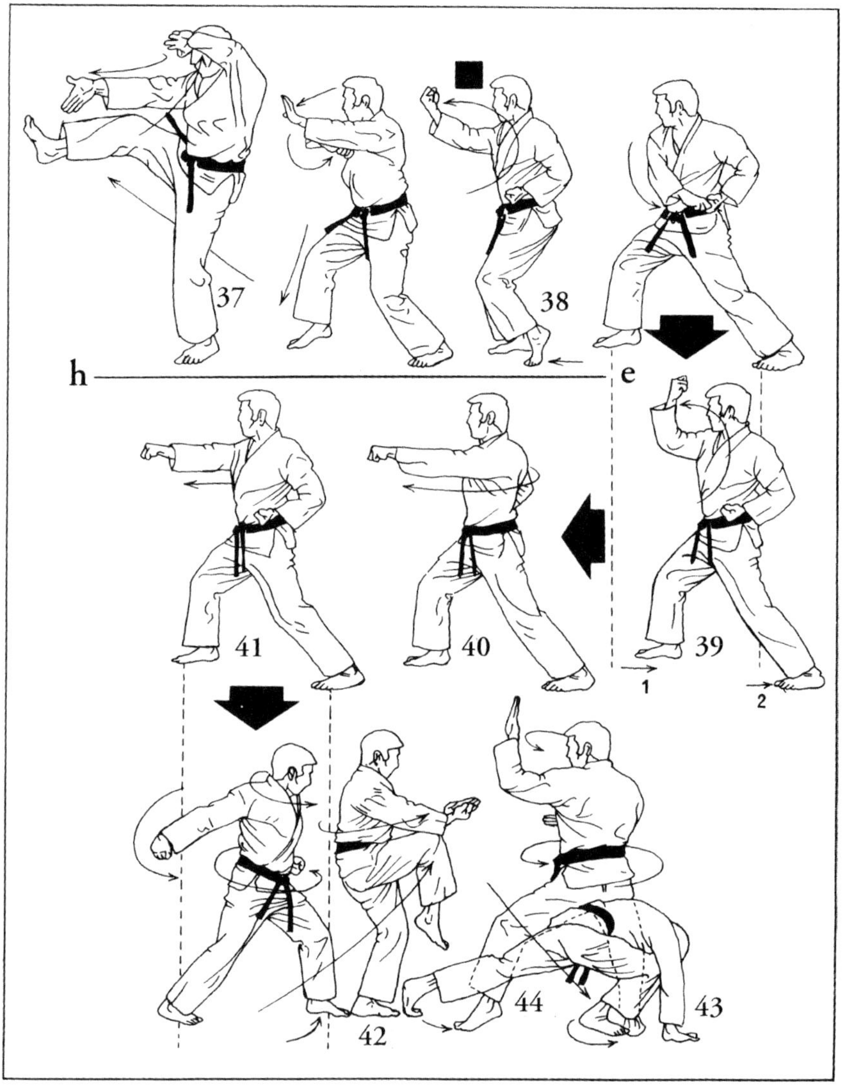
37
38
h
e
41
40
39
1
2
42
44
43

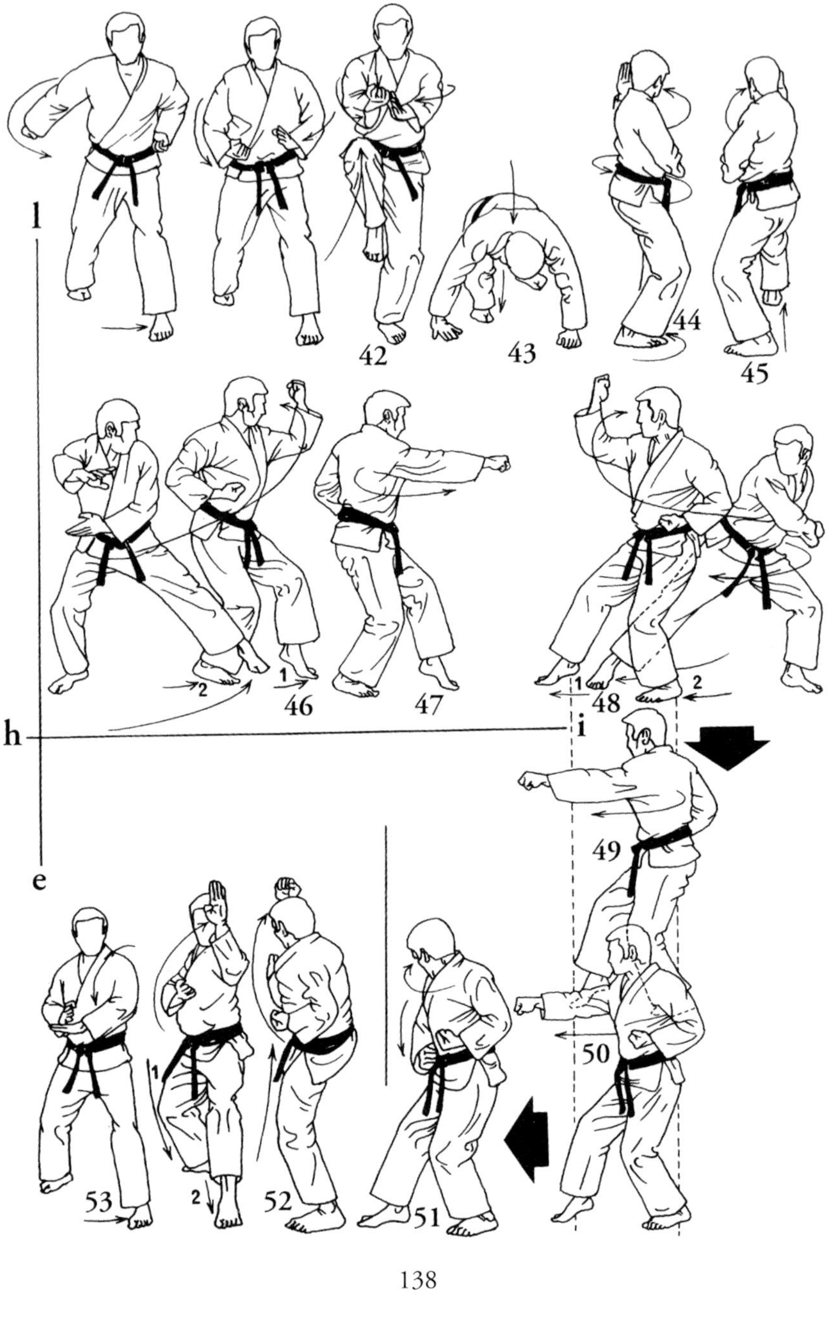
l
42
43
44
45
h
i
1
2
46
47
1
48
2
49
e
50
1
2
53
52
51

Kūshankū

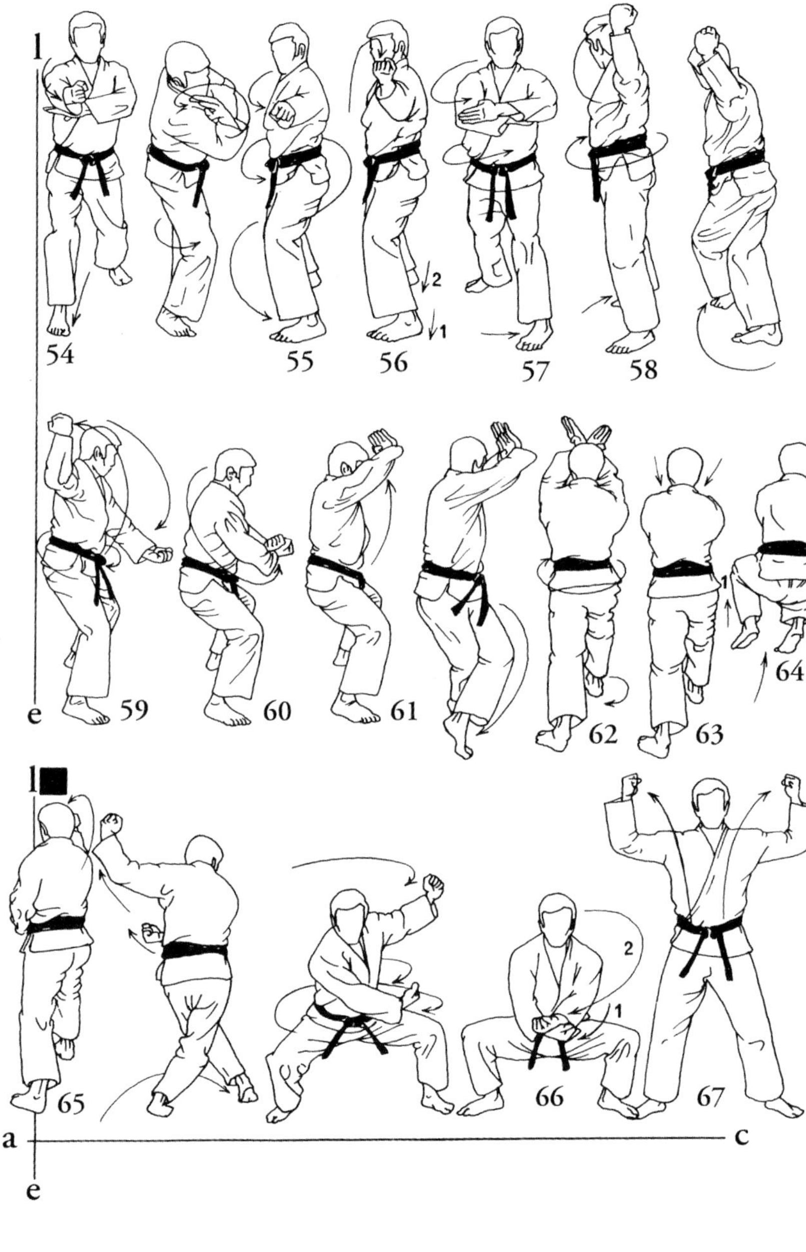

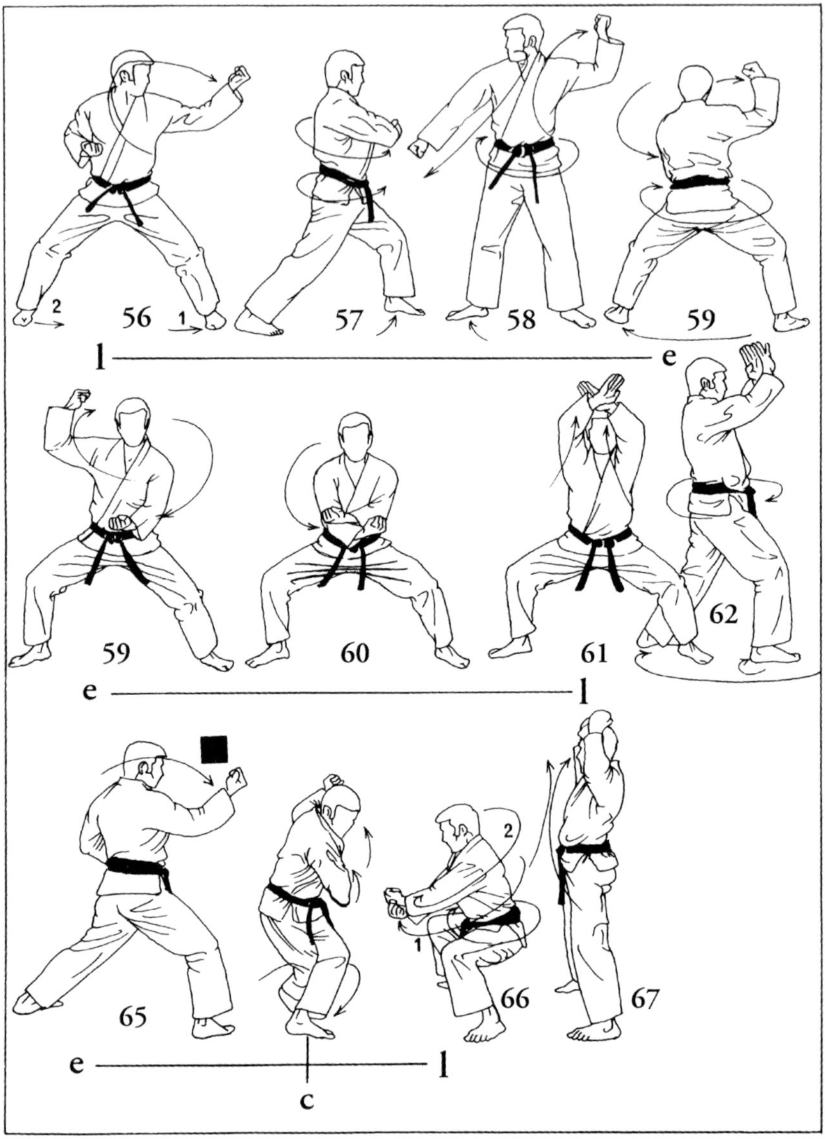
2
56
1
57
58
59
l
e
59
60
61
62
e
l
65
2
1
66
67
e
l
c

Naihanchi shōdan

Die Kata *Naihanchi*, die ihren Namen nach der gleichnamigen Stellung, die in ihnen regelmäßig eingenommen wird, erhalten haben, ist typisch für das okinawanische *Shuri-te*. Sie war eine der Kata, die Funakoshi Gichin Anfang der 1920er Jahre nach Japan gebracht hat. Es gab damals drei *Naihanchi*-Kata, die der Meister in seinen Shōtōkan-ryū unter dem Namen *Tekki* übernahm. Einige der darin enthaltenen Techniken wurden nach und nach von seinem Sohn Yoshitaka und auch einigen seiner fortgeschrittenen Schüler modifiziert. Andere, wie Ōtsuka Hironori, zogen es vor, die ursprünglichen Formen beizubehalten. Doch als Meister Ōtsuka 1934 beschloß, sich von Funakoshi Gichin zu trennen, bei dem er Karate studiert hatte, wollte er lediglich die erste *Naihanchi*-Kata (*shōdan*) in sein Wadō-ryū übernehmen – welche im übrigen seine Lieblingskata war. Die beiden folgenden Formen, *Nidan* und *Sandan*, wurden durch ihn nicht weitergegeben. Aus diesem Grund kennt man sie im Wadō-ryū kaum. Anfang der 1970er Jahre führte jedoch Mochizuki Hirō (Sohn von Mochizuki Minoru, des Gründers des *Yoseikan*-Stils) in Frankreich diese beiden Kata in sein eigenes Wadō-ryū-Lehrsystem ein. Aus diesem Grunde wurden sie in das vorliegende Werk als ergänzende Quelle zum Studium aufgenommen, auch wenn nur wenige Experten dem Schritt Mochizukis gefolgt sind, ungeachtet seiner Popularität in Europa, wo er mit seinen zahlreichen Lehrgängen zu einem der wichtigsten Botschafter des Karatedō zählte. Zu beachten ist, dass die beiden hier vorgestellten Formen *Naihanchi nidan* und *Naihanchi sandan* denen des Shōrin-ryū sehr nahe sind.

Die *Naihanchi*-Kata des Wadō-ryū unterscheiden sich von den *Tekki* in einigen Punkten:

- Die Stellung *Naihanchi dachi* ist natürlicher – weniger breit und höher, als die Stellung *Kiba dachi* des Shōtōkan. Auf der ersten Bildtafel der *Naihanchi shōdan* wird die Art und Weise, die korrekte Breite der Haltung zu bestimmen, gezeigt (a und b auf S. 145). Am Ende sind beide Füße auf einer Höhe.
- Die Position *Hikite* der Faust ist etwas höher als im Shōtōkan.
- Die Drehungen des Oberköpers sind aufgrund der größeren Flexibilität

der Stellung ausgeprägter. Man erhöht dabei dennoch nicht die Stellung, und man lässt das Körpergewicht auf beiden Beinen gleich verteilt.

- Die Blöcke, die im Shōtōkan auf *Chūdan*-Niveau erfolgen, werden hier mit senkrechten Unterarmen auf *Jōdan*-Höhe ausgeführt.
- Der allgemeine Ablaufplan und im übrigen auch die Empfindungen sind dieselben wie im Shōtōkan. Ein Vergleich damit wird in jedem Fall von Nutzen sein.
- Man hebt niemals den Fuß zum *Fumikomi* in den Kata *Naihanchi*. Die Ortsveränderungen erfolgen geschmeidig dicht über dem Boden, als würde man die Ferse auf steinigen Untergrund setzen (dies ist die aus Okinawa stammende ursprüngliche Idee).

1. *Rei.* Man nimmt die Position *Heisoku dachi* ein. Die linke Hand wird auf Höhe des Unterleibs auf die rechte gelegt. Die Fingerspitzen zeigen zum Boden, die Handrücken nach vorn (1a). Die Eröffnungsbewegung ähnelt der der *Kūshankū*. Die Hände werden über den Kopf gehoben (ohne dabei aber den Blick zu heben, und es ist kein »Licht« zwischen den Händen; die Daumen sind angewinkelt), dann werden sie kreisbogenförmig zu beiden Seiten abgesenkt, bis die Hände wieder – diesmal mit den Handflächen nach vorn – vor dem Unterleib sind. Die Bewegung endet, sobald die rechte Hand die linke verdeckt. Ohne die Ellbogen zu bewegen, werden die Hände mit den Rücken nach vorn in Richtung des Halses geführt, während man einatmet. Sie werden entlang des Körpers abgesenkt (dabei atmet man aus), wobei sich die Ellbogen so wenig wie möglich bewegen. Dabei drehen sich die Hände übereinander, so dass sie schließlich vor dem Unterleib in die Ausgangsposition gelangen, das heißt, die linke Hand ist auf der rechten, und die Handrücken zeigen nach vorn (1b). In dieser Haltung dreht man in einer horizontalen Ebene den Kopf sehr langsam nach links und dann nach rechts. Diese vorbereitenden Übungen werden sehr langsam und konzentriert ausgeführt, die Gesamtdauer beträgt etwa 20 Sekunden.
2. Der linke Fuß wird vor dem rechten über Kreuz gesetzt, wobei das rechte Bein gebeugt wird und die Hände mit den Handflächen zum Körper vor die Brust gehoben werden. Man bleibt in aufrechter Haltung.

3. Ohne innezuhalten, wird der rechte Fuß nach rechts versetzt, so dass man einen *Naihanchi dachi* einnimmt. Im gleichen Takt wird ein *Chūdan tate shutō uke* ausgeführt, indem die rechte Hand nach rechts gestreckt wird (der Ellbogen bleibt ein wenig gebeugt), und die linke Faust wird in *Hikite* gezogen. Die Sequenzen 2 und 3 werden zusammenhängend ausgeführt und empfunden.

4. Am Ort: Linker *Chūdan empi uchi*, während man sich nach rechts wendet. Der linke Ellbogen schlägt in die offene rechte Hand.

5. Am Ort: Schnelle Drehung des Kopfes nach links, während man die rechte Faust in *Hikite* nimmt und den linken Arm in die entgegengesetzte Richtung als zuvor bewegt, so dass sie sich schließlich in der Haltung *Mizu nagare no kamae* befindet (das heißt, in der Position von »Fließendes Wasser«: Die Faust ist tiefer als der Ellbogen, welcher seinerseits tiefer als die Schulter ist), mit der Faustinnenseite nach unten und dem Unterarm parallel zur Brust (Zeichnung c auf S. 145). Diese Rückführungsbewegung wird begleitet von einer starken Drehung der Hüften in dieselbe Richtung. Dies ist eine vorbereitende Sequenz, aber man kann sie auch als einen Seitwärtsstoß mit dem Ellbogen nach links interpretieren, zumindest als Ansatz eines solchen, denn die Spitze des Ellbogens darf nicht über die linke Flanke des Körpers hinausgehen.

6. Am Ort: Linker *Gedan barai* nach links.

7. Am Ort: *Kagi chūdan zuki* mit der rechten Faust nach links. Man beachte, dass im Unterschied zur gleichnamigen Technik im Shōtōkan der Stoß zurückgeschnappt wird. Er wird so geführt, dass der Arm im Winkel von 45° zur senkrechten Ebene der Körperposition gestreckt wird (aber ohne dabei den Oberkörper zu bewegen, wodurch der Stoß schnell auf Höhe der Schulter blockiert wird). Daraufhin kommt die Faust schnell auf demselben Weg wieder zurück. Der Arm wird dabei gebeugt, so dass er wieder in der Haltung *Mizu nagare no kamae* ist.

8. Ohne den Oberkörper zu bewegen und ohne sich zu erheben wird der rechte Fuß vor dem rechten über Kreuz gesetzt.

9. Der linke Fuß wird nach links versetzt. In dem Augenblick, indem man auf diese Weise einen *Naihanchi dachi* einnimmt, dreht man den

Kopf nach vorn und führt mit dem rechten Arm einen *Jōdan ude uke [Jōdan soto uke]* von links nach rechts aus (Block gegen einen Angriff von vorn). Siehe Zeichnung A auf S. 149.

10. Die beiden Abschnitte dieser Sequenz werden sehr rasch (am Ort) hintereinander ausgeführt.

    Abschnitt 1: Man beginnt einen ausholenden *Gedan barai* nach vorn mit dem rechten Arm, wobei man zugleich einen *Chūdan ura zuki* mit der linken Faust andeutet (Beginn eines Gegenangriffs, wobei man es schließlich vorzieht, aufgrund der gebotenen Eile einen Block nach rechts auszuführen; dies kann aber auch eine einfache Schutzbewegung darstellen, die die gleichzeitige Aktion des rechten Arms erleichtert). Siehe auch Zeichnung B auf S. 149.

    Abschnitt 2: Während der rechte Arm in seiner Bewegung fortfährt und den *Gedan barai* nach vorn vollendet, wird die linke Faust zur Achsel gezogen (*Hikite*-Bewegung, aber der Unterarm ist schräg, und die Faust in Richtung des Kopfes von *Tori* ausgerichtet). Siehe Zeichnung C auf S. 149.

11. Die beiden Abschnitte dieser Sequenz werden sehr rasch (am Ort) hintereinander ausgeführt.

    Abschnitt 1: *Jōdan ura zuki* mit der linken Faust in der senkrechten Mittelebene des Körpers. Dabei wird der rechte Unterarm vor die Brust gebracht und der rechte Faustrücken unter den linken Ellbogen. Siehe Zeichnung D auf S. 149 (dieser Abschnitt ist in der Bildtafel des Ablaufs der Kata nicht gesondert illustriert).

    Abschnitt 2: Unverzüglich nach dem »Auftreffen« wird die linke Faust zurückgezogen (wie in Abschnitt 1 von Sequenz 10 schnappt die Faust zurück), der linke Unterarm wird senkrecht aufgerichtet und nach links geführt, um einen *Jōdan ude uke [Jōdan soto uke]* (oder *Jōdan sasae uke*) gegen einen Angriff gegen das Gesicht abzuwehren. Die Haltung des rechten Arms bleibt unverändert, und der Oberkörper dreht sich nicht. Siehe Zeichnung E auf S. 149. Die Sequenzen 10a, 10b, 11a und 11b folgen sehr schnell aufeinander, in einem etwas abgehackten Rhythmus.

Anmerkung: *Dies stellt die klassische Form dar. Man beachte, dass auch eine Variante existiert, bei der man im Abschnitt 11a einen linken Jōdan zuki ausführt, bei dem die Faust beim Aufschlag gedreht wird, so dass die Faustinnenseite nach unten zeigt, während der rechte Arm weiter mit Gedan barai blockt. Der rechte Arm wird erst im Abschnitt 11b wieder zurückgenommen.*

12. Am Ort: Der Kopf wird nach links gedreht.

13. Am Ort: Linker *Nami gaeshi* (die Ferse wird mit einer schnellen Bewegung zum rechten Unterschenkel geführt; das Knie ist dabei der Drehpunkt), ohne dass dabei das Gleichgewicht des Körpers gestört oder die Position der Arme verändert wird. Dies ist ein Ausweichen gegen einen von der Seite kommenden Angriff. Der Fuß wird dabei weniger hoch gehoben als in der Shōtōkan-Variante.

14. Der Fuß wird unverzüglich wieder abgesetzt, so dass man im *Naihanchi dachi* steht. Dabei wendet man den Oberkörper nach links, um – diesmal auf der linken Seite – wieder mit links einen *Jōdan ude uke [Jōdan soto uke]* (oder *Jōdan sasae uke*) auszuführen. Man beachte, dass sich nur der Oberkörper dreht und dass die Arme ihre Haltung beibehalten.

15. Am Ort: Der Kopf wird nach rechts gedreht.

16. Am Ort: Rechter *Nami gaeshi*.

17. Der Fuß wird unverzüglich wieder abgesetzt, so dass man im *Naihanchi dachi* steht. Man wendet den Oberkörper nach rechts, um – wieder mit der linken Faust, aber diesmal nach rechts – einen *Jōdan sasae uke* auszuführen. Die Arme bleiben in ihrer Position (die linke im *Soto uke [Uchi uke]*, um einen »Eisenhammer«-Block zur Seite auszuführen). Man hat nun drei Mal mit dem linken Arm geblockt – nach vorn und nach beiden Seiten –, und der rechte Arm hat dabei ebenfalls seine Haltung nicht geändert.

18. Am Ort: Wiederholung von Sequenz 5.

19. Am Ort: Simultaner Stoß mit beiden Fäusten nach links (*Chūdan morote zuki*). Der linke Arm wird gestreckt, der rechte bleibt in der Haltung eines *Kagi zuki*. Man dreht die linke Faustinnenfläche nach

oben, bevor der Stoß ausgeführt wird. Erste Möglichkeit für einen *Kiai* (*Kensei*).

20. Am Ort: Man nimmt den linken Arm ein wenig zurück, indem der Oberkörpers sich langsam ein wenig nach rechts dreht. Dabei öffnet man die linke Hand und dreht die Handfläche nach oben, und der Ellbogen wird ein Stück in Richtung des Körpers gezogen. Gleichzeitig wird die rechte Faust in *Hikite* gezogen.

Die folgenden Sequenzen stellen eine symmetrische Wiederholung der Sequenzen 4 bis 19 dar:

21. – 26. Symmetrische Wiederholung der Sequenzen 4 bis 9.

27 a und b. Symmetrische Wiederholung der Sequenz 10 a und b.

28 a und b. Symmetrische Wiederholung der Sequenz 11 a und b.

29. – 35. Symmetrische Wiederholung der Sequenzen 12 bis 18.

36. Symmetrische Wiederholung der Sequenz 19. Zweite Möglichkeit für einen *Kiai* (*Kensei*).

37. Der rechte Fuß wird langsam zum rechten gesetzt, so dass man im *Heisoku dachi* steht. Die Hände werden wie in Sequenz 1 überkreuzt, die linke über der rechten. Gruß.

Ende der Kata.

Naihanchi shōdan

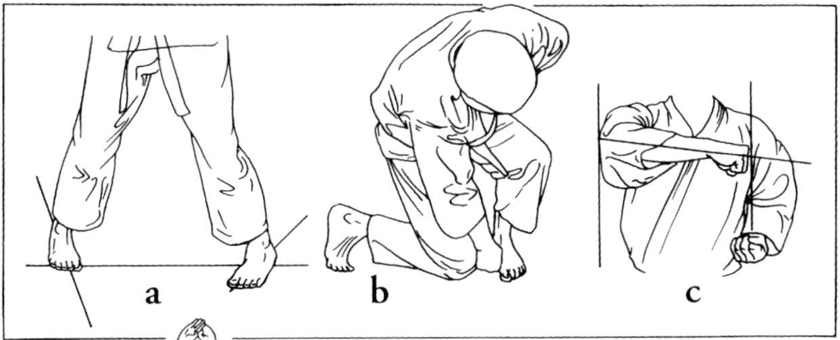

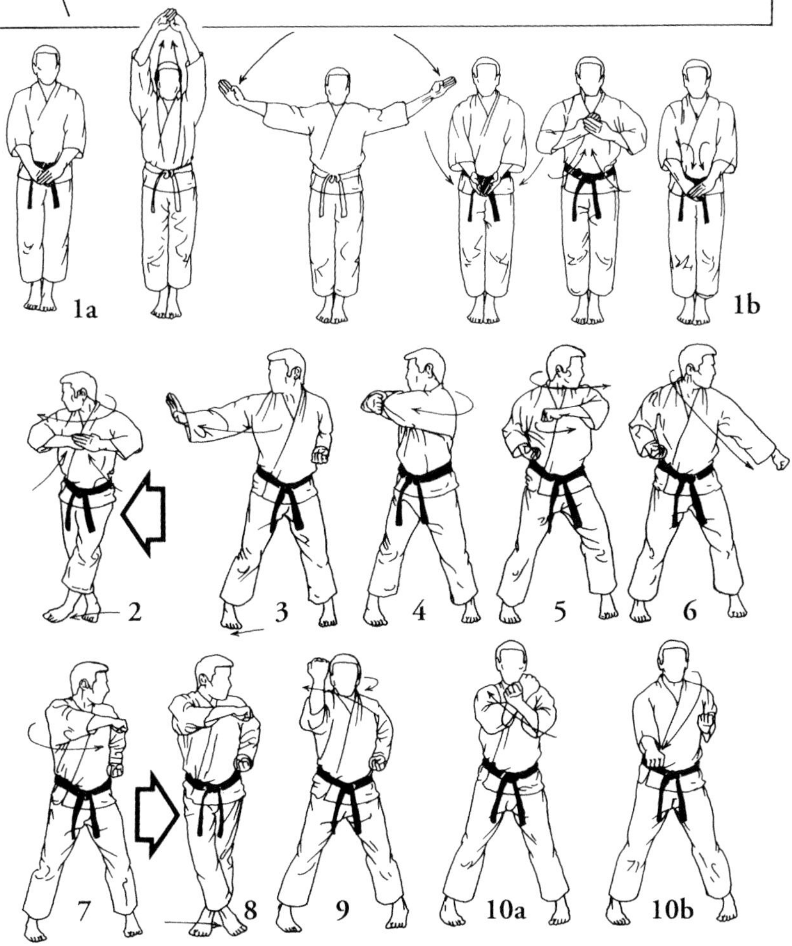

Naihanchi shōdan

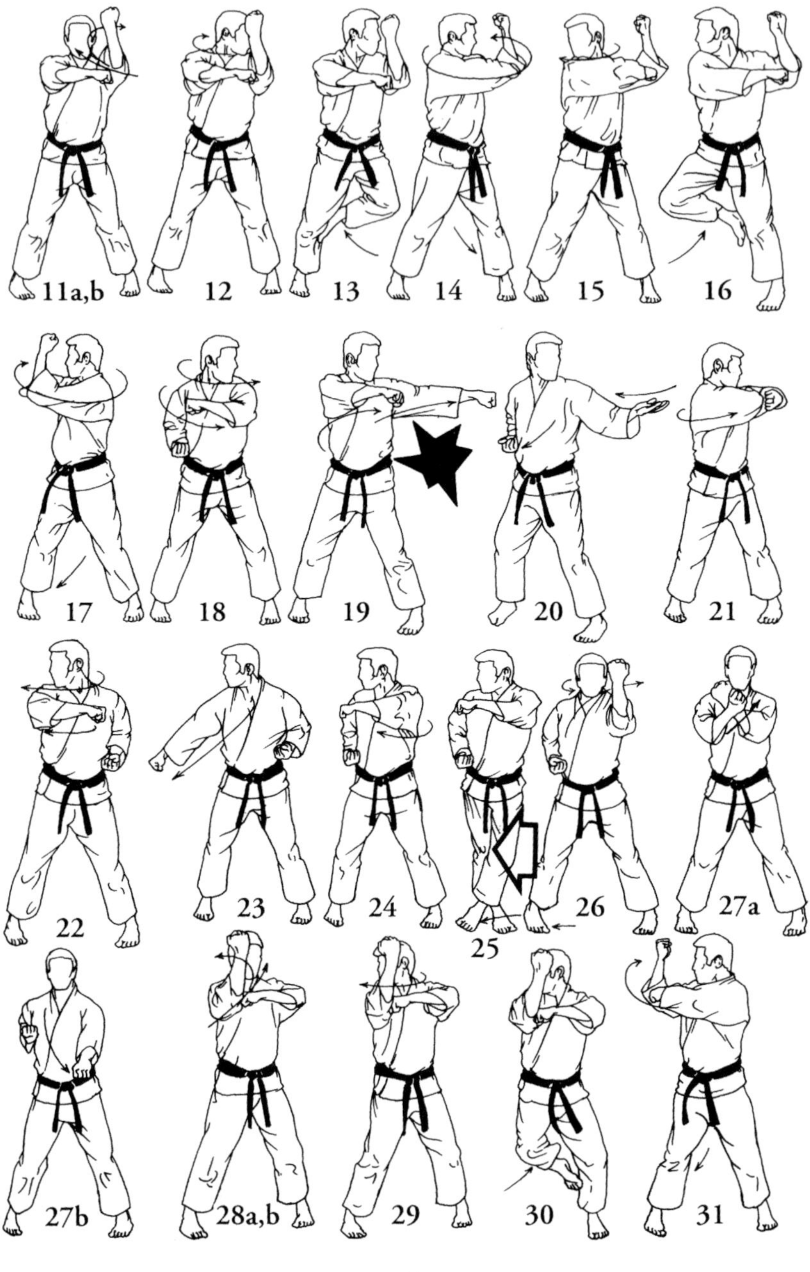

Naihanchi shōdan

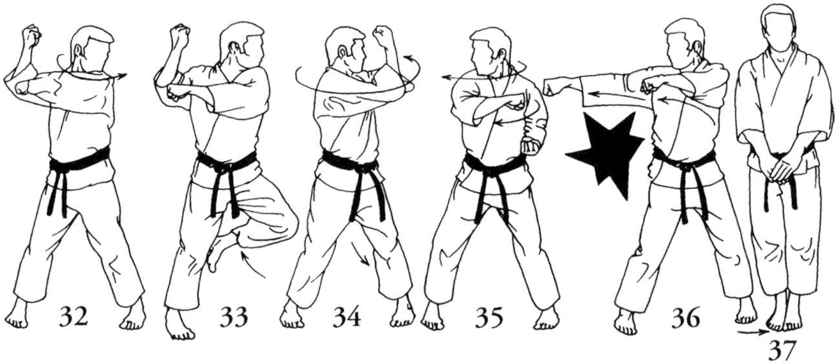

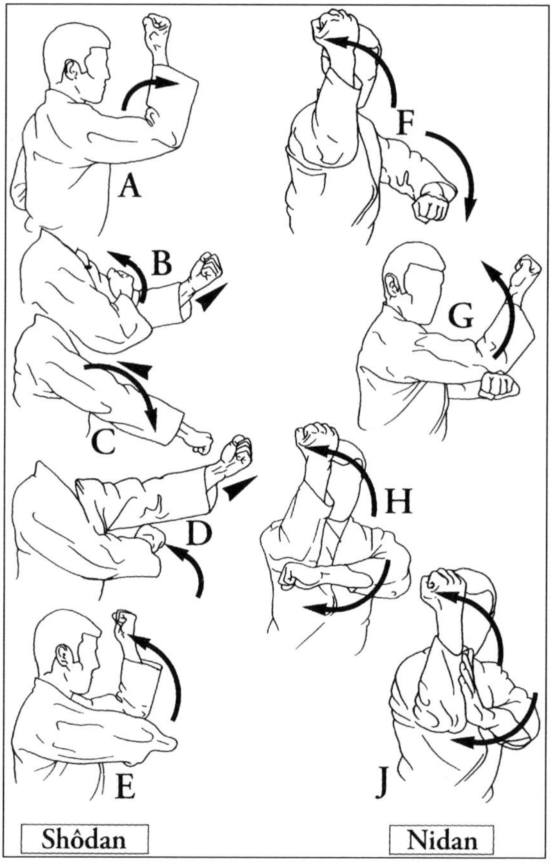

Naihanchi nidan

Viele Techniken dieser Kata entsprechen Techniken der *Naihanchi shōdan*. Bei der Beschreibung der entsprechenden Sequenzen wird darauf Bezug genommen.

1. *Rei. Yoi dachi.*
2. Der linke Fuß wird über Kreuz vor den rechten gestellt. Dabei dreht man den Kopf nach rechts und hebt die Fäuste vor die Brustmuskeln. Die Ellbogen sind zu den Seiten ausgerichtet. Die Haltung ist *Mizu nagare no kamae*. Die Fäuste sind etwa 10 Zentimeter voneinander entfernt.
3. Der rechte Fuß wird nach rechts gesetzt. Man nimmt die Stellung *Naihanchi dachi* ein, während man mit dem rechten Arm mit *Jōdan ude uke [Jōdan soto uke]* nach rechts blockt. Der linke Arm ändert dabei seine Position nicht. Siehe Zeichnung F auf S. 149.
4. Der linke Fuß wird wieder vor dem rechten über Kreuz gesetzt, und ohne die Blickrichtung zu ändern, wird mit der rechten Faust ein *Jōdan uraken uchi* nach vorn ausgeführt. Der rechte Ellbogen wird auf diese Weise über den linken Faustrücken gebracht, der seine Position nicht ändert. Man kann diese Technik auch als *Jōdan soto uke* interpretieren. Siehe Zeichnung G auf S. 149.
5. Der rechte Fuß wird nach 6 versetzt. Man nimmt *Naihanchi dachi* ein und blockt mit dem rechten Arm nach rechts mit *Jōdan sasae uke*. Dabei wird der linke Arm, ohne dessen Haltung zu verändern, in dieselbe Richtung gebracht. Dies entspricht der Sequenz 31 der *Naihanchi shōdan*. Siehe Zeichnung H auf S. 149.
6. Man dreht den Kopf langsam nach linke, während man den linken Fuß nach rechts zieht, so dass man einen *Heisoku dachi* einnimmt. Die Fäuste werden wie in Sequenz 2 vor die Brustmuskeln gehoben. Dies ist eine abwartende Haltung.
7. Der linke Fuß wird nach links versetzt, und man wiederholt Sequenz 3.

8. Wiederholung von Sequenz 4 nach links.
9. Wiederholung von Sequenz 5.
10. Am Ort: Drehung des Kopfes nach rechts, während die Hände zur linken Hüfte gebracht werden: Die linke Hand ist in *Hikite*-Position offen, mit den Fingerspitzen nach vorn zeigend und dem Daumen oben; die rechte Faust ist in der linken Handfläche, die Faustinnenfläche zeigt nach unten.
11. Am Ort: *Jōdan sasae uke* mit dem rechten Arm nach rechts, wie in Sequenz 5, aber die linke Hand folgt der Bewegung und drückt an deren Ende gegen den rechten Unterarm. Siehe Zeichnung J auf S. 149.
12. Am Ort: Der Kopf wird nach vorn gedreht. Dabei wird mit dem rechten Fuß ein *Nami gaeshi* ausgeführt (siehe Sequenz 16 der *Naihanchi shōdan*), und die Hände werden zur rechten Hüfte gebracht: Die rechte Faust ist in *Hikite*, und die linke Handfläche wird waagerecht darüber gelegt.
13. In dem Augenblick, in dem der rechte Fuß abgesetzt wird (*Naihanchi dachi*), stößt man den rechten Ellbogen waagerecht nach vorn in die linke Hand (*Mae chūdan empi uchi*). Beide Unterarme sind in der Waagerechten.
14. Am Ort: Man dreht den Kopf nach rechts und führt langsam mit der rechten Hand einen *Chūdan shutō kake uke* nach rechts aus.
15. Am Ort: Linker *Kagi zuki* und rechtes *Hikite* (diese spezielle Form dieses Faustst0ßes findet sich auch in Sequenz 7 der *Naihanchi shōdan*).
16. Sequenz 25 der *Naihanchi shōdan*.
17. Sequenz 26 der *Naihanchi shōdan*.
18. Am Ort: Linker *Gedan barai* mit rechten *Jōdan ura zuki*. Beide Techniken werden nach vorn ausgeführt. Der Fauststoß erfolgt in der senkrechten Mittelebene des Körpers.
19. Am Ort führt man eine vorbereitende Technik für die nachfolgende Sequenz aus: Die rechte Faust wird in Bereitschaft nach oben gebracht.

Die Faustinnenfläche zeigt nach vorn. Der linke Arm bleibt in seiner Endhaltung des *Gedan barai*.

20. Am Ort: Die rechte Faust wird unverzüglich zurück in die Mitte gebracht, um einen *Jōdan uraken* auszuführen, während der linke Arm vor den Körper gebracht wird (*Mizu nagare*). Der linke Faustrücken befindet sich nun unter dem rechten Ellbogen. Erste Möglichkeit für einen *Kiai* (*Kensei*).
21. Wiederholung von Sequenz 10.
22. Wiederholung von Sequenz 11.
23. Wiederholung von Sequenz 12.
24. Wiederholung von Sequenz 13.
25. Wiederholung von Sequenz 14.
26. Wiederholung von Sequenz 15.
27. Wiederholung von Sequenz 16.
28. Wiederholung von Sequenz 17.
29. Wiederholung von Sequenz 18.
30. Wiederholung von Sequenz 19.
31. Wiederholung von Sequenz 20. Zweite Möglichkeit für einen *Kiai* (*Kensei*).
32. Der rechte Fuß wird ein Stück nach links versetzt, und man richtet sich in einen *Hachiji dachi* auf. *Yoi*. Gruß.

Ende der Kata.

Naihanchi nidan

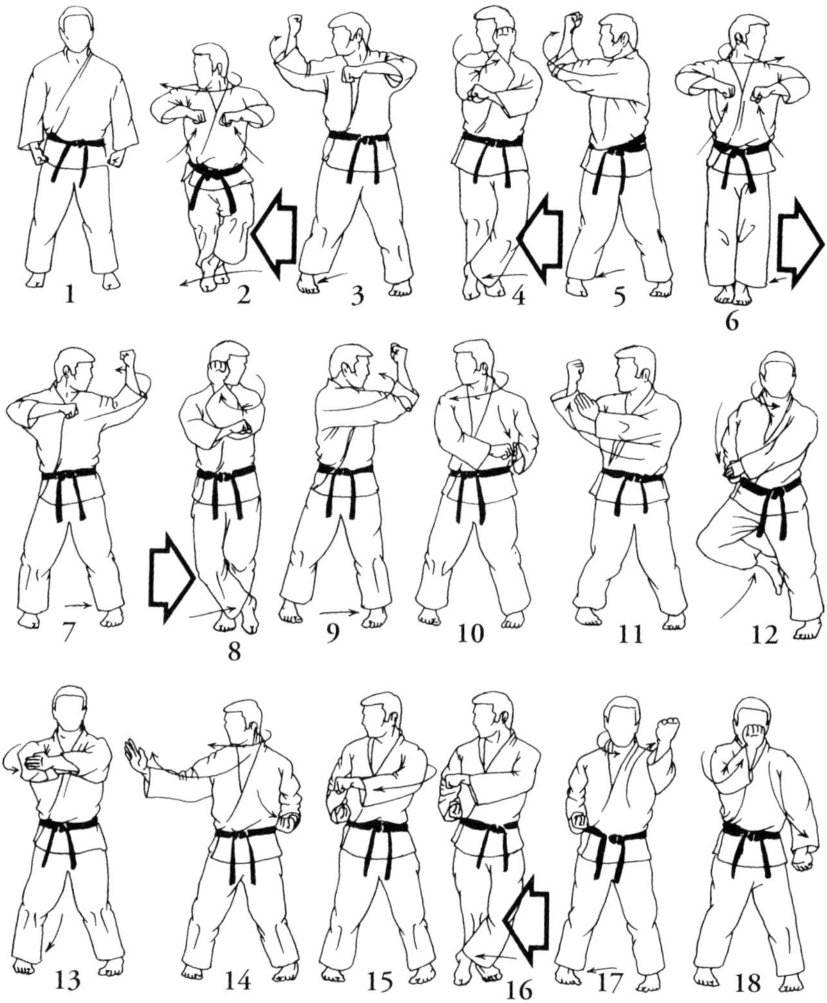

Naihanchi nidan

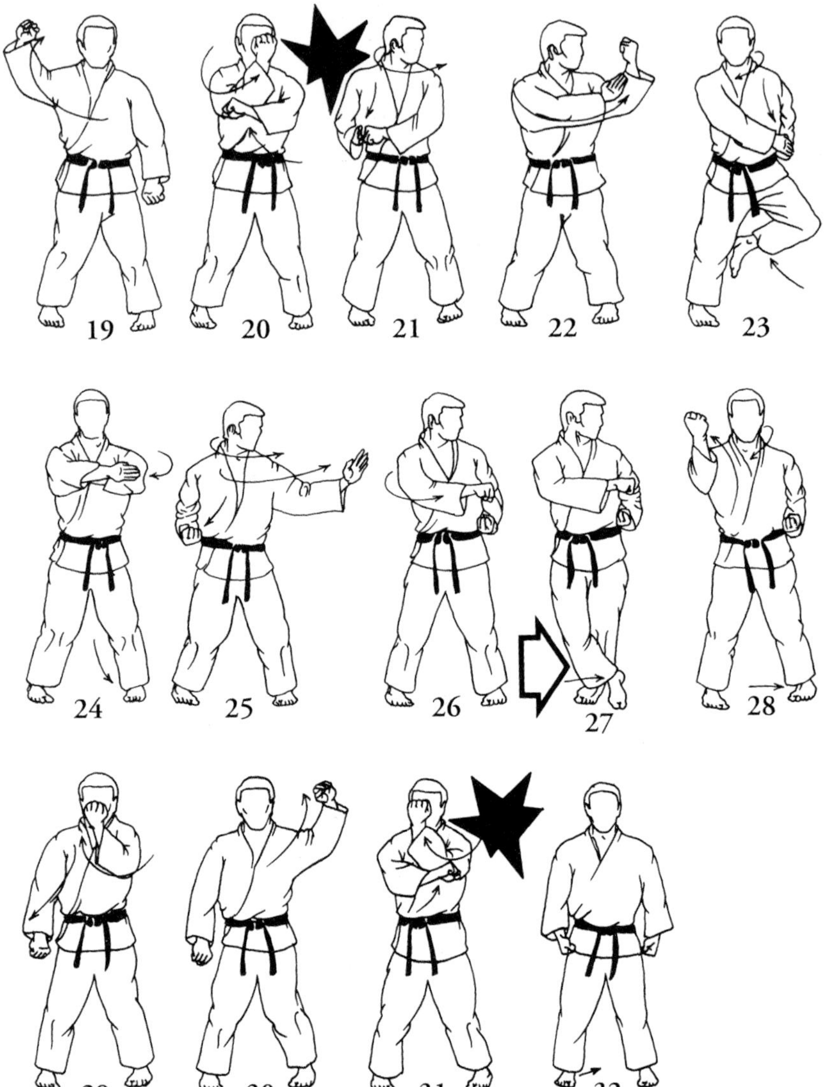

Naihanchi sandan

Viele Techniken dieser Kata entsprechen Techniken der *Naihanchi shōdan* und der *Naihanchi nidan*. Bei der Beschreibung der entsprechenden Sequenzen wird darauf Bezug genommen.

1. *Rei. Yoi dachi.*
2. Der rechte Fuß wird nach rechts versetzt. Man nimmt *Naihanchi dachi* ein und blockt nach vorn mit linkem *Jōdan ude uke [Jōdan soto uke]*, während die rechte Faust in *Hikite* gezogen wird.
3. Für diese Sequenz gibt es zwei Varianten:

   Variante a: Am Ort: Linker *Gedan barai* und rechter *Jōdan ura zuki*; beide Techniken werden nach vorn ausgeführt. Der Fauststoß erfolgt in der senkrechten Mittelebene des Körpers.

   Variante b: Am Ort: Linker *Gedan barai* und rechter *Jōdan ude uke [Jōdan soto uke]*. Beide Techniken werden nach vorn ausgeführt.

Auf beide Varianten folgt dieselbe Sequenz 4.

4. Am Ort: Der linke Arm wird in *Mizu nagare no kamae* gehoben, und man blockt darüber (der rechte Ellbogen ist über dem linken Faustrücken) mit *Jōdan soto ude uke* des rechten Arms. Dies ist eine Bewegung, die von rechts nach links verläuft. Die rechte Faust stoppt vor der linken Schulter (Block eines gegen das Gesicht gerichteten Fauststoßes).
5. Am Ort: Der linke Arm bleibt in seiner Position, während die rechte Faust nach hinten oben mit der Faustinnenfläche nach vorn in Bereitschaft gehoben wird (neuer fegender Block oder einfaches Schwungholen für die Folgebewegung).
6. Am Ort: Die rechte Faust wird nach vorn gebracht (*Jōdan uraken uchi*), der Ellbogen ist über dem linken Faustrücken.
7. Am Ort: Die rechte Faust wird in *Hikite* gezogen. Die offene linke Hand wird waagerecht darüber gelegt.

8. Am Ort: Man schlägt unter der linken Hand hindurch direkt nach vorn mit rechtem *Chūdan zuki.* Die linke bleibt mit nach rechts zeigenden Fingern und Handfläche nach unten zurück.
9. Am Ort: Man blickt nach rechts, während man die rechte Faust dreht, so dass die Faustinnenseite nach oben zeigt (dabei wird der Ellbogen ein Stück zurückgezogen). Die Haltung der linken Hand verändert sich dabei nicht.
10. Der linke Fuß wird vor dem rechten über Kreuz gesetzt, ohne dass der Oberkörper sich bewegt.
11. Der rechte Fuß wird nach rechts versetzt, so dass man wieder die Stellung *Naihanchi dachi* einnimmt. Man verteidigt sich mit einem rechten *Sasae gedan uchi barai* nach rechts. Die von links nach rechts geführte Bewegung wird von der linken Hand unterstützt, die in der Ellenbeuge bleibt. Man beachte, dass die rechte Faustinnenseite ununterbrochen nach oben zeigt.
12. Am Ort: Der Kopf wird nach vorn gedreht, und mit dem rechten Arm wird nach vorn ein *Sasae chūdan uchi uke* ausgeführt (mit einer kreisbogenförmigen Bewegung des Arms im Uhrzeigersinn).
13. Am Ort: Die rechte Faust wird wie in Sequenz 7 unter die linke Hand, die erneut auf die rechte Faust gelegt wird, in *Hikite* gezogen.
14. Wiederholung der Sequenz 8: Rechter *Chūdan zuki* nach vorn. Man beachte, dass von Sequenz 7 bis Sequenz 14 die linke Hand auf der rechten Seite bleibt, entweder auf dem rechten Ellbogen oder auf der rechten Faust.
15. Am Ort: Man wendet den Kopf nach links und führt mit der linken Hand einen *Chūdan shutō kake uke* in diese Richtung aus. Zugleich wird die rechte Faust zurück in *Hikite* genommen.
16. Am Ort: Rechter *Kagi zuki* und linkes *Hikite.*
17. Ohne den Oberkörper zu bewegen, wird der rechte Fuß vor den linken über Kreuz gesetzt.
18. Symmetrische Wiederholung der Sequenz 2.

19 a oder b. Symmetrische Wiederholung der Sequenz 3 a oder b.

20. Symmetrische Wiederholung der Sequenz 4.

21. Symmetrische Wiederholung der Sequenz 5.

22. Symmetrische Wiederholung der Sequenz 6. Erste Möglichkeit für einen *Kiai* (*Kensei*).

23. Symmetrische Wiederholung der Sequenz 7.

24. Symmetrische Wiederholung der Sequenz 8.

25. Symmetrische Wiederholung der Sequenz 9.

26. Symmetrische Wiederholung der Sequenz 10.

27. Symmetrische Wiederholung der Sequenz 11.

28. Symmetrische Wiederholung der Sequenz 12.

29. Symmetrische Wiederholung der Sequenz 13.

30. Symmetrische Wiederholung der Sequenz 14.

31. Symmetrische Wiederholung der Sequenz 15.

32 Symmetrische Wiederholung der Sequenz 16.

33. Symmetrische Wiederholung der Sequenz 17.

34. Symmetrische Wiederholung der Sequenz 2.

35 a oder b. Symmetrische Wiederholung der Sequenz 3 a oder b.

36. Symmetrische Wiederholung der Sequenz 4.

37. Symmetrische Wiederholung der Sequenz 5.

38. Symmetrische Wiederholung der Sequenz 6. Zweite Möglichkeit für einen *Kiai* (*Kensei*).

39. Langsam wird der rechte Fuß ein Stück nach links versetzt, um die Position *Yoi* einzunehmen (*Hachiji dachi*). Gruß.

Ende der Kata.

Naihanchi sandan

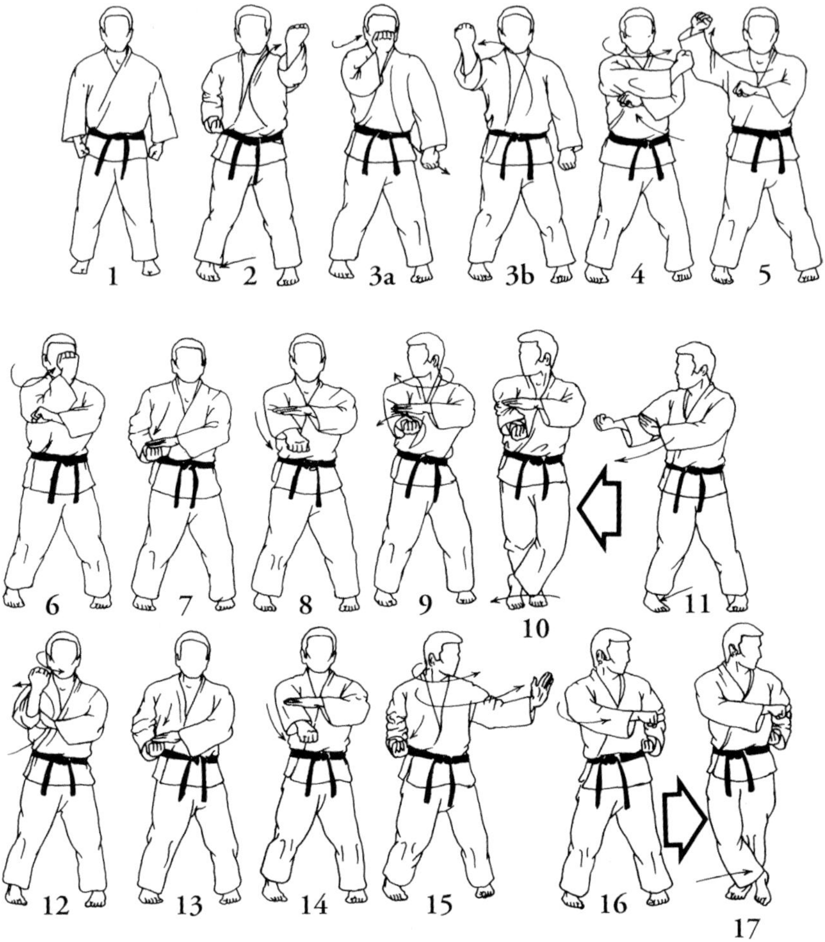

Naihanchi sandan

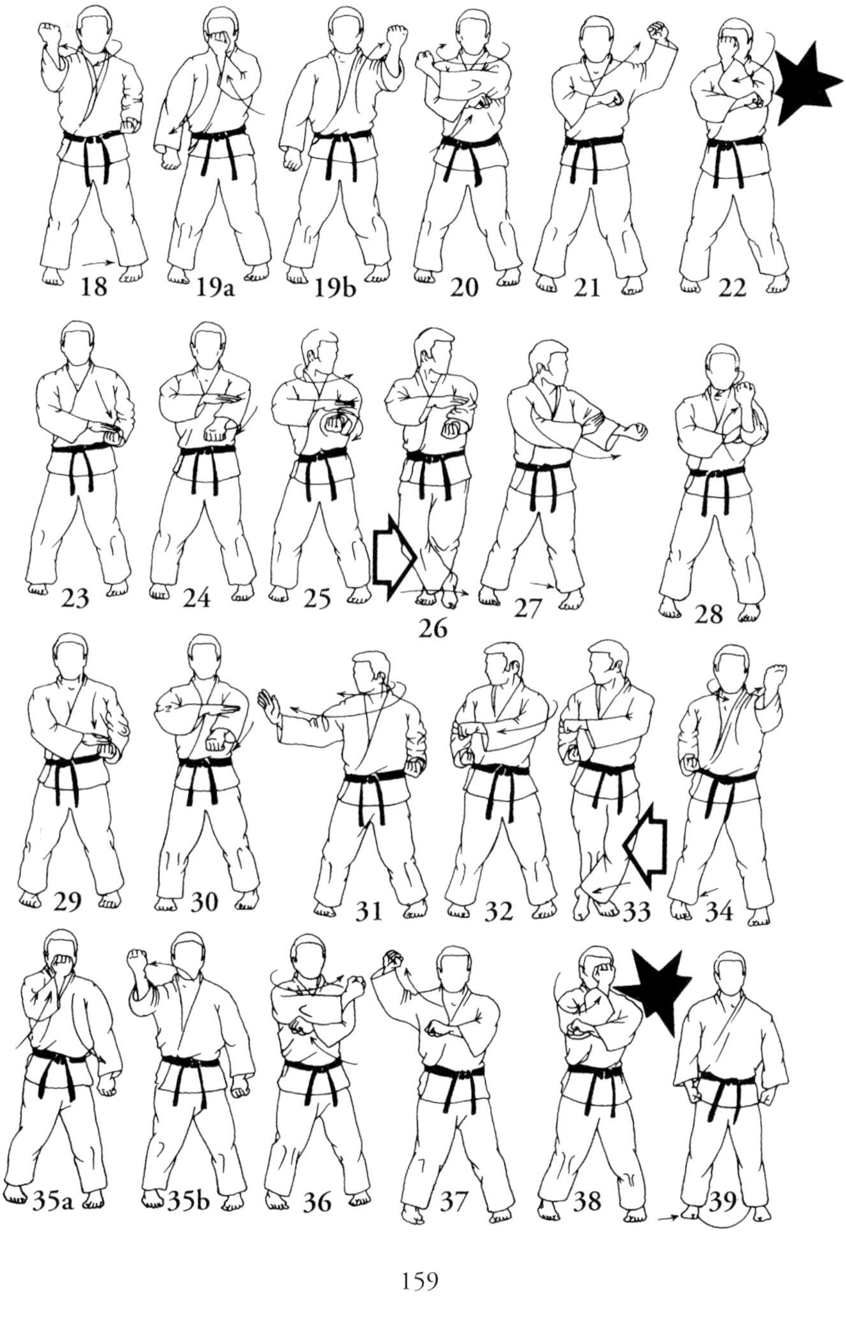

Niseishi

Diese Kata der »24 Schritte« gibt es in mehreren Stilrichtungen. Unter demselben Namen und mit sehr wenigen Unterschieden findet man sie beispielsweise im Shitō-ryū (siehe S. 409 ff.). Im Shōtōkan wurde aus ihr die Nijūshiho. Es gibt innerhalb des Wadō-ryū einige kleine Unterschiede zwischen der Form, wie sie Ōtsuka Jirō, der Sohn des Gründers und Oberhaupt des Wadō-ryū Karatedō Renmei, lehrt, und jener, die Suzuki Tatsuo, Oberhaupt des Wadō Kokusai, lehrt.

Die Beschreibungen und Zeichnungen auf den folgenden Seiten entsprechen der Form von Ōtsuka Sensei. Die Vorstellung dieser wichtigen Kata wird jedoch vervollständigt durch die Darstellung der Form von Suzuki Sensei ab S. 170.

Erste Form: Ōtsuka (Jirō) Hironori Sensei

Vorbemerkung: *Die Zeichnungen im Rahmen zeigen bestimmte Techniken unter einem anderen Blickwinkel.*

1. Nach *Rei* im *Musubi dachi* nimmt man *Yoi dachi* in Richtung von Punkt a ein.
2. Der rechte Fuß wird zurückgesetzt, so dass man im *Jun zuki no ashi* steht, und man führt einen kraftvollen linken *Chūdan teishō uke* aus. Die rechte Faust wird in *Hikite* gezogen.
3. Am Ort: Mit einem leichten Ruck verlagert man die Stellung nach vorn und führt einen rechten *Chūdan gyaku zuki* aus, während die linke Hand zur Faust geschlossen wird, jedoch über dem rechten Ellbogen bleibt. Der Körper ist nach vorn ausgerichtet.
4. Ohne die Haltung des Oberkörpers oder die Spannung des hinteren Beins zu verändern (die Haltung muss nach vorn gerichtet bleiben), wird das vordere Knie schnell angehoben (Ausweichbewegung), um unverzüglich darauf in dieselbe Richtung einen kurzen Gleitschritt auszuführen (der linke Fuß wird vorn abgesetzt, und der rechte folgt

ein Stück). Gleichzeitig erfolgt ein linker *Chūdan empi uchi*, und die rechte Faust wird in *Hikite* gezogen (während des Gleitschritts bewegt sich der linke Unterarm nach vorn, aber er bleibt parallel zur Brust). Die Stellung ist nun *Jun zuki no ashi [Zenkutsu dachi]*.

5. Ohne die Haltung des Oberkörpers zu verändern, blickt man über die linke Schulter und setzt den rechten Fuß vor dem linken über Kreuz. Die Zehen befinden sich auf einer Linie. Man wendet sich 180° auf den Fußballen nach links, so dass man sich in Richtung von Punkt b im *Seishan dachi* wiederfindet. Beide Fäuste werden in *Hikite* gezogen.
6. Am Ort: *Morote chūdan zuki*, mit der rechten Faust über der linken.
7. Man verlagert sein Gewicht auf das linke Bein (das Knie bleibt gebeugt), indem man das erhobene rechte Knie nach vorn führt (Schutz). Währenddessen führt man einen *Jōdan kakiwake uke* aus, wobei der Abstand zwischen den Ellbogen sich nicht verändert. Die Unterarme bleiben senkrecht, die Fäuste drehen sich nach vorn.
8. Der rechte Fuß wird abgesetzt (*Naihanchi dachi*), und es wird ein *Morote jōdan ude uke [Morote jōdan soto uke]* ausgeführt. Die Ellbogen bleiben an ihrem Ort, aber die Fäuste werden zum Körper gedreht. Die Brust ist immer noch nach vorn ausgerichtet, in Richtung von Punkt b.
9. Man wendet sich 90° nach links (in Richtung von Punkt b) und blockt dabei mit *Jōdan uke* im *Jun zuki no ashi*.
10. Am Ort: Übergang in *Gyaku zuki no ashi*, begleitet von rechtem *Jōdan age empi uchi*.
11. Man wendet sich nach hinten rechts (in Richtung von Punkt c) und versetzt ein wenig den rechten Fuß, um in *Shiko dachi* zu gehen. Man blickt in die entgegengesetzte Richtung als zuvor. Dabei erfolgt eine Abwehr mit rechtem *Chūdan kake uke*, und die linke Faust wird in *Hikite* gezogen.
12. Am Ort, und ohne auf dem linken Fuß Schwung zu holen, wird ein *Chūdan sokutō* (*Kekomi*) [alternativ auch *Sokutō fumikomi*] mit dem rechten Fuß ausgeführt, und die rechte Hand wird zurückgezogen.
13. Der rechte Fuß wird abgesetzt (*Naihanchi dachi*), und man führt ei-

nen linken *Kagi zuki* in dieselbe Richtung aus. Die rechte Faust ist in *Hikite*.

14. Am Ort, aber während man die Fußspitzen auseinanderbringt, um in *Shiko dachi* zu gehen, führt man einen linken *Chūdan kake uke* im Winkel von 180° zur vorherigen Richtung aus (also in Richtung von Punkt d). Symmetrisch zu Sequenz 11.
15. Am Ort: Linker *Chūdan sokutō* (*Kekomi*) [alternativ auch *Sokutō fumikomi*]. Symmetrisch zu Sequenz 12.
16. Der linke Fuß wird abgesetzt (*Naihanchi dachi*), und es erfolgt ein *Kagi zuki* in dieselbe Richtung. Symmetrisch zu Sequenz 13.
17. Der rechte Fuß wird in Richtung von Punkt e versetzt, und man führt einen *Morote chūdan teishō uchi* im *Jun zuki no ashi* aus.
18. Der linke Fuß wird im Kreisbogen nach hinten geführt. Man wendet sich nach hinten links und führt einen rechten *Jōdan haitō uchi* in der Stellung *Jun zuki no ashi* in Richtung von Punkt f aus.
19. Der rechte Fuß wird zum linken gesetzt, und der linke Handrücken wird unter die rechte Handfläche geführt, die ihre Position nicht verändert hat. Man steht aufrecht.
20. Der linke Fuß wird weit zurückgesetzt, und man beugt sich in einem sehr tiefen *Jun zuki no ashi* mit einem linken *Gedan teishō uke* nach vorn – bis nahe zum Boden (Abwehr eines Fußstoßes). Die rechte Faust wird dabei in *Hikite* gezogen.
21. Am Ort, aber während man sich ein wenig aufrichtet, führt man einen rechten *Gedan teishō uchi* auf Höhe des vorderen Knies aus; die linke Faust wird in *Hikite* gezogen.
22. Am Ort: *Morote gedan heikō zuki*. Die rechte Faust wurde zuvor ein wenig nach hinten genommen, um »Schwung« zu holen. Erste Möglichkeit für einen *Kiai* (*Kensei*).
23. Der rechte Fuß bleibt an seinem Platz. Der linke Fuß wird in Richtung von Punkt e vorgesetzt, und im *Mahanmi no nekoashi dachi* führt man einen linken *Chūdan kake uke* aus.

24. Der rechte Fuß wird in dieselbe Richtung versetzt, und im *Tate seishan dachi* führt man einen rechten *Jōdan age empi uchi* aus.
25. Am Ort: Rechter *Gedan barai*.
26. Am Ort, aber indem man den rechten Fuß ein wenig zur Seite setzt (nach wie vor im *Tate seishan dachi*), führt man einen linken *Gyaku zuki* aus. Man beachte, dass die Sequenzen 24, 25 und 26 sehr rasch aufeinanderfolgen.
27. Man lässt den rechten Fuß an seinem Platz und versetzt den linken in Richtung von Punkt g. Dabei erfolgt ein linker *Chūdan kake uke*, wie in Sequenz 23.
28. Wiederholung von Sequenz 24.
29. Wiederholung von Sequenz 25.
30. Wiederholung von Sequenz 26.
31. Man lässt den rechten Fuß an seinem Platz und versetzt den linken in Richtung von Punkt h. Dabei erfolgt ein linker *Chūdan kake uke*, wie in Sequenz 23.
32. Wiederholung von Sequenz 24.
33. Wiederholung von Sequenz 25.
34. Wiederholung von Sequenz 26.
35. Der rechte Fuß wird vor dem linken über Kreuz gesetzt, während beide Fäuste in *Hikite* gezogen werden.
36. Man wendet sich nach links, bis man mit Blick in Richtung von Punkt a im *Seishan dachi* steht. Dabei wird mit der rechten Faust oben ein *Morote chūdan heikō zuki* ausgeführt, wie in Sequenz 6. Zweite Möglichkeit für einen *Kiai* (*Kensei*).
37. Man richtet sich auf und beginnt langsam den linken Fuß zum rechten zu führen, während man die Handgelenke aufeinanderlegt und die Hände öffnet (rechte Hand oben, die Finger sind leicht gebeugt).
38. Man steht nun gerade im *Heisoku dachi* und dreht die Hände im Uhrzeigersinn umeinander, während die Handgelenke einander nach wie

vor berühren. Die linke Hand befindet sich nun oben, die Handflächen zeigen nach vorn, die Finger sind leicht gebeugt.

39. Der linke Fuß wird ein Stück zur Seite gesetzt, anschließend der rechte, so dass man am Ausgangsort der Kata die Haltung *Yoi dachi* einnimmt. Man wechselt in *Musubi dachi*, um zu grüßen (*Rei*).

Ende der Kata.

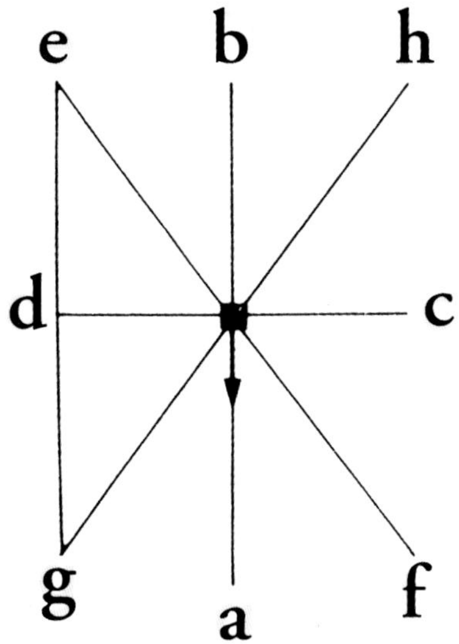

Niseishi

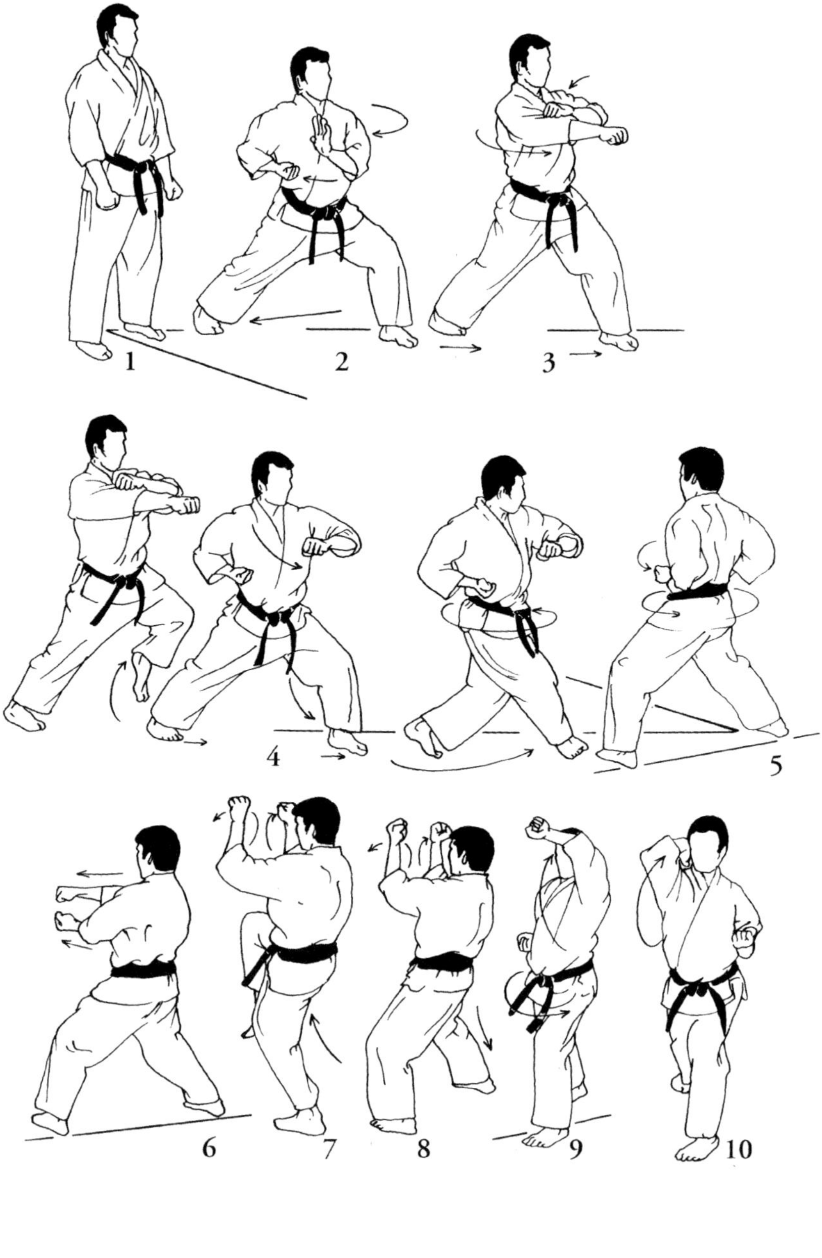

Niseishi

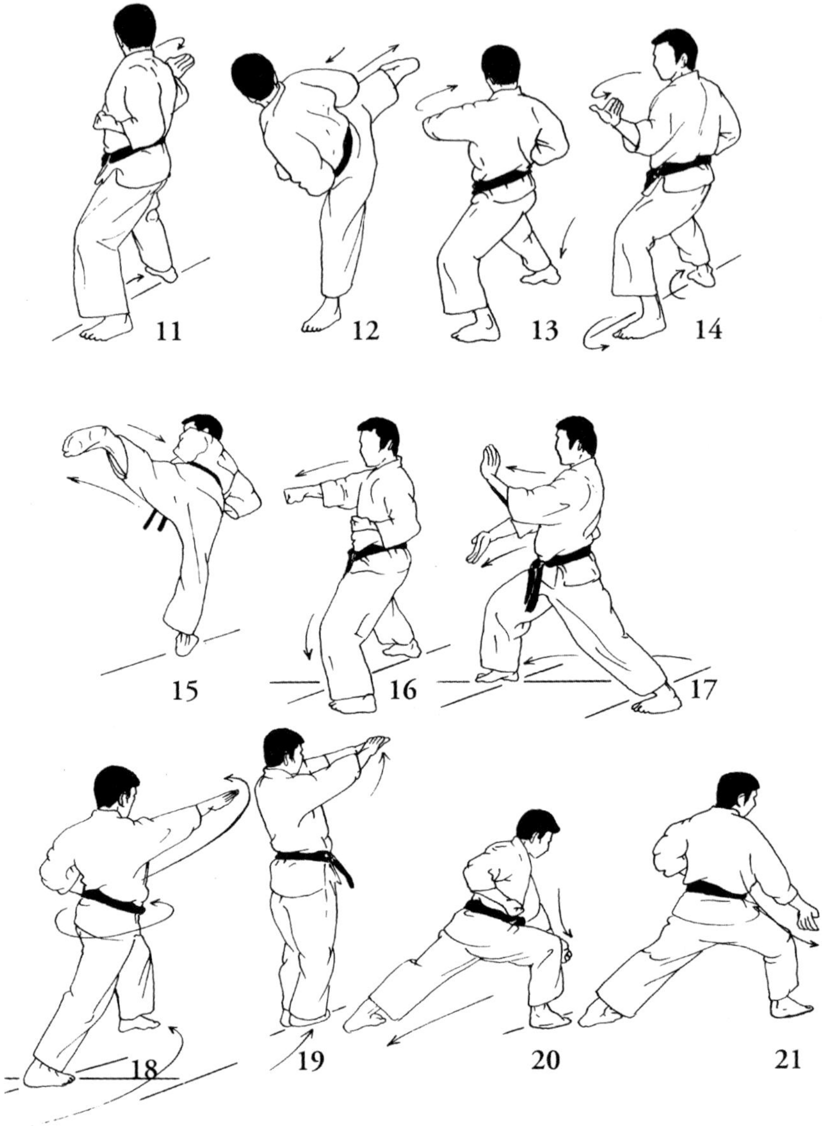

Niseishi

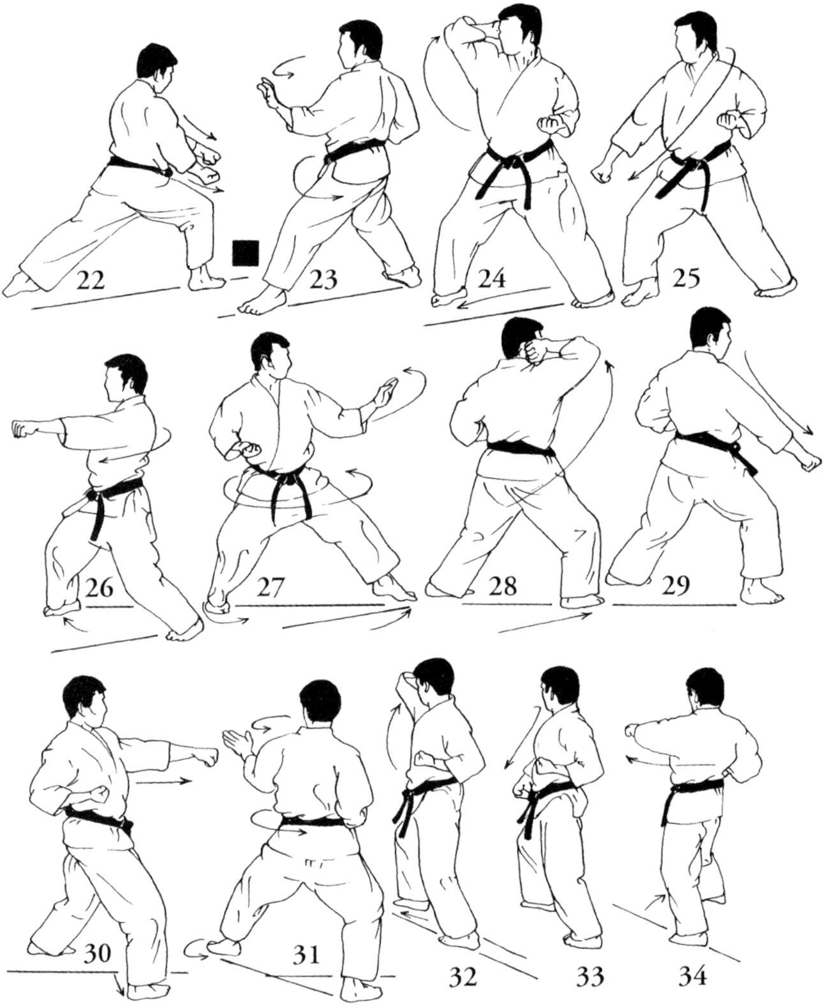

Niseishi

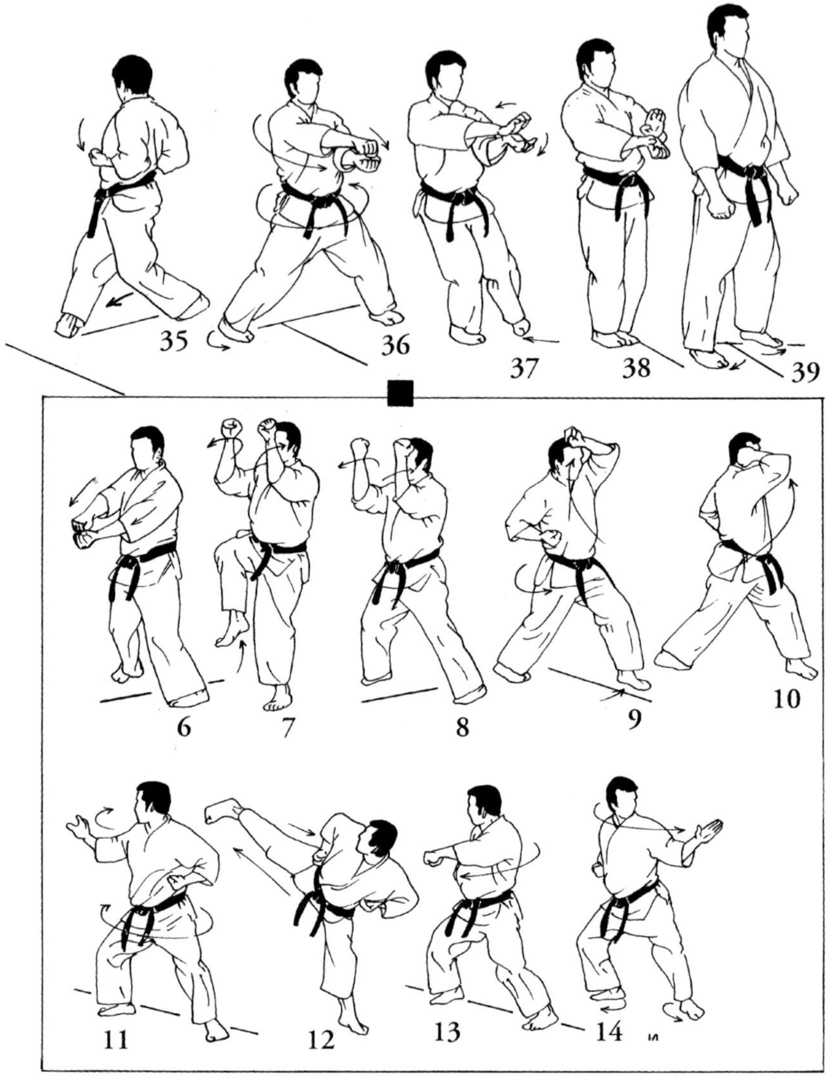

Niseishi

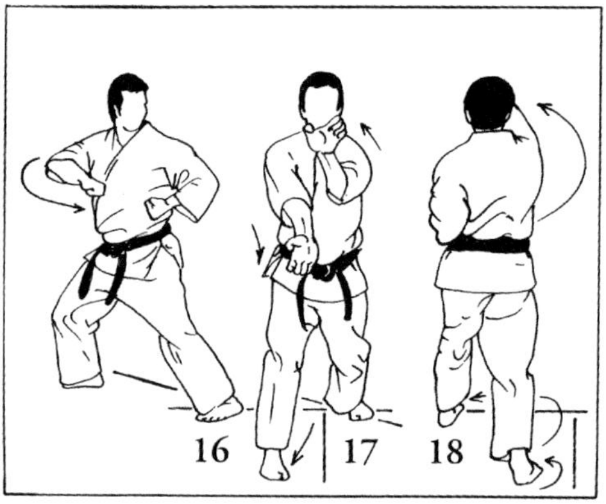

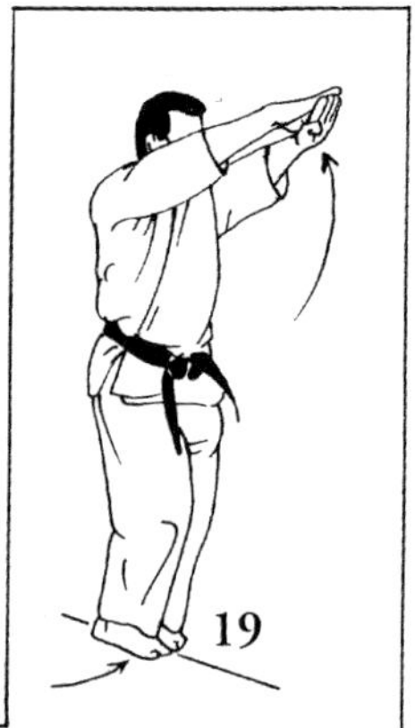

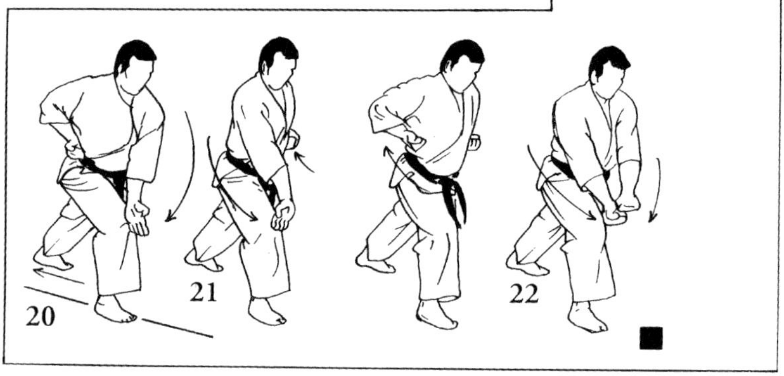

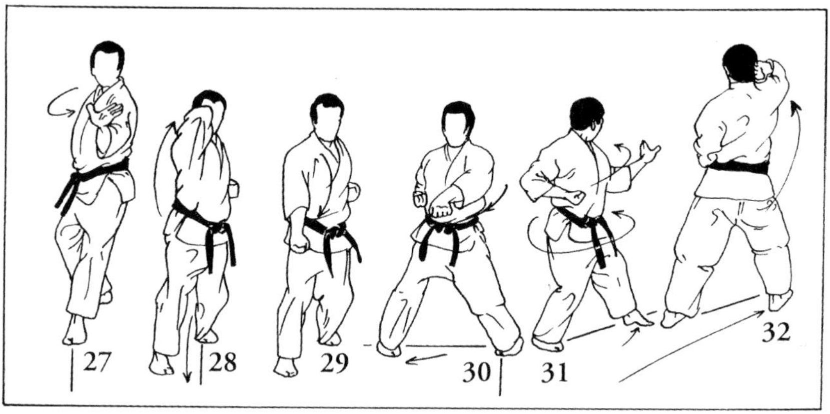

Zweite Form: Suzuki Tatsuo Sensei

Anmerkung: *Auf den Bildtafeln auf den Seiten 173 und 174 trennen zwei senkrechte Doppelstriche die Zeichnungen. An diesen Stellen erfolgt ein Wechsel der Perspektive.*

1. *Yoi dachi*. Man steht in Richtung von Punkt a.
2. Der rechte Fuß wird zurückgesetzt, um sich mit einem linken *Chūdan teishō uke* im *Kokutsu dachi* zu verteidigen.
3. *Yori ashi* nach vorn, Stellung *Jun zuki no ashi* (tiefer Stand). Rechter *Gedan gyaku tsukomi* mit der linken Faust unter dem rechten Arm.
4. Der vordere Fuß weicht aus und wird wieder abgesetzt. Dabei gleitet man nach vorn und steht schließlich im *Shiko dachi*. Der Oberkörper ist vorgebeugt. Man blockt mit dem linken Unterarm mit *Gedan otoshi uke*.
5. Ohne den Oberkörper zu bewegen, wird der rechte Fuß über Kreuz hinter den linken gesetzt. Man dreht sich um, indem man auf den Fußballen wendet, so dass man im *Seishan dachi* in Richtung von Punkt b steht. Die Arme werden während der Wendung gekreuzt und anschließend beide Fäuste in *Hikite* gezogen.
6. Am Ort: *Chūdan heikō zuki* mit der linken Faust oben. Erster *Kiai* (*Kensei*).
7. Das rechte Knie wird zum Schutz nach vorn gehoben, und man verteidigt sich mit einem doppelten *Jōdan ude uke [Jōdan soto uke]*.
8. Der rechte Fuß wird vorn abgesetzt, so dass man im *Jun zuki no ashi* steht. Block mit *Chūdan kakiwake uke*.
9. Der linke Fuß wird nach vorn gesetzt (*Jun zuki no ashi*), wobei man sich mit einem linken *Jōdan age uke* verteidigt.
10. Am Ort, und indem man in die Stellung *Gyaku zuki no ashi* übergeht, führt man einen rechten *Jōdan gyaku age empi uchi* aus.
11. Am Ort, in Richtung von Punkt c: Rechter *Kake uke*.
12. Man zieht die linke Faust nach rechts und führt gleichzeitig einen rechten *Sokutō fumikomi* aus.

13. Der rechte Fuß wird abgesetzt (*Shiko dachi*), und man führt sogleich einen linken *Kagi zuki* aus.
14. Am Ort, in Richtung von Punkt d: Linker *Kake uke*.
15. Die linke Faust wird nach rechts gezogen, und gleichzeitig führt man einen linken *Sokutō fumikomi* aus.
16. Der linke Fuß wird abgesetzt (*Shiko dachi*). Unverzüglich folgt ein rechter *Kagi zuki*.
17. Ohne den linken Fuß zu bewegen wird der rechte Fuß in Richtung von Punkt e versetzt, so dass man einen *Jun zuki no ashi* einnimmt. Man führt einen *Morote teishō uchi* aus (linke Hand auf *Jōdan*-Höhe, rechte auf *Chūdan*-Höhe).
18. Man wendet sich um, in Richtung von Punkt f, indem man den linken Fuß im Kreisbogen gleiten lässt, so dass man schließlich im *Jun zuki no ashi* steht. Man nutzt die Kraft der Drehung für einen rechten *Jōdan gyaku haitō uchi* aus.
19. Der rechte Fuß wird zum linken gesetzt. Die Stellung ist *Heisoku dachi*. Man hebt die linke Hand bis unmittelbar unter die rechte.
20. Der linke Fuß wird weit zurückgesetzt, so dass man in einem sehr tiefen *Jun zuki no ashi* steht. Der Körper ist vorgebeugt. Der linke Arm, mit der Hand im *Teishō*, beschreibt auf kraftvolle Weise eine kreisbogenförmige *Gedan*-Bewegung, von links nach rechts, um den Gegner auf Höhe des Knies zu fegen, während die rechte Faust in *Hikite* gezogen wird.
21. Die kreisbogenförmige Bewegung (*Teishō gedan*) wird fortgeführt, bis die linke Faust unter dem rechten Arm ist, welcher daraufhin unverzüglich einen *Tsuki gedan* ausführt (der Gegner ist am Boden).
22. Beide Fäuste werden in *Hikite* gezogen und führen daraufhin einen *Morote gedan heikō zuki* aus, ohne dass dabei die Stellung oder die Haltung des Oberkörpers verändert werden.
23. Man wendet sich um, in Richtung von Punkt e, indem man den linken Fuß im Kreisbogen versetzt. Im *Kokutsu dachi* erfolgt ein *Chūdan kake uke*.
24. Der rechte Fuß wird in dieselbe Richtung versetzt, und man führt in der Stellung *Shiko dachi* einen rechten *Jōdan age empi uchi* aus.

25. Am Ort: Rechter *Gedan barai.*

26. Am Ort: Linker *Kagi zuki.*

27. Ohne dass der rechte Fuß bewegt wird, wird der linke Fuß in Richtung von Punkt g versetzt. Im *Kokutsu dachi* wird ein linker *Chūdan kake uke* ausgeführt.

28. Der rechte Fuß wird in dieselbe Richtung versetzt. Im *Shiko dachi* erfolgt ein rechter *Chūdan empi uchi.*

29. Am Ort: *Gedan barai.*

30. Ohne dass der rechte Fuß bewegt wird, wird der linke Fuß in Richtung von Punkt h versetzt. Im *Kokutsu dachi* wird ein linker *Chūdan kake uke* ausgeführt (Sequenz 23).

31. Wiederholung von Sequenz 24.

32. Wiederholung von Sequenz 25.

33. Wiederholung von Sequenz 26.

34. Ohne den Oberkörper zu bewegen, wird der rechte Fuß vor dem linken über Kreuz gesetzt. Man wendet sich um, indem man sich auf den Fußballen dreht. Man steht nun im *Seishan dachi* und ist nun wieder bei der anfänglichen Ausrichtung angelangt, das heißt, man blickt in Richtung von Punkt a. Während der Drehung überkreuzt man die Arme, dann werden beide Fäuste in *Hikite* gezogen.

35. Am Ort: *Chūdan morote heikō zuki.* Die rechte Faust ist oben.

36 und 37. Der linke Fuß wird zum rechten geführt, so dass man im *Heisoku dachi* steht. Man führt simultan mit beiden Armen zwei *Chūdan kake uke* aus. Danach wird unverzüglich die rechte Hand auf *Jōdan*-Höhe gebracht, zur rechten Schulter, und man führt einen *Morote teishō uchi* aus (rechte Hand auf *Jōdan*-Höhe, linke auf *Chūdan*-Höhe). Zweiter *Kiai* (*Kensei*).

38. Rückkehr in *Yoi,* in Richtung von Punkt a.

Ende der Kata.

Niseishi

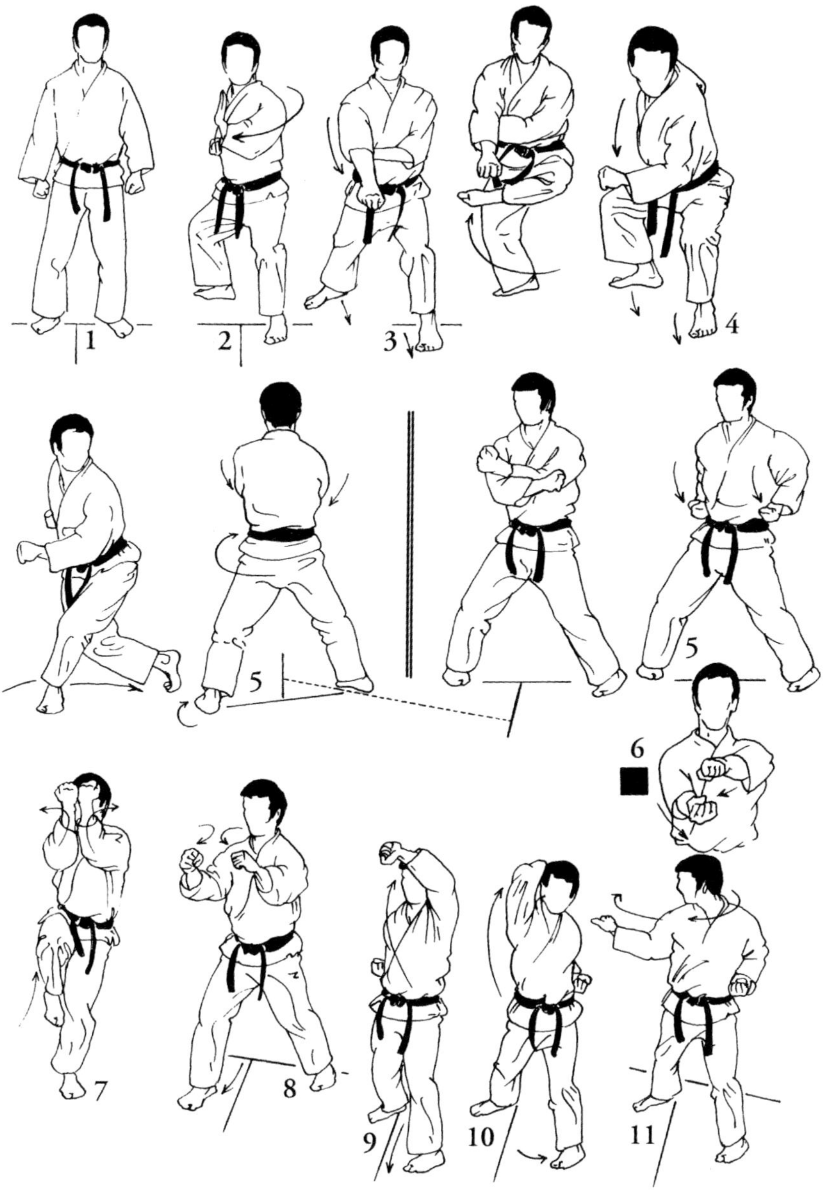

Niseishi

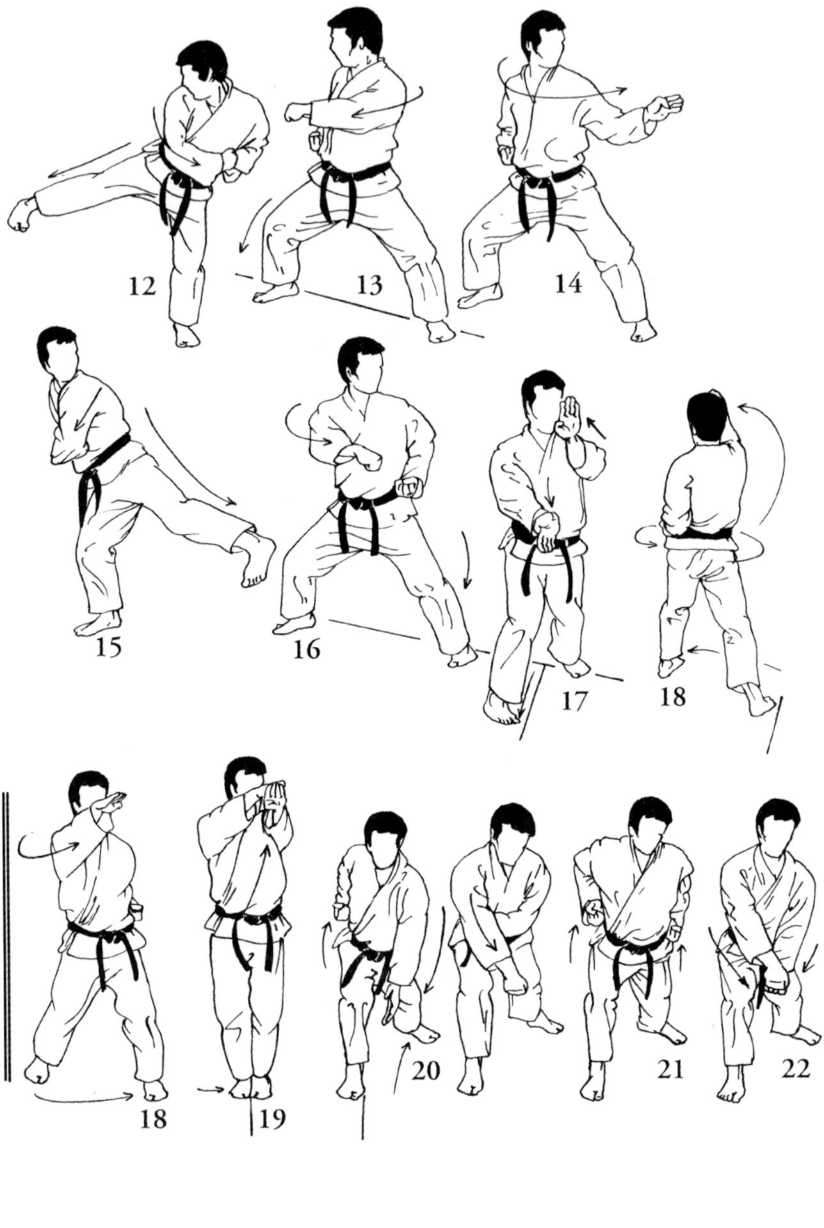

Niseishi

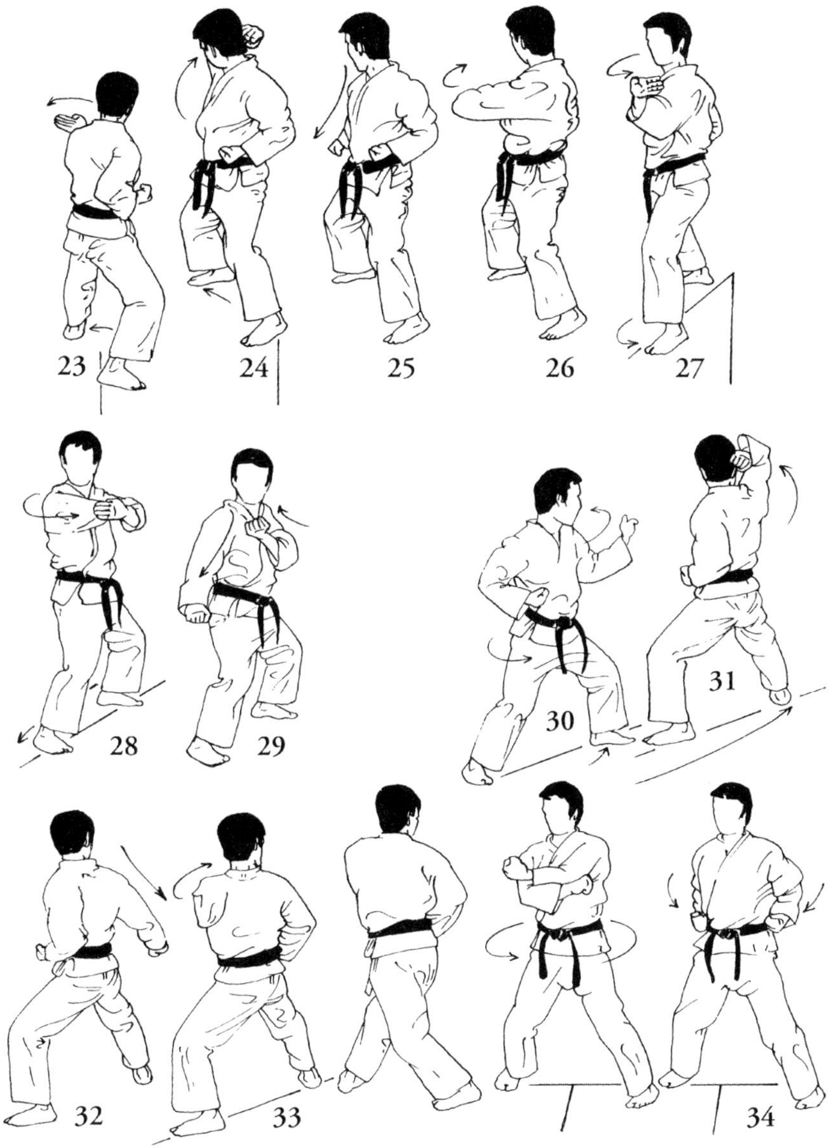

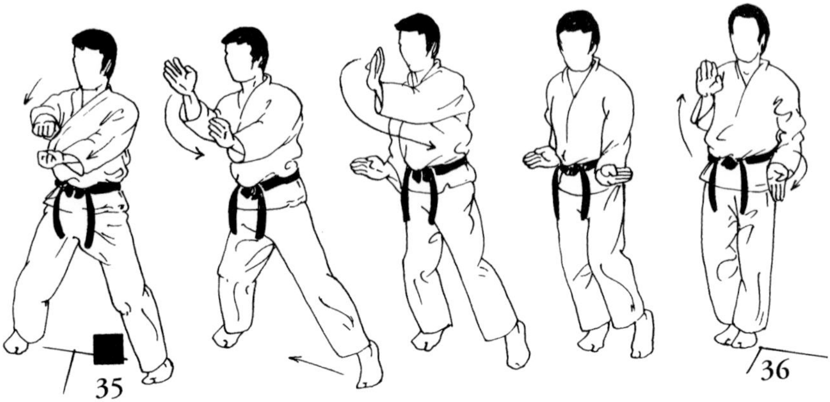
35
36

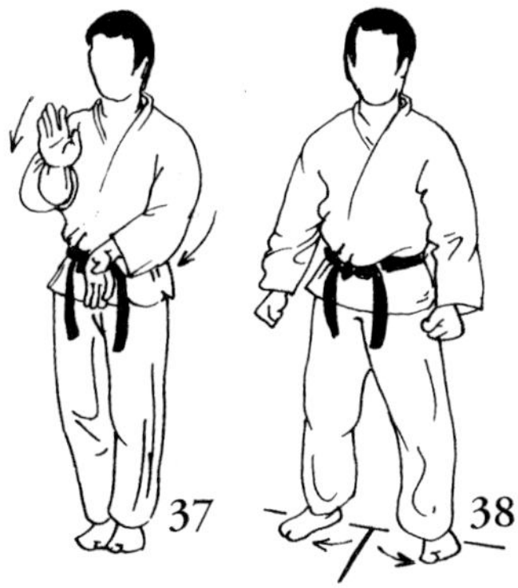
37
38

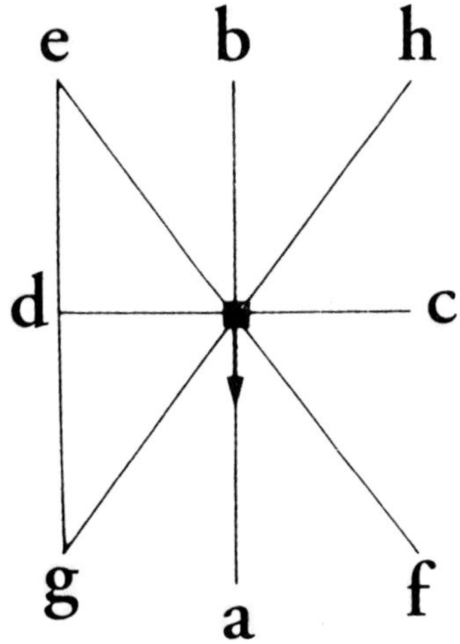
e
b
h
d
c
g
a
f

Rōhai

Dies ist die Kata des »klaren Spiegels«, die aus dem okinawanischen *Tomari-te* stammt. Die genaue Herkunft dieser alten Kata ist jedoch unbekannt. Tatsächlich gab es einst drei Kata, die den Namen *Rōhai* trugen. Im Shōtōkan wurde daraus die Kata »*Meikyō*«, doch abgesehen von der Eröffnungsbewegung erinnert darin wenig an die ursprüngliche Form. Die *Rōhai* des Shitō-ryū (S. 418 ff.) hingegen ist in etlichen Punkten der des Wadō-ryū sehr nahe. Dies gilt vor allem für die Techniken, die auf einem Bein ausgeführt werden (*Sagi dachi* oder *Tsuruashi dachi*).

Die Kata wird auf einer einzigen Linie ausgeführt. Die umrahmten Zeichnungen zeigen bestimmte Sequenzen unter einem anderen Blickwinkel.

Die Eröffnung der Kata *Rōhai* (»klarer Spiegel«) findet sich übrigens auch in einem sehr alten heiligen japanischen Tanz. Sie stellt eine Anspielung auf eine sehr berühmte Legende dar, die in dem Buch »Chronik von den alten Dingen« überliefert wurde: Die Göttin des Lichts, unzufrieden mit den Menschen, zog sich in einer Anwandlung von Zorn in eine Höhle zurück, und mit einem Mal war die Welt in tiefste Dunkelheit gehüllt. Doch ihr Bruder, der sie gut kannte, kam auf die Idee, ihre Neugierde zu wecken, indem er dafür sorgte, dass vor der Höhle ein großer Radau veranstaltet wurde. Der Trick war erfolgreich, denn beunruhigt öffnete Amaterasu die Pforte der Höhle einen Spaltbreit und fand sich plötzlich Angesicht zu Angesicht mit einer Schönheit, deren Anblick ihr vor Eifersucht den Atem verschlug, so dass sie unverzüglich aus der Höhle kam, um zu sehen, um wen es sich handele. Doch es war nichts als ihr eigenes Bild, das in einem Spiegel, den ihr schlauer Bruder ihr hinhielt, erstrahlte. Auf diese Weise kehrte das Licht zu den Menschen zurück, denen Amaterasu schließlich verzieh.

Diese Anspielung auf den Spiegel findet sich in allen japanischen *Budō*-Kampfkünsten wieder. Durch die körperliche Übung muss man zu einem Geisteszustand gelangen, der ebenso glatt und ebenso klar ist wie die Fläche eines Spiegels. Die Eröffnung der Kata ist also nur aus ihrem alten kulturellen Kontext heraus zu begreifen. Doch hierfür sind zumindest einige Grundkenntnisse des historischen, philosophischen und religiösen Wissens des Fernen Ostens erforderlich.

1. *Musubi dachi. Rei.* Am Ort nimmt man die Stellung *Heisoku dachi* ein, wobei die Fäuste nach vorn und nach unten zeigen. *Yoi.*
2. Der linke Fuß wird nach links gesetzt, um die Stellung *Naihanchi dachi* einzunehmen, während die Arme vor dem Körper überkreuzt werden (der rechte Arm ist vorn), und man daraufhin beide Fäuste in *Hikite* zieht.
3. Am Ort: Die Hände werden vor das Gesicht geführt und geöffnet. Die Handflächen zeigen zum Gesicht. Die Unterarme sind parallel, die Ellbogen eng beieinander.
4. Am Ort: Man bringt die Ellbogen leicht auseinander, und die Unterarme werden nach außen und vorn gedreht. Die Handflächen zeigen nach vorn. Die Techniken 2, 3, und 4 werden in langsamer Folge ausgeführt.
5. Am Ort: Der Kopf wird rasch nach links gewendet, und man wehrt einen Angriff ab, indem man den linken Ellbogen hebt. Die linke Hand ist auf Höhe der rechten Schläfe. Die rechte Hand wird gleichzeitig zum Solarplexus gebracht, wie für einen *Shutō uke.*
6. Am Ort: *Chūdan tettsui uke* (*Otoshi*) der linken Faust, während die rechte Faust in *Hikite* gezogen wird.
7. Am Ort: Rechter *Chūdan tate nukite*, und zugleich *Hikite* der linken Faust.
8. Am Ort: *Chūdan shutō kake uke* der linken Hand, während die rechte Faust in *Hikite* gezogen wird. Während die Techniken 5, 6 und 7 in rascher Abfolge ausgeführt werden, folgt die Sequenz 8 langsam.
9. Am Ort, und wieder schnell: Rechter *Chūdan kagi zuki*, und zugleich wird die linke Faust in *Hikite* gezogen.

10 + 11. Der rechte Fuß wird vor den linken auf der Linie der Kata gestellt, ohne dass die Haltung des Oberkörpers sich verändert (Zwischensequenz). Man wendet sich auf den Fußballen nach links, um in *Naihanchi dachi* zu landen. Man steht in entgegengesetzter Richtung als zuvor, aber auf derselben Linie (der linke Fuß hat sich gedreht, ist dabei aber am selben Ort geblieben). Während man die Stellung stabi-

lisiert, überkreuzt man erneut die Arme vor dem Körper, bevor beide Fäuste in *Hikite* gezogen werden.

Anmerkung *Sequenzen 11 bis 21 wurden zusätzlich aus der Gegenrichtung gesehen gezeichnet.*

12. Am Ort: Linker *Chūdan zuki*.
13. Am Ort: Rechter *Chūdan zuki*. Diese beiden Sequenzen werden in rascher Abfolge ausgeführt, nachdem Sequenz 11 langsam ausgeführt wurde.
14. Man richtet sich schnell auf dem linken Bein auf, während der Kopf nach links gedreht wird und man eine Abwehr von unten nach oben mit dem linken Ellbogen ausführt. Die rechte Hand wird dabei zum Solarplexus geführt. Man beachte, dass die linke Handfläche nach unten gerichtet ist, während die rechte nach oben zeigt und die Unterarme genau parallel zueinander sind. Zugleich wird das rechte Knie gehoben, um mit der Fußsohle des rechten Fußes nach links zu parieren (vor dem linken Bein).
15. Weite Drehung von links nach rechts auf dem linken Fuß, das heißt, man dreht sich nach hinten rechts. Man setzt den rechten Fuß ab, so dass man im linken *Mahanmi no nekoashi dachi* steht (der linke Fuß hat sich gedreht, ist aber an seinem Ort geblieben), nach wie vor auf der Linie der Kata, doch mit dem Blick in die entgegengesetzte Richtung als in der Sequenz zuvor. Während man den rechten Fuß kraftvoll aufsetzt, stabilisiert man die Position, während man mit der linken Faust einen *Chūdan tettsui uke* (*Otoshi*) ausführt und die rechte Faust in *Hikite* zieht.
16. Unverzüglich geht man nun mit einem rechten *Chūdan jun zuki* nach vorn.
17. Man richtet sich auf dem linken Bein auf, während man das rechte Knie hebt, und man wendet sich nach hinten links, um Sequenz 14 erneut auszuführen.
18. Wiederholung von Sequenz 15.
19. Wiederholung von Sequenz 16. Alle Techniken werden in schneller Abfolge ausgeführt.

20. Man bleibt im *Jun zuki no ashi* und führt langsam die Fäuste in *Koshi kamae* nach links.

21. Es erfolgt ein schneller *Yama zuki*, wobei sich die Position nach vorn verschiebt (*Tsukomi no ashi*). Die Sequenz ist von drei Blickwinkeln aus dargestellt: Man kann feststellen, dass die Position der linken Faust sich vom üblichen *Yama zuki* unterscheidet und eher einem *Jōdan uke* mit stark verdrehtem Handgelenk ähnelt [alternativ: der Handrücken der oberen Faust zeigt nach oben].

22. Der rechte Fuß wird zurückgesetzt, und man dreht sich nach hinten rechts, während man sich im *Teiji dachi* aufrichtet. Die rechte Ferse wird sehr nah an die linke geführt. Im selben Takt erfolgt ein *Koshi kamae* nach rechts. Die Bewegung ist langsam.

23. Schnell wird der linke Fuß nach vorn gesetzt, um einen *Yama zuki*, symmetrisch zu dem aus Sequenz 21, auszuführen, nach wie vor auf derselben Linie und in dieselbe Richtung.

24. Langsam setzt man den linken Fuß zurück und richtet sich im *Teiji dachi* auf. Die linke Ferse wird bis zur rechten geführt. Man hat sich dabei nach hinten links gedreht und *Koshi kamae* nach links eingenommen.

Anmerkung: *Seit Sequenz 19 geht der Blick immer in dieselbe Richtung.*

25. Wiederholung von Sequenz 21.

26. Ohne die Haltung des Oberkörpers zu verändern, wird der rechte Fuß nach hinten versetzt, indem man ihn vor den linken über Kreuz setzt. Daraufhin erfolgt eine weite Drehung nach links, bevor der linke Fuß nach hinten versetzt wird, während man sich noch immer in dieselbe Richtung dreht. Man stabilisiert seine Stellung schließlich mit einem rechten *Jōdan shutō uke*; der Blick geht in dieselbe Richtung wie in Sequenz 25. Dabei erfolgt ein *Kiai* (*Kensei*).

27. Man geht auf derselben Linie nach vorn, mit einem erneuten linken *Jōdan shutō uke*.

28. Der linke Fuß wird nach vorn gedreht, um einen *Naihanchi dachi* einzunehmen, während die Arme wie in den Sequenzen 2 und 11 über-

kreuzt werden. Die Bewegung erfolgt langsam. Die Fäuste werden nun wieder in *Hikite* gezogen.

29. Der linke Fuß wird zurückgesetzt, und man richtet sich in *Heisoku dachi* auf. Die Fäuste zeigen wie in Sequenz 1 nach unten. Die Füße werden geöffnet (*Musubi dachi*). *Rei.*

Ende der Kata.

Rōhai

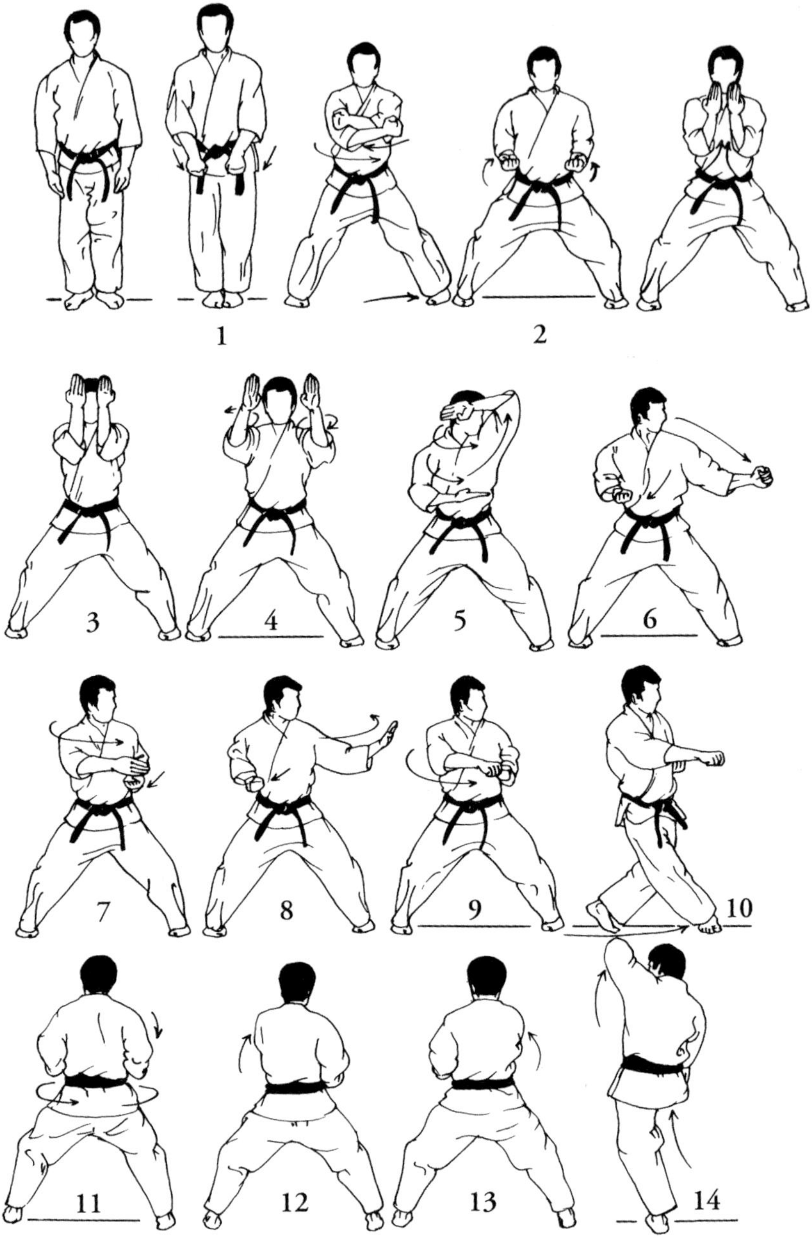

Rōhai

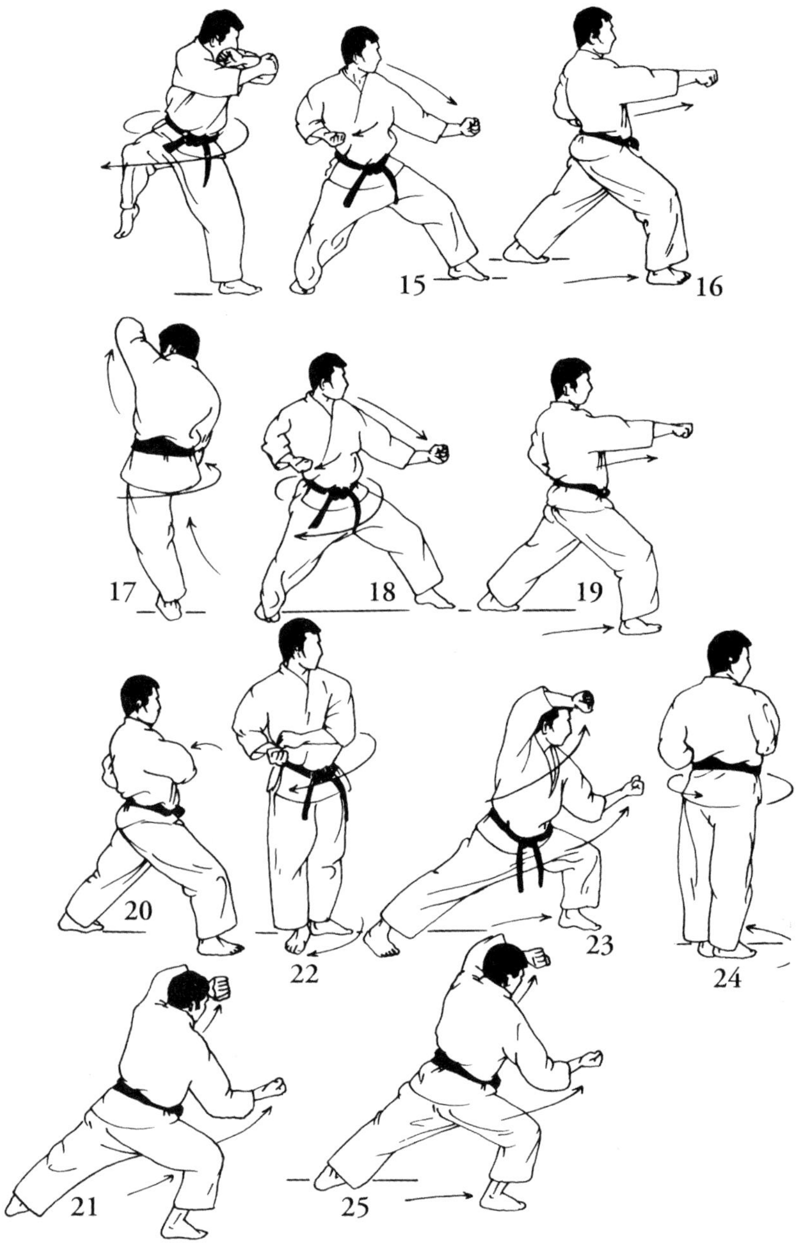

Rōhai

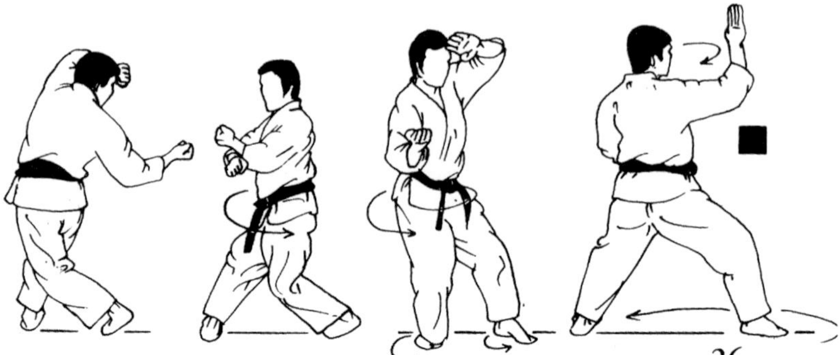

26

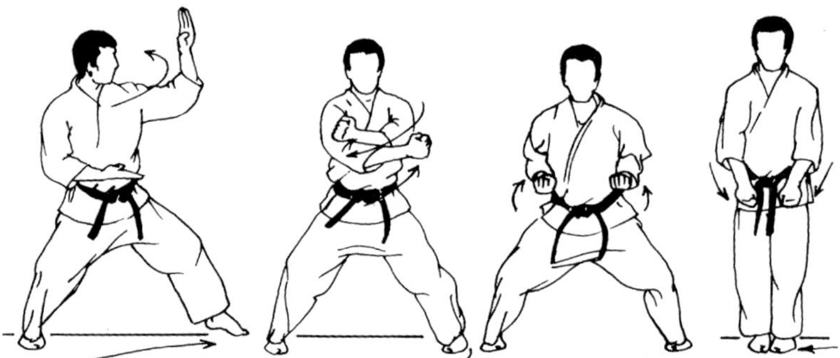

27 28 29

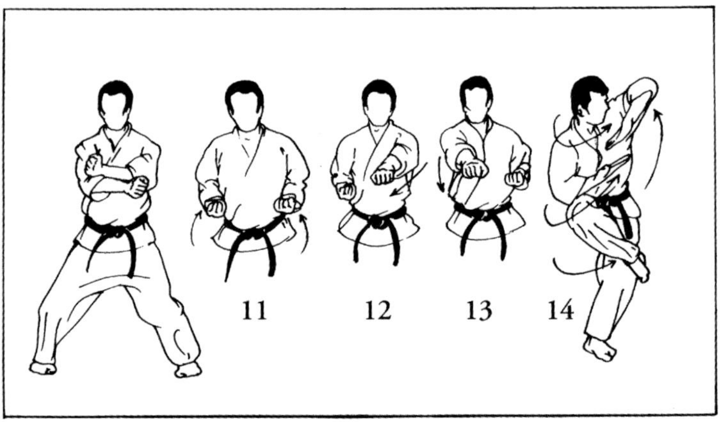

11 12 13 14

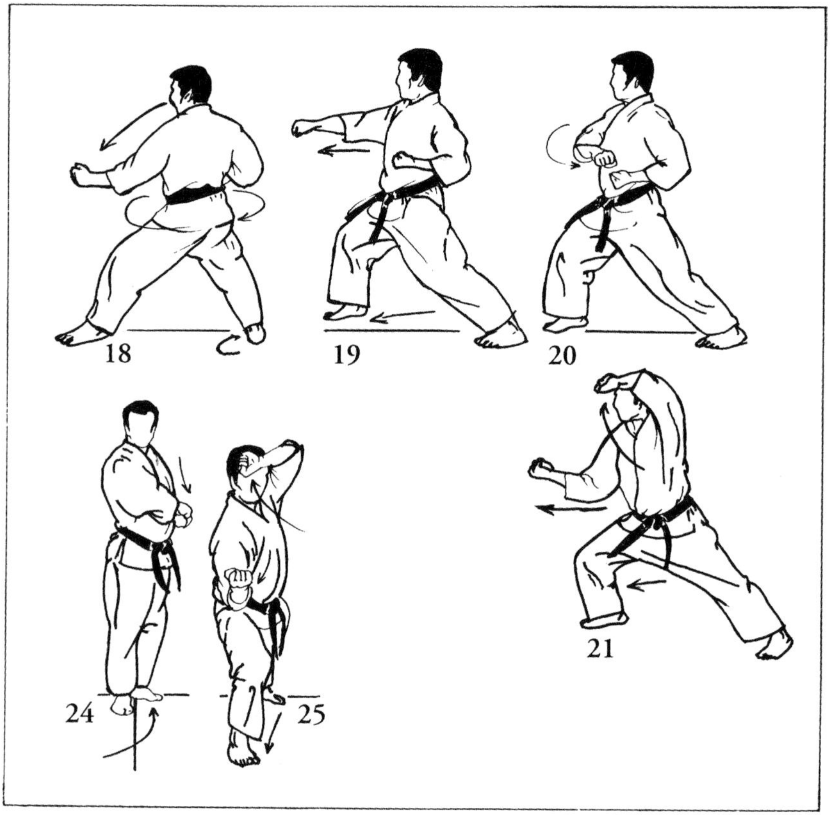
18
19
20
21
24
25

Seishan

Diese Kata ist sowohl eine »Atemkata« (in ihrem ersten Teil liegt der Schwerpunkt auf der Kontrolle des Atems, im Zusammenhang mit der Arbeit mit dem *Hara*) als auch eine Kata für den Kampf (im zweiten Teil, der recht dynamisch ist). Dies ist die Spur des alten *Naha-te* (*Shōrei-ryū*) im Wadō-ryū, die hier in den anfänglichen Bewegungen, die für eine langsame, tiefe und lautlose Atmung gedacht sind, weiterlebt.

Der Name der Kata entspricht der verwendeten Grundstellung (*Seishan* und *Tate seishan*). Das gleiche gilt übrigens auch für ihr Pendant im Shōtōkan-ryū, »*Hangetsu*«. *Hangetsu* bedeutet »Halbmond«, und der Begriff ist aus der Form der Stellung abgeleitet. Der Plan (*Embusen*) hat die Form eines T.

Einzelheiten und *Bunkai* werden in Rahmen dargestellt.

Anmerkung: *Die Seishan ist eine der beiden Kata des Wadō-ryū, die als Shitei kata ausgewählt wurden.*

1. Nach dem Gruß nimmt man die Haltung *Yoi no kamae* ein.
2. Der rechte Fuß wird nach vorn gedreht. Die Knie werden gebeugt, und man setzt den linken Fuß nach vorn, um auf diese Weise die Stellung *Seishan dachi* (oder *Yoko seishan dachi* – seitliche *Seishan*-Stellung) einzunehmen. Die Ferse des linken Fußes ist auf Höhe des Ballens des rechten. Die Arme werden simultan vor dem Körper überkreuzt. Die linke Faust wird unter den rechten Ellbogen geführt, und daraufhin blockt man mit linkem *Chūdan uchi uke*, während man die rechte Faust in *Hikite* zieht.

   Atmung: Man atmet kurz und kraftvoll ein, während man nach vorn geht, und man blockt langsam, indem man mit angehaltenem Atem den Arm anspannt.
3. Am Ort: Rechter *Chūdan gyaku zuki*, verbunden mit langsamem Ausatmen und zunehmender Anspannung. Die linke Faust wird in *Hikite* gezogen.
4. Die linke Faust bleibt in *Hikite*. Die rechte Faust wird zur linken Taille geführt (man überkreuzt die Arme nicht), während man mit dem rechten Fuß einen raschen Schritt nach vorn macht. Kurzes Einatmen.

Nun führt man mit angehaltenem Atem einen rechten *Chūdan uchi uke [Chūdan soto uke]* im *Seishan dachi* mit dem rechten Fuß vorn aus.

5. Am Ort: Während man langsam ausatmet und allmählich die Anspannung erhöht, führt man einen linken *Chūdan gyaku zuki* aus.

6. Wiederholung der Bewegung von Sequenz 2, jedoch ohne die Arme beim Nach-vorn-Gehen zu überkreuzen.

7. Wiederholung von Sequenz 3.

8. Am Ort: Die linke Faust wird einwärts gedreht (der Daumen kommt zu den unteren Rippen), während die rechte Faust zurückgezogen wird. Beide Fäuste werden zur Zeigefingerknöchelfaust, *Ippon ken*. Die Bewegung wird langsam ausgeführt, und man atmet dabei ein, bis die eingebeugten Zeigefinger die Brustmuskeln berühren. Man hebt nun die Ellbogen so weit wie möglich an (*Empi uke*), wobei die Fäuste in Kontakt mit dem Körper bleiben.

9. Am Ort »drückt« man langsam und kraftvoll die beiden *Ippon ken* von oben nach unten (*Morote gedan zuki*), während man ausatmet.

10. Am Ort öffnet man langsam die Hände und hebt sie zu beiden Seiten des Kopfes, mit den Handflächen nach innen zeigend. Die Unterarme sind senkrecht, die Ellbogen gebeugt (*Morote haishu uke*). Dabei atmet man ein.

11. Am Ort wird der Atem angehalten, während man mit noch immer senkrechten Unterarmen die Ellbogen so weit wie möglich nach vorn drückt. Dann, in einem zweiten Takt, senkt man, während man ausatmet, die Arme zu beiden Seiten des Körpers ab (*Morote gedan barai*). Die Hände sind offen. Langsame Bewegung mit Anspannung.

12. Der rechte Fuß wird vor dem linken über Kreuz gesetzt, und zugleich werden die Arme vor dem Körper gekreuzt (rechter Arm unter dem linken), ohne dass sich dabei jedoch die Haltung des Oberkörpers verändert.

    Sobald man auf diese Weise Schwung geholt hat, wendet man sich auf beiden Füßen um 180° nach links. Man steht nun im *Seishan dachi* mit dem linken Fuß vorn. Während man die Stellung nach der Wendung stabilisiert, führt man einen linken *Gedan shutō uke* und einen rechten *Chūdan uchi uke [Chūdan soto uke]* aus. Dabei sind die Ellbogen dicht am Körper.

13. Am Ort: Man behält die Position der linken Hand bei und dreht die rechte Hand langsam, so dass die Handfläche nach unten zeigt (*Kake uke*). Gleichzeitig zieht man die rechte Hand nach hinten auf Höhe der Hüfte herab.

    Während die Wendung schnell erfolgte, wird die Technik *Kake uke* am Ort langsam ausgeführt. Die Details dieser Sequenz finden sich – von vorn gesehen – in den umrahmten Zeichnungen.

14. Der rechte Fuß wird nach vorn versetzt, so dass man im *Seishan dachi* steht, und man führt langsam die symmetrischen Blocktechniken der Sequenz 12 aus.

15. Am Ort: Symmetrische Wiederholung der Sequenz 13.

16. Der linke Fuß wird nach vorn versetzt, so dass man im *Seishan dachi* steht, und man führt erneut die Blocktechniken der Sequenz 12 aus.

17. Am Ort: Wiederholung der Sequenz 13.

Anmerkung: *Mit dieser Technik endet der Teil der Kata, bei dem es um Anspannung und Kontrolle des Atems geht. Die folgenden Techniken werden in schneller Abfolge bis zum abschließenden Yassme ausgeführt.*

18. Mit einem Gleitschritt (*Suri ashi* – der rechte Fuß gleitet nach vorn, gefolgt vom linken) begibt man sich im Winkel von 90° zur vorherigen Linie nach rechts. Dabei erfolgt ein rechter *Jōdan uchi uke [Jōdan soto uke]*, und die linke Faust wird in *Hikite* gezogen. Die Stellung ist *Tate seishan dachi* (»senkrechter« *Seishan*; die Fersen sind auf einer Höhe, und die Fußspitzen sind schräg zur Bewegungsrichtung gestellt).

19. Am Ort: Linker *Chūdan gyaku zuki.*

20. Am Ort: Rechter *Chūdan zuki.*

21. Wendung um 180° auf beiden Füßen nach hinten links, um mit einem erneuten Gleitschritt (zuerst der linke Fuß, gefolgt vom rechten) mit einem linken *Jōdan uchi uke [Jōdan soto uke]* zu blocken.

22. Am Ort: Rechter *Chūdan gyaku zuki.*

23. Am Ort: Linker *Chūdan zuki.*

24. Man wendet sich auf dem linken Fuß nach rechts, und mit dem rechten Fuß zuerst, gefolgt vom linken, macht man erneut einen Gleitschritt. Man gelangt so in die Stellung *Tate seishan dachi* und blockt ein drittes Mal mit einem rechten *Jōdan uchi* (*ude*) *uke [Jōdan soto uke]* auf der zentralen Achse der Kata, jedoch in rückwärtige Richtung.

25. Am Ort: Linker *Chūdan gyaku zuki.*

26. Am Ort: Rechter *Chūdan zuki.*

27. Man hebt das linke Knie nach vorn und zugleich die linke Faust geschwungen mit dem Faustrücken nach oben (der Arm ist gestreckt): *Age zuki* (*Uraken*).

28. Wendung auf dem rechten Fuß nach links, und während man kraftvoll die Hüften in diese Richtung dreht, wird der linke Fuß auf die Linie abgesetzt, so dass man im *Shiko dachi* steht (mögliche Bunkai-Anwendung: *Fumikomi* – siehe Zeichnung). Gleichzeitig wird von oben nach unten ein *Jōdan uraken uchi* ausgeführt, nachdem man die linke Faust über den Kopf geführt hat. Man steht erneut in die Vorwärtsrichtung der Linie der Kata (*Shōmen*).

    Ohne die Haltung des Oberkörpers zu verändern, wird der rechte Fuß mit nach außen zeigenden Zehen in einer Linie vor den linken über Kreuz gesetzt (*Surikomi*).

29. Man führt einen linken *Chūdan mae geri* aus, während die linke Faust in *Hikite* gezogen wird.

30. Der linke Fuß wird nach vorn abgesetzt, und man führt einen sehr ausgeprägten *Gedan jun zuki tsukomi* nach vorn aus.

31. Man richtet sich wieder auf, während man ein Stück zurückweicht und den linken Fuß ein wenig einwärts dreht, um wieder im *Tate seishan* zu stehen. Dabei wird ein rechter *Chūdan gyaku zuki* ausgeführt.

32. Am Ort: Linker *Jōdan uke.*

33. In dieselbe Richtung werden nun die symmetrischen Techniken von Sequenz 27 ausgeführt.

34 und 35. Symmetrische Wiederholung der Sequenz 28.

36. Symmetrische Wiederholung der Sequenz 29.

37. Symmetrische Wiederholung der Sequenz 30.

38. Symmetrische Wiederholung der Sequenz 31.

39. Symmetrische Wiederholung der Sequenz 32.

40. Wiederholung der Sequenz 27.

41. Wiederholung der Sequenz 28.

42. Die linke Hand wird geöffnet, und man führt einen *Chūdan mikazuki geri* mit dem rechten Fuß gegen sie aus.

43. Der rechte Fuß wird nach hinten abgesetzt, und man führt einen rechten *Chūdan gyaku zuki* aus, während man wieder die Stellung *Tate seishan dachi* einnimmt. *Kiai* (*Kensei*).

44. Langsam wird der linke Fuß mit schräg gestellter Fußspitze nach hinten versetzt. Das linke Bein ist schützend vor dem rechten Knie. Zugleich werden beide Fäuste geöffnet und die Hände in *Hikite* gezogen.

    Am Ort werden langsam die Handflächen nach vorn gedrückt – *Morote teishō uke* auf *Chūdan*-Höhe.

45. Man richtet sich in *Yoi no kamae* auf, während man den linken Fuß versetzt. Die Füße werden zum *Musubi dachi* zusammengeführt. Rei.

Ende der Kata.

Seishan

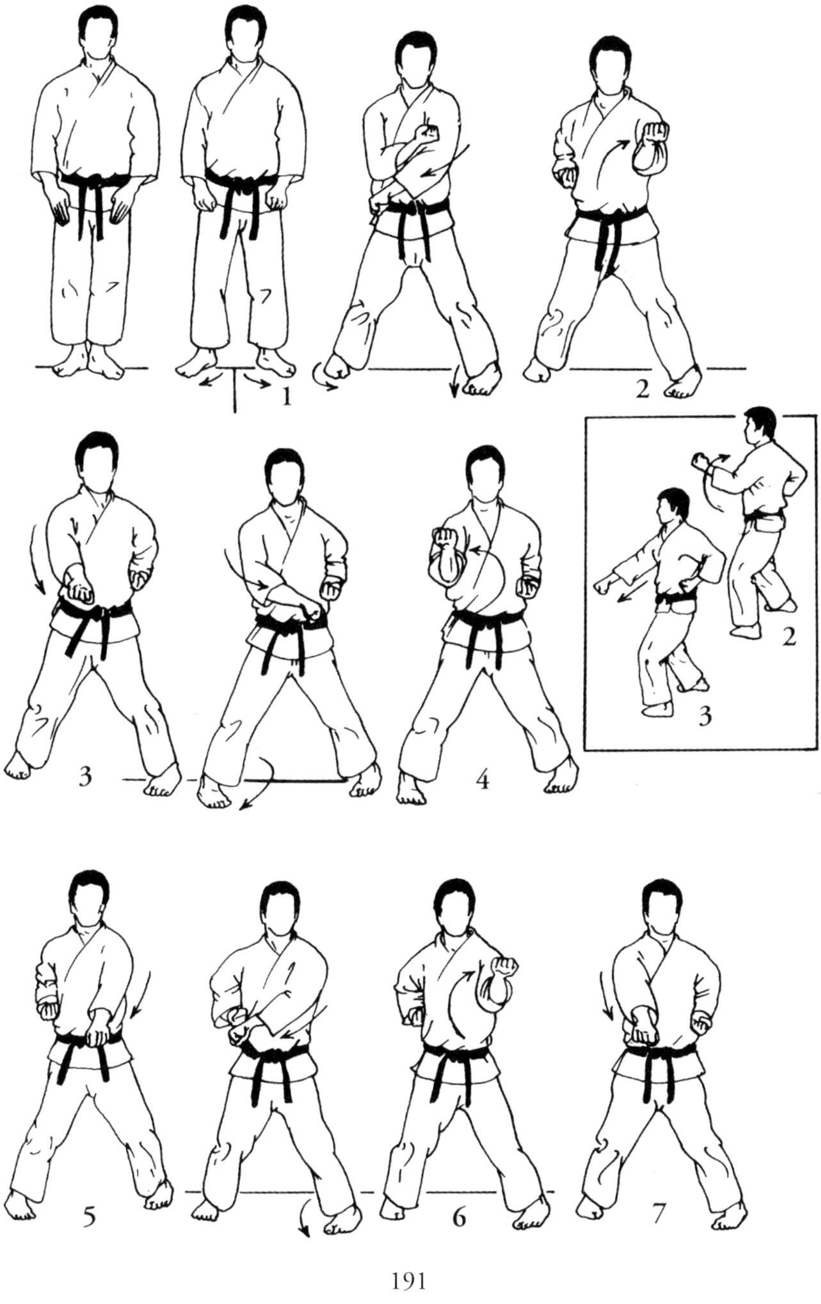

Seishan

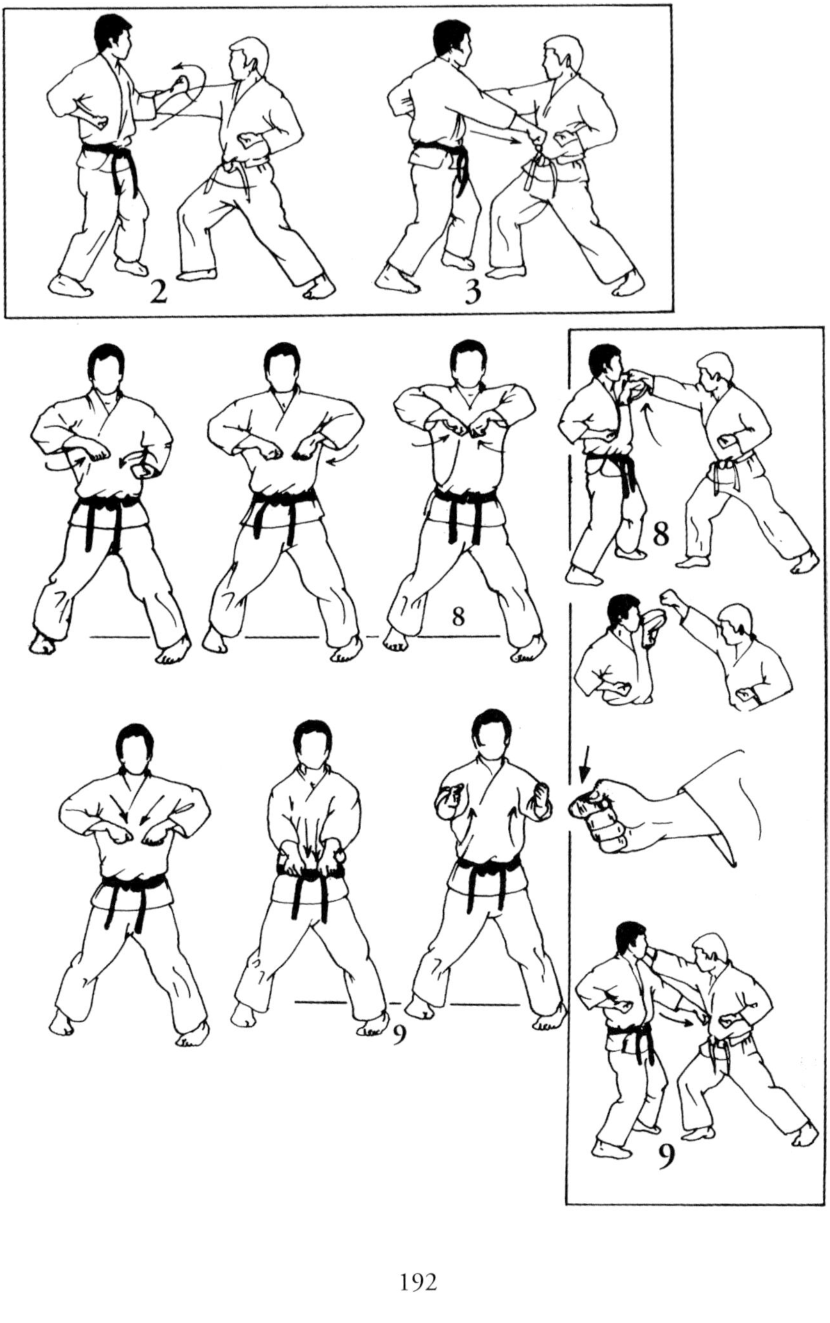

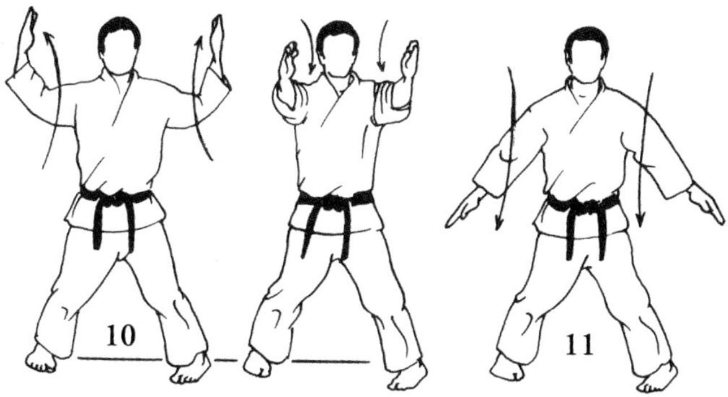
10
11

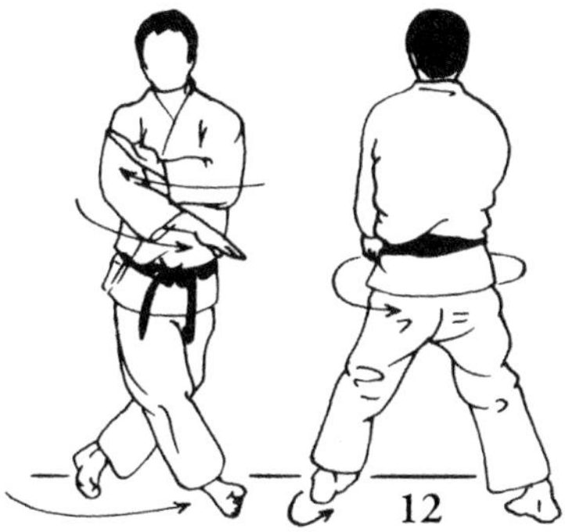
12

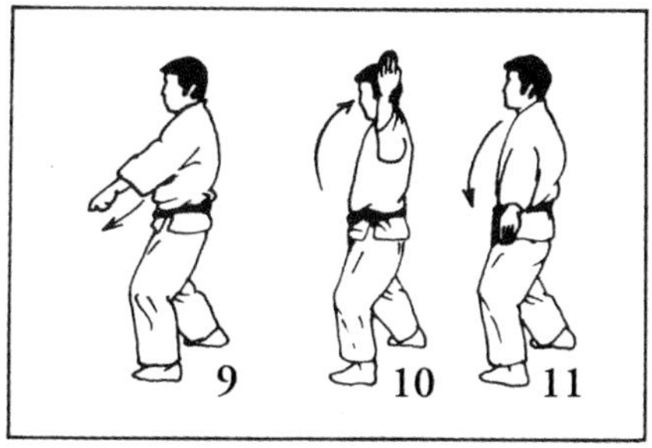
9
10
11

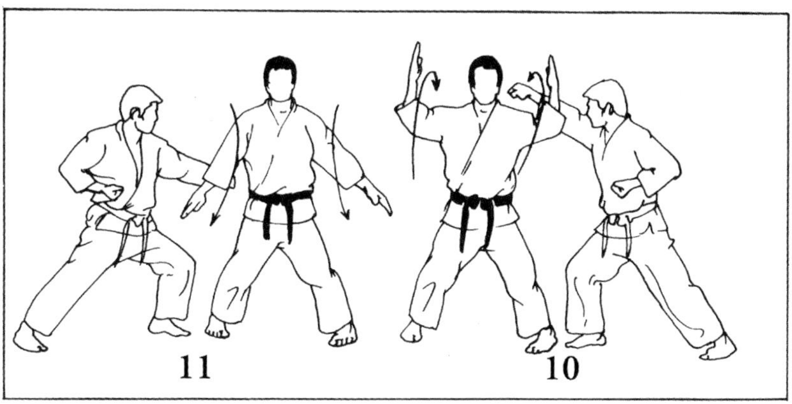
11
10

Seishan

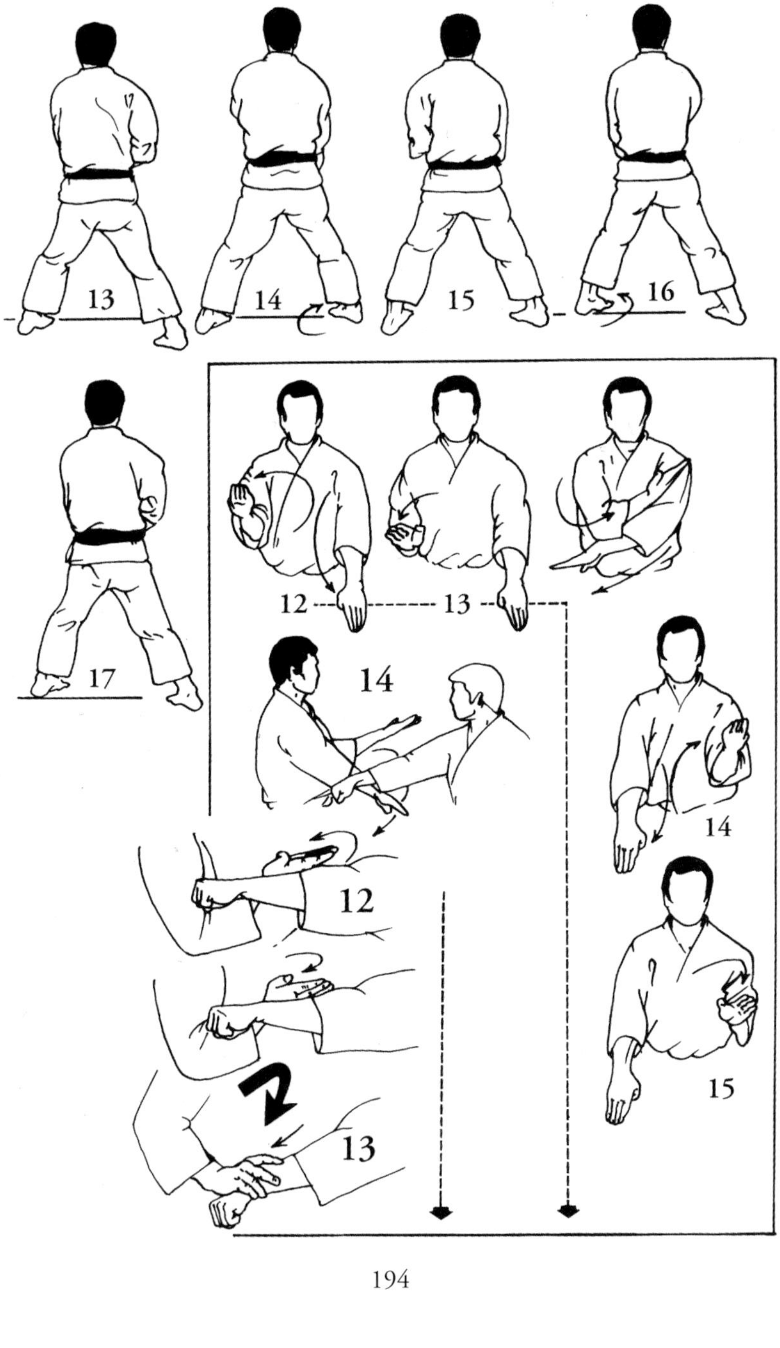

Seishan

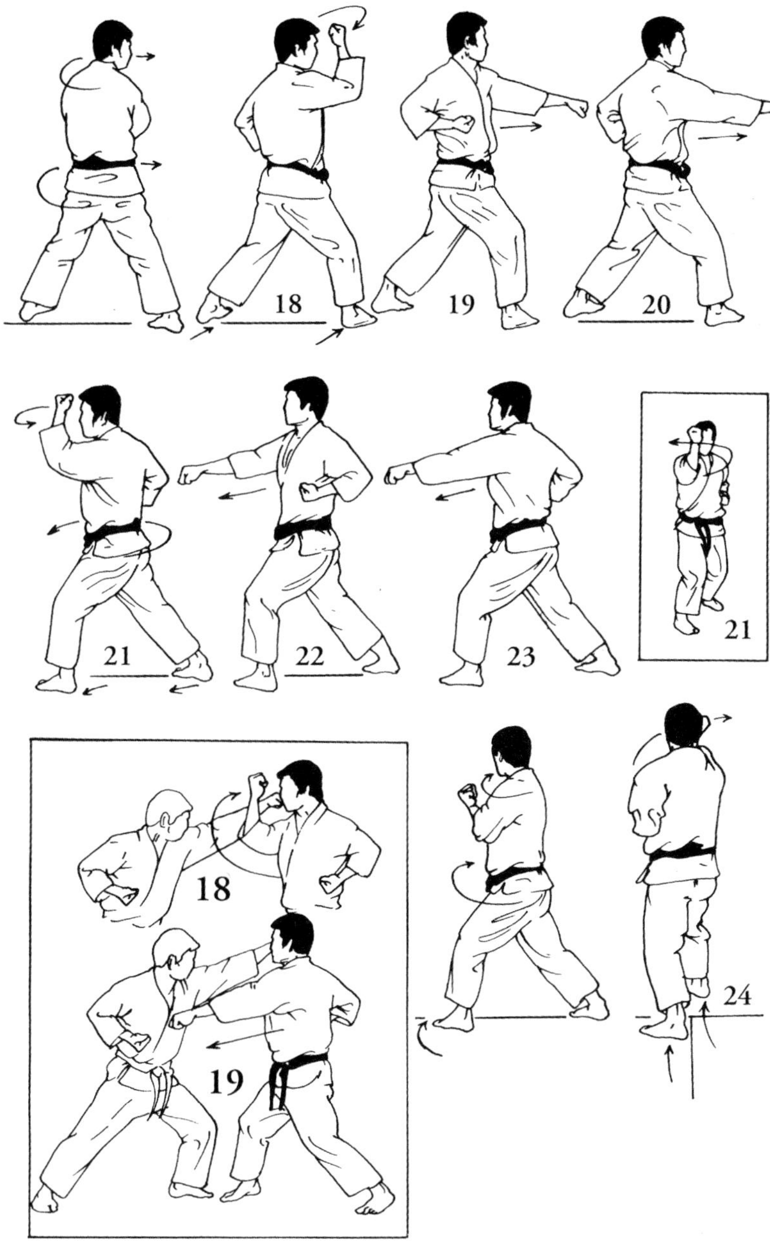

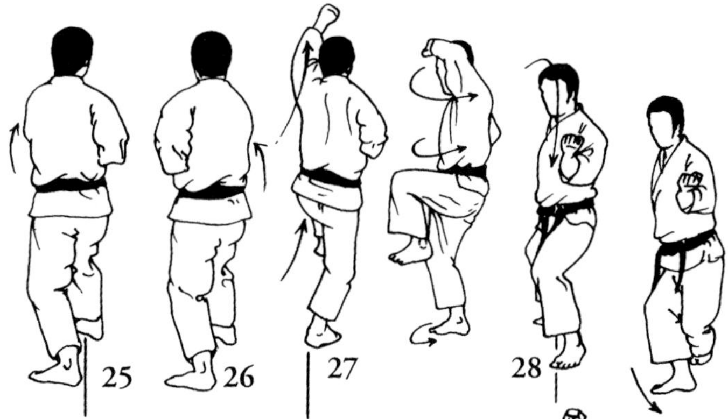
25
26
27
28

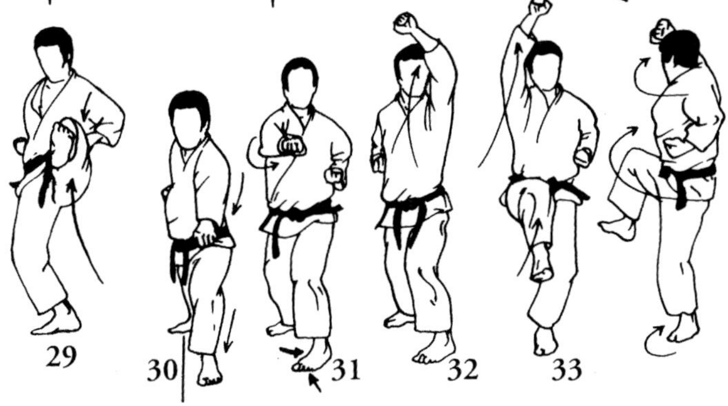
29
30
31
32
33

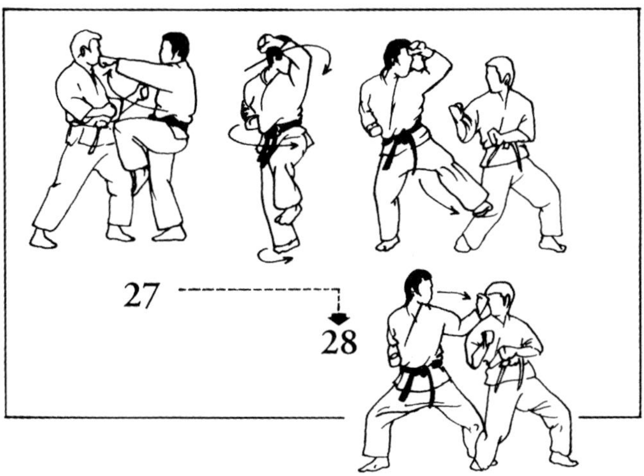
27
28

Seishan

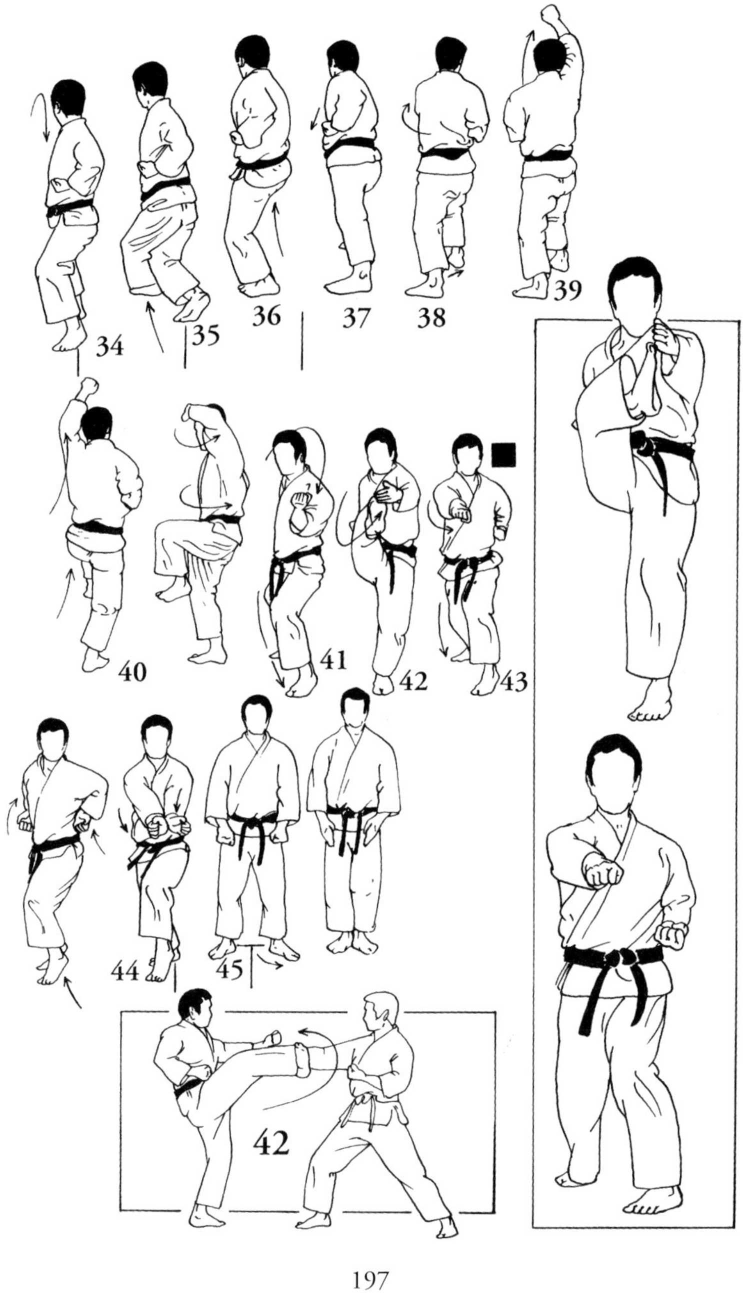

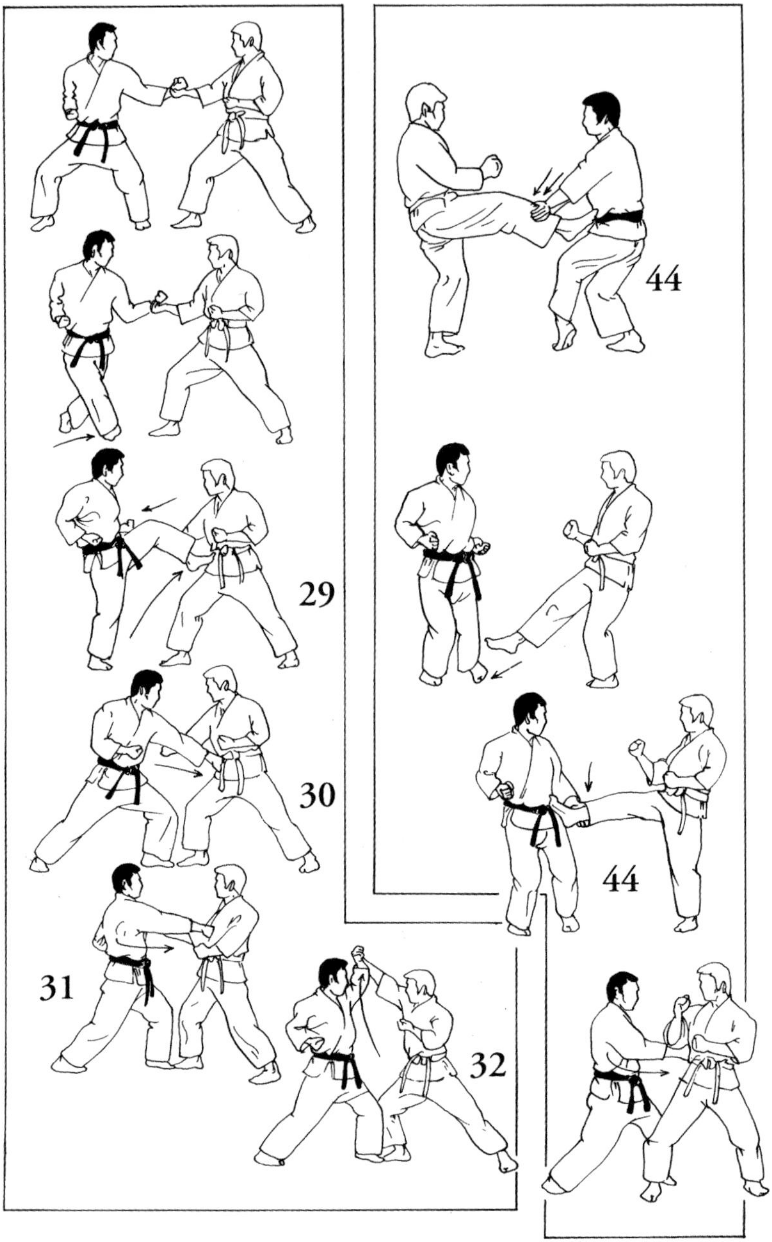
29
30
31
32
44
44

Wanshu

Diese Kata entstammt dem okinawanischen *Tomari-te.* Sie lässt sich bis zum Ende des 17. Jahrhunderts zurückverfolgen. Für ihre Entstehung wird sogar eine präzise Jahreszahl angegeben: 1683. Verschiedene Quellen berichten, dass der Name *Wanshu* [Chin. Wang-ji] der des chinesischen Schöpfers der Kata ist, eines Wushu-Experten. Vielleicht ist es auch der Name jenes chinesischen Abgesandten, der für die Verwaltung der Pazifikinseln südlich von Japan verantwortlich war, und den der Kaiser von China entsandt hatte, um den neuen König der Ryūkyū-Inseln einzusetzen. Dieser war 1683 auf dem »Schiff der Krone« (Ukanshin) als Anführer einer offiziellen Gesandtschaft, die aus 500 bedeutenden Persönlichkeiten bestand, unter ihnen zivile und militärische Würdenträger Chinas, nach Okinawa gekommen. Das bedeutet, dass sich aller Wahrscheinlichkeit nach auch mehrere Experten der Kampfkünste an Bord befunden haben. Man vergleiche auch die Geschichte der Herkunft der Kata *Kūshankū.*

Ein Jahrhundert lang wurde diese Kata ausschließlich im Dorf Tomari praktiziert.

Funakoshi Gichin änderte – wie er dies für alle Kata getan hat – ihren Namen in »*Enpi*«, »Flug der Schwalbe«, da die Japaner in jener nationalistischen Zeit zwischen den beiden Weltkriegen nicht daran erinnert werden sollten, dass ihre Kultur chinesische Wurzeln besaß.

Der Plan (*Embusen*) hat die Form eines T.

1. Nach dem Gruß werden die Füße geschlossen, und im *Heisoku dachi* werden langsam die Fäuste zur linken Taille gebracht. Die rechte Faust ist vertikal ausgerichtet, mit dem Faustrücken nach vorn und in der offenen Handfläche der linken Hand, die in *Hikite*-Position ist. Die Finger der linken Hand zeigen nach vorn.

Nach einem Moment der Konzentration führt man die nun folgenden Bewegungen mit explosiver Kraft aus.

2. Der linke Fuß wird auf derselben Linie nach links versetzt. Das Knie wird stark gebeugt, während man in die Vorderrichtung der Hauptachse der Kata mit einem *Gedan barai* blockt, während die linke Faust in

Hikite vor den Solarplexus gezogen wird. Das linke Knie zeigt 45° nach vorn, während das rechte einwärts gedreht wird, ohne dass es jedoch den Boden berührt. Die rechte Ferse ist angehoben, und der Oberkörper ist leicht nach vorn gebeugt. Es ist sehr wichtig, dass man den Fuß zunächst zur Seite setzt und erst in einem zweiten Takt verbunden mit einer kraftvollen Drehung der Hüften nach links (in Gegenrichtung) blockt.

3. Die Füße bleiben an ihrem Ort. Die rechte Ferse wird abgesetzt, und man richtet sich auf, so dass man im *Naihanchi dachi* [alternativ auch *Shiko dachi* oder auch einfach *Shizentai*] steht, wobei man einen Ellbogenstoß (*Yoko empi uchi*) nach rechts ausführt. Dabei geht die Spitze des Ellbogens jedoch nicht über die Linie der Taille hinaus. Der Blick ist nach rechts gerichtet. Die linke Faust wurde in klassischen *Hikite* an die Seite gezogen.
4. Am Ort: Rechter *Gedan barai* zur Seite.
5. Unverzüglich folgt am Ort ein linker *Kagi zuki.*
6. Diese erste Serie von Bewegungen wird mit großer Schnelligkeit ohne die Unterbrechung ausgeführt. Nun folgt eine kurze Pause, nach welcher der linke Fuß energisch auf der Hauptachse für einen linken *Gedan barai* im *Zenkutsu dachi* nach vorn gesetzt wird.
7. Am Ort: Rechter *Jōdan gyaku zuki.*
8. Man springt mit dem rechten Fuß nach vorn, gefolgt vom linken Fuß, ohne dass die Hüften nach oben gehen. Dabei berührt das linke Knie die rechte Kniekehle. Zugleich erfolgt ein *Gedan zuki* der linken Faust. Gleichzeitig wird die rechte Faust zum linken Ohr gebracht. Diese Bewegung der rechten Faust in Richtung der linken Schulter, die in dieser Kata mehrere Male ausgeführt wird, kann entweder als einfache Vorbereitung für den folgenden *Gedan barai* interpretiert werden, oder auch als aktive Aktion (*Uchi uke*), die gleichzeitig mit dem *Tsuki* der anderen Faust erfolgt. Der *Tsuki* muss vollkommen synchron mit dem Einnehmen des *Kake dachi* erfolgen. Während der rechte Fuß vollständig auf dem Boden ruht, ist die linke Ferse angehoben. Der Oberkörper bleibt aufrecht.

9. Der linke Fuß wird zurückgesetzt, um im *Zenkutsu dachi* einen rechten *Gedan barai* auszuführen.
10. Man wendet sich auf dem rechten Fuß 180° nach links und versetzt dabei den linken Fuß im Kreisbogen nach hinten. Man steht nun im linken *Zenkutsu dachi* auf der Hauptachse, jedoch in deren rückwärtigen Richtung. Man führt einen von der Drehung der Hüften unterstützten *Gedan barai* aus.
11. Wiederholung von Sequenz 7.
12. Wiederholung von Sequenz 8.
13. Wiederholung von Sequenz 9.
14. Wiederholung von Sequenz 10, nun jedoch wieder in die Vorderrichtung der Hauptachse der Kata.
15. Man verlagert den Schwerpunkt des Körpers nach rechts, um den linken Fuß auf Höhe der rechten Ferse zurückzuziehen (die Füße sind jetzt voneinander so weit entfernt wie bei einem *Naihanchi dachi*), während die Fäuste hinter die rechte Schulter gehoben werden (Schwungholen für die folgende Sequenz).
16. Man führt nun gleichzeitig nach links einen linken *Jōdan haitō uchi* und einen rechten *Jōdan tate tettsui uchi* (doppelter Angriff auf Höhe des Kopfes des Gegners) aus. In der Kata schlägt man die rechte Faust kraftvoll in die linke Handfläche, die gleichzeitig mit *Haitō uchi* zuschlägt. Im selben Takt wird das Körpergewicht auf das linke Bein verlagert, und beim *Kime* (das Synchronisieren all dieser Aktionen ist sehr wichtig) wird der rechte Fuß seitlich an das linke, stark gebeugte Knie angelehnt. *Kiai* (*Kensei*). Siehe auch die Detailzeichnungen.
17. Diese Sequenz wird langsam ausgeführt. Man versetzt den rechten Fuß nach rechts, um in *Naihanchi dachi* [alternativ auch *Shiko dachi*] zu gehen, und führt einen linken *Tate shutō uke* nach vorn aus. Nun erfolgt eine kurze Konzentrationspause. Die folgenden Techniken führt man wieder »explosiv« aus.
18. Am Ort: Rechter *Chūdan zuki*, begleitet von einer Drehung der Hüften in Richtung des Stoßes …

19. … gefolgt von einem linken *Chūdan zuki.*

20. Der linke Fuß wird nach links versetzt, und man geht nach links in *Zenkutsu dachi* im Winkel von 90° zur Hauptachse der Kata. Dabei führt man einen linken *Gedan barai* aus.

21. Am Ort: Rechter *Jōdan gyaku zuki.*

22. Der rechte Fuß wird in dieselbe Richtung nach vorn gebracht, und im *Mahanmi no nekoashi dachi* blockt man mit rechtem *Jōdan shutō uke.*

23. Der rechte Fuß wird ein Stück zurückgenommen, während man den Oberkörper nach vorn dreht, ohne dabei jedoch die Position der Hände zu ändern.

24. Man setzt den linken Fuß in dieselbe Richtung nach vorn und führt die symmetrische Technik zu Sequenz 22 aus.

25. Wiederholung von Sequenz 21.

26. Wiederholung von Sequenz 22, noch immer auf derselben Linie.

27. Wendung auf derselben Linie, doch in die entgegengesetzte Richtung als zuvor, nach hinten links, um in linken *Zenkutsu dachi* zu gehen. Dabei führt man einen linken *Gedan barai* aus.

28 bis 31. Wiederholung der Abfolge 7 bis 10, jedoch auf einer Linie senkrecht zur Hauptachse.

32. Der Kopf und der Oberkörper wenden sich nach vorn, und langsam wird mit der rechten Hand ein *Chūdan teishō uke* von unten nach oben ausgeführt. Die linke Faust geht in *Hikite.* Während dieser Bewegung ist das linke Knie nach vorn ausgerichtet (*Gyaku zuki tsukomi no ashi*). Diese Sequenz und auch die drei folgenden werden langsam ausgeführt.

33. Der rechte Fuß wird in Blickrichtung nach vorn versetzt (in die Vorderrichtung der Hauptachse der Kata) und im rechten *Zenkutsu dachi* wird mit den Ellbogen dicht am Körper ein *Morote teishō uke* von unten nach oben ausgeführt. Die linke Hand bewegt sich dabei von oben nach unten (*Gedan*).

34. Man geht in derselben Richtung nach vorn und führt die symmetrische Technik zu Sequenz 33 aus.

35. Man geht in derselben Richtung nach vorn und wiederholt Sequenz 33.

36. Sehr schnell – im Unterschied zu den letzten vier Sequenzen – führt man am Ort einen *Gedan barai* aus.

37. Man neigt sich nach vorn (*Jun zuki tsukomi no ashi*), um eine Doppelbewegung der Arme auszuführen, die einem *Yama zuki* sehr ähnlich ist: Beide Handflächen werden nach oben gedreht, die Finger sind offen und ausgestreckt, um den Gegner zu ergreifen. Die Ellbogen bleiben gebeugt. Aufgrund der Drehung der Hüften steht man im Profil

38. Man springt nach hinten rechts (starker Impuls nach oben), um nach einer vollständigen Drehung wieder auf der zentralen Achse in derselben Richtung wie in Sequenz 37 zu landen und im *Mahanmi no neko-ashi dachi* mit *Jōdan shutō uke* zu blocken. *Kiai* (*Kensei*). Der rechte Fuß ist noch immer vorn.

39. Man geht energisch auf derselben Linie zurück und führt die vorherige Blocktechnik symmetrisch aus.

40. Der linke Fuß wird zum rechten geführt, und man richtet sich in *Heisoku dachi* auf. Die Fäuste sind an der linken Taille wie in Sequenz 1. *Rei.*

Ende der Kata.

Wanshu

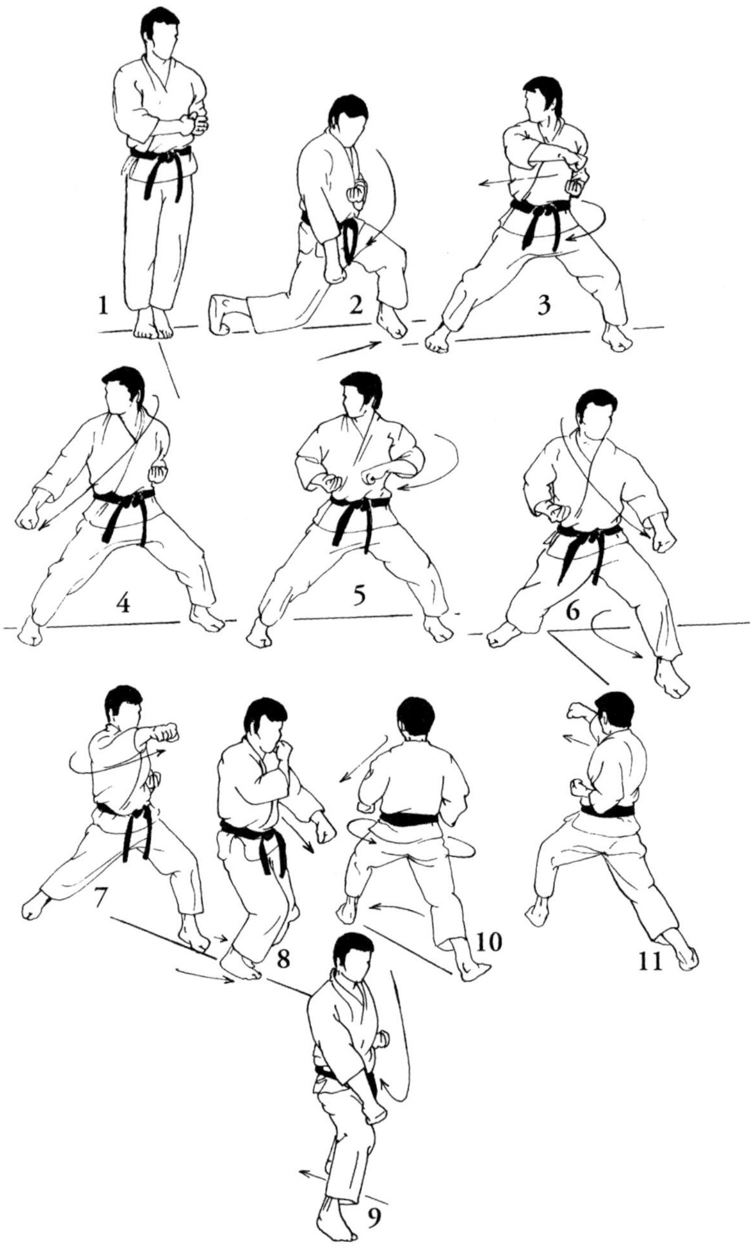

Wanshu

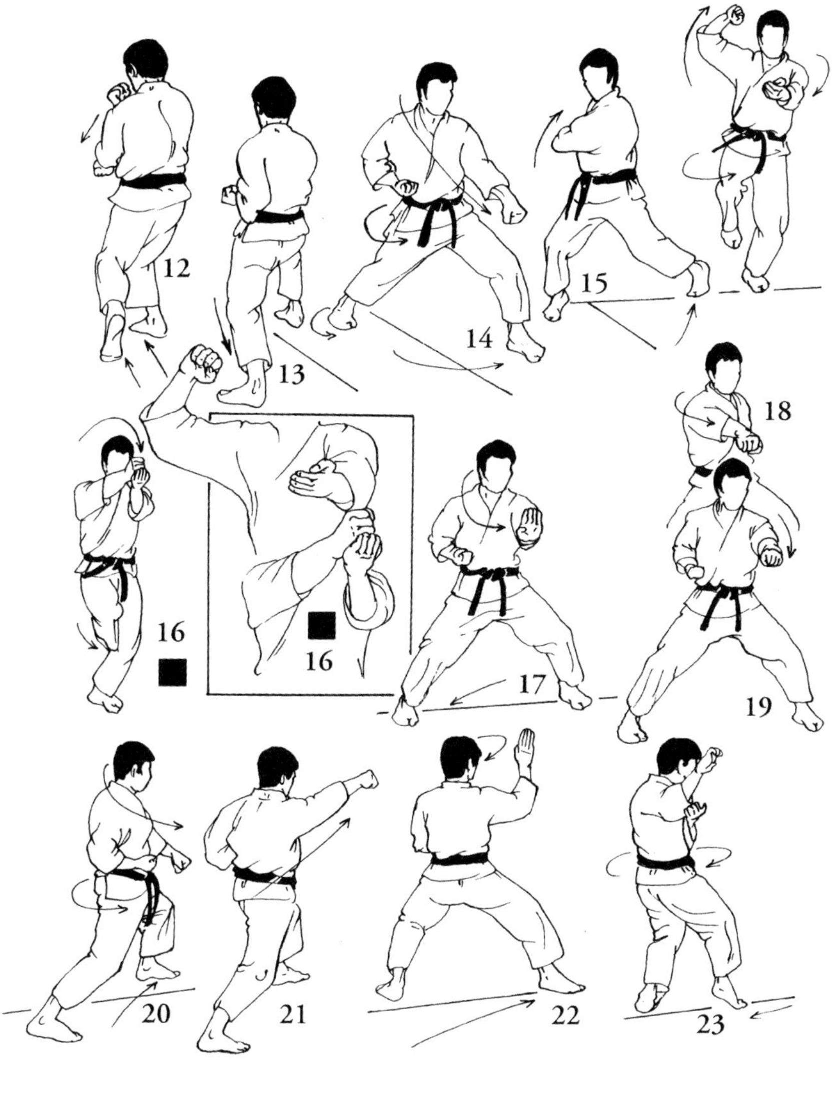

Wanshu

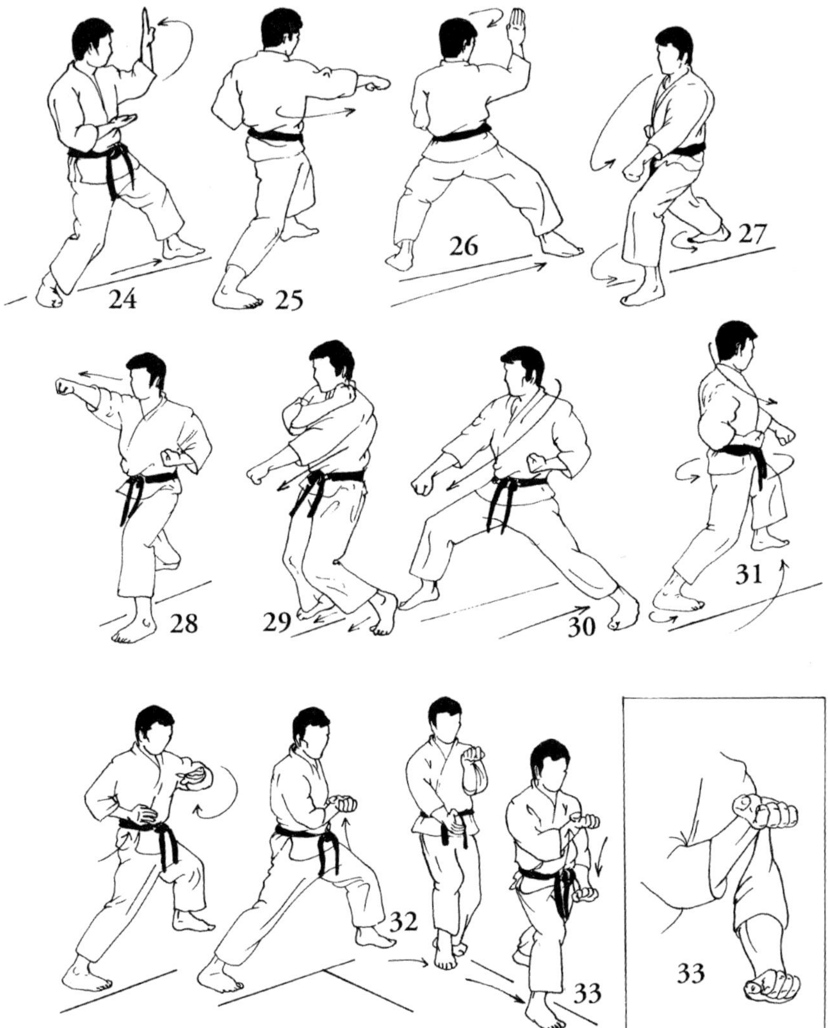

Wanshu

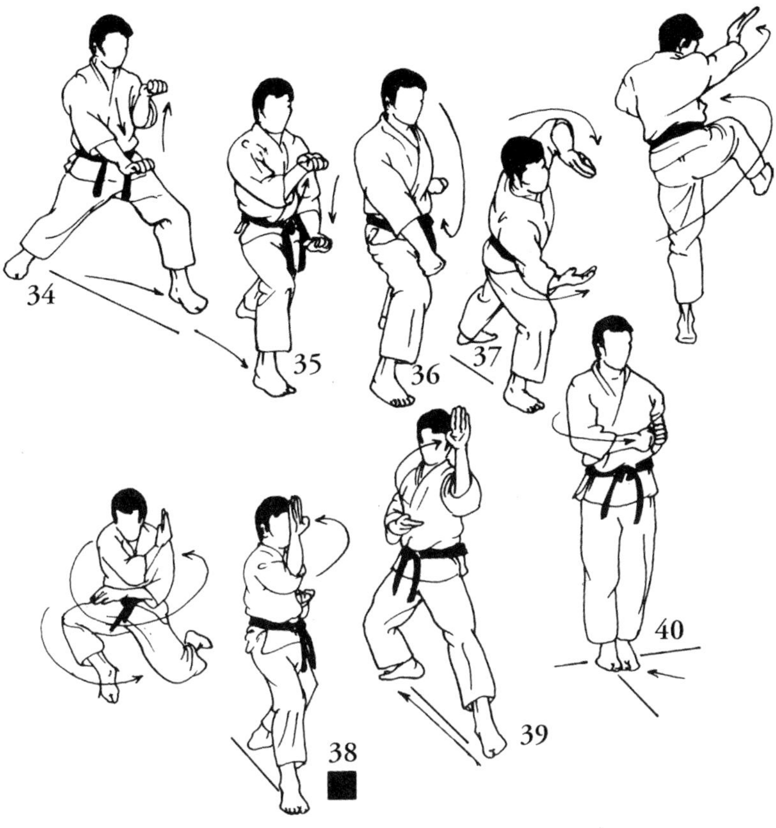

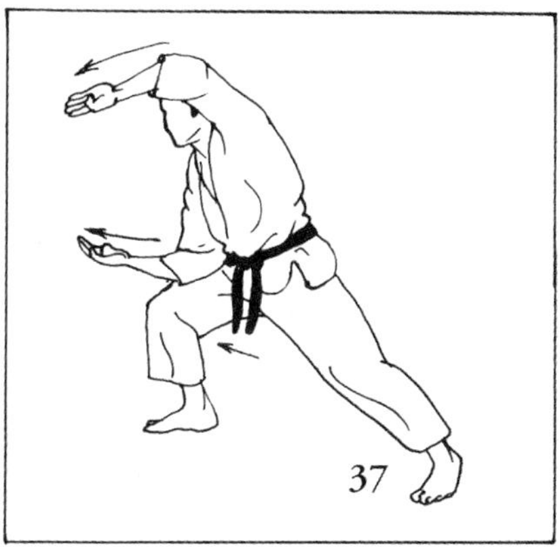

Kihon kumite kata

Diese Kata ist speziell, da sie zu zweit ausgeführt wird. Tatsächlich besteht sie aus zehn Serien von wechselseitigen Techniken mit einem Partner.

Diese Form des Trainings wurde von Meister Ōtsuka entwickelt und war Teil seines Lehrsystems. Man findet hier einen starken Einfluss des japanischen Jūjutsu, und die Betonung liegt auf der Arbeit mit der Distanz (*Maai*) und auf Ausweichtechniken. Die Übungen sind nicht so spektakulär wie die zahlreichen Kampfformen (*Kumite*), die oftmals entwickelt wurden, um den Zwecken moderner Zurschaustellungen zu genügen. Hingegen erweist sich die Kata als sehr interessant, wenn man sie tiefgründiger studiert. Die Angriffe erfolgen auf sehr kurze Distanz mit Gleitschritten (*Yori ashi*), so dass man sehr dicht am Gegner und in einem kreisförmigen Verteidigungsraum auf dessen Techniken reagieren muss. Dies ist nur möglich, wenn man die Energie auf optimale Weise ausnutzt. Die zehn *Kumite kata* des Wadō-ryū verlangen ein hohes Niveau an Kontrolle sowohl des Körpers als auch des Geistes. Bei beiden Partnern werden die Angriffs- und Verteidigungsbewegungen von einem sehr deutlichen Empfinden des inneren *Kensei* begleitet, das sich nicht regelmäßig in Form eines Schreis (*Kiai*) äußert wie in den klassischen Kata.

Zu beachten ist ebenfalls, dass man in dieser Kata die alte Unterscheidung des japanischen *Budō* findet, in der »*Tori*« derjenige ist, der die Techniken »ausführt«, und »*Uke*« derjenige, der sie »empfängt« (so wie im Judo). In diesen Serien ist demzufolge *Tori* derjenige, der sich verteidigt und Gegenangriffe führt, während *Uke* angreift und dann an seinem Ort bleibt, um den Gegenangriff aufzunehmen.

Die Begrüßung

Tori und *Uke* stehen einander in einem Abstand von etwa zwei Meter gegenüber. Die Füße sind geschlossen, die Arme hängen auf natürliche Weise an den Seiten herab (1). Sie grüßen einander, indem sie den Oberkörper nach vorn beugen, ohne sich dabei aus den Augen zu lassen (2). Sie richten sich wieder auf, wobei sie die Fäuste schließen (3). *Tori* setzt den linken

Fuß zurück, während *Uke* gleichzeitig einen Schritt in seine Richtung macht – in einigen der Serien mit dem rechten Fuß (4: *Tori* und *Uke* sind somit im *Ai gamae*, das heißt, bei beiden ist der gleiche Fuß vorn) und in anderen mit dem linken (5: *Tori* und *Uke* sind im *Gyaku gamae*, das heißt, der jeweils andere Fuß ist vorn).

Auf den folgenden Bildtafeln wird *Tori* (rechts) mit schwarzen Haaren und *Uke* (links) mit weißen Haaren dargestellt.

Der Gruß (siehe Bildtafel unten) findet am Anfang und am Ende der Kata statt. Die zehn Serien werden ohne Unterbrechung ausgeführt.

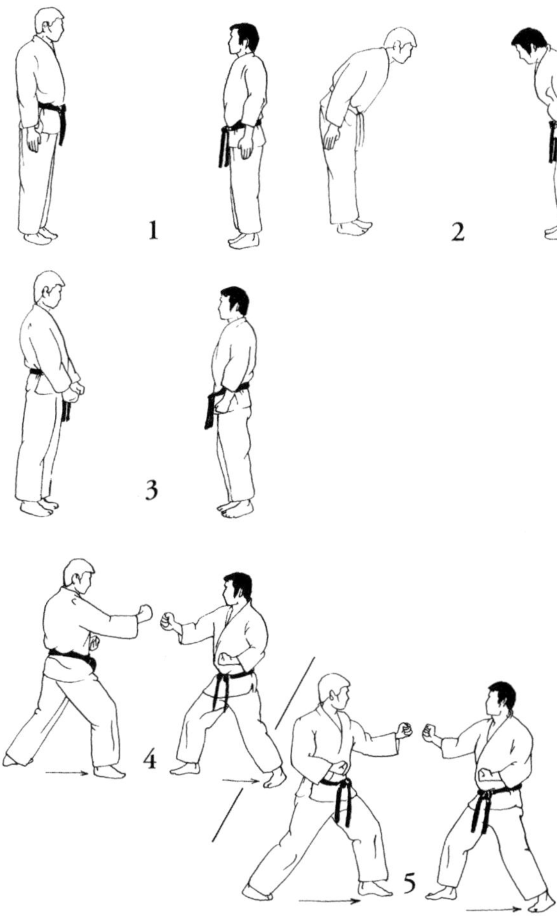

1. Serie: Ipponme

- Aus dem *Ai gamae* macht *Uke* einen Gleitschritt mit dem rechten Fuß auf *Tori* zu. Der linke Fuß folgt, so dass der Abstand zwischen den Füßen wieder der gleiche ist wie zuvor. Erster Angriff mit *Jōdan tobikomi zuki*. *Tori* geht aus der Angriffslinie, indem er seinen linken Fuß schräg nach hinten links stellt (der rechte Fuß kann ein Stück in dieselbe Richtung folgen), um mit dem rechten Arm mit *Jōdan soto nagashi uke* zu blocken. Der Ellbogen ist dabei erhoben und die Faust auf Höhe des rechten Ohrs. Die linke Faust ist als Schutz vor dem Solarplexus (1). *Toris* Stellung ist ein schräger *Shiko dachi*.
- Zwischenbewegung: Den Bruchteil einer Sekunde später lässt *Uke* seinen rechten Fuß schräg nach rechts vorn gleiten, um einen neuen Angriff mit *Gyaku zuki* auszuführen. *Tori* reagiert, indem er schräg seinen linken Fuß versetzt (das heißt, dem Fuß *Ukes* entgegen). *Tori* nimmt seinen nun den rechten Fuß ein Stück zurück, was es ihm in Verbindung mit dem vorherigen Vorrücken des linken Fußes gestattet, den Körper im Uhrzeigersinn zu wenden: Er führt zugleich einen rechten *Gedan barai* mit gebeugtem Arm und kontert mit einem linken *Chūdan ura zuki* einen *Gyaku zuki* Ukes (2).
- Nach einem *Zanshin*-Moment (wache Aufmerksamkeit) nimmt *Tori* den linken Fuß zurück, um in *Kamae* (Bereitschaft) zu gehen, während *Uke* gleichermaßen in Bereitschaft geht, indem er nach hinten gleitet (3).
- Beide nehmen langsam ihr vorderes Bein zurück, während sie die Arme an der Seite des Körpers absenken. Sie richten sich im Viertelprofil zueinander auf, ohne sich aus den Augen zu lassen (4).

Ipponme

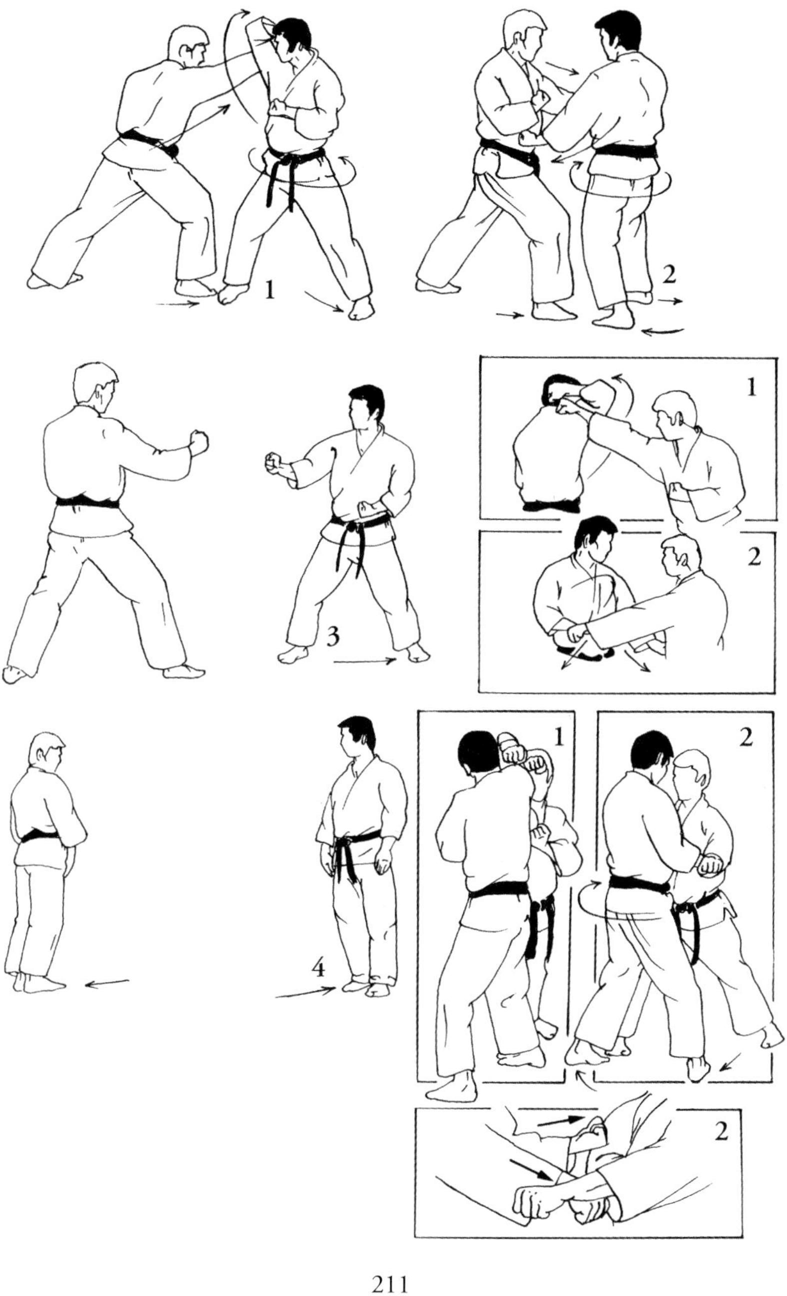

2. Serie: Nihonme

- Aus dem *Ai gamae* greift *Uke* wie in der vorigen Serie mit *Jōdan tobikomi zuki* an, mit der Absicht, tief in die Stellung *Toris* einzudringen. Darauf reagiert *Tori* mit der gleichen Abwehr in der gleichen Stellung wie in der vorherigen Serie (1).
- Zwischenbewegung: Ohne dass einer der Gegner die Haltung der Arme verändert, bringt *Uke* seinen linken Fuß nach vorn, direkt unter seinen Schwerpunkt. *Tori* reagiert, indem er den linken Fuß, der noch immer schräg steht, mit angehobener Ferse ein Stück nach hinten links gleiten lässt. Seine Knie sind gebeugt, die linke Faust ist noch immer vor dem Solarplexus. Er dreht kraftvoll die Hüften nach hinten links (wobei er das rechte Bein in Richtung des linken führt), um *Ukes Chūdan sokutō* mit einem *Gedan barai* zu blocken (3).
- *Uke* setzt seinen Fuß ab, so dass er im *Shiko dachi* steht. *Tori* lässt seinen rechten Fuß hinter das vordere Bein *Ukes* gleiten, so dass die Beine sich auf Kniehöhe berühren (4).
- *Tori* dreht kraftvoll die Hüften nach rechts, um in die Stellung *Tsukomi no ashi* zu kommen. Auf diese Weise stellt er einen engen Kontakt mit dem Gegner her, um dessen Gleichgewicht unter Kontrolle zu bekommen. Während er sein rechtes Knie an die Außenseite von *Ukes* Oberschenkel und seinen Kopf gegen dessen rechtes Schulterblatt drückt, führt *Tori* zugleich einen doppelten Angriff mit offenen Händen (Handflächen nach oben) durch – einen rechten *Haitō uchi* (oder *Ippon ken*) auf Höhe der Rippen und einen linken *Shutō uchi* (oder *Teishō*) ein wenig tiefer gegen die Nieren (5).
- Nach einem *Zanshin*-Moment wenden *Tori* und *Uke* auf ihren Füßen nach hinten links, entgegengesetzt zum Uhrzeigersinn, so dass sie sich wieder in *Kamae* befinden. Dabei ist bei *Tori* der rechte Fuß vorn (nach einer vollständigen Wendung um 360°) und bei *Uke* der linke (nach eine Wendung um 180°), das heißt, sie stehen im *Gyaku gamae.*
- Rückkehr in die natürliche Stellung, indem das jeweils vordere Bein zurückgesetzt wird.

Nihonme

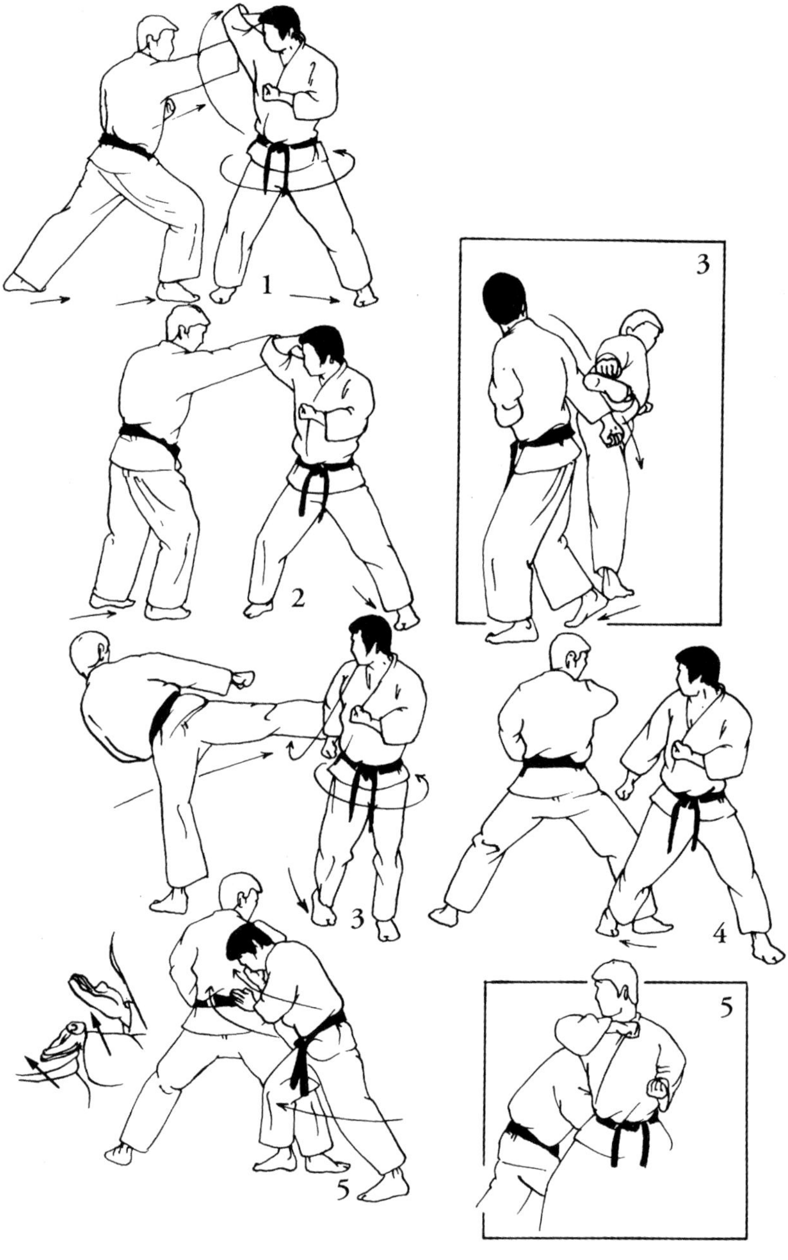

3. Serie: Sanbonme

- Aus dem *Ai gamae* erfolgen der gleiche Angriff und die gleiche Abwehr wie in der vorherigen Serie (1).
- Zwischenbewegung: *Uke* nimmt den rechten Fuß eine halbe Schrittlänge zurück, um eine gute Angriffsdistanz zu erzeugen, damit er einen *Mae geri* mit dem hinteren Fuß ausführen kann (2).
- Sobald diese Angriffsfolge gestartet wird, beginnt *Tori* zu kontern, indem er mit dem rechten Fuß in die Bewegung des Gegners »hineingeht« (3).
- *Uke* bleibt kaum die Zeit, sein linkes Knie zu heben, als *Tori* seine Bewegung durch eine doppelte Aktion stoppt (Details im Rahmen): Er führt einen linken *Tate ippon ken* gegen den erhobenen Oberschenkel *Ukes* aus, mit waagerechtem Unterarm, nahe dem Knie, und einen rechten *Ura zuki ippon ken* auf *Chūdan*-Höhe (4) (verbunden mit der Möglichkeit, simultan dazu mit dem rechten Ellbogen zu blocken). Um *Uke* nach hinten aus dem Gleichgewicht zu bringen, stößt *Tori* den Kopf gegen dessen rechte Achsel und geht in *Jun zuki no ashi*.
- Unter der zu erwartenden Wirkung des Aufpralls muss *Uke* seinen linken Fuß nach hinten absetzen. Auf diese Weise gelangen beide Partner in *Ai Hanmi gamae*, mit dem jeweils rechten Fuß vorn. Nach einem *Zanshin*-Moment nehmen sie wieder die natürliche Stellung ein, indem sie den jeweils vorderen Fuß zurücksetzen. Beide sind somit in der Haltung aus Sequenz 4 der 1. Serie.

Sanbonme

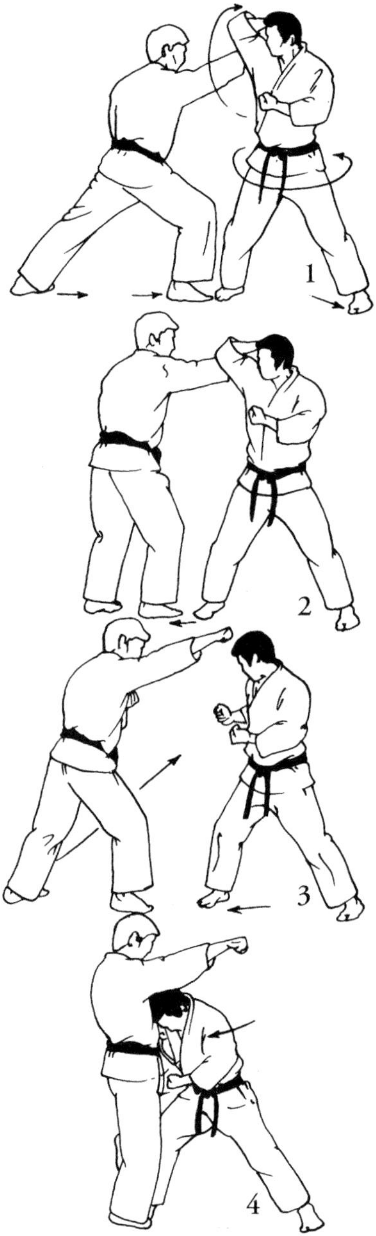

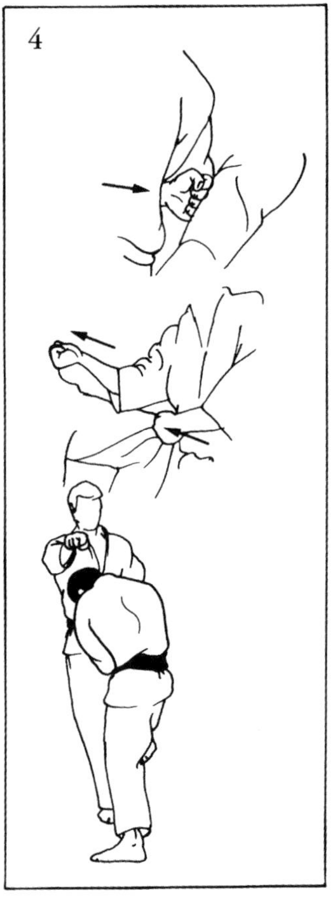

4. Serie: Yonhonme

- Aus dem *Gyaku gamae* greift *Uke* auf einem Gleitschritt mit *Jōdan tobikomi zuki* der linken Faust an. *Tori* pariert wie in der vorigen Serie (1).
- *Uke* führt einen zweiten Angriff mit *Jōdan gyaku zuki* der rechten Faust aus, während er die linke Faust zum Solarplexus bringt. Dabei wird der linke Fuß leicht nach vorn und nach außen gebracht. *Tori* lenkt die gegnerische Faust mit *Teishō harai uke* ab, während er sich nach hinten rechts wendet und den rechten Fuß zurücksetzt, so dass er in *Nekoashi dachi* gelangt. Diese Ausweichbewegung, die von einem starken Zurückbeugen des Körpers unterstützt wird, soll *Uke* nach vorn aus dem Gleichgewicht bringen (2).
- *Tori* verlagert sein Gewicht wieder nach vorn, indem er den rechten Fuß nach vorn gleiten lässt, so dass er im *Tsukomi no ashi* steht, während seine linke Hand zum rechten Trizeps von *Uke* gebracht wird, gegen den er einen Gegenangriff mit einem rechten *Ura zuki ippon ken* unter dessen rechte Achsel führt, während er mit dem Kopf gegen die Außenseite von *Ukes* rechter Schulter drückt (3).
- Nach einem *Zanshin*-Moment nimmt *Tori* den rechten Fuß zurück, während *Uke* seinen linken Fuß zurücksetzt. Sie befinden sich nun im *Gyaku gamae*. Dann kehren beide in die natürliche Stellung zurück, indem sie den jeweils vorderen Fuß zurücksetzen.

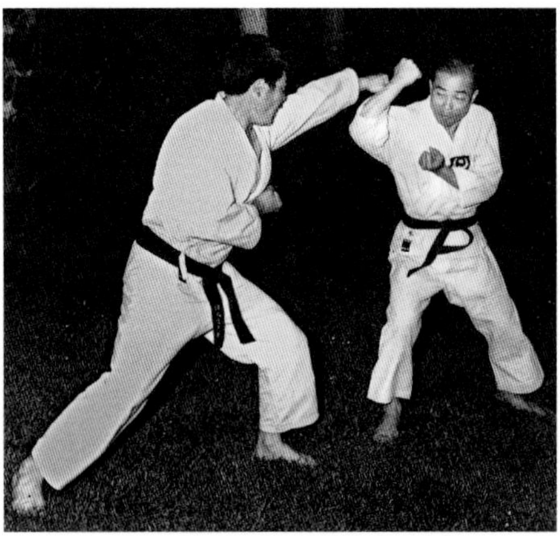

Foto 11: Die Meister Suzuki (rechts) und Kono in der 4. *Kumite kata* (1966).

Yonhonme

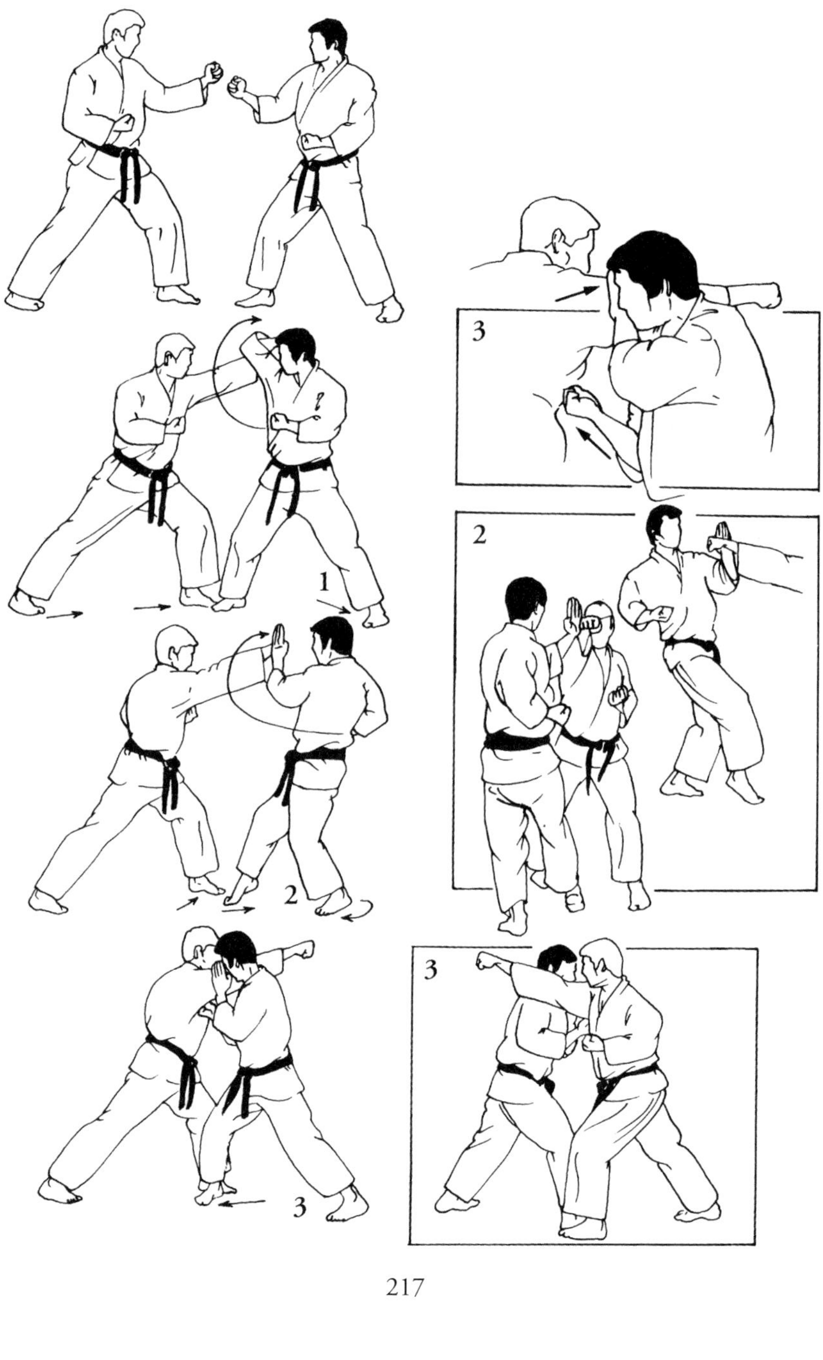

5. Serie: Gohonme

- Aus dem *Gyaku gamae* erfolgen der gleiche Angriff *Ukes* und die gleiche Verteidigung *Toris* wie in der vorigen Serie (1).
- *Uke* greift mit *Chūdan gyaku zuki* an, während er einen leichten Gleitschritt nach vorn macht. Seine rechte Faust ist beim Solarplexus. *Tori* wandelt seinen *Shiko dachi* in einen *Manmae no nekoashi dachi [Mashōmen no nekoashi dachi]* um, indem er den rechten Fuß zurücksetzt, und pariert den Angriff mittels *Otoshi uke* mit dem rechten Faustrücken (*Uraken uke*). Der rechte Unterarm ist dabei parallel zum Boden (2).
- In dieser Position ergreift *Tori* mit seiner linken Hand (Handfläche nach außen, Finger zeigen nach unten) die Faust *Ukes* an deren Innenseite, um den Daumen unter Kontrolle zu bringen. Er führt nun einen *Uraken uchi* mit der rechten Faust von unten nach oben und von innen nach außen gegen *Ukes* Gesicht aus (3), ...
- ... und setzt den Gegenangriff mit einem *Chūdan yoko empi uchi* in die rechte Achsel fort, während er in *Shiko dachi* geht (4).
- Der Griff mit der linken Hand wird aufrechterhalten und mit der rechten Hand verstärkt. Dabei wird *Ukes* ergriffene Hand nach außen verdreht (5 und 6, Details im Rahmen).
- *Tori* verstärkt zunehmend diesen Ellbogenhebel, indem er seinen Arm mit Hilfe des rechten Ellbogens anhebt (7), während er sich nach links wendet (8). Dies bringt *Uke* zu Fall. (Anmerkung: *Tori kann die Wirkung des Griffs noch erhöhen, indem er sich in Sequenz 7 mit geschlossenen Füßen aufrecht hinstellt und dann den linken Fuß zurücksetzt, um seine Drehung zu verstärken. Diese Variante ist nicht illustriert.*)
- Sobald *Uke* am Boden ist, erhält *Uke* einen *Shutō uchi* ins Gesicht, während *Tori* ihn unter Kontrolle behält, indem er sein rechtes Knie auf *Ukes* rechten Ellbogen drückt (9).
- *Tori* zieht nun sein rechtes Bein zurück, wobei er die Kontrolle mit Hilfe der rechten Hand aufrechterhält (10).
- Am Boden dreht sich *Uke* nach rechts, indem er den rechten Fuß über

den linken bringt, während *Tori* sich in Hidari *Hanmi gamae* erhebt (11). *Uke* vollendet seine Drehung, indem er sich auf sein rechtes Knie stützt (12). *Tori* und *Uke* stellen sich in natürlicher Haltung auf (13).

- Nach einem *Zanshin*-Moment kehren beide Partner an ihre Ausgangsplätze zurück, indem sie im Kreisbogen im Uhrzeigersinn umeinander herumgehen und dabei immer den gleichen Abstand halten (14 und 15).

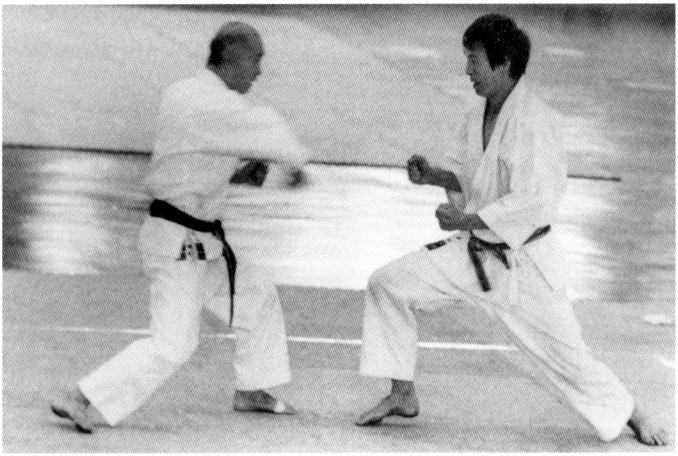

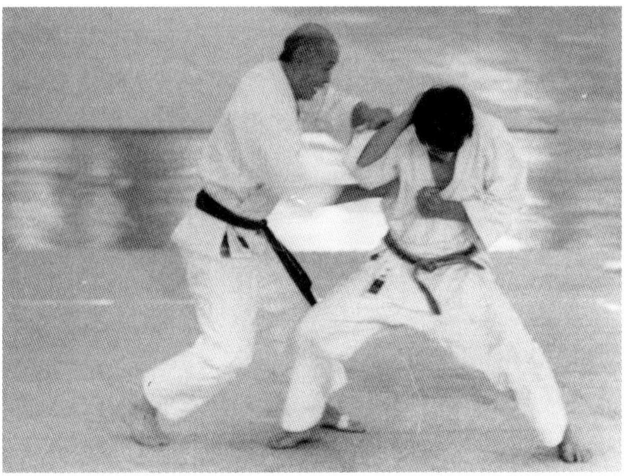

Fotos 12 und 13: Suzuki Tatsuo (links), direkter Schüler des Stilgründers des Wadō-ryū, führt anläßlich des 50. Jahrestags der Gründung des Stils die zehn Serien der *Kumite kata* vor (Tokio 1984). Siehe auch Fotos auf S. 222, 224 und 228.

Gohonme

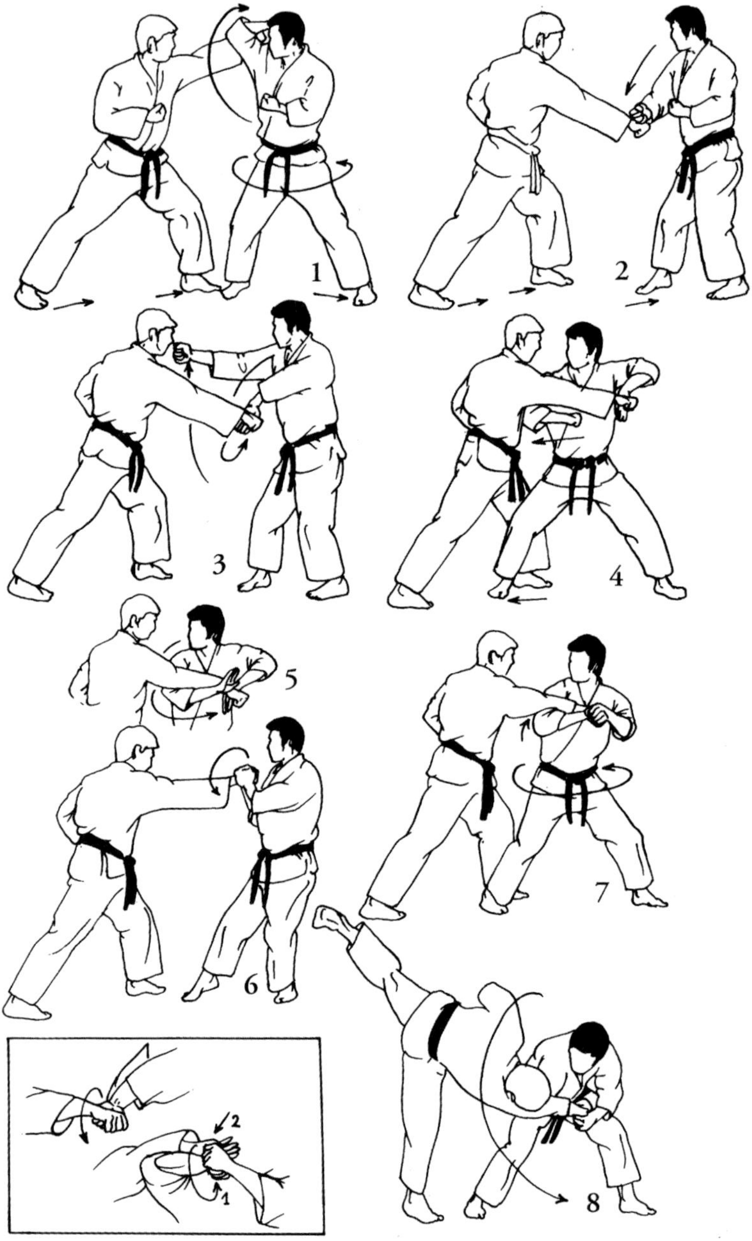

Gohonme

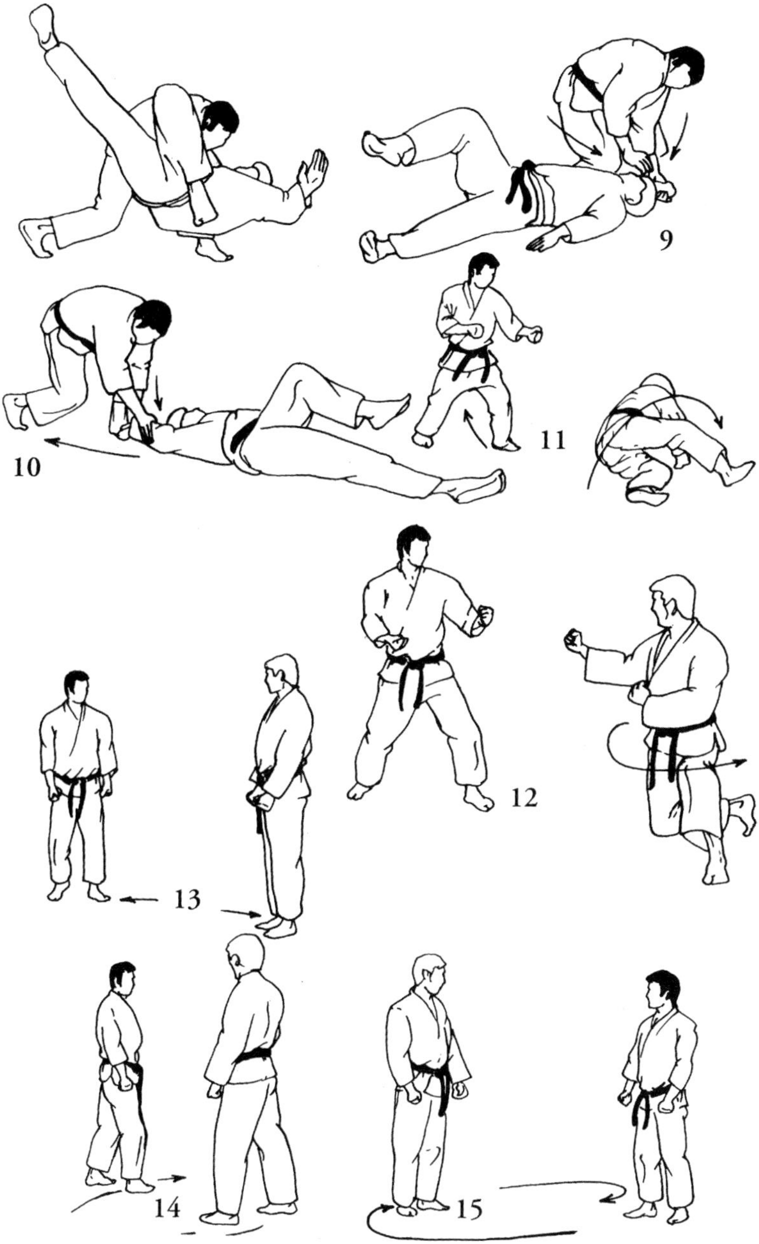

6. Serie: Ropponme

- Aus *Gyaku gamae* werden die gleichen Anfangsbewegungen wie in der vorigen Serie ausgeführt (1).
- Um die folgende Technik vorzubereiten, setzt *Uke* seinen rechten Fuß vor, direkt unterhalb seines Schwerpunktes (2).
- Während *Uke* mit *Chūdan sokutō* angreift, blockt *Tori* mit *Gedan barai*, während er den rechten Fuß nach links versetzt und kraftvoll seine Hüften in Gegenrichtung der Abwehrbewegung dreht (3).
- *Uke* setzt seinen Fuß nach vorn ab und vollendet den Angriff mit einem *Jōdan gyaku zuki*. Die Zeichnungen 4 und 5 müssen als zusammenhängende Abfolge betrachtet werden: *Tori* wendet nach rechts, wehrt den *Tsuki* mit dem Rücken seiner senkrecht erhobenen Hand ab (*Haishu uke*), und er führt als Gegenangriff einen *Chūdan ura zuki* mit *Ippon ken* der linken Faust aus.
- Nach einen *Zanshin*-Moment kehren beide Partner an ihren Platz zurück und nehmen erst *Ai gamae* mit dem jeweils rechten Fuß vorn und dann die Ausgangshaltung ein.

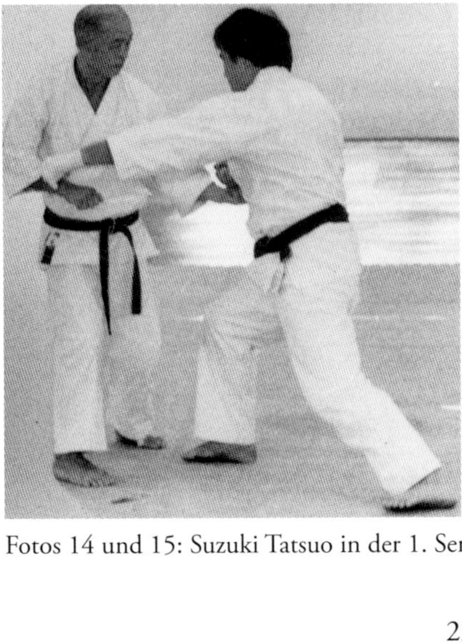
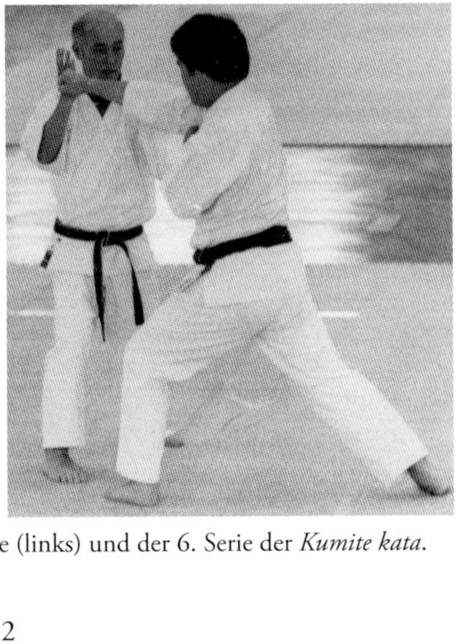

Fotos 14 und 15: Suzuki Tatsuo in der 1. Serie (links) und der 6. Serie der *Kumite kata*.

Ropponme

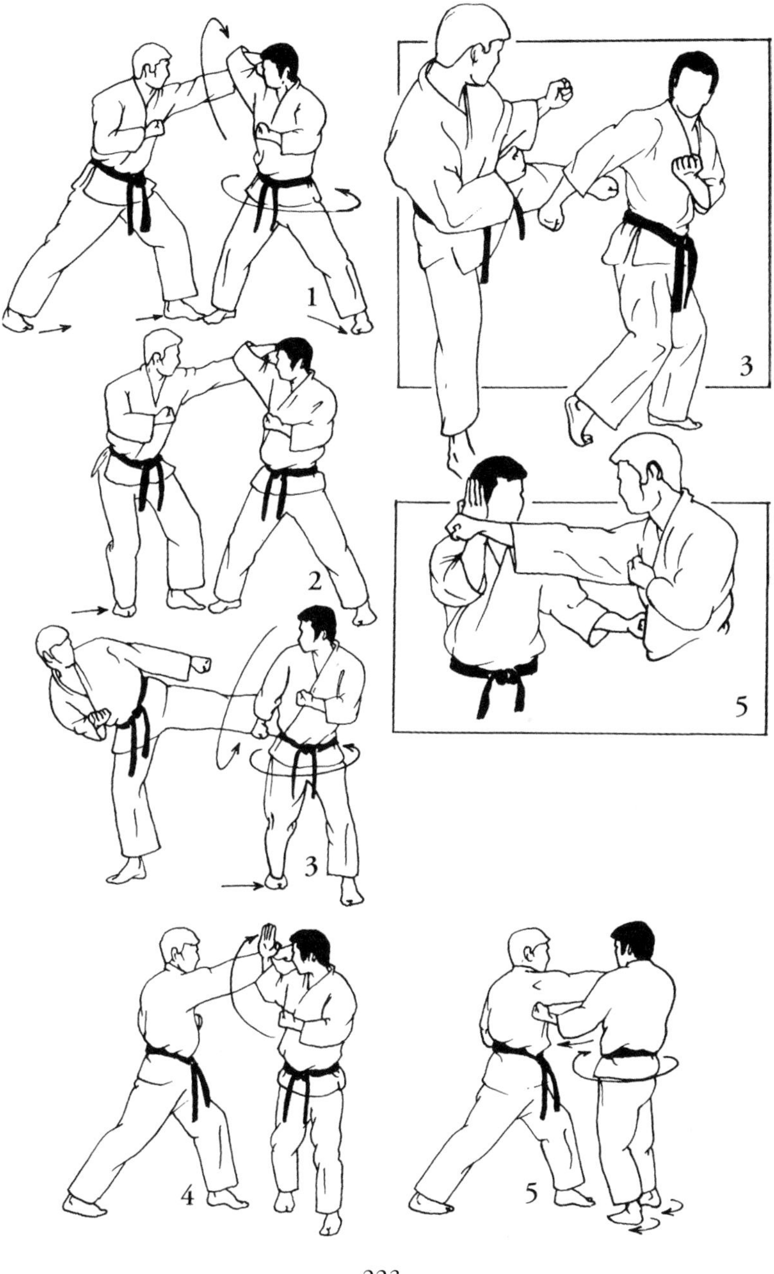

7. Serie: Nanahonme

- Aus *Gyaku gamae* werden die gleichen Anfangsbewegungen wie in der vorigen Serie ausgeführt (1).
- *Uke* korrigiert den Abstand, indem er den vorderen Fuß ein wenig zurücknimmt. Er dreht nach links und greift mit einem rechten *Mawashi geri* an. *Tori* unternimmt eine dreifache Aktion: Er lässt den rechten Fuß in Richtung von *Uke* gleiten, so dass er in *Tsukomi no ashi* gelangt, er pariert mit einem *Chūdan barai* des linken Arms und führt zugleich einen Gegenangriff mit einem *Shutō uchi* der rechten Hand gegen das linke Schlüsselbein *Ukes* (2).
- Die beiden Partner ziehen den rechten Fuß zurück, um in *Ai gamae* zu gelangen. Der jeweils linke Fuß ist vorn. Anschließend, nach einem *Zanshin*-Moment, richten sie sich in natürliche Stellung auf.

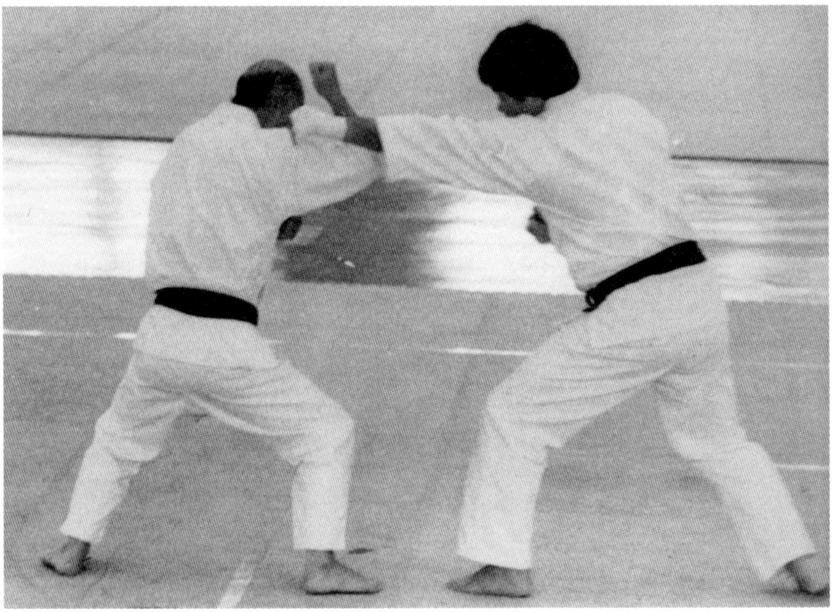

Foto 16: Suzuki Tatsuo in der 5. Serie der *Kumite kata*.

Nanahonme

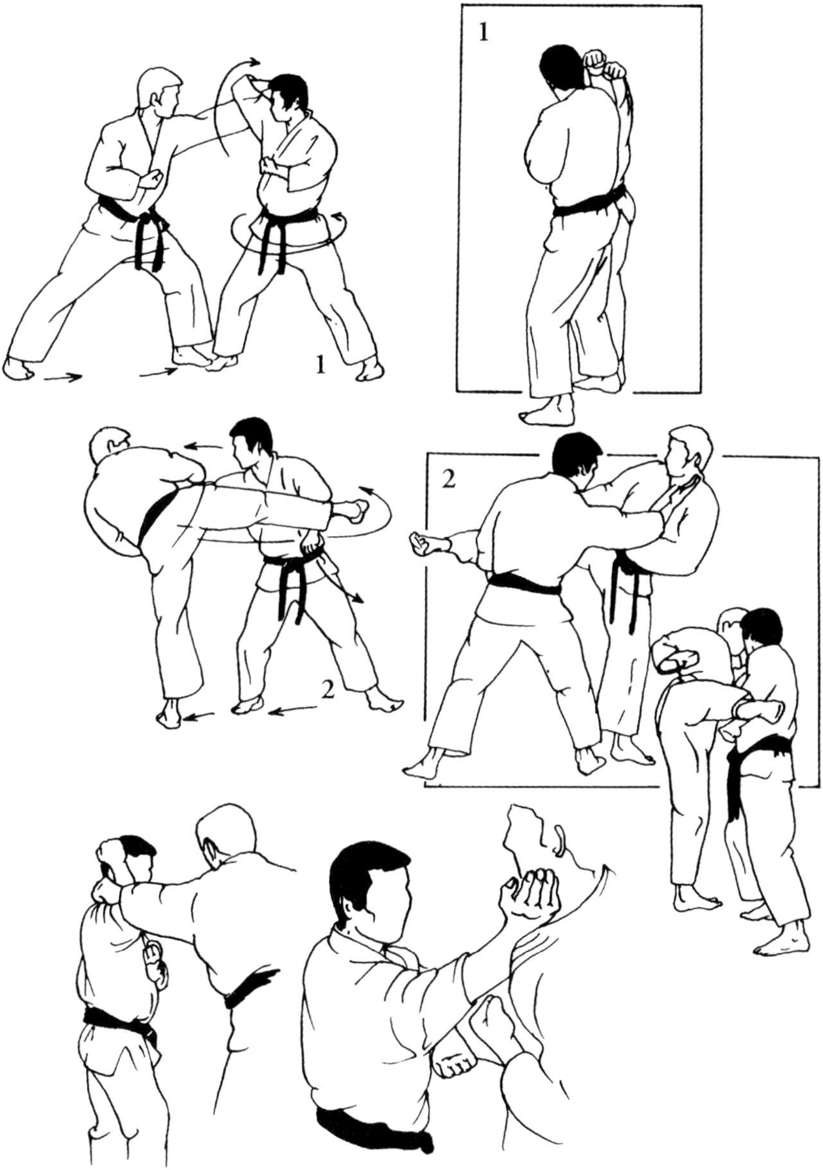

8. Serie: Happonme (auch Hachihonme)

- *Uke* greift aus *Ai gamae* mit *Chūdan tobikomi zuki* an. *Tori* pariert mit einem *Soto ude uke* des rechten Arms, während er den linken Fuß zurückzieht.
- *Uke* führt nun einen linken *Jōdan gyaku zuki* aus, während er seine rechte Faust zum Solarplexus zieht. *Tori* blockt, indem er den rechten Ellbogen hebt und sich weiter nach hinten links neigt, so dass er in *Shiko dachi* gelangt (2).
- *Tori* nimmt für den ersten Gegenangriff mit einem Gleitschritt (*Yori ashi*) in Richtung von *Uke* einen *Shiko dachi* ein (oder, indem er nur den rechten Fuß nach vorn gleiten lässt, einen *Jun zuki no ashi* – diese Variante wurde nicht illustriert) und vollführt einen *Gedan zuki* mit der rechten Faust (er zielt in der Kata in Richtung der Außenseite des rechten Oberschenkels von *Uke*). Er kann *Uke* ebenfalls unter Kontrolle bringen, indem er sein rechtes Knie gegen die Innenseite des Oberschenkels seines Gegners drückt (3).
- *Tori* geht in *Shiko dachi* (falls dies noch nicht erfolgte) und führt dabei einen rechten *Chūdan yoko empi uchi* aus (4). Er kann diese Technik noch unterstützen, indem er mit der linken Hand die rechte Faust schiebt (Zeichnung im Rahmen).
- Schließlich führt *Tori*, mit den Händen fast zusammen, zwei *Shutō uke* gegen das rechte Handgelenk *Ukes* aus, während sein Kopf gegen dessen Brust drückt. Beide Aktionen stoßen den Gegner nach hinten (5).
- Nach einen *Zanshin*-Moment setzen *Tori* und *Uke* den rechten Fuß zurück und richten sich dann in natürliche Haltung auf, bevor sie ihre Ausgangsplätze wieder einnehmen.

Happonme

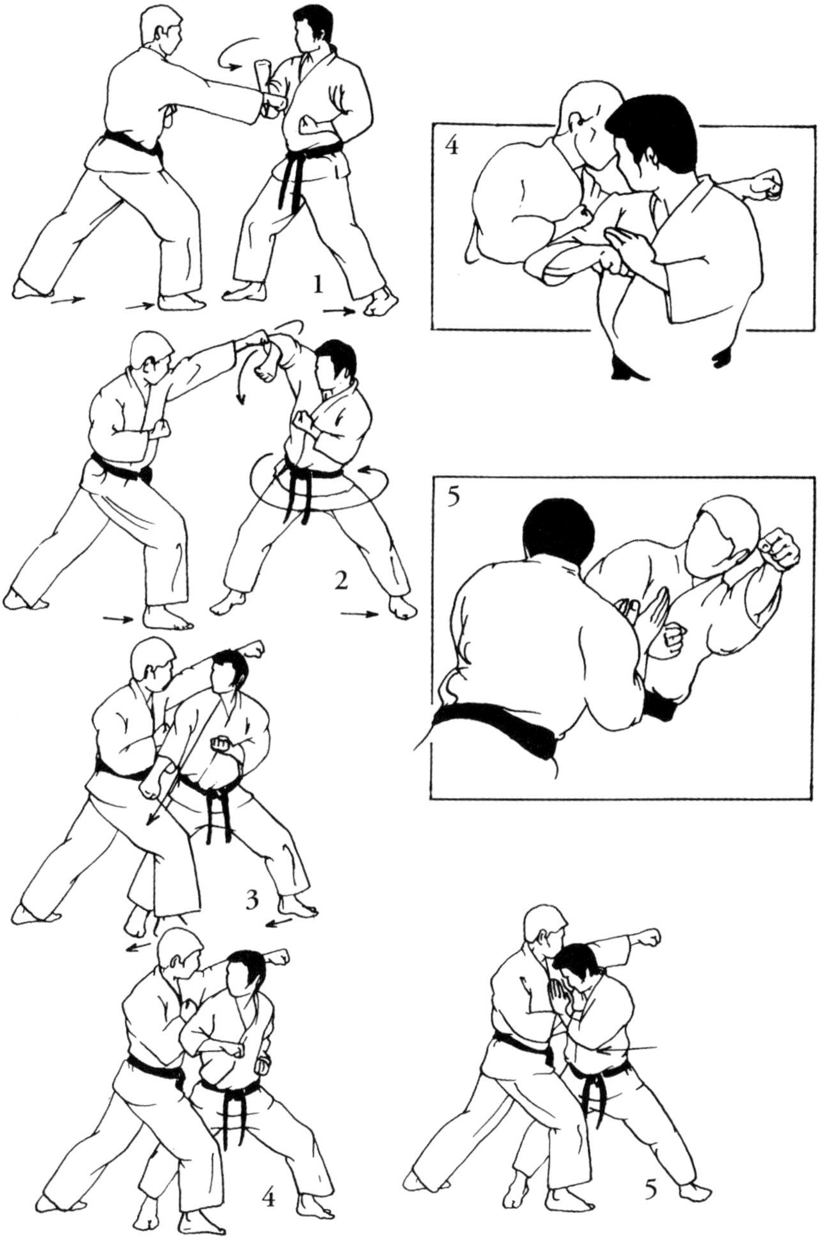

9. Serie: Kyūhonme

- Aus *Gyaku gamae* werden die gleichen Anfangsbewegungen wie in der vorigen Serie ausgeführt (1).
- Mit einem erneuten Gleitschritt nach vorn führt *Uke* einen *Jōdan gyaku zuki* wie in der vorigen Serie aus. Die Zeichnungen 2 und 3 müssen als kontinuierliche Abfolge betrachtet werden: *Tori* pariert mit *Haishu uke*, indem er die rechte Hand hebt. Während er sich auf dem rechten Fuß nach rechts wendet, bringt er den linken Fuß wieder nach vorn (2). Dies ermöglicht ihm, in Sequenz (3) einen *Jōdan ura zuki* auszuführen.

  Variante: *Uke* kann mit *Chūdan gyaku zuki* angreifen. *Tori* kann mit *Chūdan ura zuki* kontern.
- Man beendet die Serie auf gleiche Weise wie in der vorigen Serie.

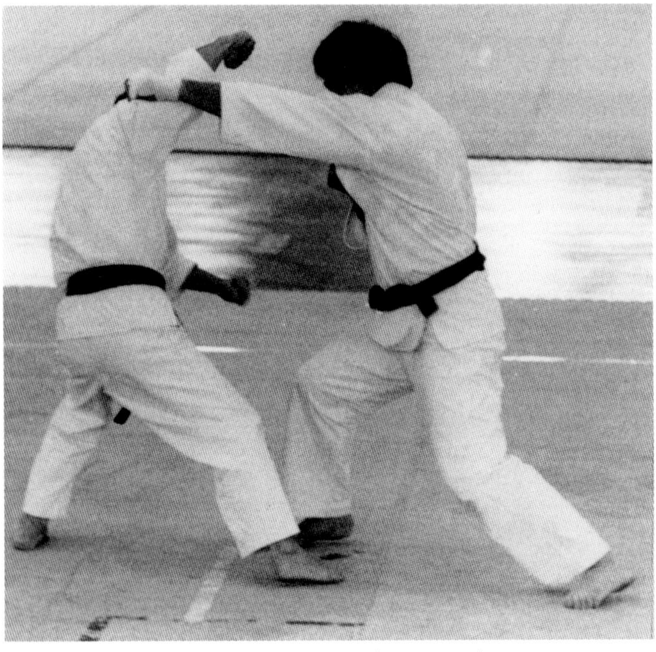

Foto 17: Suzuki Tatsuo in der 10. Serie der *Kumite kata*.

Kyūhonme

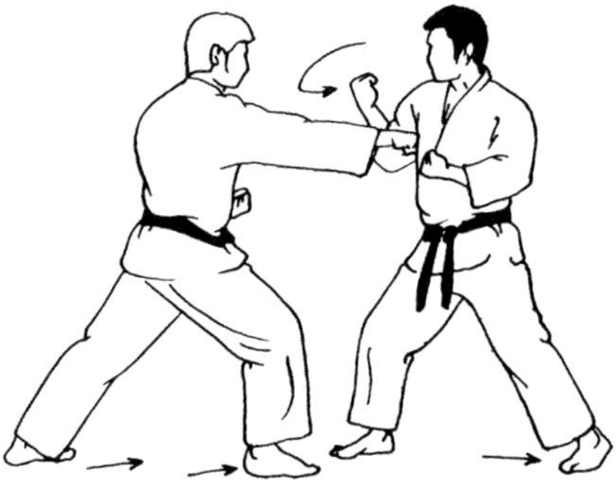

1

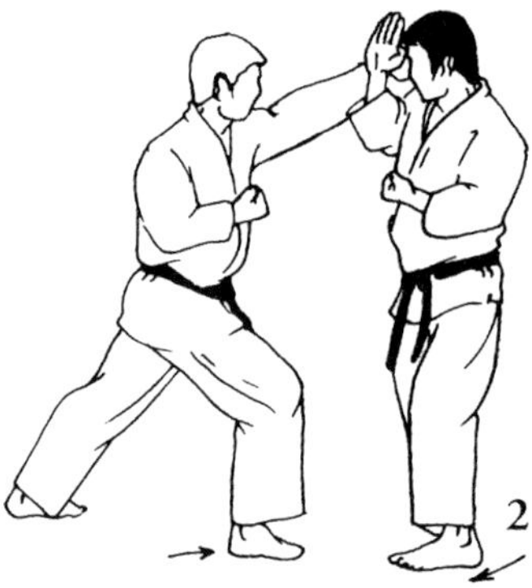

2

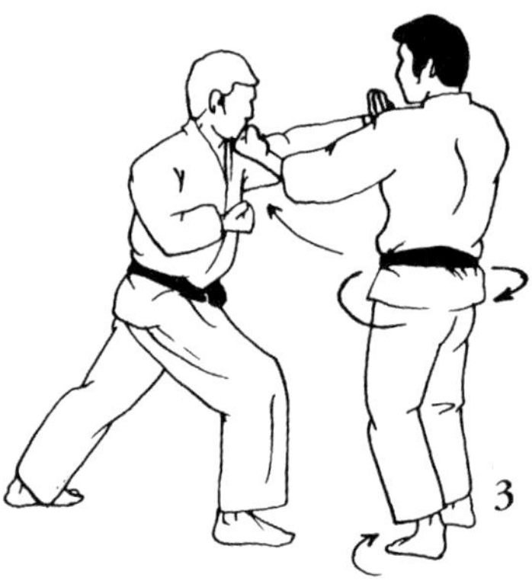

3

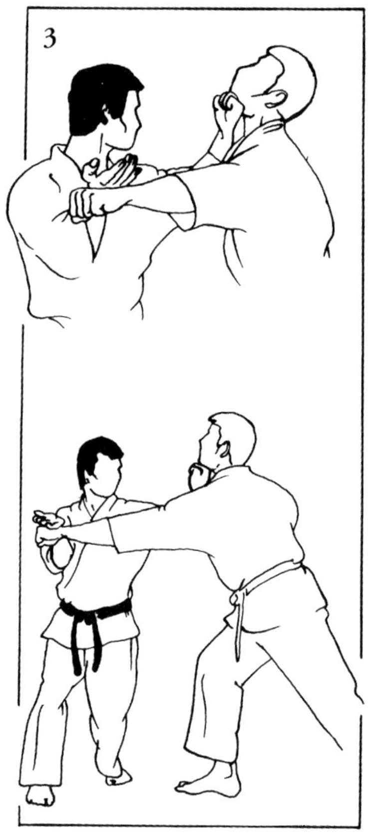

3

10. Serie: Jupponme

- Aus *Gyaku gamae* werden die gleichen Anfangsbewegungen wie in der vorigen Serie ausgeführt (1), allerdings pariert *Tori* hier mit der offenen Hand, mit *Shutō soto ude uke* (1).
- Wie in der vorigen Serie setzt *Uke* die Abfolge mit einem linken *Jōdan gyaku zuki* fort, welchen *Tori* am Ort mit einem *Haishu uke* der rechten Hand pariert (2).
- *Tori* lässt nun seinen rechten Fuß in Richtung von *Uke* gleiten, stößt mit seiner linken Hand (Handfläche nach vorn) dessen Faust gegen dessen Brust zurück und erfasst mit der rechten Hand die Innenseite der rechten Schulter seines Gegners (3).
- *Tori* führt mit der linken Hand einen *Haitō uchi age* gegen die rechte Leistengegend von *Uke* und setzt daraufhin den linken Fuß in Richtung der Spitze von *Ukes* linkem Fuß (4).
- *Tori* löst den Griff der rechten Hand. Er wendet sich auf dem rechten Fuß nach hinten rechts und wirft *Uke* unter Zuhilfenahme der linken Hand, die weit hinten auf Höhe des linken Knies *Uke* mit anhebt (5 und 6). *Tori* steht nun in sehr ausgeprägtem *Jun zuki no ashi.*
- Nach *Ukes* Fall setzt *Tori* mit einer knappen Bewegung den rechten Fuß zurück und senkt sein rechtes Knie ab, bis er auf der Ferse sitzt, mit linker Bereitschaftshaltung.
- *Uke* führt das rechte Bein über das linke und wendet sich entgegengesetzt zum Uhrzeigersinn, bis er ebenfalls das rechte Knie absenkt und auf der Ferse sitzt, gleichfalls mit linker Bereitschaft.
- Aus dieser Haltung heraus führen *Tori* und *Uke* den linken Fuß wieder zurück. Nach einem *Zanshin*-Moment in der Hocke erheben sich beide und begeben sich an ihren Ausgangsort zurück, indem sie im Kreisbogen im Uhrzeigersinn umeinander herumgehen und dabei immer den gleichen Abstand halten (siehe 14 und 15 von Serie 5).

Sobald die zehn Serien ausgeführt wurden, grüßen die Partner einander und können nun die Rollen für zehn weitere Wiederholungen wechseln.

Jupponme

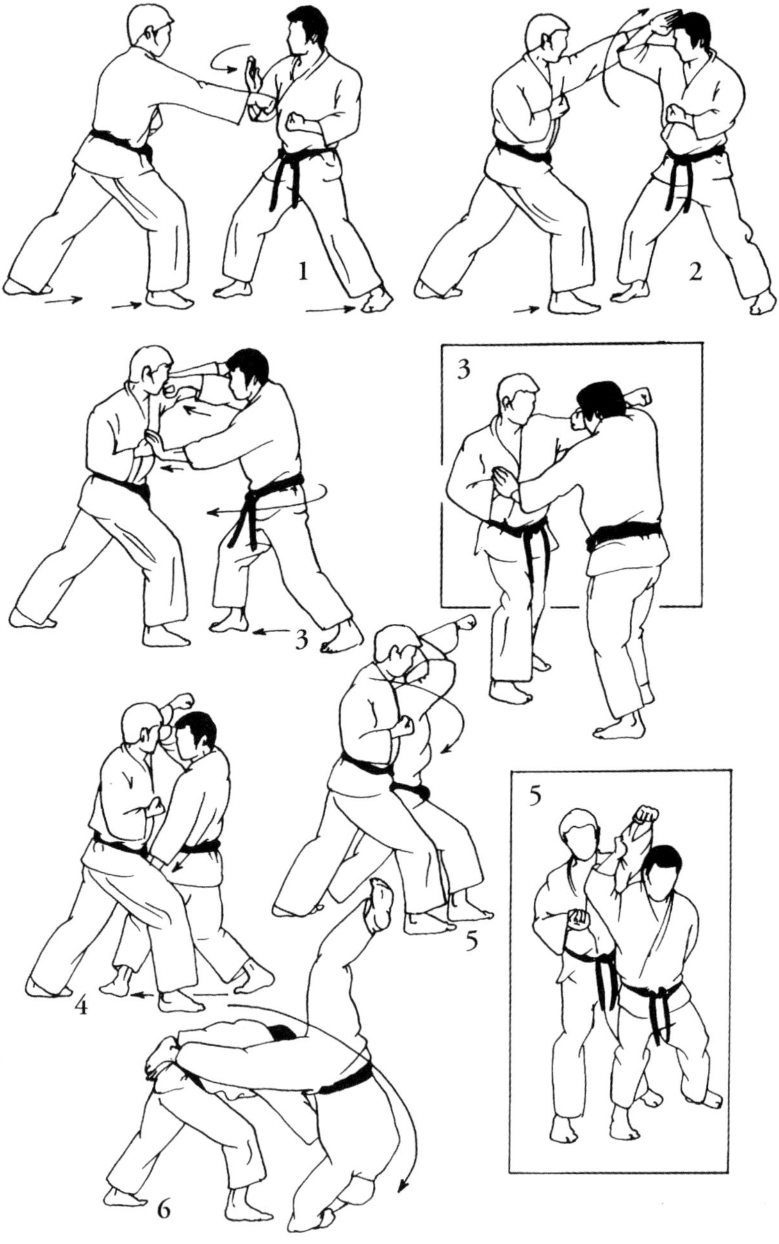

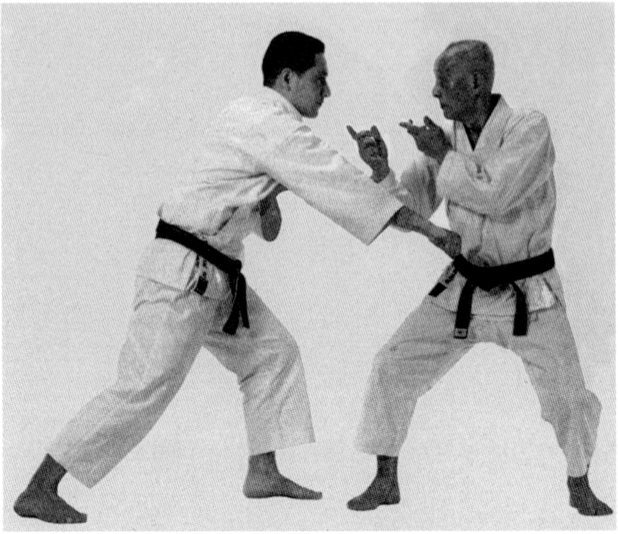

Foto 18

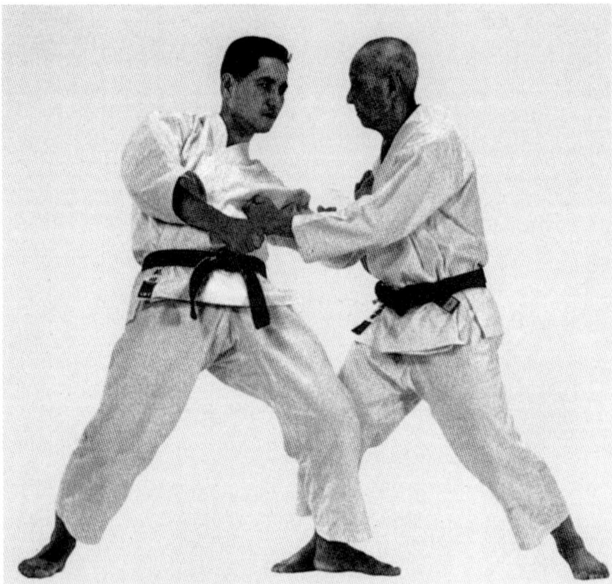

Foto 19

Fotos 18 und 19: Ōtsuka Hironori, der Stilgründer, und sein Sohn Jirō beim *Kumite*. Die Aufnahmen entstanden Anfang der 1970er Jahre.

II

Die Kata des Gōjū-ryū

剛柔流

Die Kata des Gōjū-ryū

Miyagi Chōjun (auch Miyagusuku) wurde im Jahre 1888 in Naha auf der Insel Okinawa geboren. Er begann mit dem Studium des *Naha-te* im Alter von 14 Jahren unter Anleitung von Higashionna Kanryō, der seinerseits Kempō (chinesisches Wushu) bei einem Sifu des Süd-shaolin-Stils erlernt hatte. Er wurde Higashionnas engster Schüler, und nach dem Tod des Meisters im Jahre 1916 begann er dessen Lehrtätigkeit fortzusetzen. In den Jahren 1921 und 1925 hatte Miyagi Chōjun Gelegenheit, vor Vertretern des japanischen Kaiserhofs seine Kunst zu demonstrieren. Seine Vorführungen stießen auf größtes Interesse. Somit gehörte er neben Funakoshi Gichin zu den ersten Meistern des *Okinawa-te*, die diese bis dahin in Japan unbekannte Kampfkunst dort einführten. 1933 gab er seinem Stil den Namen Gōjū-ryū, das heißt, die »Schule des Harten und Weichen«. Damit fasste er das Wesen seiner Kampfkunst zusammen – eine Kombination aus Kraft und Geschmeidigkeit; ein Konzept, das sowohl physisch als auch in philosophisch aufgefasst werden kann.

Miyagi Chōjun starb 1953, nachdem er sein Wissen zahlreichen Schülern vererbt hatte, die heute anerkannte Meister des Gōjū-ryū sind und diesen Stil auf der ganzen Welt verbreitet haben. Es kristallisierten sich jedoch zwei Hauptströmungen heraus: die originale okinawanische und die japanische, von denen jede wiederum aus etlichen Schulen besteht. Aus diesem Grund gibt es mitunter unterschiedliche Auffassungen zur Ausführung der Kata. Generell zeichnen sich die Formen des Gōjū-ryū dadurch aus, dass großer Wert auf Atemtechniken gelegt wird wie auch auf bestimmte »Kraft-Stellungen«, wie zum Beispiel *Sanchin dachi*. Im Gōjū-ryū geht es im Unterschied zu den sich aus dem *Shuri-te* entwickelten Stilen Shōtōkan-ryū und Wadō-ryū weniger um schnelle und lange Ortswechsel, als um Bewegungen kleiner Reichweite, die dafür auf fester »Verwurzlung im Boden« beruhen.

In diesem Kapitel wird zunächst die grundlegende Kata des Gōjū-ryū, *Sanchin*, und danach werden in alphabetischer Reihenfolge elf weitere Formen vorgestellt: *Gekisai dai ichi*, *Gekisai dai ni*, *Kururunfa*, *Saifa*, *Sanseru*, *Seienchin*, *Seipai*, *Seisan*, *Shisōchin*, *Sūpārinpai* und *Tenshō*.

Die Kata *Sanchin* und *Tenshō* werden *Haishu Kata* genannt – in ihnen sind die Muskeln unaufhörlich angespannt, mit einer starken Konzentration im *Tanden*-Punkt[18]. Alle anderen Formen gehören zu den *Kaishu kata*.[19] Hier wechseln Sequenzen der Anspannung und Sequenzen der Entspannung einander ab.

Anmerkungen:

1 – Die schwarzen Quadrate markieren Sequenzen oder den Beginn einer Folge von Sequenzen, die an ein und demselben Ort ausgeführt werden.

2 – Die umrahmten Zeichnungen zeigen bestimmte Bewegungen unter einem anderen Blickwinkel.

3 – Die Kata *Sanchin* und *Tenshō* werden entlang einer einzigen Linie ausgeführt. Für die anderen Kata werden die Schemata der Ortswechsel (*Embusen*) soweit erforderlich angegeben.

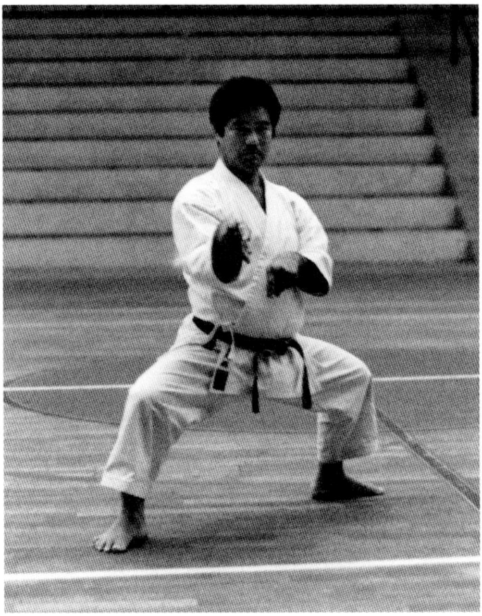

Foto 20: Higaonna Morio in der Kata *Sanseru*.

[18] Siehe Fußnote 13 auf S. 26.

[19] *Haishu*. Jpn. Geschlossene Hand. *Kaishu*. Jpn. Offene Hand. – Die Bezeichnung »Hand« (*Shu*) ist hier symbolisch zu verstehen. Tatsächlich geht es um den Spannungszustand der Muskulatur und die Funktionsweise der Gelenke bei der Ausführung. – Anm. d. Übers.

Sanchin

Die *Sanchin* ist die grundlegende Kata des Gōjū-ryū. Tatsächlich ist sie noch weit mehr: Sie ist Teil des gemcinsamen Erbes aller Stilrichtungen, die aus dem *Naha-te* (shōrei-ryū) hervorgegangen sind. Im Gegensatz zum *Shuri-te* (shōrin-ryū), in dem die Schnelligkeit der Ausführung im Vordergrund stand, wurde im *Naha-te* vor allem Gewicht auf die Kraft und die Konzentration gelegt. Die Kata *Sanchin* ist auf hervorragende Weise für das Training der Grundlagen geeignet. Sie ermöglicht es, eine stabile Stellung zu erlernen, sie fördert die Kraft und die Koordination der Muskeln, die Beherrschung der Atmung, und über diese körperlichen Aspekte hinaus führt sie den Übenden zu einem bestimmten Geisteszustand. Wie alle Formen, die als »Atemkata« bezeichnet werden, scheint sie einfach zu sein. Tatsächlich ist sie äußerlich gesehen leicht zu erlernen, aber hinter dieser äußeren Einfachheit verbirgt sich innere Komplexität. Nur ein fähiger und ernsthafter Lehrer kann den Lernenden in der Ausführung der *Sanchin* wirklich voranbringen.

Beim Üben muss man vor allem darauf achten, die korrekte Haltung beizubehalten (Position *Sanchin dachi*, und eine aufrechte Wirbelsäule), Atmung und Bewegung zu koordinieren, die Kraft im *Hara* (*Seika tanden*) zu konzentrieren und trotz der Langsamkeit der Bewegungen einen wachen und aufmerksamen Geisteszustand (*Zanshin*) aufrechtzuerhalten. Das Kinn wird leicht zurückgezogen. Der Atem ist langsam und tief. Man atmet durch die Nase ein und geräuschvoll durch den Mund aus. Beim Atmen wird das Zwerchfell abgesenkt (Bauchatmung), und man atmet kontinuierlich, das heißt, ohne Pause zwischen Ein- und Ausatmen. Diese Art Atmung wird als *Jusoku* bezeichnet. – Eine Atmung, bei der man zwischendurch, also nach dem Einatmen oder nach dem Ausatmen, die Luft anhält und dabei die Muskeln anspannt, wird hingegen als *Taisoku* bezeichnet.

In der Entwicklungsgeschichte der Kata *Sanchin* gab es zwei wichtige Veränderungen. Die erste betrifft die Atmung. In der von Higashionna Kanryō (1853-1917) gelehrten Form atmete man kurz und kraftvoll ein und aus. Sein Schüler Miyagi Chōjun führte das lange und tiefe Einatmen, gefolgt von ebenfalls langem und tiefem Ausatmen ein – um einen kraftvollen, kontinuierlichen Atemfluss zu erhalten. Diese Art des Atmens wird heute durchweg bei der Ausführung dieser Kata verwendet.

Die zweite Änderung betraf die technische Ausführung. In Higashionna Kanryōs Version ging man drei Schritte nach vorn, wendete, ging wieder drei Schritte vor, wendete erneut und ging einen Schritt rückwärts. Die Rückkehr in *Yoi* erfolgte, indem man den linken Fuß zum rechten setzte. Miyagi Chōjun lehrte die Kata hingegen auf folgende Weise: Man geht drei Schritte nach vorn, dann drei Schritte zurück, jedoch ohne zu wenden. Die Rückkehr in *Yoi* erfolgt, indem der rechte Fuß zum linken gesetzt wird. Aus diesen beiden Grundformen, die beide sehr interessant sind, entwickelten sich die verschiedenen abgewandelten Formen, die in den unterschiedlichen Zweigen des Gōjū-ryū bzw. durch die verschiedenen Experten des Stils gelehrt werden.

Man beachte auch, dass im Shitō-ryū die Kata *Sanchin* so ausgeführt wird, dass man zunächst drei Schritt nach vorn geht, wendet, einen Schritt in nach vorn in die Gegenrichtung macht, wieder wendet und einen Schritt nach vorn und dann einen Schritt zurück macht. Am Ende wird der linke Fuß zum rechten gezogen.

Technisch gesehen sind die Bewegungen einfach, und sie wiederholen sich immer wieder: *Morote chūdan uchi uke* (*Yoko uke*), *Kake uke*, *Chūdan gyaku zuki*. Alle Techniken werden entlang derselben Linie ausgeführt und stets im *Sanchin dachi*.

Die im folgenden vorgestellte Form ist eine von zahlreichen Varianten, die durch die direkten Schüler Higashionna Kanryōs gelehrt wurden: Man geht drei Schritt nach vorn, wendet, macht einen Schritt in die neue Richtung, wendet erneut, macht einen Schritt vorwärts und zwei Schritte rückwärts, und am Ende wird der rechte Fuß zum linken gesetzt. Es ist festzustellen, dass, abgesehen von den beiden letzten Schritten, diese Form sehr nahe der von Mabuni Kenwa, dem Gründer des Shitō-ryū, gelehrten ist. Sie wird durch je eine »Schließbewegung« (*Mawashi uke*) nach beiden Seiten abgeschlossen (daher die zwei Schritte rückwärts). Diese Art des Abschlusses scheint den Veränderungen zu entstammen, die Miyagi Chōjun an der ursprünglichen Kata vornahm (welche auch heute noch gelehrt wird, insbesondere durch Higaonna Morio). Der Abschluss ist derselbe wie in der von Miyagi geschaffenen Kata *Tenshō* (siehe S. 336 ff.). Am Ende der Kata befindet sich der Ausführende wieder exakt am Ausgangsort.

Der Atem muss vollkommen mit den Bewegungen in Einklang gebracht werden. Man muss die folgenden Phasen sorgsam voneinander unterscheiden:

- Langes Einatmen
- Kurzes Einatmen
- Langes Ausatmen
- Kurzes Ausatmen
- Leichtes Anhalten des Atems (nach dem Einatmen)
- Starkes Anhalten des Atems (nach dem Ausatmen)

Man beachte auch, dass man, ebenso wie bei allen folgenden Kata, unmittelbar nach dem Gruß aus dem *Musubi dachi* heraus beginnen kann, mit vor dem Körper überkreuzten Händen (1), oder aber nachdem man mit einem langen Ausatmen und anschließendem starken Anhalten des Atems *Yoi dachi* einnimmt (1b). Für beide Varianten gibt es gute Gründe. Sie werden daher in zahlreichen Richtungen sowohl des Gōjū-ryū als auch des Shitō-ryū unterrichtet. So lehrt beispielsweise Miyagi Takashi, der Sohn des Stilgründers, die Variante mit der vorbereitenden Sequenz im *Yoi dachi*. Das gleiche gilt für Mabuni Kenwas Version der Kata *Sanchin* im Shitō-ryū.

1. Nach dem Gruß: *Musubi dachi*. Die linke Hand ist auf der rechten. Man atmet drei Mal hintereinander lang ruhig ein und lang und kraftvoll aus. Während des Einatmens dreht man die Handflächen nach oben, und beim Ausatmen wieder nach unten. Dabei bleiben die Finger aber unaufhörlich miteinander in Kontakt.

1b. Die Fersen werden nach außen gedreht, und man geht während eines langen Ausatmens mit anschließendem starken Luftanhalten in *Yoi dachi* (siehe oben).

2. Der rechte Fuß wird nach vorn gesetzt, und man führt einen *Morote chūdan uchi uke* aus. Langes Einatmen, danach kurzes Ausatmen und starkes Luftanhalten.

3. Ohne den rechten Arm zu bewegen, wird die linke Faust in *Hikite* gezogen. Dabei atmet man lange ein und hält die Luft am Ende leicht an.
4. Linker *Chūdan gyaku zuki*, verbunden mit langem Ausatmen; am Ende starkes Luftanhalten.
5. Linker *Yoko uke*, mit Konzentration der Kraft auf das Handgelenk; dabei langes Einatmen, gefolgt von kurzem Ausatmen und starkem Luftanhalten. Die Endstellung des Armes ist wie beim *Chūdan uchi uke*.
6. Mit den Armen in der Position *Morote chūdan uke* lässt man den linken Fuß nach vorn gleiten (*Suri ashi*), nachdem der rechte Fuß ein kleines Stück auf dem Fußballen nach außen gedreht wurde. Der Atem ist noch immer angehalten, die Bauchmuskeln angespannt.

Ende der Bewegungsfolge. Sie wird nun zwei Mal in dieselbe Richtung wiederholt:

7. Symmetrische Wiederholung von Sequenz 3.
8. Symmetrische Wiederholung von Sequenz 4.
9. Symmetrische Wiederholung von Sequenz 5.
10. Der rechte Fuß wird nach vorn gesetzt; der Atem ist angehalten.
11. Wiederholung von Sequenz 3.
12. Wiederholung von Sequenz 4.
13. + 14. Die linke Faust wird in *Hikite* gezogen. Dabei atmet man lang ein und hält den Atem leicht an. Zeichnung 13 zeigt eine Zwischenphase, die eine flüssige Überleitung in Position 14 darstellt.
15. Die linke Faust wird unter den rechten Ellbogen gebracht, während man den rechten Fuß vor dem linken über Kreuz setzt. Dabei atmet man kurz aus und hält anschließend den Atem leicht an.
16. Man wendet auf beiden Füßen nach hinten links, während man einen *Chūdan uke* ausführt und die recht Faust in *Hikite* zieht. Langes Einatmen und leichtes Luftanhalten.
17. Wiederholung von Sequenz 8.

18. Wiederholung von Sequenz 9.
19. Der rechte Fuß wird nach vorn gesetzt. Der Atem ist angehalten.
20. Wiederholung von Sequenz 11.
21. Wiederholung von Sequenz 12.
22. Die linke Faust wird in *Hikite* gezogen. Dabei atmet man lang ein und hält den Atem leicht an.
23. Wiederholung von Sequenz 15.
24. Wiederholung von Sequenz 16.
25. Wiederholung von Sequenz 8.
26. Wiederholung von Sequenz 9.
27. Der rechte Fuß wird nach vorn gesetzt. Der Atem ist angehalten.
28. Wiederholung von Sequenz 3.
29. Wiederholung von Sequenz 4.
30. Wiederholung von Sequenz 5.
31. Am Ort: Wiederholung von Sequenz 7.
32. Wiederholung von Sequenz 8.
33. Wiederholung von Sequenz 9.
34. Am Ort: Wiederholung von Sequenz 3.
35. Wiederholung von Sequenz 4.
36. Am Ort: Die Hände werden geöffnet und zum Körper geführt (*Morote tsukami hikite*). Dabei atmet man auf natürliche Weise ein. Anschließend werden die Hände horizontal nach vorn geschoben, mit den Handflächen zum Boden zeigend (*Morote nukite*). Dabei atmet man lang aus und hält den Atem stark an.
37. Am Ort: Nachdem beide Fäuste in *Hikite* genommen wurden, wiederholt man Sequenz 36.
    Variante: Man kann am Ort diese Technik ein drittes Mal wiederholen.
38. Der rechte Fuß wird zurückgesetzt, während man den linken Handrü-

cken unter den rechten Ellbogen bringt. Nun erfolgt ein *Mawashi uke*, während man lang einatmet.

39. Rechter *Jōdan teishō uchi* und linker *Gedan teishō uchi*, während man lang ausatmet. Starkes Anhalten der Luft.
40. Der linke Fuß wird zurückgesetzt, und man führt die symmetrische Bewegung zu Sequenz 38 aus.
41. Symmetrische Wiederholung von Sequenz 39.
42. Der rechte Fuß wird zum linken gesetzt, während man die Hände überkreuzt – die linke Hand ist unter der rechten. *Musubi dachi*. Langes Einatmen mit leichtem Luftanhalten, gefolgt von langem Ausatmen und leichtem Luftanhalten. Danach atmet man drei Mal kurz ein und lang aus. *Rei*.

Ende der Kata.

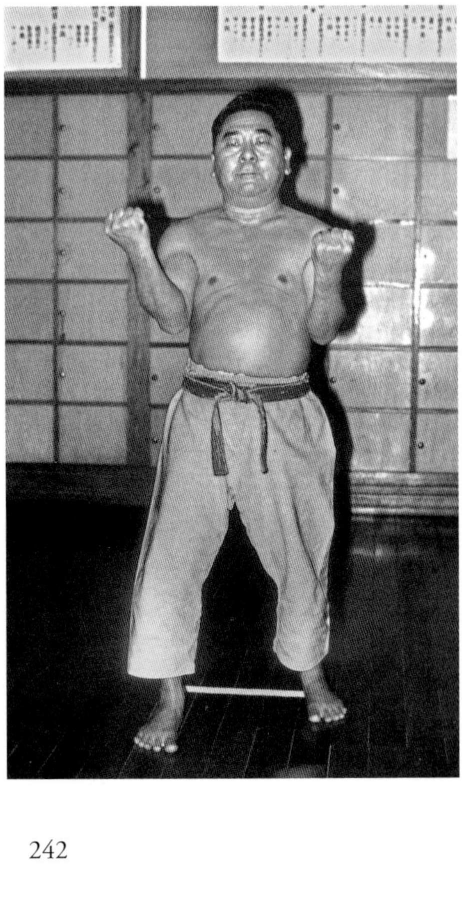

Foto 21: Toguchi Seikichi (1917-1998), ein Experte des okinawanischen Gōjū-ryū, war direkter Schüler Miyagi Chōjuns, des Stilgründers. Toguchi Sensei hat im Rahmen seiner Shōreikan-Schule eine originelle Lehrmethode entwickelt, die auf der Schaffung neuer Basiskata (*Hookiyu* und *Gekisai*) beruht. Hier ist er in einer Position der Kata *Sanchin* zu sehen.

Sanchin

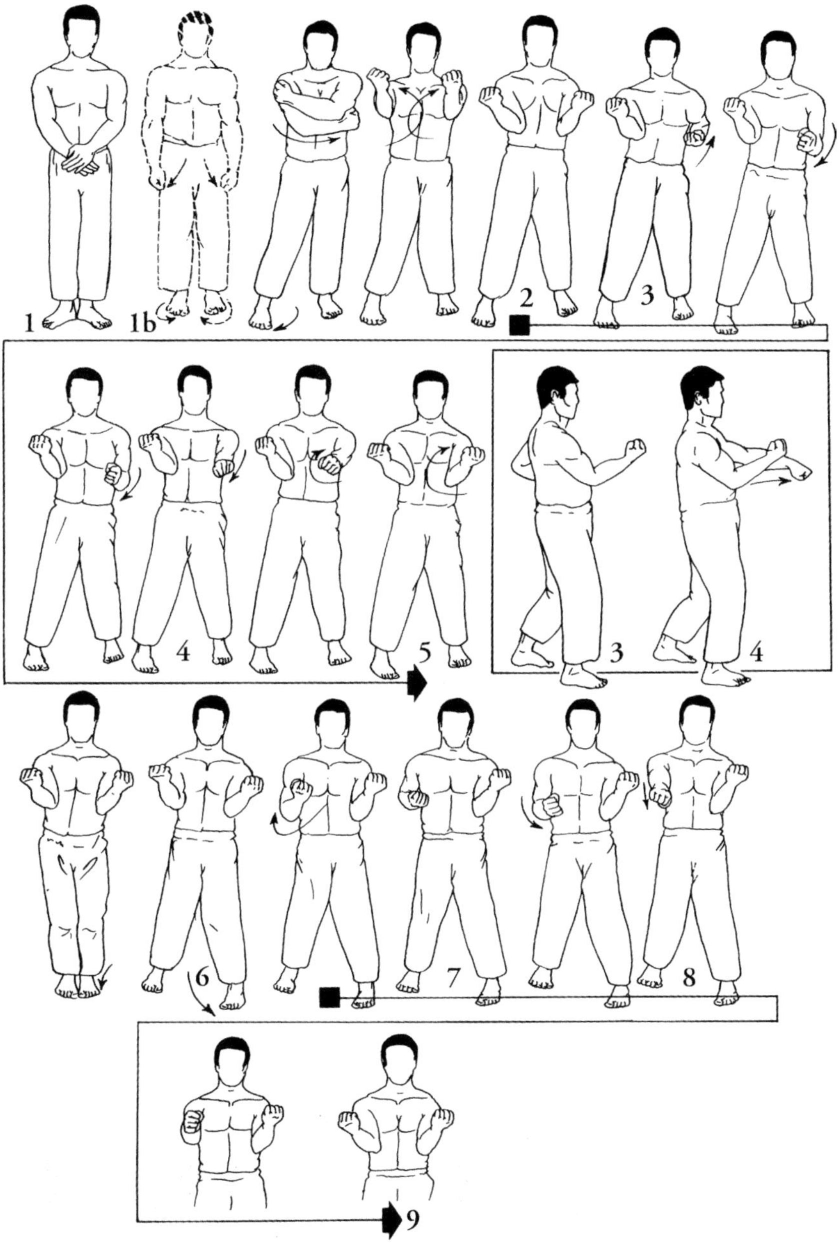

Sanchin

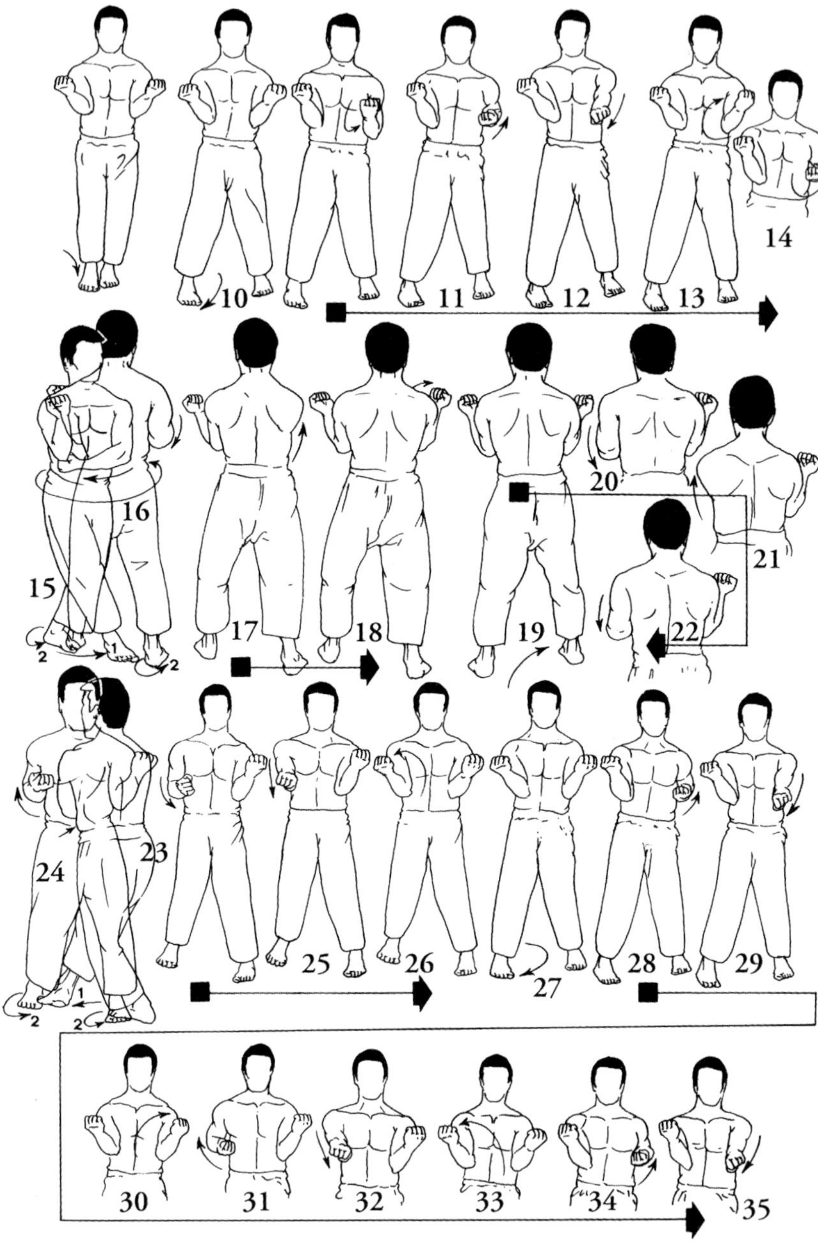
10
11
12
13
14
15
16
17
18
19
20
21
22
23
24
25
26
27
28
29
30
31
32
33
34
35

Sanchin

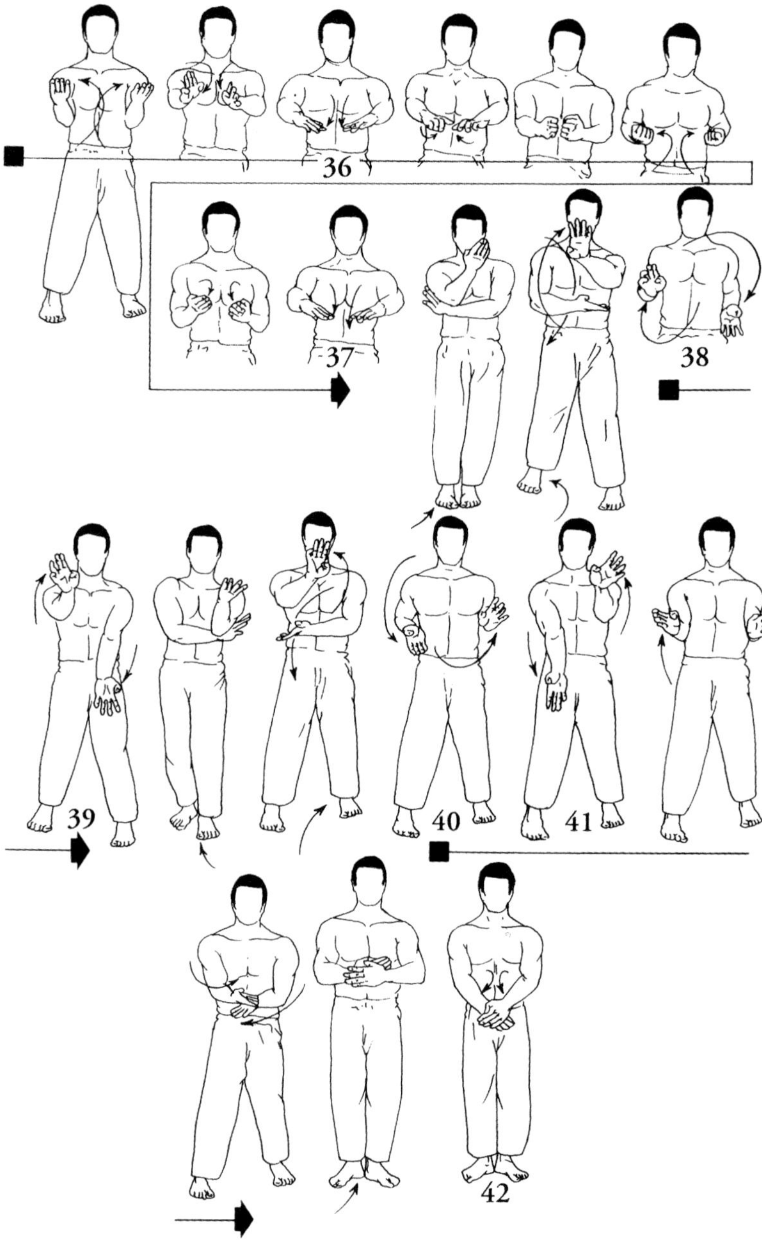

Gekisai dai ichi

Die Kata *Gekisai dai ichi* und *Gekisai dai ni* wurden 1940 durch Miyagi Chōjun mit der Absicht, auf Grundlage klassischer Kata Übungskata zu schaffen, entwickelt. Diese Zusammenstellung von Techniken war notwendig, um Karate besser popularisieren zu können. Man findet in den *Gekisai* eine Kombination aus Elementen des *Naha-te* (Higashionnas Stil) und des *Shuri-te* (hier wird Itosu Ankōs Einfluss deutlich). Dies ist der Grund, weshalb man sowohl Bewegungen, die sehr kraftvoll sind, findet, als auch längere, ausgefeiltere Techniken. Das *Embusen* wurde einfach gehalten. Die Interpretation der Bewegungen, ihr *Bunkai*, ist relativ offensichtlich. Toguchi Seikichi vom Shōreikan Gōjū-ryū, ein Schüler Miyagis, hat später aus dieser *Gekisai* die einfacheren Kata *Hookiyu ichi* und *Hookiyu ni* entwickelt.

1. Nach dem Gruß (*Rei*) *Musubi dachi*. Im Bereich des *Tanden*-Punkts ist man angespannt, der Atem ist kontrolliert.
2. Der rechte Fuß wird vorgesetzt. Daraufhin wendet man sich unverzüglich auf beiden Füßen nach links, wobei man einen linken *Age uke* ausführt. Die Stellung ist *Kihon dachi* (ein wenig ausgeprägter *Zenkutsu dachi* auf alte Weise) oder *Sanchin dachi*.
3. Man geht auf derselben Linie weiter nach vorn, während man einen *Jōdan oi zuki* ausführt. Man steht nun im *Han zenkutsu dachi* (tiefer als *Kihon dachi*, aber höher als *Zenkutsu dachi* – das Gewicht ruht gleichmäßig auf beiden Beinen).
4. Der rechte Fuß wird zurückgesetzt, und mit einer kraftvollen Drehung der Hüften nach rechts hinten geht man in *Shiko dachi*, während man einen linken *Harai uke* ausführt (*Gedan barai*, aber die Faustinnenseite zeigt nach hinten).
5. Man wendet sich nach rechts, während man den linken Fuß zum rechten führt, um sich – mit einem rechten *Age uke* – in *Kihon dachi* aufzurichten.
6. Linker *Jōdan oi zuki* im *Han zenkutsu dachi*.

7. Der linke Fuß wird zurückgesetzt, um im *Shiko dachi* einen *Harai uke* auszuführen.
8. Der linke Fuß wird nach vorn gesetzt, so dass man im Winkel von 90° zur vorherigen Linie im *Kihon dachi* steht. Dabei wird ein linker *Chūdan uchi uke* (*Yoko uke*) ausgeführt.
9. Der rechte Fuß wird vorgesetzt, um die zu Sequenz 8 symmetrische Technik auszuführen.
10. Ohne den Oberkörper zu bewegen (man erhält den Block aufrecht) führt man einen linken *Chūdan mae geri* aus.
11. Der Fuß wird nach vorn abgesetzt (*Zenkutsu dachi*), und man führt einen linken *Tate empi uchi* aus.
12. Am Ort: Unverzüglich folgt ein linker *Jōdan uraken uchi* …,
13. … ein linker *Gedan barai* …
14. … und ein rechter *Chūdan gyaku zuki*.
15. Man richtet sich auf, um sich auf dem linken Fuß nach hinten rechts zu wenden, wobei man ein wenig das rechte Knie anhebt. Die rechte Fußsohle wird zum Standbein gebracht (*Ashi barai*: Fußfeger). Unverzüglich darauf wird der Fuß wieder abgesetzt, so dass man im *Hachiji dachi* steht, wobei man einen rechten *Jōdan shutō uchi* in die rückwärtige Richtung der Zentralachse der Kata (das heißt, nach rechts) ausführt.
16. Man geht weiter in diese Richtung, so dass man im *Kihon dachi* steht. Dabei erfolgt ein linker *Chūdan uchi uke*.
17. Symmetrische Wiederholung von Sequenz 10, in die rückwärtige Richtung der zentralen Achse.
18. Symmetrische Wiederholung von Sequenz 11.
19. Symmetrische Wiederholung von Sequenz 12.
20. Symmetrische Wiederholung von Sequenz 13.
21. Symmetrische Wiederholung von Sequenz 14.
22. Symmetrische Wiederholung von Sequenz 15.

23. Der linke Fuß wird zurückgesetzt, und im *Zenkutsu dachi* wird die linke Faust in *Hikite* gezogen, wobei jedoch die Faustinnenseite nach unten zeigt.

24. Am Ort: Kraftvoller *Seiken awase zuki*, mit der linken Faust oben.

25. Der linke Fuß wird auf Höhe des rechten gesetzt, ohne dass man den Stand erhöht. Dabei werden die gestreckten Arme gegen den Uhrzeigersinn gedreht, so dass der rechte nach oben gelangt. Daraufhin wird der rechte Fuß zurückgesetzt, und man zieht die Fäuste in *Hikite*, wobei die rechte Faustinnenseite nach unten zeigt.

26. Am Ort: Symmetrische Wiederholung der Sequenz 24.

27. Man richtet sich auf, indem man den rechten Fuß zum linken setzt und die Hände überkreuzt. Die linke Hand ist am Körper.

28. Die Hände werden abgesenkt, so dass sie übereinander gedreht werden. Man steht nun wie in Sequenz 1 im *Musubi dachi. Rei.*

Ende der Kata.

Gekisai dai ichi

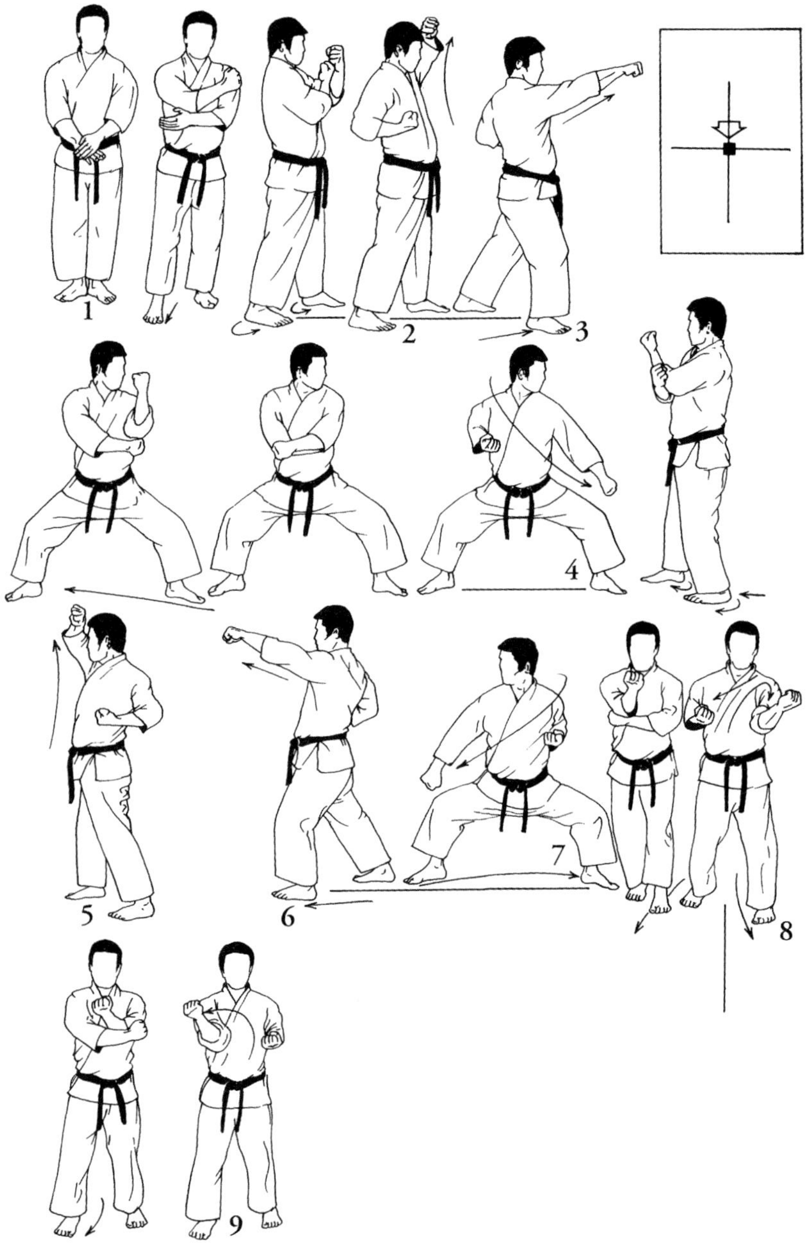

Gekisai dai ichi

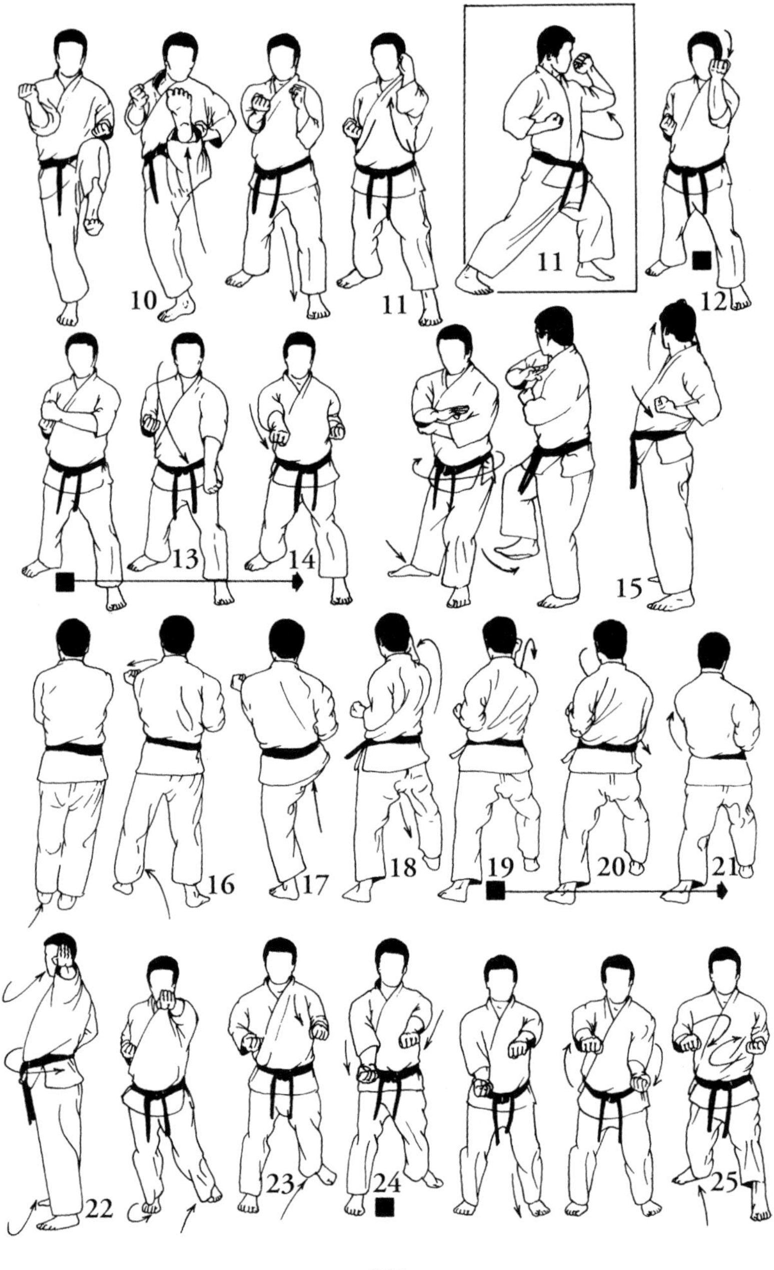

Gekisai dai ichi

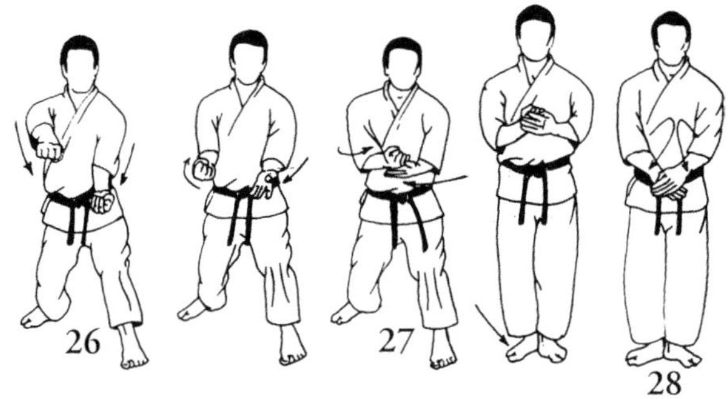

Gekisai dai ni

Bis einschließlich Sequenz 15 stellt diese Kata eine Wiederholung der *Gekisai dai ichi* dar.

1. Nach dem Gruß (*Rei*) *Musubi dachi*. Im Bereich des *Tanden*-Punkts ist man angespannt, der Atem ist kontrolliert.
2. Der rechte Fuß wird vorgesetzt. Daraufhin wendet man sich unverzüglich auf beiden Füßen nach links, wobei man einen linken *Age uke* ausführt. Die Stellung ist *Kihon dachi* (ein wenig ausgeprägter *Zenkutsu* auf alte Weise) oder *Sanchin dachi*.
3. Man geht auf derselben Linie weiter nach vorn, während man einen *Jōdan oi zuki* ausführt. Man steht nun im *Han zenkutsu dachi* (tiefer als *Kihon dachi*, aber höher als *Zenkutsu dachi* – das Gewicht ruht gleichmäßig auf beiden Beinen).
4. Der rechte Fuß wird zurückgesetzt, und mit einer kraftvollen Drehung der Hüften nach rechts hinten geht man in *Shiko dachi*, während man einen linken *Harai uke* ausführt (*Gedan barai*, aber die Faustinnenseite zeigt nach hinten).
5. Man wendet sich nach rechts, während man den linken Fuß zum rechten führt, um sich – mit einem rechten *Age uke* – in *Kihon dachi* aufzurichten.
6. Linker *Jōdan oi zuki* im *Han zenkutsu dachi*.
7. Der linke Fuß wird zurückgesetzt, um im *Shiko dachi* einen *Harai uke* auszuführen.
8. Der linke Fuß wird nach vorn gesetzt, so dass man im Winkel von 90° zur vorherigen Linie im *Kihon dachi* steht. Dabei wird ein linker *Chūdan uchi uke* (*Yoko uke*) ausgeführt.
9. Der rechte Fuß wird vorgesetzt, um die zu Sequenz 8 symmetrische Technik auszuführen.
10. Ohne den Oberkörper zu bewegen (man erhält den Block aufrecht) führt man einen linken *Chūdan mae geri* aus.

11. Der Fuß wird nach vorn abgesetzt (*Zenkutsu dachi*), und man führt einen linken *Tate empi uchi* aus.
12. Am Ort: Unverzüglich folgt ein linker *Jōdan uraken uchi* …,
13. … ein linker *Gedan barai* …
14. … und ein rechter *Chūdan gyaku zuki.*
15. Man richtet sich auf, um sich auf dem linken Fuß nach hinten rechts zu wenden, wobei man ein wenig das rechte Knie anhebt. Die rechte Fußsohle wird zum Standbein gebracht (*Ashi barai*: Fußfeger). Unverzüglich darauf wird der Fuß wieder abgesetzt, so dass man im *Hachiji dachi* steht, wobei man einen rechten *Jōdan shutō uchi* in die rückwärtige Richtung der Zentralachse der Kata (das heißt, nach rechts) ausführt.
16. Man geht vor, so dass man im *Kihon dachi* steht und führt dabei einen linken *Chūdan kake uke* in die rückwärtige Richtung der zentralen Achse der Kata aus …,
17. … daraufhin die symmetrische Technik mit rechts …
18. … und erneut die Technik von Sequenz 16 mit links, während man den rechten Fuß zurücksetzt.
19. Ohne den Oberkörper zu bewegen (der Block wird aufrechterhalten), erfolgt ein rechter *Chūdan mae geri.*
20. Symmetrische Wiederholung von Sequenz 11, in die rückwärtige Richtung der zentralen Achse.
21. Symmetrische Wiederholung von Sequenz 12.
22. Symmetrische Wiederholung von Sequenz 13.
23. Symmetrische Wiederholung von Sequenz 14.
24. Symmetrische Wiederholung von Sequenz 15.
25. Aus dem *Hachiji dachi* gleitet der linke Fuß schräg nach hinten, der rechte Fuß folgt ein wenig nach. Auf diese Weise nimmt man einen *Nekoashi dachi* ein und führt dabei einen *Mawashi uke* aus …,
26. … gefolgt von einem *Morote teishō uchi* (*Tora guchi*).

27. Man setzt den rechten Fuß nach rechts, der linke folgt, so dass man im *Nekoashi dachi* im Winkel von 90° zur vorherigen Linie steht, um einen *Mawashi uke* …

28. … gefolgt von einem *Morote uchi* (*Tora guchi*) auszuführen.

29. Ohne die Haltung der Hände zu verändern, dreht man den rechten Fuß nach rechts und setzt den linken zurück auf die zentrale Achse. Man steht noch immer im *Nekoashi dachi*, aber in die vordere Richtung der Zentralachse.

30. Die Hände werden überkreuzt – die linke Hand ist unten.

31. Der linke Fuß wird zum rechten gebracht, und man richtet sich in *Musubi dachi* auf. Die linke Hand ist über der rechten, nachdem die Hände umeinander gedreht wurden. *Rei.*

Ende der Kata.

Gekisai dai ni

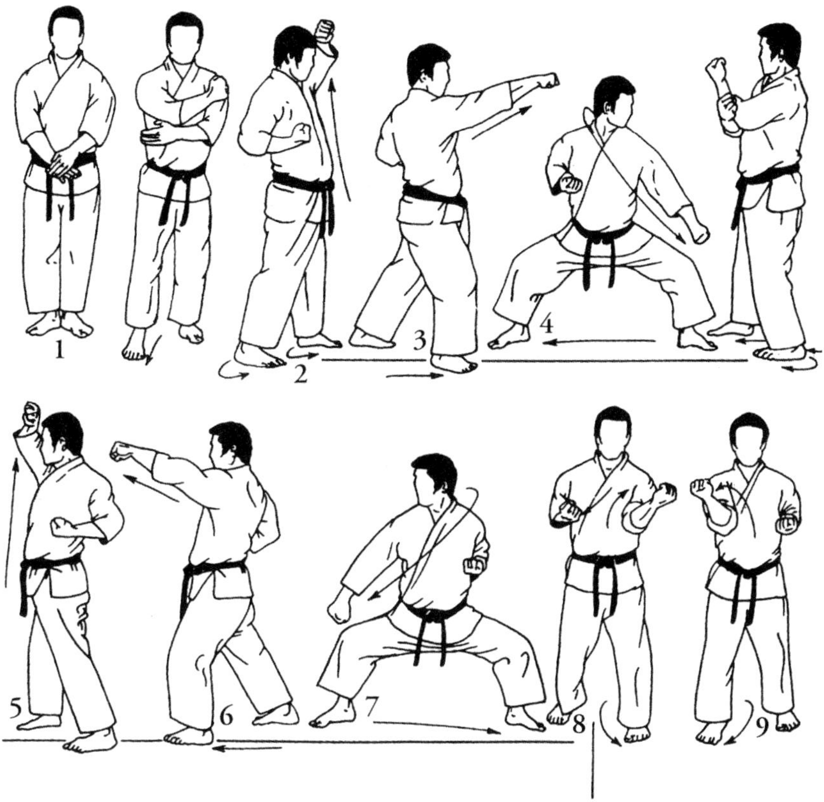

Gekisai dai ni

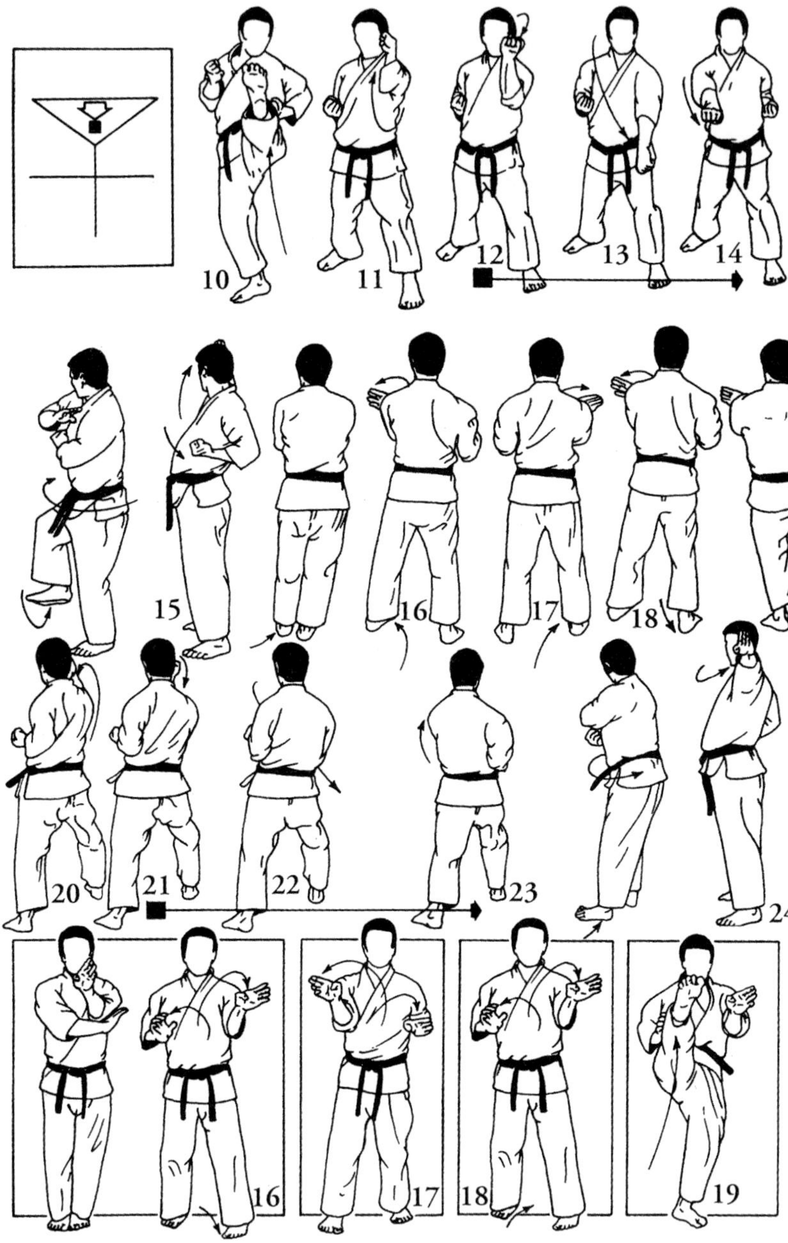

Gekisai dai ni

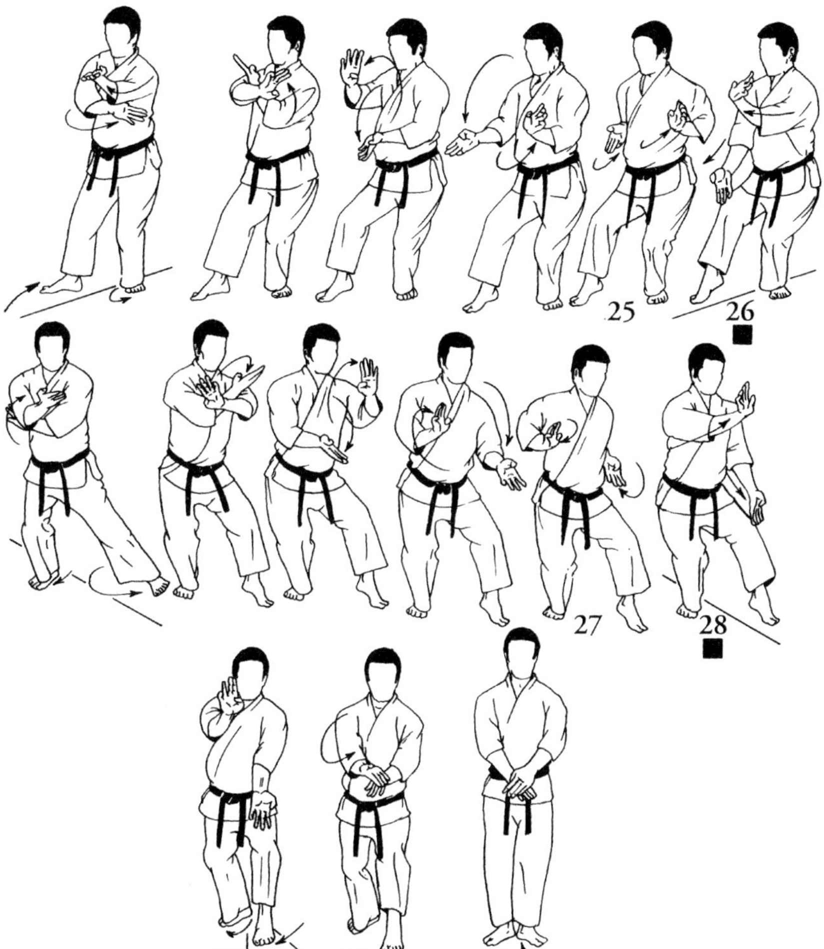

Kururunfa

Der Erschaffer dieser Kata, die Higashionna Kanryō einst von seinem chinesischen Meister erlernte, ist unbekannt.

Die Kata wird sehr schnell ausgeführt. Etliche Techniken erfolgen mit offener Hand (das heißt, auf alte Weise, im Unterschied zum modernen Karate, das zu Beginn des 20. Jahrhunderts aus pädagogischen Gründen umgewandelt wurde, vor allem durch Itosu Ankō). Kraftvolle Sequenzen (*Gō*) wechseln mit geschmeidigen (*Jū*). Somit ist diese Kata besonders repräsentativ für den Stil. Sie enthält etliche originelle Techniken, manche davon sind mit Ausweichbewegungen des Körpers (*Sabaki*) verbunden und erhalten ihren Schwung durch kraftvolle Hüftdrehungen.

1. Nach dem Gruß: *Musubi dachi*. Die *Tanden*-Region ist in dieser *Yoi*-Haltung angespannt, und der Atem ist kontrolliert.
2. Nach einem doppelten Gleitschritt (*Suri ashi*) nach rechts nimmt man *Nekoashi dachi* ein und führt dabei einen rechten *Chūdan osae uke* und einen linken *Chūdan kuri uke* aus (die abschließende Haltung ist die eines *Shutō uke*, wobei der linke Unterarm nach innen geneigt ist).
3. Aus dieser Position heraus erfolgt ein *Sokutō kansetsu geri* mit dem linken Bein.
4. Man hebt das linke Knie ein wenig an und führt dann während eines doppelten Gleitschritts nach links die symmetrische Technik von Sequenz 2 aus.
5. Daraufhin erfolgt die symmetrische Technik zu Sequenz 3.
6. Der rechte Fuß wird zurückgesetzt, und man gleitet auf der zentralen Achse der Kata nach vorn, um in *Heikō dachi* zu gehen (die Füße sind parallel, der rechte Fuß steht vorn). Zugleich werden ein *Chūdan sukui uke* nach rechts und mit der linken Hand ein *Gedan teishō osae uke* ausgeführt (Blocken nach unten).
7. Mit einer knappen Bewegung wendet man sich auf beiden Füßen gleichzeitig 90° nach links und führt mit der offenen rechten Hand

einen *Gedan harai uke* aus, während die linke Hand zum Solarplexus geführt wird. Die Stellung ist ein linker *Heikō dachi*.

8. Mit einer erneuten knappen Bewegung wendet man sich auf beiden Füßen gleichzeitig nach rechts, um die Techniken von Sequenz 6 erneut auszuführen.
9. Der linke Fuß wird vorgesetzt, um im *Heikō dachi* die symmetrischen Techniken von Sequenz 6 auszuführen.
10. Symmetrische Wiederholung von Sequenz 7 (nach rechts).
11. Während man sich nach links wendet, wird die symmetrische Technik von Sequenz 6 auszuführen.
12. Wiederholung von Sequenz 6.
13. Wiederholung von Sequenz 7.
14. Wiederholung von Sequenz 8.
15. Der rechte Fuß wir schräg nach hinten rechts versetzt (*Suri ashi*), damit man in *Nekoashi dachi* gelangt, und mit der linken Hand wird ein *Chūdan haishu mawashi osae uke* ausgeführt. Die rechte Hand wird zum Solarplexus geführt, die Handfläche zeigt nach vorn.
16. Mit einem *Suri ashi* (linker Fuß, gefolgt vom rechten) gleitet man in dieselbe Richtung und richtet sich in linken *Heikō dachi* auf. Man führt dabei einen *Ura zuki* nach links und einen *Chūdan osae uke* mit der rechten Hand auf Höhe des Solarplexus aus.
17. Aus dieser Haltung erfolgt ein rechter *Chūdan mae geri*.
18. Man setzt den rechten Fuß nach vorn ab, geht auf derselben Linie in *Shiko dachi* und führt mit dem rechten Ellbogen einen *Age hiji ate* aus; die Hand ist dabei offen. Die Kante der linken Hand wird zum Solarplexus geführt.
19. Mit einem neuen *Suri ashi* (der rechte Fuß wird zurückgezogen, gefolgt vom linken) geht man auf derselben Linie zurück und nimmt wieder die Stellung *Nekoashi dachi* ein. Die Hände werden parallel in *Ninoji no kamae* vor den Bauch gebracht. Die linke Hand ist oben, die Handflächen zeigen zueinander.

20. Der linke Fuß wird schräg nach hinten links gesetzt, und mit einem *Suri ashi* wird der *Nekoashi dachi* umgekehrt, im Winkel von 90° zur Linie der vorherigen Bewegung. Man führt nun die symmetrische Technik von Sequenz 15 aus.
21. Symmetrische Wiederholung von Sequenz 16.
22. Symmetrische Wiederholung von Sequenz 17.
23. Symmetrische Wiederholung von Sequenz 18.
24. Symmetrische Wiederholung von Sequenz 19.
25. Man wendet sich auf dem linken Fuß nach links, um den rechten Fuß auf die zentrale Achse der Kata zu setzen. Man steht noch immer in rechtem *Nekoashi dachi* und führt einen *Mawashi uke* (*Tora guchi*) aus. Die rechte Hand blockt oben, bevor sie nach unten gestoßen wird. Die linke Hand agiert erst unten und dann oben.
26. Wendung auf beiden Füßen um 90° nach links. Im linken *Heikō dachi* führt man einen linken *Chūdan ura kake uke* aus, wobei die offene rechte Hand zurück an die Seite geführt wird.
27. Man wendet sich auf dem linken Fuß 180° nach links und führt den rechten Fuß im Kreisbogen mit, so dass man im linken *Heikō dachi* steht, in umgekehrter Richtung als zuvor. Man führt dabei einen Stoß mit dem rechten Ellbogen nach hinten aus (*Ushiro hiji ate*) und eine Greifbewegung der linken Hand, als zöge sie etwas zum Körper (die Faust ist geschlossen, der Unterarm ist parallel zur Brust).
28. Der rechte Fuß wird nach vorn gesetzt, und man führt die zu Sequenz 26 symmetrischen Bewegungen aus.
29. Wendung auf dem rechten Fuß um 180° nach rechts, und Ausführung der symmetrischen Techniken von Sequenz 27.
30. Der linke Fuß wird weit nach vorn gesetzt, und man wendet sich auf dem rechten Fuß, um mit Blick in die vordere Richtung der Kata in *Shiko dachi* zu gehen. Die Arme werden horizontal vor der Brust überkreuzt; der rechte Arm ist oben. Anschließend richtet man sich in *Hachiji dachi* auf, während man langsam die Arme zu den Seiten streckt. Die Handflächen zeigen nach unten.

31. In dieser Haltung werden die Ellbogen angewinkelt, damit die Unterarme senkrecht nach oben zeigen. Die Bewegung wird weitergeführt, bis die Hände sich hinter dem Genick mit den Handrücken berühren. Daraufhin werden sie bis über den Kopf gehoben. Man geht daraufhin rasch in *Shiko dachi*, wobei man die Fäuste schließt und sie vor der Brust absenkt. Die Faustinnenfläche zeigt zum Körper, die Unterarme sind senkrecht. Zugleich führt man einen *Koto ate* aus (Kopfstoß nach hinten).
32. Am Ort: *Morote gedan osae uke* vor dem Bauch, mit der linken Hand oben (doppelter gestoßener Block der Hände).
33. Am Ort: Beide Hände werden zu den Seiten und nach hinten gerissen (*Furi sute*). Die Handflächen zeigen nach hinten.
34. Man setzt den rechten Fuß vor, um im *Zenkutsu dachi* mit *Jōdan juji uke* (*Kōsa uke*) zu parieren. Die linke Hand ist vorn.
35. Man wendet sich auf dem rechten Fuß 180° nach links, wobei der linke Fuß mitgeführt wird, und richtet sich in *Musubi dachi* auf. Man blickt in die rückwärtige Richtung der Kata. Die Hände, die noch immer im *Juji uke* sind, werden gedreht, so dass die Handflächen nach vorn zeigen. Man geht in die Hocke, wobei die Fäuste geschlossen und vor dem Körper abgesenkt werden.
36. Man vollführt mit dem rechten Fuß einen Sprung 45° nach rechts. Man geht in einen sehr tiefen *Zenkutsu dachi,* hakt etwas mit der rechten Hand und stößt mit der linken Handfläche nach vorn und nach unten (die Idee besteht darin, die Ferse des Gegners, der mit einem Fußtritt angreift, einzuhaken und gegen die Innenseite seines Knies zu drücken, um ihn zu Fall zu bringen).
37. Der linke Fuß wird nach vorn gesetzt, und im Winkel von 90° zur vorherigen Linie führt man die symmetrische Technik von Sequenz 36 aus.
38. Der rechte Fuß wird auf der zentralen Achse der Kata abgesetzt, jedoch in die rückwärtige Richtung. Daraufhin wendet man sich auf diesem Fuß um 180° nach links. Der linke Fuß wird so mitgeführt, dass man in *Nekoashi dachi* gelangt. Man führt einen *Tora guchi* aus.

39. Die linke Hand wird wieder angehoben, so dass sie unmittelbar unter die rechte gebracht wird. Der linke Fuß wird zum rechten gesetzt, und man richtet sich in *Musubi dachi* auf. Die Hände werden gedreht und vor dem Bauch abgesenkt. *Rei.*

Ende der Kata.

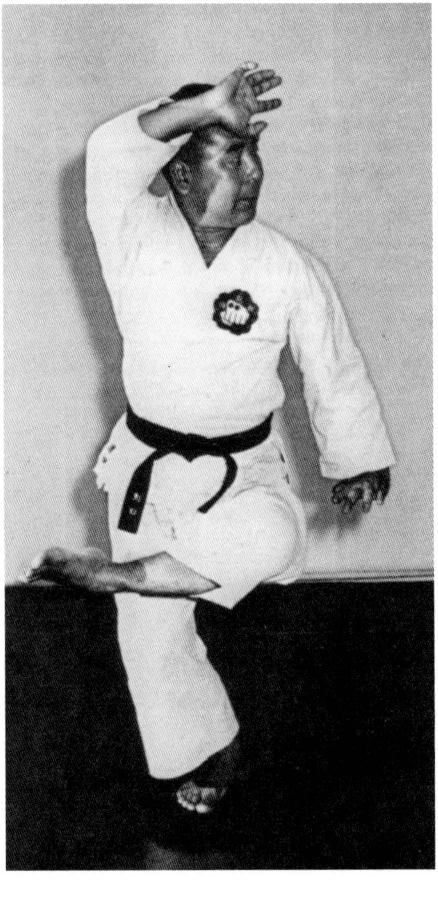

Foto 22: Toguchi Seikichi in einer Haltung der Kata *Hakutsuru no mai*, »Kranich«. Diese von der chinesischen Form *Bai-he-quan* abstammende Kata wird auch zu traditioneller Musik ausgeführt. Man findet die auf dem Foto zu sehende Haltung auch in der Kata *Rōhai*.

Kururunfa

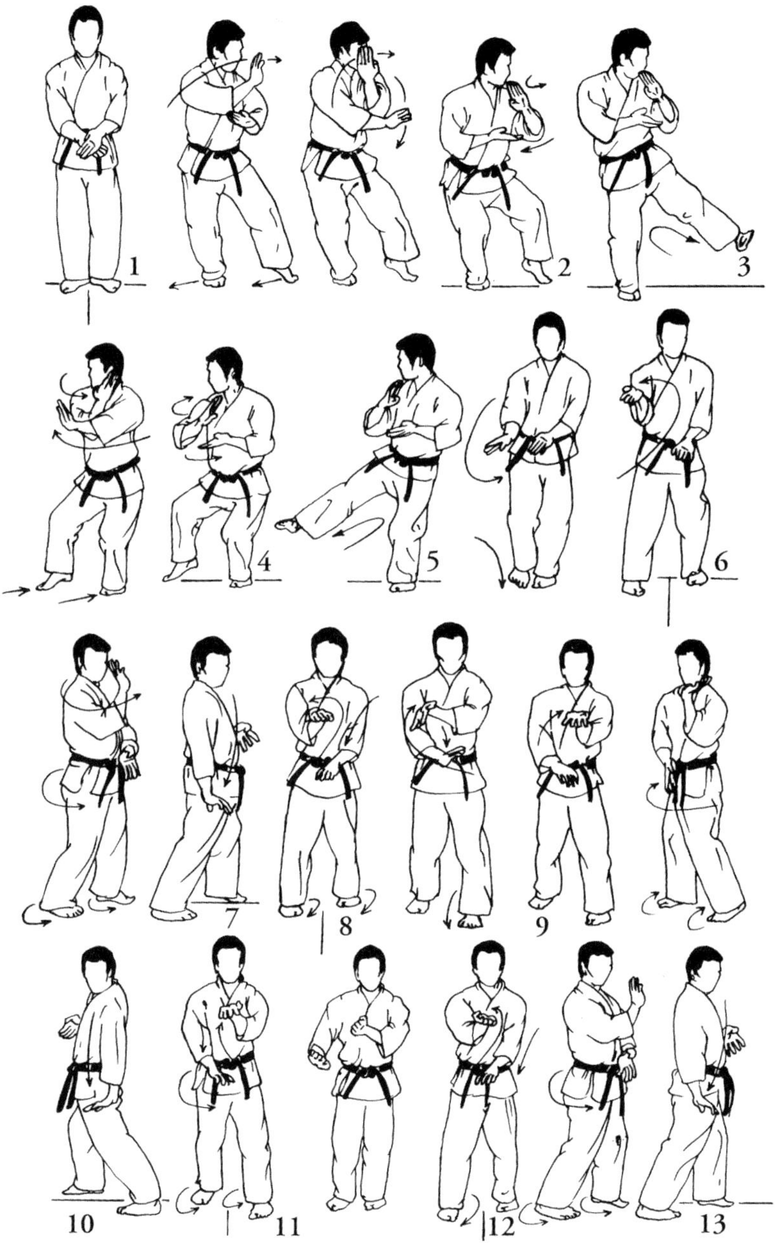

Kururunfa

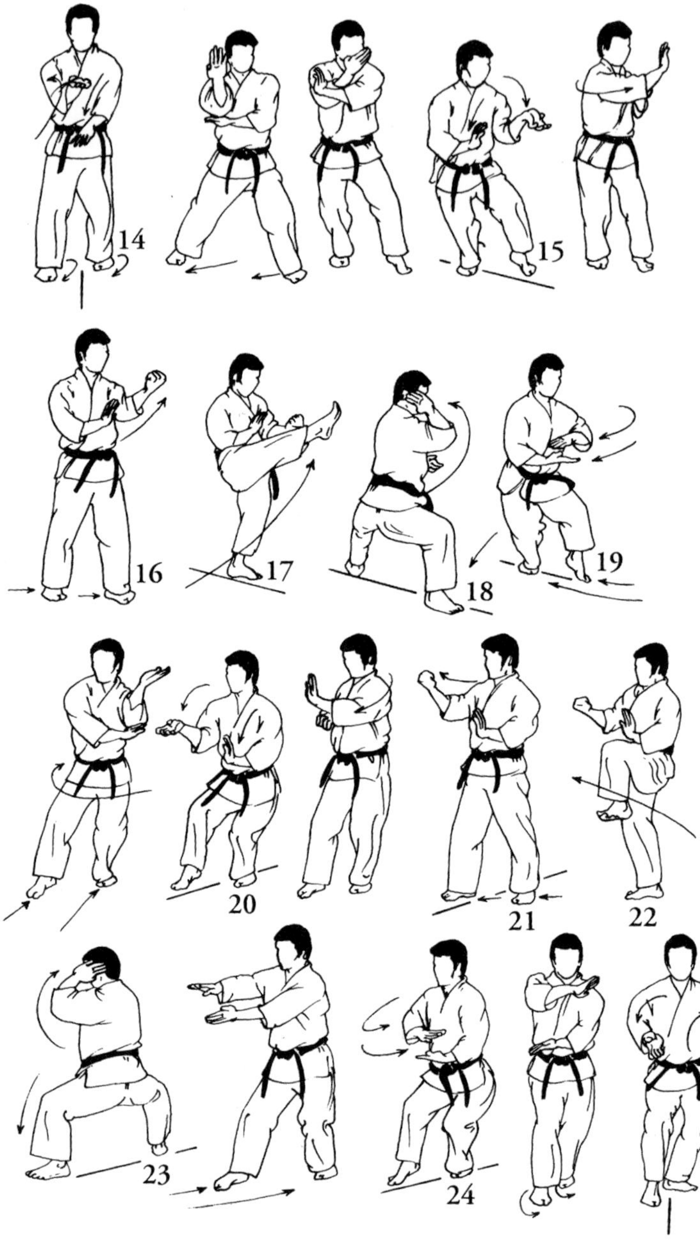

Kururunfa

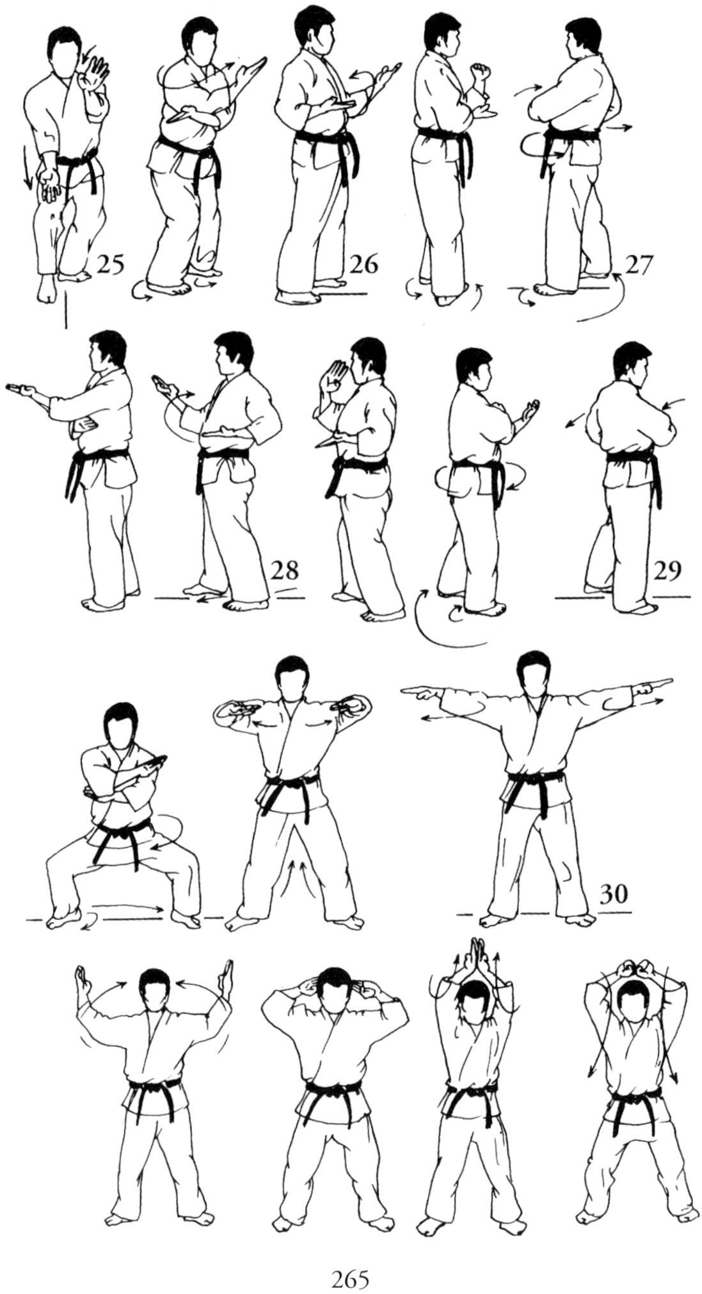

Kururunfa

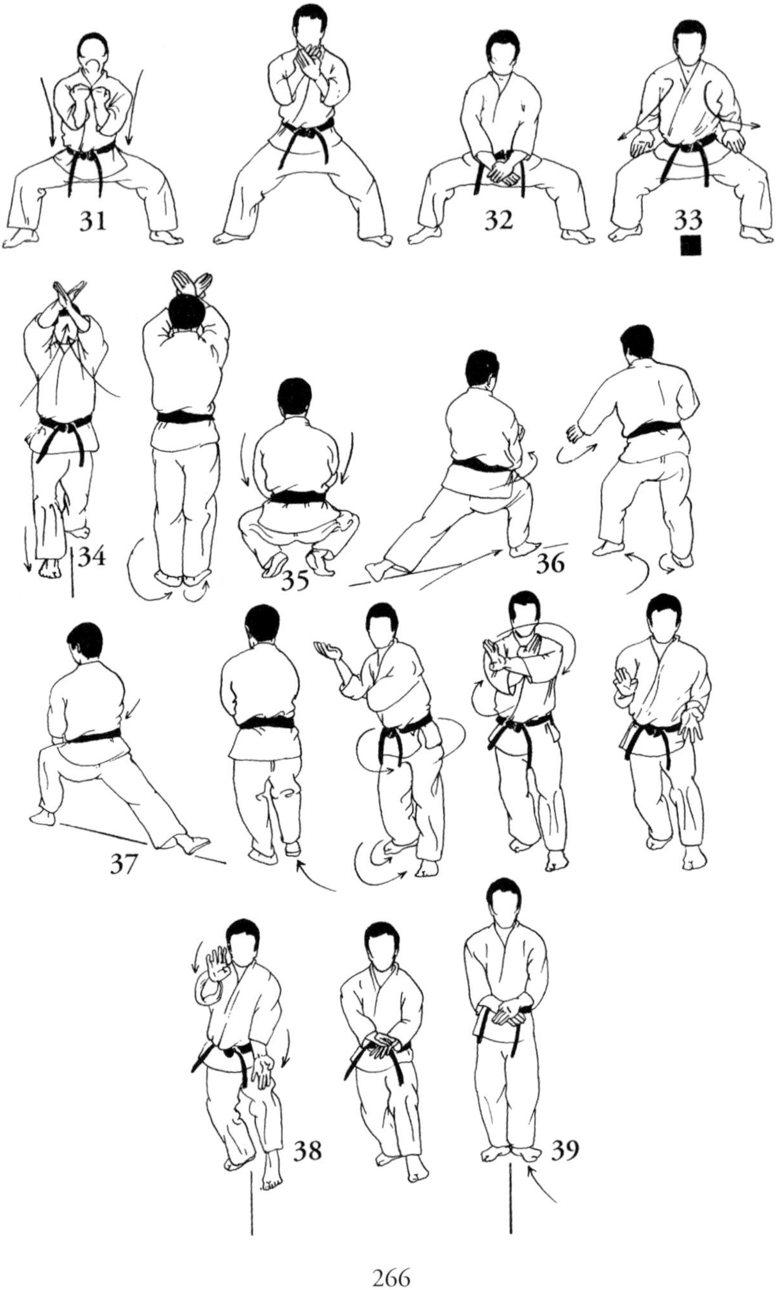

Saifa

Der Erschaffer dieser Kata, die Higashionna Kanryō einst von seinem chinesischen Meister erlernte, ist unbekannt.

Diese Kata ermöglicht das Studium verschiedener kreisbogenförmiger Techniken. Sie ist für Angriffe von der Seite ausgelegt. In dieser Form kommt es in besonderem Maße darauf an, die maximale Kraft exakt im Moment des Auftreffens der Technik zu entfalten (*Chinkuchi kakin*; dies kann auch durch den Begriff des *Kime* zum Ausdruck gebracht werden).

Anmerkung: *Die Kata Saifa ist eine der beiden Shitei kata des Gōjū-ryū.*

1. Nach dem Gruß nimmt man die Haltung *Yoi* im *Musubi dachi* ein. Die Hände sind vor dem Bauch überkreuzt. Aus dieser Haltung (oder, indem man zuvor einen *Yoi dachi* einnimmt) führt man direkt die erste Technik der Kata aus:
2. Der rechte Fuß wird weit im Winkel von 45° zur zentralen Achse nach vorn gesetzt, so dass man im *Zenkutsu dachi* steht. Die offene linke Hand hält die rechte Faust, die in *Hikite* ist (jedoch mit der Faustinnenseite zum Körper). Die rechte Hüfte bleibt deutlich hinten.
3. Man wendet auf dem rechten Fuß nach links, und indem man den linken Fuß heranzieht, richtet man sich im Winkel von 90° zur zentralen Achse der Kata in *Musubi dachi* auf.
4. Am Ort werden die Hände kraftvoll zur linken Seite gebracht, ohne dass sie den Kontakt miteinander verlieren.
5. Der linke Fuß wird zurückgesetzt, so dass man in *Shiko dachi* steht, und man führt mit der linken Handfläche einen *Chūdan osae uke* aus und zugleich mit der rechten Faust einen *Jōdan uraken uchi*. Der Blick ist nun wieder in die vordere Richtung der Kata gerichtet.
6. Großer Schritt mit dem linken Fuß 45° zur zentralen Achse: Symmetrische Technik zu Sequenz 2.
7. Symmetrische Wiederholung von Sequenz 3.

8. Symmetrische Wiederholung von Sequenz 4.
9. Symmetrische Wiederholung von Sequenz 5.
10. Wiederholung von Sequenz 2 (Details im Rahmen).
11. Wiederholung von Sequenz 3 (Details im Rahmen).
12. Wiederholung von Sequenz 4 (Details im Rahmen).
13. Wiederholung von Sequenz 5 (Details im Rahmen).
14. Der linke Fuß wird im Abstand von anderthalbfacher Hüftbreite auf Höhe des rechten vorgesetzt. Das linke Bein ist nun das neue Standbein.
15. Der Blick richtet sich nach rechts. *Chūdan sukui uke* der linken Hand und *Gedan shōtei barai* der rechten; rechter *Chūdan mae geri* nach vorn. Man beachte die Zwischenstellung mit sehr hoch erhobenem rechten Knie (*Hiza uchi*).
16. Der rechte Fuß wird auf Höhe des linken abgesetzt, und man blickt nach links (symmetrische Form zu Sequenz 14).
17. Symmetrische Wiederholung von Sequenz 15.
18. Der linke Fuß wird auf die zentrale Achse nach hinten gesetzt; man nimmt die Stellung *Zenkutsu dachi* ein, während man die Fäuste mit den Faustinnenflächen nach unten in *Hikite* zieht.
19. Am Ort: *Morote heikō zuki* auf Höhe der Schlüsselbeine (ursprünglich zielte der Schlag auf das Gesicht).
20. Am Ort: Kreisbogenförmiger Schlag der rechten Faust in die linke Hand auf *Gedan*-Höhe.
21. Wendung auf dem linken Fuß nach links, wobei der rechte Fuß im Kreisbogen nach links mitgeführt wird, so dass man sich im *Zenkutsu dachi* in entgegengesetzter Richtung als zuvor befindet. Während dieser Wendung wird die linke Hand unter den rechten Ellbogen gebracht. Am Ende der Drehung werden die Fäuste wie in Sequenz 18 gehalten.
22. Symmetrische Wiederholung von Sequenz 19.

23. Symmetrische Wiederholung von Sequenz 20.

24. Man wendet sich auf dem linken Fuß nach rechts und führt den rechten Fuß »hakend« zurück (*Ashi barai*), bevor man ihn wieder so plaziert, dass man in *Hachiji dachi* steht, während man einen rechten *Jōdan tettsui uchi* ausführt.

25. Am Ort: *Jōdan kake uke* mit der rechten Hand ...,

26. ... welche man daraufhin an die rechte Seite zurückbringt (*Tsukami hikite*), während man mit der linken Faust einen *Chūdan yoko ura zuki* ausführt.

27. In derselben Haltung wird die rechte Faust in *Hikite* geschlossen.

28. Symmetrische Wiederholung von Sequenz 24 (Details im Rahmen).

29. Symmetrische Wiederholung von Sequenz 25 (Details im Rahmen).

30. Symmetrische Wiederholung von Sequenz 26 (Details im Rahmen).

31. Man geht nach vorn in rechten *Han zenkutsu dachi*, während man in die rückwärtige Richtung der zentralen Achse der Kata einen linken *Jōdan gyaku zuki* ausführt.

32. Der linke Fuß wird vor dem rechten weit über Kreuz gesetzt, woraufhin man sich nach rechts wendet und den rechten Fuß mitführt. Man steht nun im *Nekoashi dachi* in Richtung der Hauptachse der Kata und reißt die rechte Hand nach links (*Haitō uchi*). Der Unterarm ist waagerecht. Die linke Hand wird währenddessen an die Seite gezogen.

33. Am Ort: *Mawashi uke* ...,

34. ... gefolgt von einem *Tora guchi* (*Morote teishō uchi*).

35. Die linke Hand wird unter die rechte gehoben.

36. Man richtet sich in *Musubi dachi* auf, indem der rechte Fuß herangeführt wird. Die Hände drehen dabei umeinander, während sie vor dem Bauch abgesenkt werden. *Rei*.

Ende der Kata.

Saifa

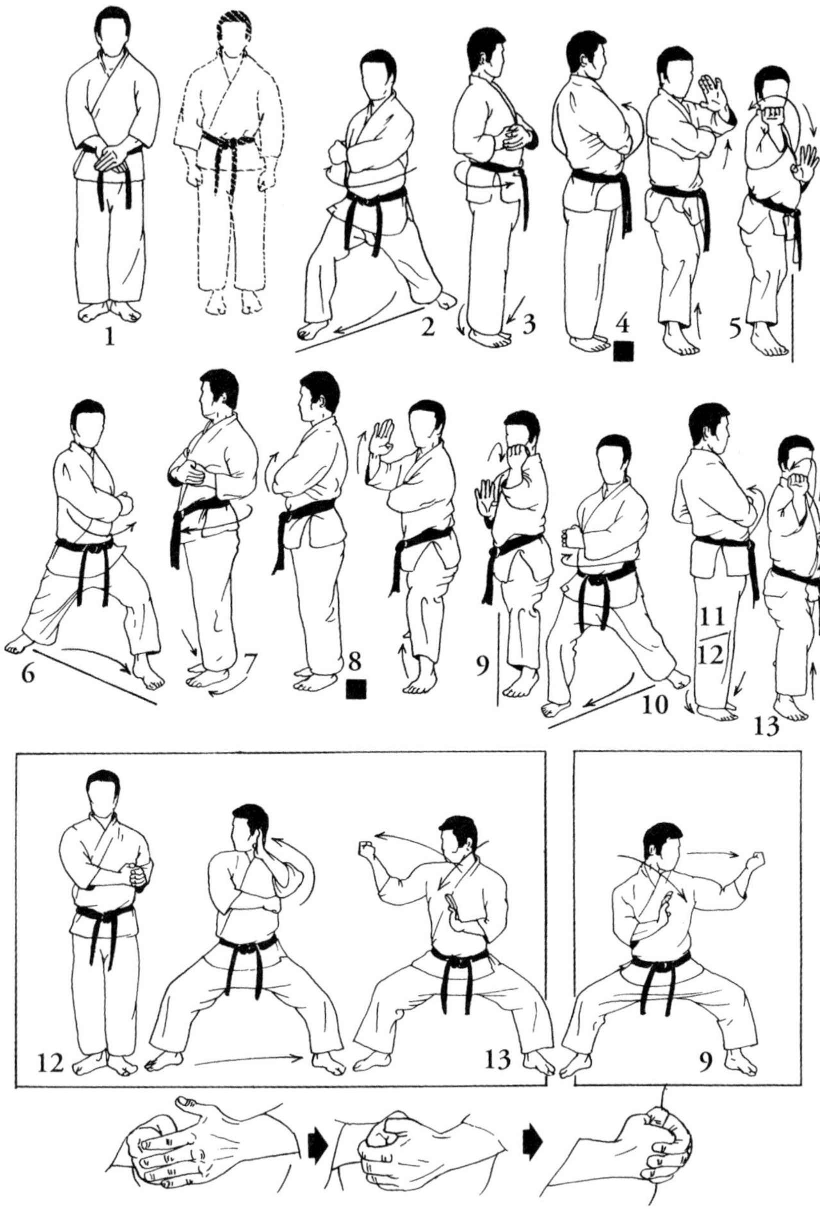

Saifa

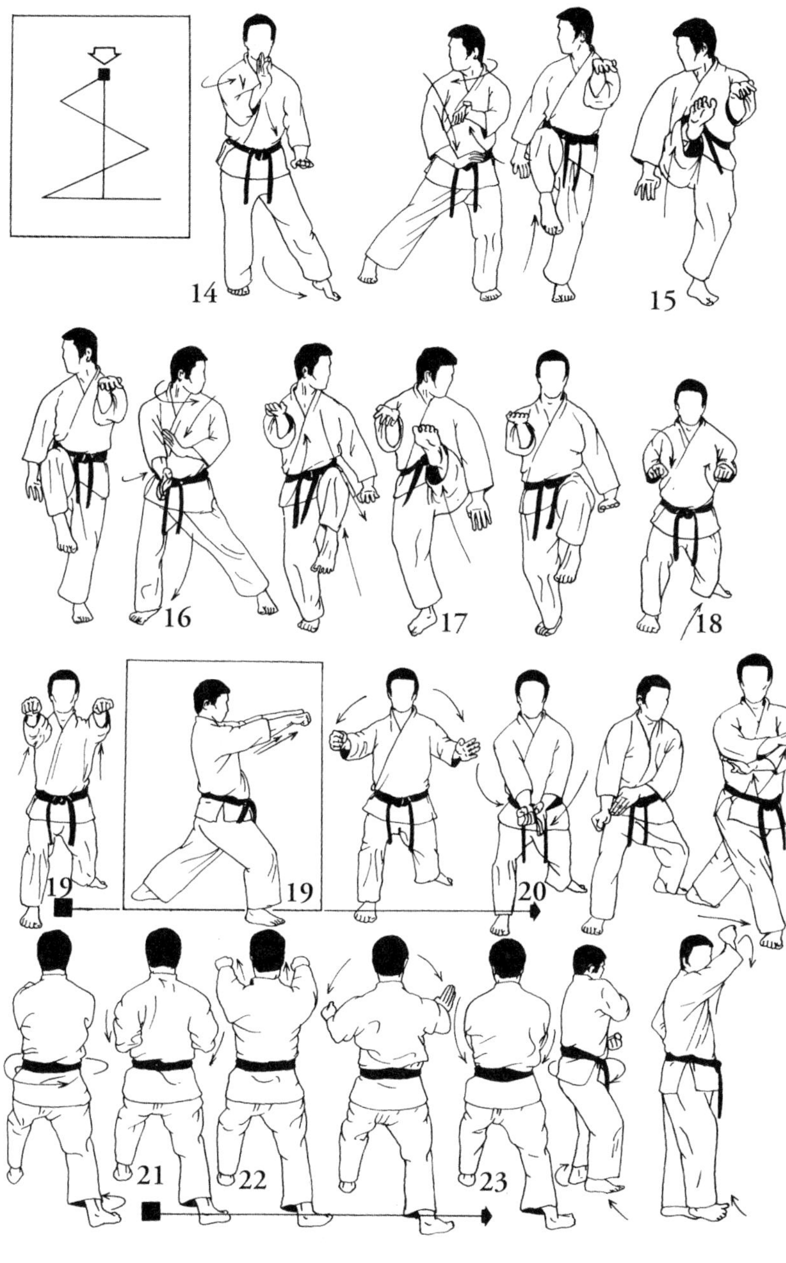

Saifa

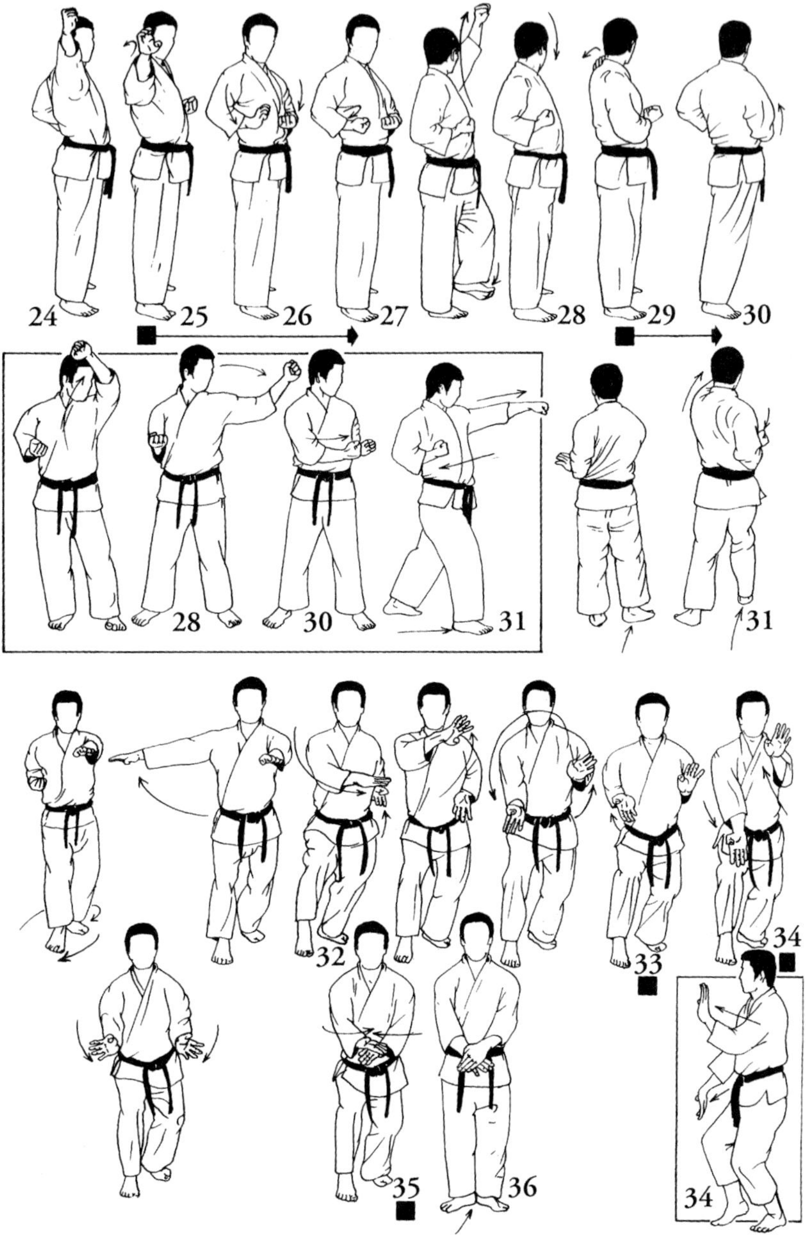

Sanseru

Der Erschaffer dieser Kata, die Higashionna Kanryō einst von seinem chinesischen Meister erlernte, ist unbekannt.

Der Name dieser Form ist eine Anspielung auf einen verborgenen Sinn: »*Sanseru*« wird als Kanji als »36« gelesen. Dies ist eine symbolische Zahl, in der man sowohl die Zahl 3, welche die Vergangenheit, die Gegenwart und die Zukunft repräsentiert, aber auch 6 x 6 findet. Die erste 6 repräsentiert das Auge, das Ohr, die Nase, die Zunge, den Körper und den Geist. Die zweite 6 steht für die Farbe, die Stimme, den Tastsinn, den Geschmack, den Geruch und die Gerechtigkeit. Dies ist eine Interpretation von Higaonna Morio Sensei. Sie stellt eine Erinnerung an die ursprünglichen Kraftlinien der alten Kata dar, von denen uns nur das technische Gerüst überliefert wurde. Es ist wenig überraschend, dass man, um die zahlreichen verborgenen Techniken dieser Kata zu entschlüsseln, einen großen Aufwand betreiben muss.

1. Nach dem Gruß, *Musubi dachi*. Die Hände sind vor dem Bauch über Kreuz.

Die Sequenzen 2 bis 11 sind identisch mit den Sequenzen 2 bis 12 der Kata Sanchin.

2. Der rechte Fuß wird nach vorn gesetzt, und man führt einen *Morote chūdan uchi uke* aus. Langes Einatmen, danach kurzes Ausatmen und starkes Luftanhalten.
3. Ohne den rechten Arm zu bewegen, wird die linke Faust in *Hikite* gezogen. Dabei atmet man lange ein und hält die Luft am Ende leicht an.
4. Linker *Chūdan gyaku zuki*, verbunden mit langem Ausatmen; am Ende starkes Luftanhalten.
5. Linker *Yoko uke*, mit Konzentration der Kraft auf das Handgelenk; dabei langes Einatmen, gefolgt von kurzem Ausatmen und starkem Luftanhalten. Die Endstellung des Armes ist wie beim *Chūdan uchi uke*.

6. Mit den Armen in der Position *Morote chūdan uke* lässt man den linken Fuß nach vorn gleiten (*Suri ashi*), nachdem der rechte Fuß ein kleines Stück auf dem Fußballen nach außen gedreht wurde. Der Atem ist noch immer angehalten, die Bauchmuskeln angespannt.

Ende der Bewegungsfolge. Sie wird nun zwei Mal in dieselbe Richtung wiederholt:

7. Symmetrische Wiederholung von Sequenz 3.
8. Symmetrische Wiederholung von Sequenz 4.
9. Symmetrische Wiederholung von Sequenz 5.
10. Der rechte Fuß wird nach vorn gesetzt; der Atem ist angehalten.
11. Wiederholung von Sequenzen 3 und 4.
12. Am Ort: Der rechte Fuß ist vorn (*Sanchin dachi*). Die rechte Hand wird geöffnet, und die Handfläche wird nach vorn gedreht. Die Kraft konzentriert sich im Handgelenk. Zugleich wird die linke Faust in *Hikite* gezogen.
13. Der rechte Fuß gleitet zurück, so dass man im linken *Zenkutsu dachi* steht. Während des Zurückziehens des Fußes gleitet die linke Hand entlang des rechten Unterarms (die rechte Faust wird geschlossen), bis sie sich kraftvoll noch vorn und unten von diesem löst – auf *Gedan*-Höhe (*Teishō uke*).
14. Man geht im rechten *Zenkutsu dachi* vor, führt einen *Sukui uke* mit der rechten Hand nach vorn und einen Schlag mit der linken Handfläche in Richtung der rechten Hand aus (nach vorn und unten, als wollte man etwas mit den Händen packen).
15. Die Hände werden, mit den Handgelenken noch immer in Kontakt, an die Brust gerissen (in einer Haltung nahe einem *Chūdan juji uke*). Ohne den Oberkörper zu bewegen, führt man einen linken *Mae geri* …,
16. … unmittelbar gefolgt von einem rechten *Mae geri*, aus.
17. Der Fuß wird nach vorn abgesetzt, und im *Zenkutsu dachi* führt man einen rechten *Age hiji ate* aus.

18. Am Ort: *Gedan gyaku zuki.*
19. Ohne die Haltung der Arme zu verändern, wird ein rechter *Kansetsu geri* schräg nach vorn rechts ausgeführt.
20. Das Knie wird kraftvoll angehoben, und man wendet sich auf dem linken Fuß 180° nach links, so dass man im *Sanchin dachi* steht, in umgekehrter Richtung als zuvor. Der linke Fuß ist vorn. Man führt einen linken *Chūdan yoko uke* aus.
21. Während man den Block aufrecht erhält, führt man einen rechten *Mae geri* aus.
22. Wiederholung der Sequenz 17 in umgekehrte Richtung.
23. Wiederholung der Sequenz 18 in umgekehrte Richtung.
24. Wiederholung der Sequenz 19 in umgekehrte Richtung.
25. Das rechte Knie wird nach oben genommen, und man wendet sich auf dem linken Fuß 90° nach links. Im linken *Sanchin dachi* führt man einen linken *Chūdan yoko uke* aus.
26. Während man den Block aufrecht erhält, führt man einen rechten *Mae geri* aus.
27. Wiederholung der Sequenz 17 in die dritte Richtung
28. Wiederholung der Sequenz 18 in die dritte Richtung.
29. Wiederholung der Sequenz 19 in die dritte Richtung.
30. Das rechte Knie wird nach oben genommen, und man wendet sich auf dem linken Fuß 180° nach links. Wiederholung der Sequenz 25.
31. Wiederholung der Sequenz 26 in die dritte Richtung
32. Wiederholung der Sequenz 27 in die vierte Richtung.
33. Wiederholung der Sequenz 28 in die vierte Richtung.
34. Die Hüften werden nach links gedreht, und man geht in *Shiko dachi*, um mit der rechten Hand oben einen *Gedan juji uke* (*Kōsa uke*) auszuführen.
35. Der rechte Fuß wird auf derselben Linie zurückgesetzt, und man dreht

sich in einen *Shiko dachi* 180° zum vorherigen. Man führt erneut einen *Gedan juji uke* (*Kosa uke*) aus, diesmal mit der linken Hand oben.

36. Der rechte Fuß wird auf derselben Linie nach vorn gesetzt, und man wendet wieder, so dass man im *Shiko dachi* in die rückwärtige Richtung der zentralen Achse der Kata steht, um mit der offenen rechten Hand einen seitlichen *Jōdan age uke* auszuführen. Die linke Hand wird, mit der Handfläche nach oben, unter den rechten Brustmuskel geführt.

37. Der rechte Fuß wird ein Stück zurückgesetzt. Daraufhin lässt man ihn, gefolgt vom linken Fuß, nach vorn gleiten (*Suri ashi*). Man richtet sich in rechten *Heikō dachi* auf. Die Fäuste werden in *Hikite* gezogen, und am Ende des Vorwärtsgleitens wird ein *Awase zuki* ausgeführt.

38. Man wendet sich auf dem linken Fuß 180° nach links. Der rechte Fuß wird im Kreisbogen mitgeführt, so dass man in entgegengesetzte Richtung als zuvor im *Sanchin dachi* steht. Dabei führt man einen linken *Chūdan uchi uke* aus und zieht die rechte Faust in *Hikite*.

39. Der rechte Fuß wird nach vorn gesetzt, und man führt die zu Sequenz 38 symmetrische Technik aus.

40. Symmetrische Wiederholung von Sequenz 36, nachdem man den linken Fuß vorgesetzt hat.

41. Symmetrische Wiederholung von Sequenz 37.

42. Man wendet weit (rund 270°) auf dem rechten Fuß nach rechts und reißt den linken Fuß im Kreisbogen mit. Man steht nun im *Shiko dachi*, im Halbprofil zur vorderen Richtung der Kata. Der rechte Fuß ist vorn. Am Ende der Drehung führt man einen *Morote koken uke* aus (mit gebeugten Handgelenkrücken; die Finger sind zusammen und zeigen nach unten).

43. Die linke Hand wird unter die rechte gehoben, und man richtet sich in *Musubi dachi* auf, indem man den rechten Fuß zum linken setzt. Die Hände werden umeinander gedreht und vor dem Bauch abgesenkt. *Rei*.

Ende der Kata.

Sanseru

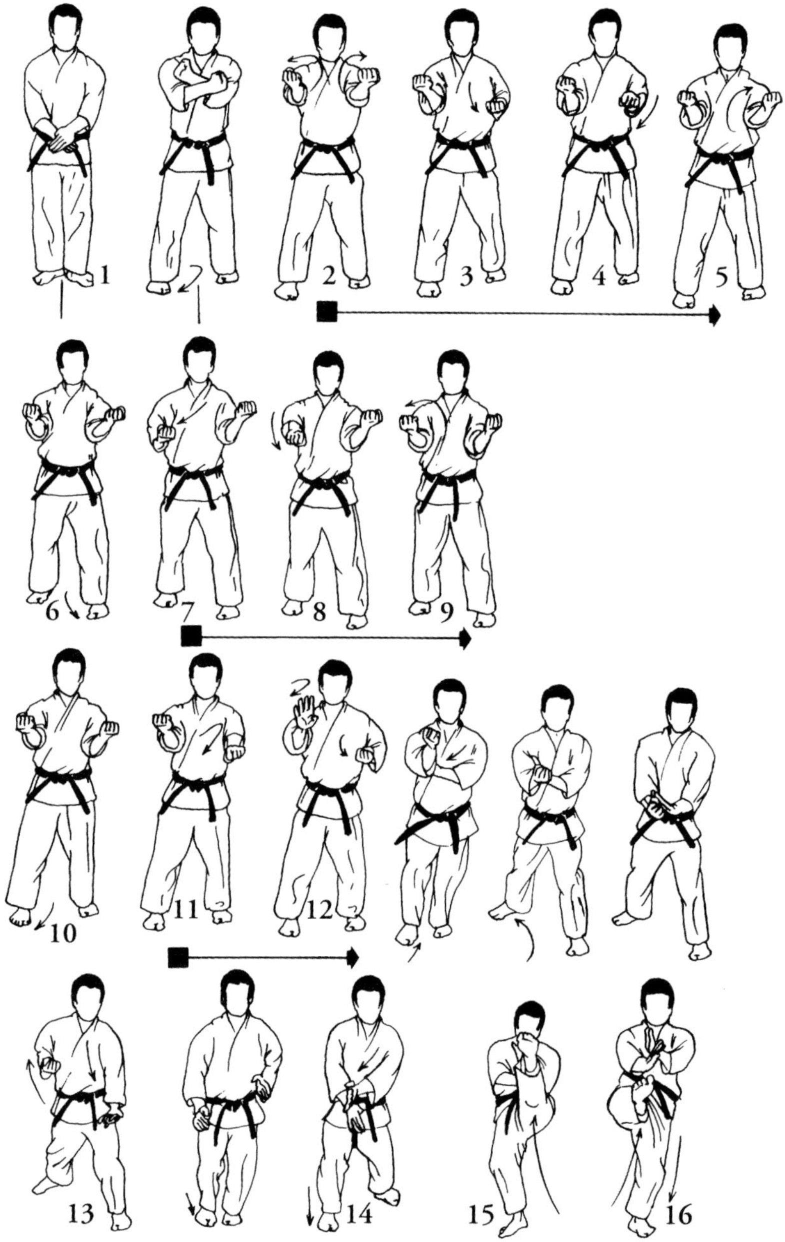

Sanseru

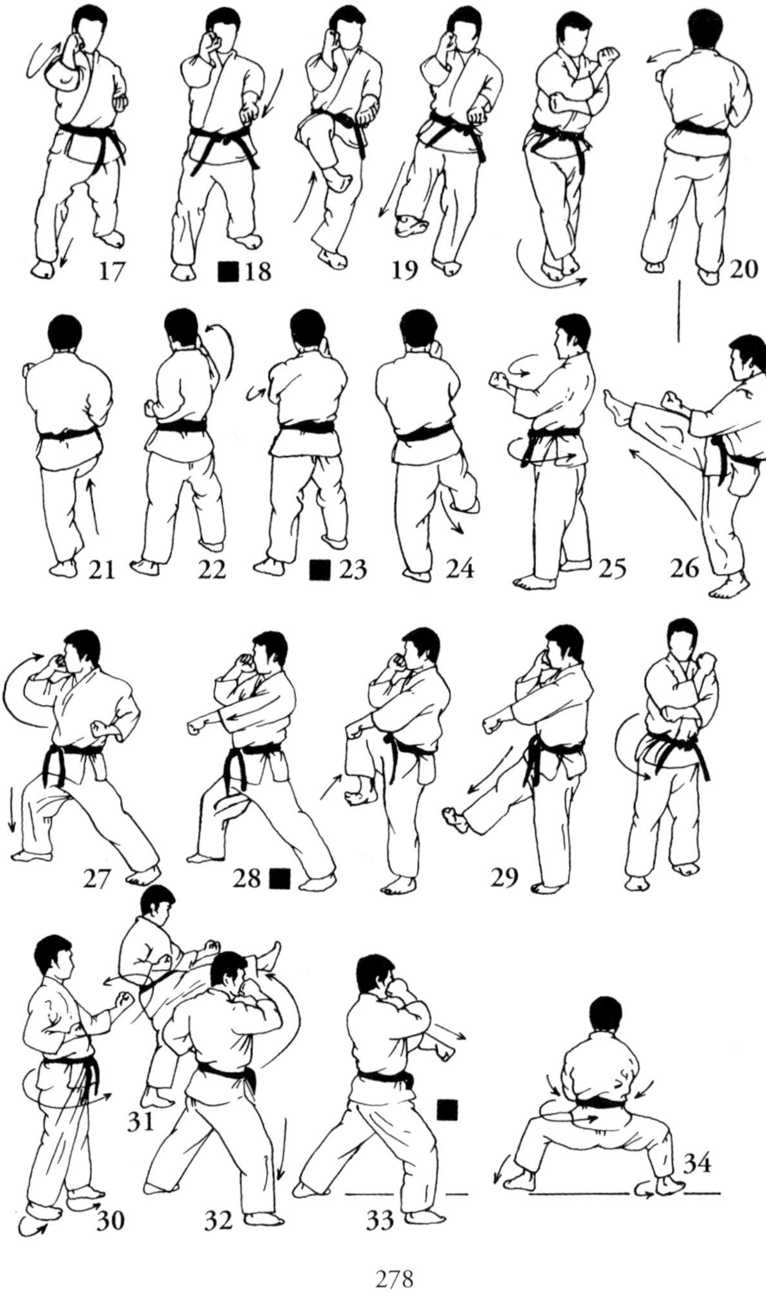

Sanseru

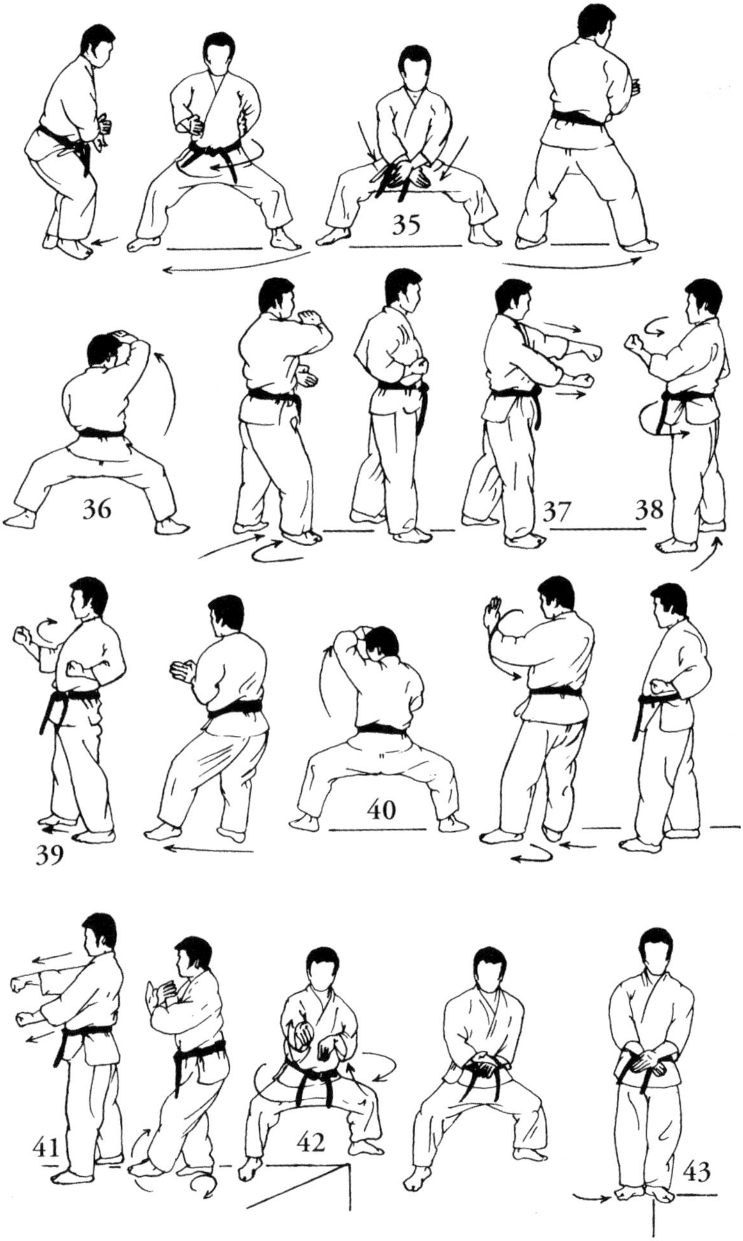

Seienchin

Der Erschaffer dieser Kata, die Higashionna Kanryō einst von seinem chinesischen Meister erlernte, ist unbekannt.

Diese Form, auch bekannt unter den Namen Seiyunchin und Saipa, ist bei Vorführungen und Katawettbewerben sehr beliebt. Sie wirkt zum einen spektakulär, und zum anderen unterstützt sie die Entwicklung von Kraft und Stabilität. In ihr wechseln langsame und dennoch kraftvolle Sequenzen und rasche Bewegungen und Ortswechsel einander ab. Die Kata enthält etliche Techniken, um den Gegner zu greifen und an sich zu ziehen, oder um ihn bei direktem Körperkontakt zu werfen. Die Stellungen der Form sind *Shiko dachi*, *Heikō dachi* (bzw. manchmal *Sanchin dachi*) und *Nekoashi dachi*. Die Bewegungen erfolgen im wesentlichen auf Linien, die im Winkel von 45° zur Hauptachse liegen, und manchmal auch entlang derselben. Um die Standortbestimmung zu erleichtern, wird die vordere Richtung der Hauptachse als »*Shōmen*« bezeichnet.

1. Nach dem Gruß geht man in *Musubi dachi*. Die Hände sind vor dem Bauch über Kreuz.

2. Man geht direkt zur ersten Technik über. In manchen Ausführungsvarianten nimmt man aber zuvor noch einen *Yoi dachi* ein.

   Der rechte Fuß wird nach vorn im Winkel von 45° zur Hauptachse gesetzt. Man steht in *Shiko dachi*. Dabei führte man, während man ausatmet, einen *Morote teishō uke* vor der Brust aus. Dies ist die sogenannte Tigerhaltung (*Tora no kamae*). Die Finger zeigen zueinander. Die Position, wie auch die folgenden, ist *Naname* – ein *Shiko dachi* mit dem Oberkörper schräg zum *Shōmen*. Der Blick bleibt während aller nun im *Shiko dachi* folgenden Schritte in Richtung *Shōmen*. Während man von einer Stellung in die nächste wechselt, muss man die Hüften auf gleicher Höhe halten.

3. Am Ort hebt man langsam mit den Handrücken zueinander die Hände. Die Finger werden bis auf Höhe des Kinns gehoben. Die Ellbogen sind eng am Körper. Dabei atmet man kurz ein.

4. Am Ort: Langsam und verbunden mit langem Ausatmen wird *Morote gedan harai uke* zu beiden Seiten ausgeführt. Die Faustinnenseiten sind nach hinten ausgerichtet (in manchen Ausführungsvarianten ist die Technik durch einen *Morote gedan barai* ersetzt).
5. Am Ort hebt man, während man kurz einatmet, schnell die rechte Hand mit der Handfläche nach oben in *Chūdan ura uke*, während die linke Hand, ebenfalls mit der Handfläche nach oben, in *Hikite* gezogen wird.
6. Am Ort dreht man die rechte Hand in *Kake uke* …,
7. … anschließend wird sie zur Hüfte gezogen, während gleichzeitig die linke Hand entlang des Bauches, die Handfläche noch immer nach oben zeigend, einen *Chūdan nukite* ausführt. Diese Bewegung wird kraftvoll ausgeführt, und man atmet dabei lang aus. Der Blick geht nach wie vor in Richtung *Shōmen*.
8. Symmetrische Wiederholung von Sequenz 2, nachdem der linke Fuß direkt (also nicht im Kreisbogen) in Richtung *Shōmen* gesetzt wurde.
9. Symmetrische Wiederholung von Sequenz 3.
10. Symmetrische Wiederholung von Sequenz 4.
11. Symmetrische Wiederholung von Sequenz 5.
12. Symmetrische Wiederholung von Sequenz 6.
13. Symmetrische Wiederholung von Sequenz 7.
14. Wiederholung von Sequenz 2.
15. Wiederholung von Sequenz 3.
16. Wiederholung von Sequenz 4.
17. Wiederholung von Sequenz 5.
18. Wiederholung von Sequenz 6 und 7.
19. Am Ort: Schlag mit dem rechten Faustrücken in die linke Handfläche (in manchen Ausführungsvarianten hebt man das rechte Knie vor dem Körper an, während man diese Bewegung ausführt).

20. Gleitschritt mit beiden Füßen (*Suri ashi*) vorwärts (wenn man zuvor im *Shiko dachi* stand, bringt man den rechten Fuß ein Stück zum linken, bevor man in Richtung *Shōmen* gleitet), um schließlich im rechten *Heikō dachi* zu stehen. Dabei führt man einen rechten *Chūdan zuki* aus, der durch die linke Hand unterstützt wird (*Hōjō oshi*), um den Schub nach vorn zu verstärken.

21. Der rechte Fuß wird zurückgesetzt, so dass man im *Han zenkutsu dachi* steht (stärker ausgeprägte Stellung als *Heikō dachi*, aber weniger tief und weniger instabil als *Zenkutsu dachi*), während die rechte Faust in *Hikite* gezogen wird. Die linke ausgestreckte Hand bleibt vorn (in manchen Ausführungsvarianten dreht man die Hand in *Osae uke*).

22. Am Ort: Senkrechter Schlag mit dem Ellbogen nach oben; die Spitze des Ellbogengelenks schlägt gegen die linke Hand (*Tate hiji ate*).

23. Man setzt den rechten Fuß im Winkel von 45° nach rechts (in *Sanchin dachi*, mitunter auch in *Renoji dachi*), wobei man einen *Chūdan soe uke* nach rechts ausführt (*Hōjō uke*; die linke Handfläche drückt gegen die Basis der rechten Faust).

24. Schnell setzt man den linken Fuß auf derselben Linie nach vorn (*Shiko dachi*) und führt dabei einen linken *Gedan barai* (*Harai uke*) aus.

25. Mit gleicher Kraft und Schnelligkeit setzt man den linken Fuß auf derselben Linie wieder zurück (*Shiko dachi*), während man einen rechten *Gedan barai* ausführt.

26. – 28. Man setzt den linken Fuß im Winkel von 90° zur vorherigen Linie nach links, um in dieser Richtung die drei symmetrischen Techniken der Sequenzen 23 bis 25 auszuführen.

29. Der linke Fuß wird auf die zentrale Achse der Kata zurückgesetzt, und im *Shiko dachi*, mit Blick in Richtung *Shōmen*, nimmt man langsam die Haltung *Hari uke no kamae* ein, das heißt, man führt einen linken *Jōdan shutō age uke* und einen rechten *Gedan teishō uke* aus (*Gedan barai*).

30. Man wendet nach hinten rechts, um den rechten Fuß auf derselben Linie zurückzusetzen und dabei die zu Sequenz 29 symmetrische Technik auszuführen.

31. Schneller *Suri ashi* auf der zentralen Achse, indem der rechte Fuß, gefolgt vom linken, vorgesetzt wird. Nun führt man im *Heikō dachi* (manchmal *Sanchin dachi*) einen *Jōdan soto uke* aus, indem man mit dem rechten Ellbogen gegen die von unten kommende linke Handfläche schlägt.

32. Erneuter *Suri ashi* (*Yori ashi*) auf der zentralen Achse, indem man in die gleiche Stellung in Richtung *Shōmen* gleitet. Dabei führt man einen *Jōdan uraken uchi* mit der rechten Faust aus, ohne dass der Ellbogen die linke Hand verlässt. Sequenzen 31 und 32 werden schnell hintereinander ausgeführt. An dieser Stelle erfolgt ein *Kiai*.

33. Der rechte Fuß wird vor dem linken über Kreuz gestellt, und man richtet sich mit dem linken Fuß vorn in *Sanchin dachi* auf (manchmal auch in *Heikō dachi*). Dabei dreht man sich nach links, das heißt, 45° zur zentralen Achse, aber mit dem Rücken in Richtung *Shōmen*. Gleichzeitig und schnell führt man einen linken *Chūdan uchi uke* und einen rechten *Gedan barai* aus.

34. Der rechte Fuß wird auf der Linie nach vorn gesetzt, und während man in *Shiko dachi* geht, führt man einen rechten *Jōdan ura zuki* aus. Die linke Hand wird dabei mit der Handfläche nach vorn zum Schutz vor den Solarplexus gebracht.

35. Am Ort führt man nun unverzüglich einen rechten *Jōdan uraken uchi* …

36. … und einen *Gedan barai* mit demselben Arm aus. Die linke Hand hat sich dabei nicht bewegt.

37. Unverzüglich setzt man den rechten Fuß zurück, um auf derselben Linie im *Shiko dachi* einen linken *Gedan barai* auszuführen, während die rechte Faust in *Hikite* gezogen wird.

38. Man wendet den Kopf in Richtung *Shōmen*, und indem man sein Gewicht auf das linke Bein verlagert, setzt man den rechten Fuß auf die zentrale Achse, so dass man in *Nekoashi dachi* steht. Man führt simultan einen *Mae age empi uchi* (*Hiji ate*) mit dem rechten Ellbogen und mit dem linken einen *Ushiro empi uchi* aus, unterstützt durch ein starkes Zurückziehen der Hüften.

39. Der rechte Fuß wird auf der Linie zurückgesetzt, und man führt die vorherige Bewegung symmetrisch aus.

40. – 46. Der linke Fuß wird vor dem rechten über Kreuz gesetzt. Man wendet sich im Winkel von 45° zur zentralen Achse nach hinten links und führt die zu den Sequenzen 33 bis 39 symmetrischen Techniken aus.

47. Man richtet sich auf und führt die linke Hand in einer langsamen kreisbogenförmigen Bewegung nach vorn (*Teishō otoshi uke*). Anschließend geht man mit einem raschen *Suri ashi* in Richtung *Shōmen*, wobei man einen rechten *Jōdan uraken uchi* ausführt. Die linke Hand wird dabei mit der Handfläche nach vorn auf Höhe des Ellbogens gebracht. Die Stellung ist *Sanchin dachi* (manchmal auch *Heikō dachi*).

48. Der rechte Fuß wird auf der Linie zurückgesetzt, der linke folgt ein Stück, und man nimmt einen *Nekoashi dachi* ein, um langsam eine doppelte kreisbogenförmige Bewegung der Hände zu vollführen (*Yama uke no kamae*). Diese Aktion endet damit, dass man die Ellbogen mit wachsender Anspannung vor der Brust absenkt und auseinanderführt (*Kuri uke*).

49. Die linke Hand wird unter die rechte geführt, und man richtet sich in *Musubi dachi* auf. Die überkreuzten Hände drehen sich aufeinander, bis sie ihre Endhaltung vor dem Bauch eingenommen haben. *Rei*.

Ende der Kata.

Anmerkung: *Diese Kata ist im Shitō-ryū (siehe Teil 3) eine der beiden Shitei kata. Die Shitō-ryū-Ausführung ist praktisch identisch mit der hier beschriebenen, abgesehen von folgenden Unterschieden:*

- *Die Sequenzen 23, 26, 33 und 40 werden im Sanchin dachi und nicht im Heikō dachi ausgeführt.*
- *In Sequenz 20 wird das Knie gehoben (der Spann des rechten Fußes wird an die Kniekehle des linken Beins gelegt).*
- *Die Sequenzen 36 und 43 werden mit vollständigem Hikite der hinteren Faust ausgeführt.*

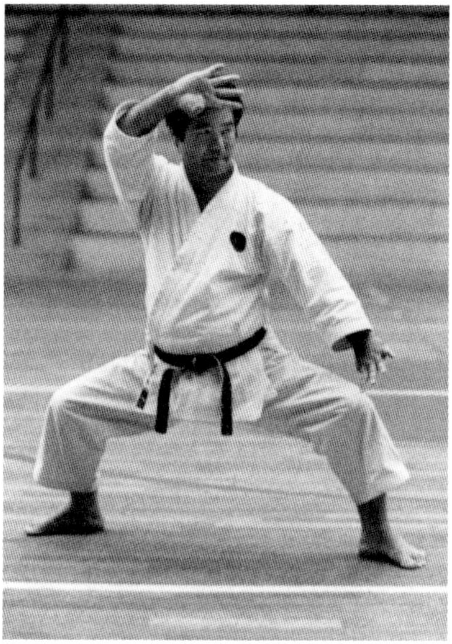

Foto 23

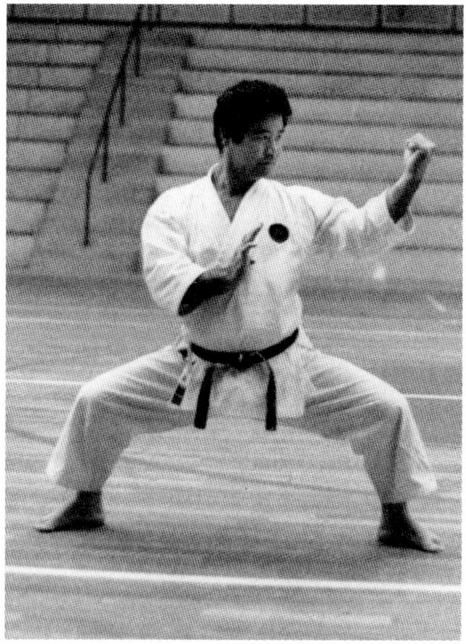

Foto 24

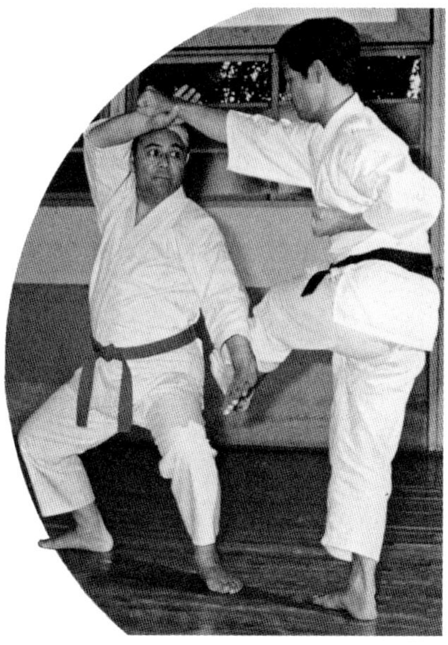

Foto 25

Fotos 23 und 24: Higaonna Morio Sensei, eines der wichtigsten Oberhäupter des heutigen okinawanischen Gōjū-ryū, in Haltungen der Kata *Seienchin*.

Foto 25: Ein Bunkei der Kata *Seienchin*, demonstriert von Miyagi Takashi Sensei.

Seienchin

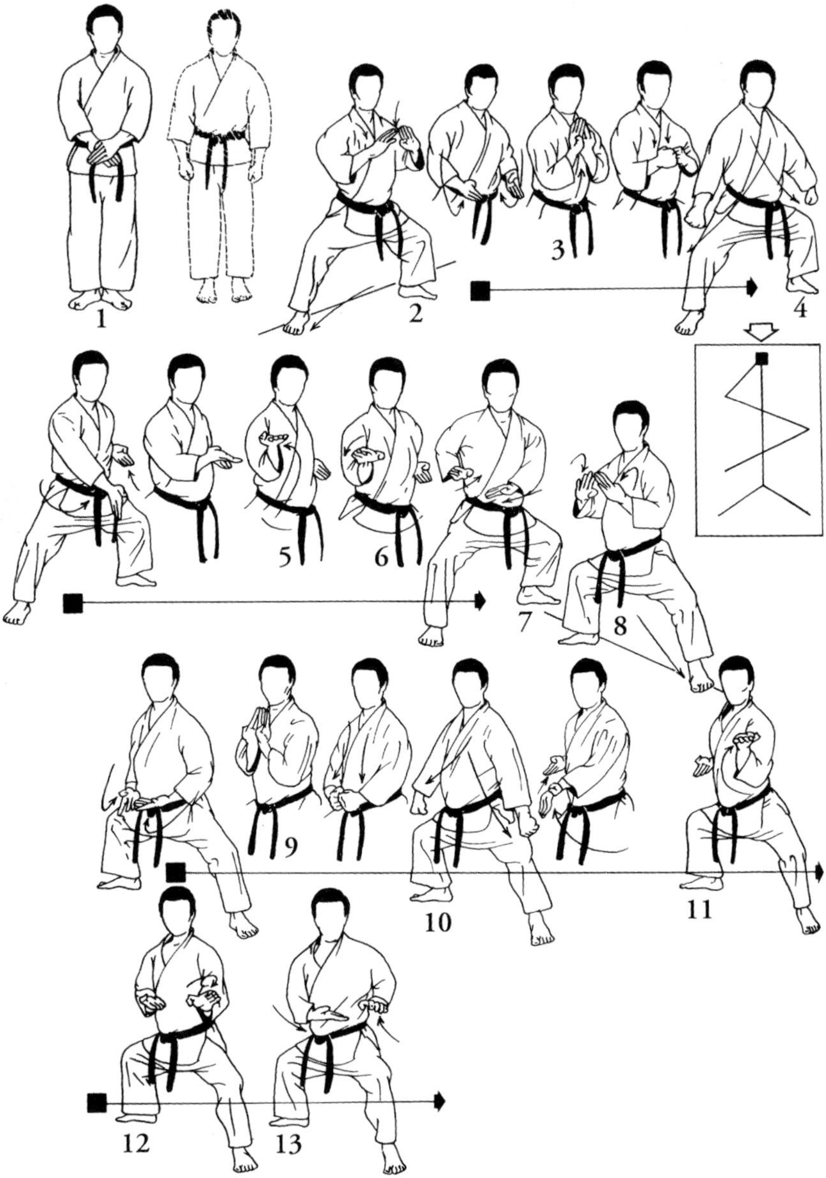

Seienchin

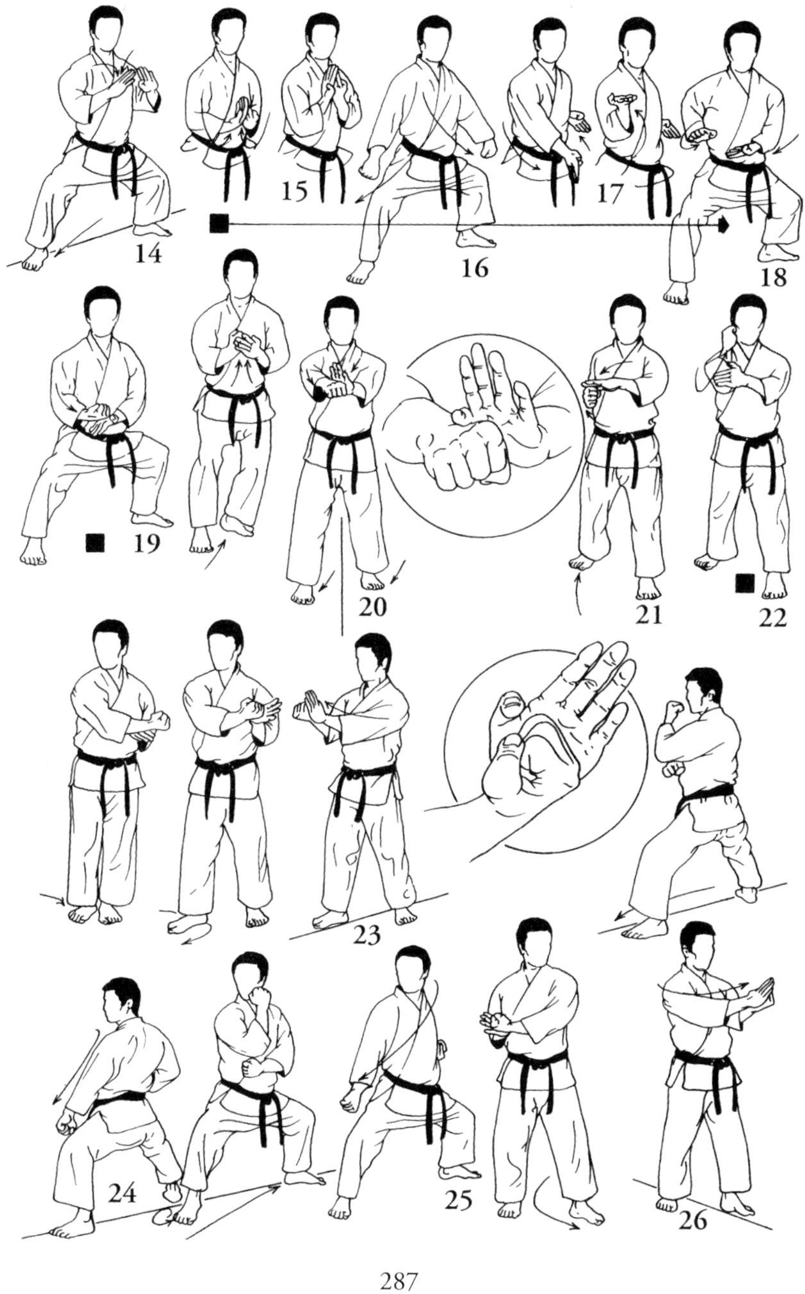

Seienchin

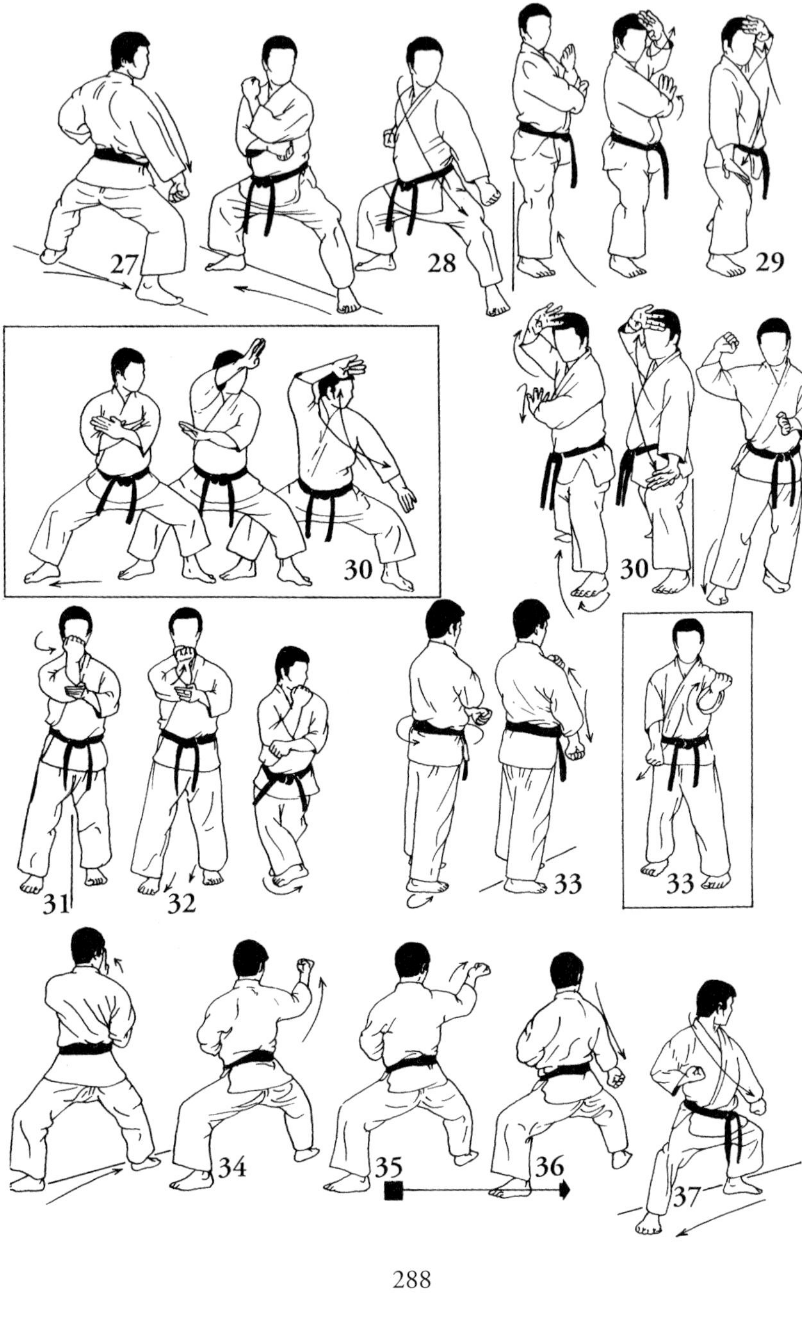

Seienchin

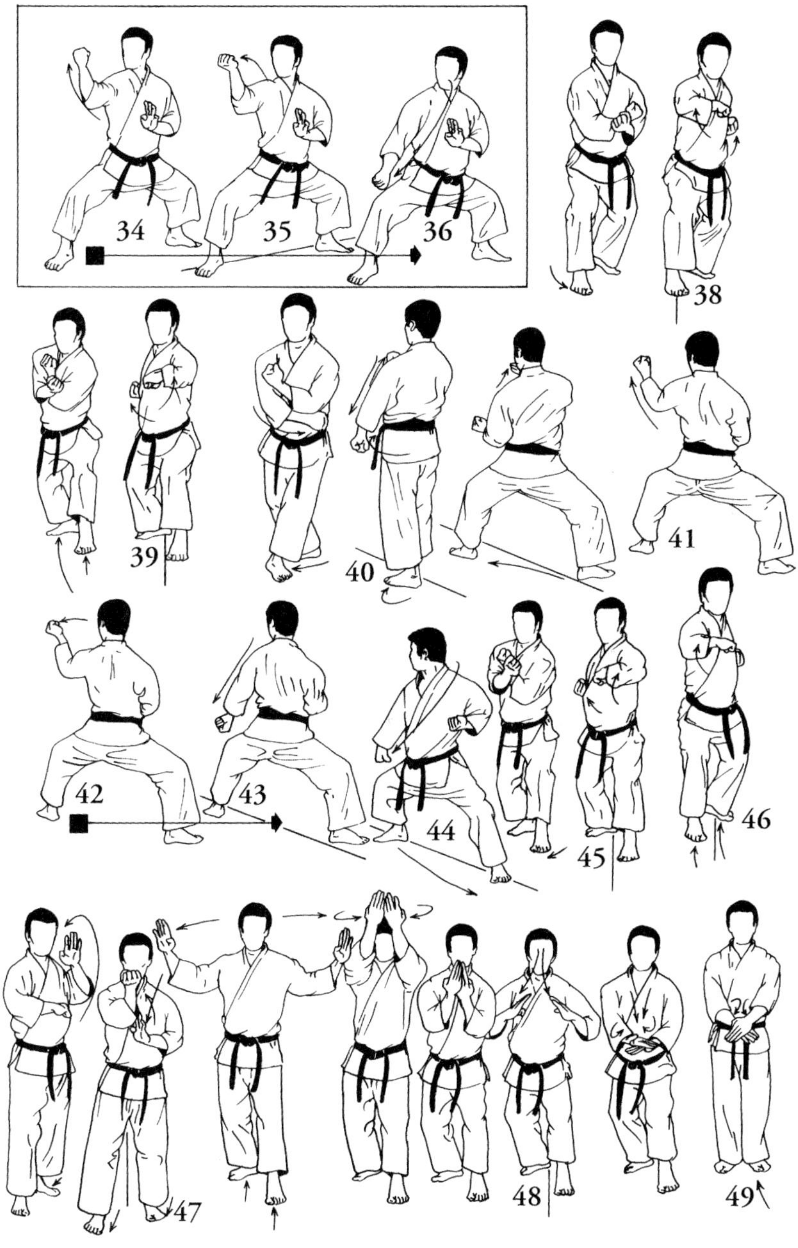

Seipai

Der Erschaffer dieser Kata, die Higashionna Kanryō einst von seinem chinesischen Meister erlernte, ist unbekannt.

»*Seipai*« bedeutet »18«. Hier findet man die Kombination »6 x 3«. Die »6« hat den gleichen Bezug wie die zweite »6« der Kata *Sanseru*. Die »3« symbolisiert gemäß Higaonna Morio Sensei das Gute, das Böse und den Frieden.

Diese Kata beinhaltet zahlreiche kreisbogenförmige Techniken und lehrt, wie man Angriffen, die aus einem Winkel von 45° erfolgen, begegnet. Sie enthält auch eine Anzahl »verborgener« Techniken, oder Techniken, die dazu bestimmt sind, den Gegner zu verwirren (Finten). Die *Bunkai* sind oft nicht so offensichtlich, wie sie zunächst scheinen, und erhellen sich einem erst durch vertiefte Praxis. Mit den Wechseln zwischen »*Gō*« und »*Jū*« ist die *Seipai*, gemeinsam mit den Kata *Seisan* und *Kururunfa*, besonders repräsentativ für den Stil.

Anmerkung: *Die Kata Seipai ist eine der beiden Shitei kata des Gōjū-ryū.*

1. Nach dem Gruß, *Musubi dachi.*
2. Der linke Fuß wird zurückgesetzt, und im *Shiko dachi* (*Yokomuki shiko dachi*) auf der zentralen Achse führt man langsam von hinten nach vorn einen senkrechten *Shutō uchi* mit der rechten Hand aus. Die linke Hand bleibt offen und wird mit der Handfläche nach vorn vor den Solarplexus abgesenkt. Dies ist ein *Seipai no kamae.*
3. Der linke Fuß wird auf der zentralen Achse nach vorn gesetzt, während man die rechte Hand um die linke schließt, die von unten kommt. Diese Zwischenstellung ist ein *Heikō dachi.* Man setzt unverzüglich den rechten Fuß in dieselbe Richtung (*Han zenkutsu dachi*), indem man die Hände, die einander noch immer halten, auf *Chūdan*-Höhe nach vorn streckt. Sie werden im Uhrzeigersinn umeinander gedreht, so dass die linke Hand nach oben gelangt.
4. Man dreht den linken Fuß nach außen, um am Ort in *Shiko dachi* (*Naname*) zu gehen. Man führt mit dem rechten Ellbogen einen *Age*

empi uchi aus, was mit einer kippenden Bewegung der Ellbogen verbunden ist. Die Hände sind noch immer miteinander verbunden.

5. Der linke Fuß wird in Richtung *Shōmen* (siehe S. 280) gesetzt, und im *Kokutsu dachi* (auf alte Weise, das heißt, der linke Fuß ist nach rechts gedreht, und das linke Bein ist gestreckt) blockt man mit linkem *Gedan teishō barai*, während die rechte Hand mit der Handfläche nach unten zur rechten Schulter geführt wird.
6. Am Ort wird die linke Hand auf Höhe der Schulter gehoben (*Haishu mawashi osae uke*). Die rechte Hand bleibt in ihrer Position.
7. Man wendet in Richtung *Shōmen*, um im *Zenkutsu dachi* einen *Jōdan shutō uchi* auszuführen, wobei die offene linke Hand zur Hüfte gezogen wird.
8. Ohne die Haltung des Oberkörpers zu verändern, führt man einen *Mae geri* in die vordere Richtung der zentralen Achse aus.
9. Der rechte Fuß wird nach hinten abgesetzt, so dass man im *Shiko dachi* steht (*Yokomuki*); dabei führt man einen rechten *Ushiro empi uchi* und einen linken *Mae empi uchi* aus, welcher unverzüglich mit einem linken *Jōdan uraken uchi* weitergeführt wird.
10. Man wendet sich auf dem linken Fuß nach rechts, um mit rechtem *Gedan barai* zu blocken. Die linke Faust wird zuvor mit der Faustinnenfläche nach unten unter den rechten Ellbogen gebracht.
11. Am Ort hebt man den rechten Unterarm für einen rechten *Chūdan uchi uke …*,
12. … gefolgt von einem *Kake uke* (*Hiki uke*) der rechten Hand.

Anmerkung: *Details zu den Sequenzen 10, 11 und 12 sind in den umrahmten Zeichnungen zu sehen.*

13. Der linke Fuß wird vor dem rechten über Kreuz gesetzt. Man wendet in Richtung *Shōmen*. Der rechte Fuß wird nach vorn gesetzt, so dass man im *Heikō dachi* steht. Während der Drehung wird die rechte Faust geschlossen, und man senkt den rechten Unterarm vor dem Körper ab, bis er parallel zum Boden und zur Brust ist (*Suihei osae*): Die linke Faust wird in *Hikite* gezogen.

14. Die Knie werden ein wenig gebeugt, und man wendet auf dem linken Fuß nach links. Anschließend wird der rechte Fuß vorgesetzt, bis man im *Heikō dachi* im Winkel von 45° nach links und mit dem Rücken zum *Shōmen* steht. Während man sich dreht, führt die rechte Hand einen kreisbogenförmigen Schlag von unten nach oben aus (*Gedan furi uchi*), während die linke Hand einen *Haishu mawashi uke* ausführt (nachdem sie zuvor auf Kopfhöhe gehoben wurde).

15. Man lässt den linken Fuß weit in diese Richtung gleiten, gefolgt vom rechten (*Yori ashi*), um schließlich mit dem linken Fuß vorn im *Renoji dachi* zu stehen. Dabei führt man einen *Gedan harai uke* mit der linken Hand und einen *Chūdan teishō uchi* mit der rechten aus.

16. Der rechte Fuß wird auf derselben Linie nach vorn gesetzt, und man geht in *Shiko dachi*, wobei man die Hände mit den Handflächen zueinander vor die Brust bringt. Die rechte Hand ist oben (*Morote ninoji gamae*).

17. Die rechte Fußsohle wird zum linken Bein gezogen (*Ashi barai fumikomi*), wobei die Fäuste in *Hikite* gezogen werden (*Nakadaka ippon ken*).

18. Der rechte Fuß wird wieder abgesetzt (*Shiko dachi*), und man schlägt mit beiden Fäusten senkrecht nach unten (*Ryōken nakadaka ippon ken kedan zuki*).

19. Wendung auf dem linken Fuß. Der rechte Fuß wird nach hinten auf dieselbe Linie mitgeführt, um im *Shiko dachi* einen linken *Gedan harai uke* auszuführen. Die rechte Faust wird in *Hikite* gezogen.

20. – 24. Der rechte Fuß wird im Winkel von 90° zur vorherigen Linie nach vorn gesetzt, um in *Renoji dachi* zu gelangen und die zu Sequenz 15 symmetrischen Techniken auszuführen. Unverzüglich folgen die symmetrischen Ausführungen der Techniken der Sequenzen 16 bis 19 in einem Winkel von 45° rechts und in die entgegengesetzte Richtung vom *Shōmen*.

25. Der rechte Fuß wird auf Höhe der linken Ferse gesetzt. Anschließend wendet man nach links. Im linken *Nekoashi dachi*, mit Blick in Rich-

tung *Shōmen*, führt man einen linken *Chūdan yoko uke* (*Uchi uke*) und einen *Jōdan furi zuki* aus.

26. Man springt mit dem rechten Fuß nach vorn, setzt den linken Fuß von hinten über Kreuz, so dass man im *Kōsa dachi* (oder *Bensoku dachi*) steht und führt die Handtechniken der Sequenz 25 symmetrisch aus.

27. Man wendet auf beiden Füßen im Winkel von 90° zur vorherigen Linie nach hinten links und endet im linken *Heikō dachi*. Linker *Chūdan kake uke* (*Hiki uke*). Die rechte Hand kehrt an die Seite zurück.

28. Man wendet auf beiden Füßen nach rechts, geht in rechten *Heikō dachi*, während man einen linken *Gedan furi uchi* ausführt (die Faustinnenseite ist nach außen gedreht). Gleichzeitig wird die rechte Hand zur Faust geschlossen und in *Hikite* gezogen.

29. Aus dieser Haltung führt man einen linken *Jōdan uraken uchi* aus.

30. Man wendet am Ort nach links, so dass man wieder im nach links ausgerichteten *Heikō dachi* in die Richtung von Sequenz 27 steht. Dabei führt man einen rechten *Chūdan gyaku yoko uke* aus. Die linke Faust wird in *Hikite* gezogen.

31. In dieselbe Richtung führt man, ohne die Haltung der Fäuste zu verändern, einen rechten *Mae geri* aus.

32. Man nimmt den rechten Fuß zurück, um in *Shiko dachi* zu gehen, und man führt einen linken *Chūdan ura zuki* aus. Die linke Hand ist zum Schutz vor dem Solarplexus.

33. – 38. Man wendet auf dem rechten Fuß nach rechts und führt den linken Fuß nach, um in die zur letzten Stellung entgegengesetzten Richtung in rechten *Heikō dachi* zu gelangen. Symmetrische Wiederholung von Sequenz 27.

Die Abfolge wird weitergeführt mit der symmetrischen Wiederholung der Sequenzen 28 bis 32.

39. Man wendet sich nach rechts, Richtung *Shōmen*, indem man den linken Fuß in weitem Kreisbogen von links nach rechts führt, bis er sich auf einer Linie mit dem rechten Fuß befindet. Der rechte Fuß wird

nun ein Stück nach links gesetzt, so dass man im *Nekoashi dachi* steht (man ist somit auf der zentralen Achse zurückgegangen). Diese Wendung wird mit der Technik *Ninoji no kamae* abgeschlossen (wie in der Sequenz 19 der Kata *Kururunfa*; siehe S. 264).

40. Der rechte Fuß wird auf der Linie zurückgesetzt, und man nimmt einen linken *Nekoashi dachi* ein. Zugleich werden beide Hände im Uhrzeigersinn gedreht, wobei sie sich allmählich zu Fäusten schließen. Man beendet die Bewegung, indem die Fäuste zum Körper gezogen werden, wobei die linke höher ist als die rechte. Dies ist eine Technik zum Werfen (*Nage waza*).

41. Am Ort: Schlag mit der rechten Faust in die linke Hand vor dem Unterleib. Dazu entfernen sich zunächst beide Fäuste vom Körper, um sich schließlich in einer weiten kreisbogenförmigen Bewegung in der Mitte zu treffen (*Morote mawashi uchi*).

42. Der linke Fuß wird zurückgesetzt, und man richtet sich in *Musubi dachi* auf, während man die Hände umeinander dreht und wieder absenkt, so dass sie übereinander vor dem Unterleib liegen. *Rei.*

Ende der Kata.

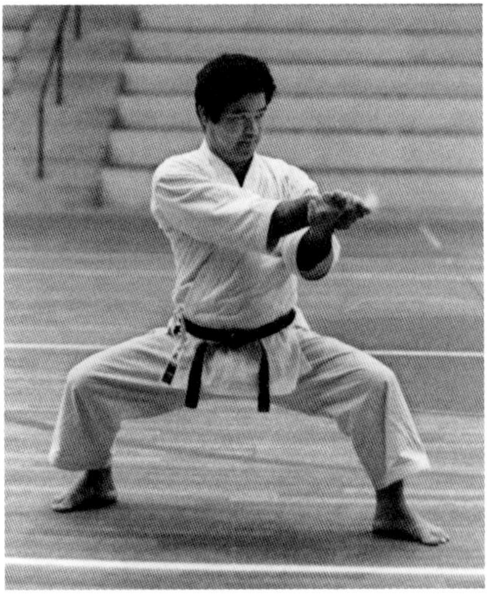

Foto 26: Higaonna Morio Sensei in einer Haltung aus der Kata *Seipai*. Man beachte das Kraftvolle und die Stabilität des *Shiko dachi*.

Seipai

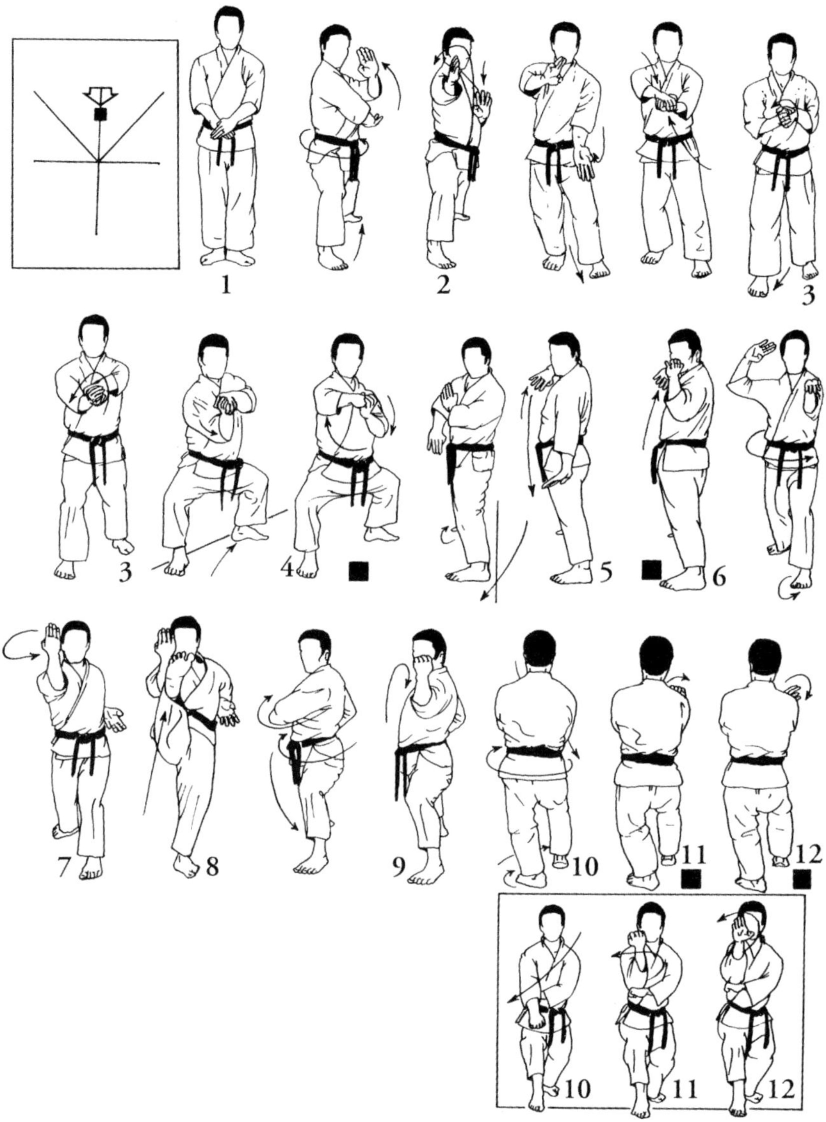

Seipai

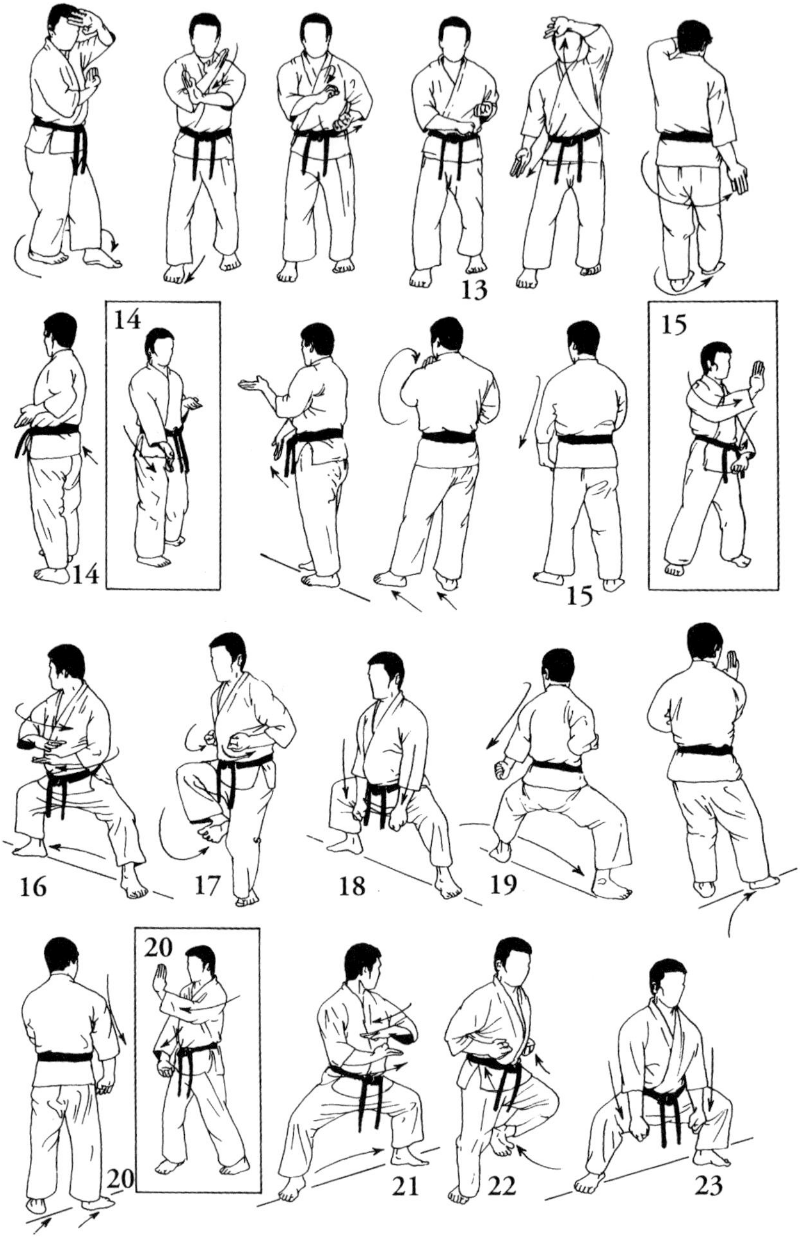

Seipai

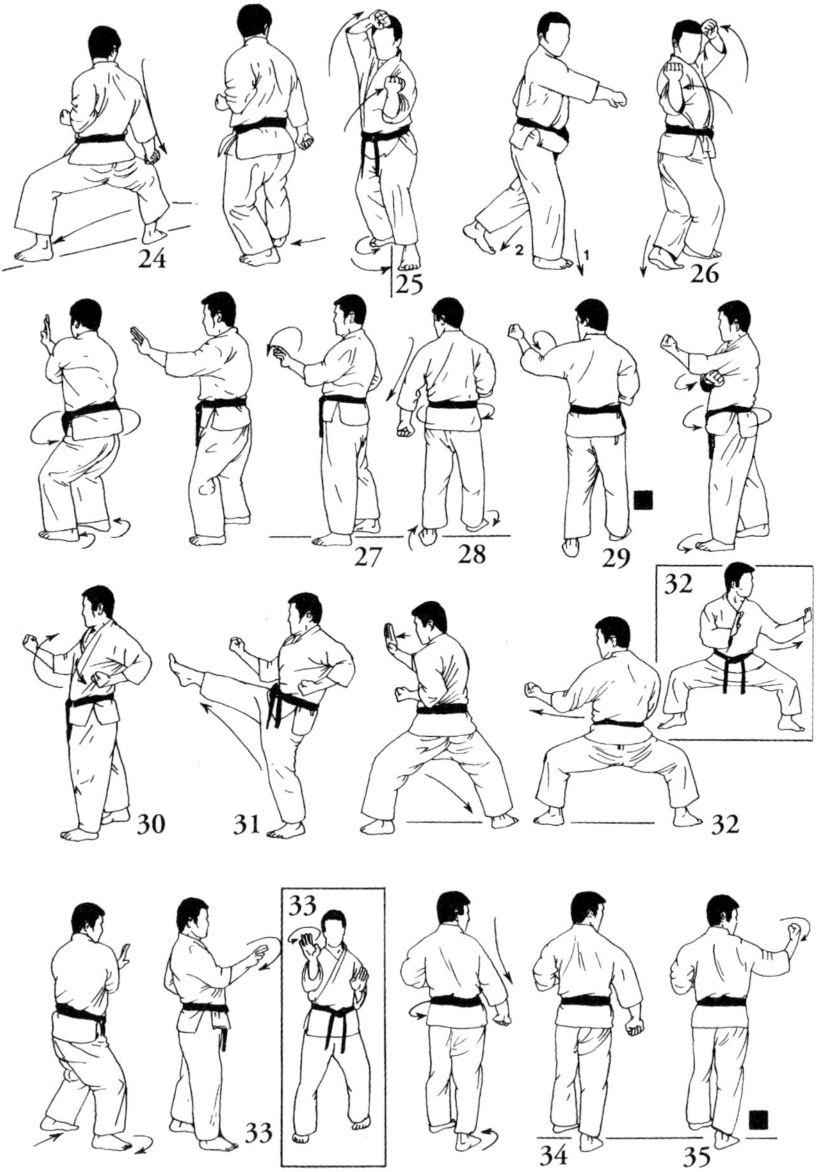

Seipai

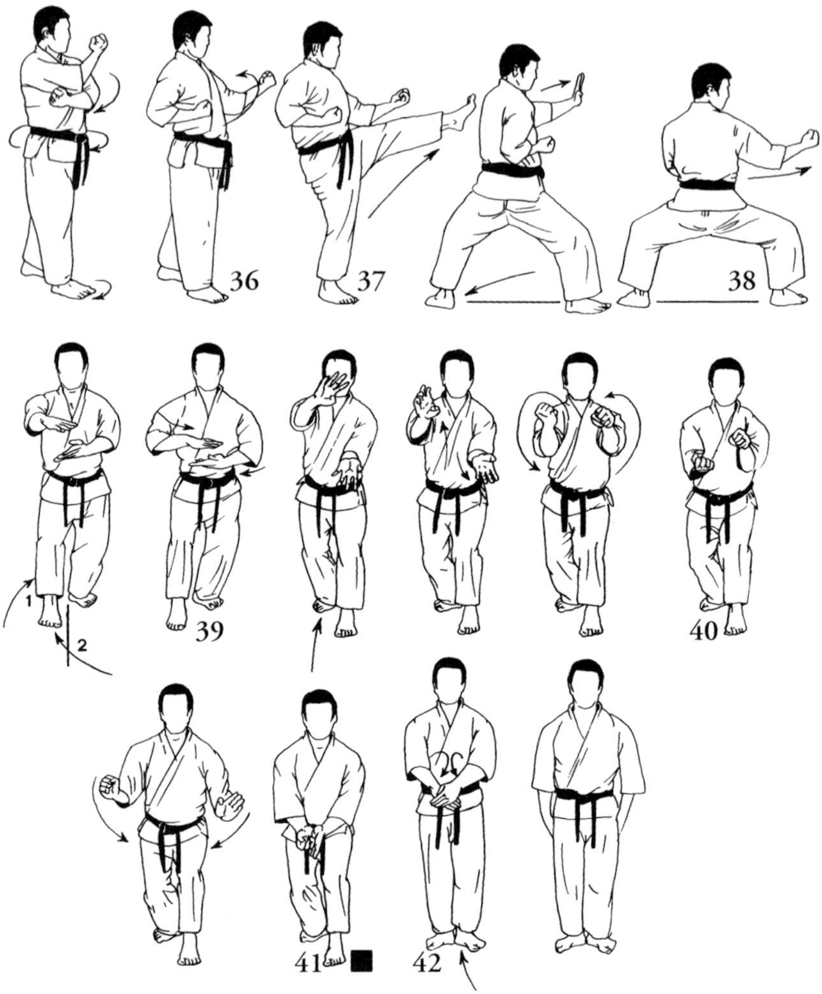

Seisan

Der Erschaffer dieser Kata, die Higashionna Kanryō einst von seinem chinesischen Meister erlernte, ist unbekannt. Diese Form war die Lieblingskata von Miyagi Chōjun und seines Schülers Shinzato Jin'an. Sie kombiniert kreisbogenförmige und geradlinige Bewegungen, die auf unterschiedliche Weise interpretiert werden können. Die *Seisan* enthält ebenfalls sehr kurze Fausttechniken (*Sun zuki*) für den Nahkampf.

1. Gruß, *Musubi dachi*. Die Hände sind vor dem Bauch über Kreuz.

Die Sequenzen 2 bis 12 sind identisch mit den Sequenzen 2 bis 12 der Kata Sanchin*:*

2. Der rechte Fuß wird nach vorn gesetzt, und man führt einen *Morote chūdan uchi uke* aus. Langes Einatmen, danach kurzes Ausatmen und starkes Luftanhalten.
3. Ohne den rechten Arm zu bewegen, wird die linke Faust in *Hikite* gezogen. Dabei atmet man lange ein und hält die Luft am Ende leicht an.
4. Linker *Chūdan gyaku zuki*, verbunden mit langem Ausatmen; am Ende starkes Luftanhalten.
5. Linker *Yoko uke*, mit Konzentration der Kraft auf das Handgelenk; dabei langes Einatmen, gefolgt von kurzem Ausatmen und starkem Luftanhalten. Die Endstellung des Armes ist wie beim *Chūdan uchi uke*.
6. Mit den Armen in der Position *Morote chūdan uke* lässt man den linken Fuß nach vorn gleiten (*Suri ashi*), nachdem der rechte Fuß ein kleines Stück auf dem Fußballen nach außen gedreht wurde. Der Atem ist noch immer angehalten, die Bauchmuskeln angespannt.

Ende der Bewegungsfolge. Sie wird nun zwei Mal in dieselbe Richtung wiederholt:

7. Symmetrische Wiederholung von Sequenz 3.
8. Symmetrische Wiederholung von Sequenz 4.

9. Symmetrische Wiederholung von Sequenz 5.
10. Der rechte Fuß wird nach vorn gesetzt; der Atem ist angehalten.
11. Wiederholung von Sequenz 3.
12. Wiederholung von Sequenz 4.
13. Der rechte Fuß ist vorn, man steht im *Sanchin dachi*. Man öffnet die linke Hand auf Höhe des Gesichts und führt mit der entspannten rechten Hand einen *Shutō uchi* mit der Schnelligkeit eines Peitschenschlags in die linke Handfläche aus.
14. Noch immer am selben Ort, dreht man beide Handflächen nach vorn und hebt die linke Hand zum *Haiwan Age uke* und senkt die rechte Hand zum *Teishō otoshi uke*. Man wiederholt die Techniken mit der jeweils anderen Hand, und dann noch ein drittes Mal, das heißt wie am Anfang. Diese Bewegungen werden direkt vor dem Körper in schneller Abfolge ausgeführt.
15. Am Ort führt man mit beiden Händen einen *Morote sukui uke* aus. Die rechte Ferse wird nach hinten angehoben, indem man den rechten Fuß von vorn nach hinten gleiten lässt. Danach lässt man den Fuß erneut nach vorn gleiten, gefolgt vom linken Fuß (*Suri ashi*), um schließlich im rechten *Heikō dachi* zu stehen. Die Bewegung endet mit einem kraftvollen *Morote osae uke* beider Hände.
16. Wiederholung von Sequenz 15.
17. Erneute Wiederholung von Sequenz 15.
18. Nach dem letzten *Morote osae uke* werden die Fäuste in *Hikite* gezogen, das rechte Knie wird angehoben, und man führt einen schrägen *Kansetsu geri* nach vorn rechts aus.
19. Man hebt das rechte Knie an, dreht auf dem linken Fuß 180° nach links und führt den rechten Fuß so mit, dass man am Ende in die rückwärtige Richtung der zentralen Achse der Kata im *Sanchin dachi* steht. Man führt simultan einen linken *Jōdan teishō uchi* auf Schulterhöhe und einen *Gedan teishō barai* mit der rechten Hand aus. Diese Bewegungen erfolgen langsam, aber kraftvoll.
20. Man geht vor, so dass man einen rechten *Sanchin dachi* einnimmt, und führt mit der linken Hand einen *Gedan teishō barai* und mit der

rechten einen *Chūdan sukui uke* aus. Die letztere Bewegung wird beendet, indem die rechte Handfläche nach oben gedreht (*Kake uke*) und danach ein wenig nach hinten und unten gezogen wird (*Chūdan hikite uke*). Details in den umrahmten Zeichnungen.

21. Man geht vor, so dass man in einem linken *Sanchin dachi* steht und führt die zu Sequenz 20 symmetrischen Bewegungen aus.
22. Wiederholung von Sequenz 20.
23. Wiederholung von Sequenz 21. Man hat die Bewegungsfolge nun vier Mal wiederholt.
24. Der rechte Fuß gleitet 90° zur vorherigen Linie nach rechts. Der linke Fuß folgt (*Suri ashi*). Im *Heikō dachi* mit dem rechten Fuß vorn beschreibt man drei Mal mit der rechten Hand einen Kreis (von innen nach außen), während die linke Faust in *Hikite* gezogen wird. Am Ende des dritten Kreises wird die rechte Hand, beginnend mit dem kleinen Finger, zur Faust geschlossen (Einzelheiten in umrahmter Zeichnung).
25. Am Ort erfolgt ein linker *Chūdan gyaku zuki*, gefolgt von einem rechten *Chūdan zuki*.
26. Man hebt das rechte Knie, während man die rechte Faust in *Gedan-zuki*-Position absenkt. Ohne die Haltung des Oberkörpers zu verändern, führt man einen schrägen *Gedan sokutō geri* nach vorn rechts aus.
27. Man dreht sich auf dem rechten Fuß um 180° nach links und wiederholt die Techniken von Sequenz 19.
28. Man gleitet in dieselbe Richtung, so dass man im Halbprofil im *Shiko dachi* steht, wobei man einen *Chūdan kake uke* mit der linken Hand ausführt und die rechte Faust in *Hikite* zieht.
29. Am Ort führt man rasch hintereinander drei *Chūdan zuki* aus: Mit rechts, links und rechts.
30. Man hebt das rechte Knie, senkt die rechte Faust ab und wiederholt Sequenz 26, jedoch in entgegengesetzte Richtung.
31. Man steht auf dem linken Bein und dreht den Oberkörper um 90° nach rechts, das heißt in die rückwärtige Richtung der Zentralachse der Kata, ohne dabei die Stellung des linken Fußes zu verändern. Das

rechte Knie bleibt angehoben. Man dreht die rechte Faust zum Körper, der Ellbogen ist dabei am Körper. Nun stellt man den rechten Fuß auf die neue Linie, so das man im *Seisan dachi* steht (dies ist ein *Shiko dachi*, aber der vordere Fuß zeigt direkt nach vorn, wodurch die Faust weiter in Richtung der Bewegung gedreht wird), um einen rechten *Age ura zuki*, begleitete von einem *Chūdan teishō otoshi uke* der linken Hand auszuführen. Am Ort fährt man mit einem rechten *Jōdan uraken uchi*, einem rechten *Otoshi empi uchi* und schließlich mit einem *Gedan harai uke* nach rechts fort, während die linke Hand beim Solarplexus bleibt. Die Sequenz wird mit einem *Yoko sun zuki* (*Kagi zuki*) der linken Faust abgeschlossen, während die rechte Faust in *Hikite* gezogen wird. – Siehe umrahmte Zeichnungen für die Details.

32. Aus dieser Haltung hebt man das rechte Knie und führt einen rechten *Gedan sokutō geri* aus.

33. Man hebt das rechte Knie erneut an und macht dann einen Schritt mit dem rechten Fuß in die vorherige Richtung (von Sequenz 31), gefolgt vom linken Fuß, während der Körper sich nach links wendet. Man steht nun wieder in einem linken *Heikō dachi* in die vordere Richtung der Kata und führt einen *Chūdan hiki uke* (*Kake*) aus. Die rechte Hand ist an der Seite, die Handfläche zeigt ebenfalls nach unten.

34. Am Ort werden die Hände mit den Handflächen nach unten nach vorn gestreckt, und anschließend werden die Fäuste kraftvoll in *Hikite* gezogen. Es folgt ein rechter *Mae geri*.

35. Der rechte Fuß wird nach hinten gesetzt, um im *Han zenkutsu dachi* einen rechten *Chūdan gyaku zuki* auszuführen, während zugleich die linke Handfläche zur rechten Schulter zurückkehrt.

36. Sobald der *Tsuki* erfolgt ist, wird der linke Fuß ein wenig zurückgezogen, um in *Nekoashi dachi* zu gehen, woraufhin langsam und entspannt ein *Tora guchi* ausgeführt wird.

37. Man hebt die linke Hand unter die rechte, richtet sich in *Musubi dachi* auf, indem man den linken Fuß zum rechten führt. Die Hände werden übereinander gedreht und vor dem Bauch abgesenkt. *Rei.*

Ende der Kata.

Seisan

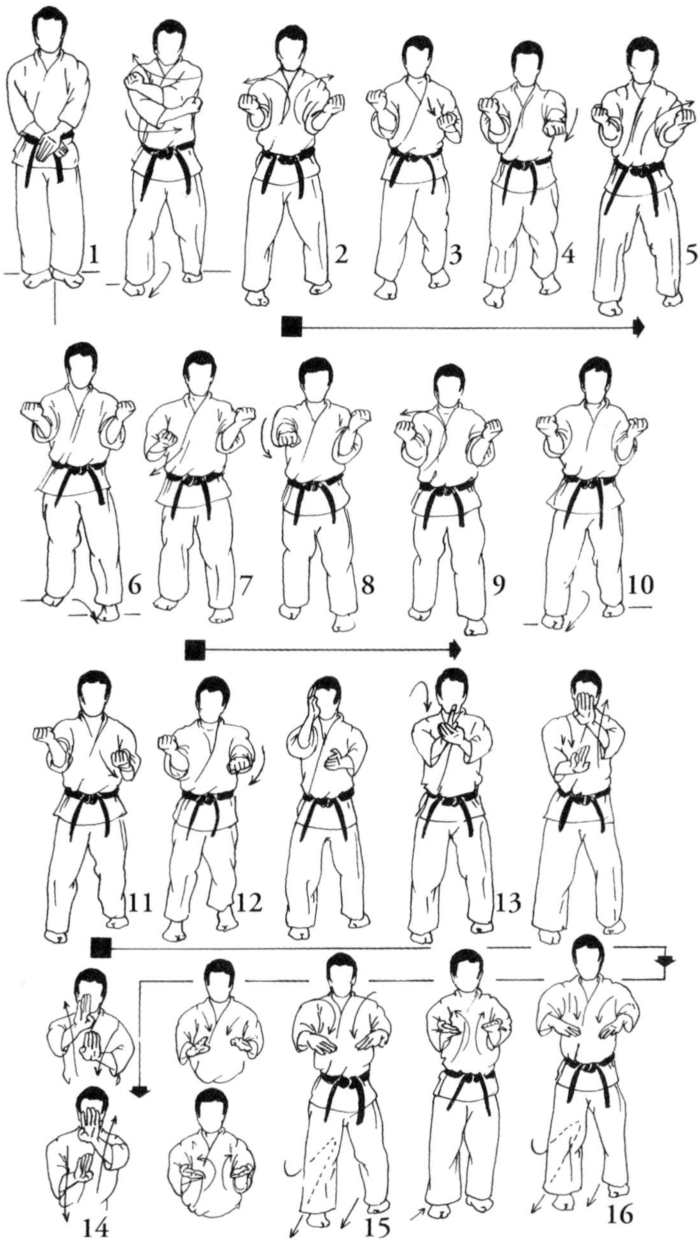

Seisan

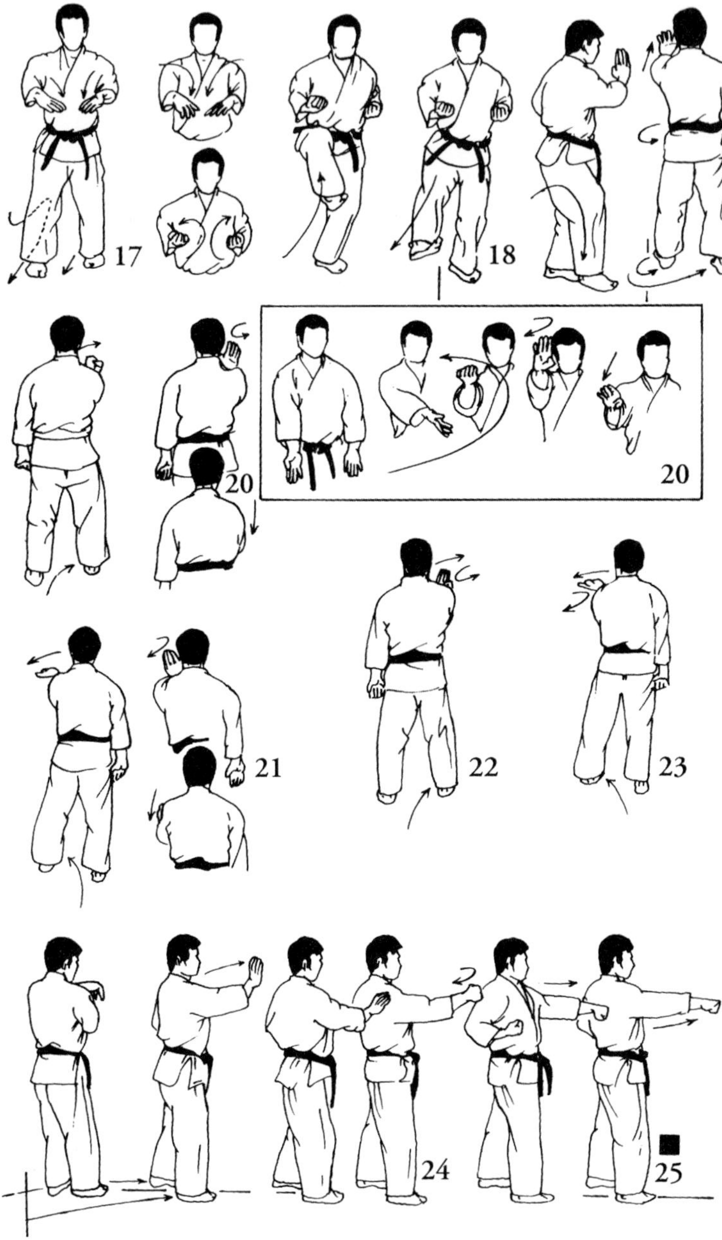

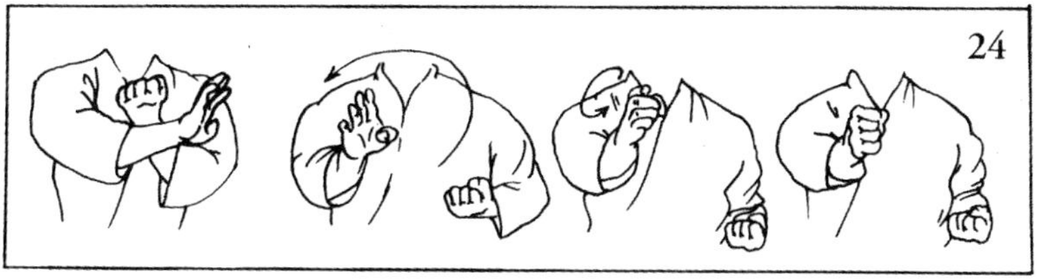
24

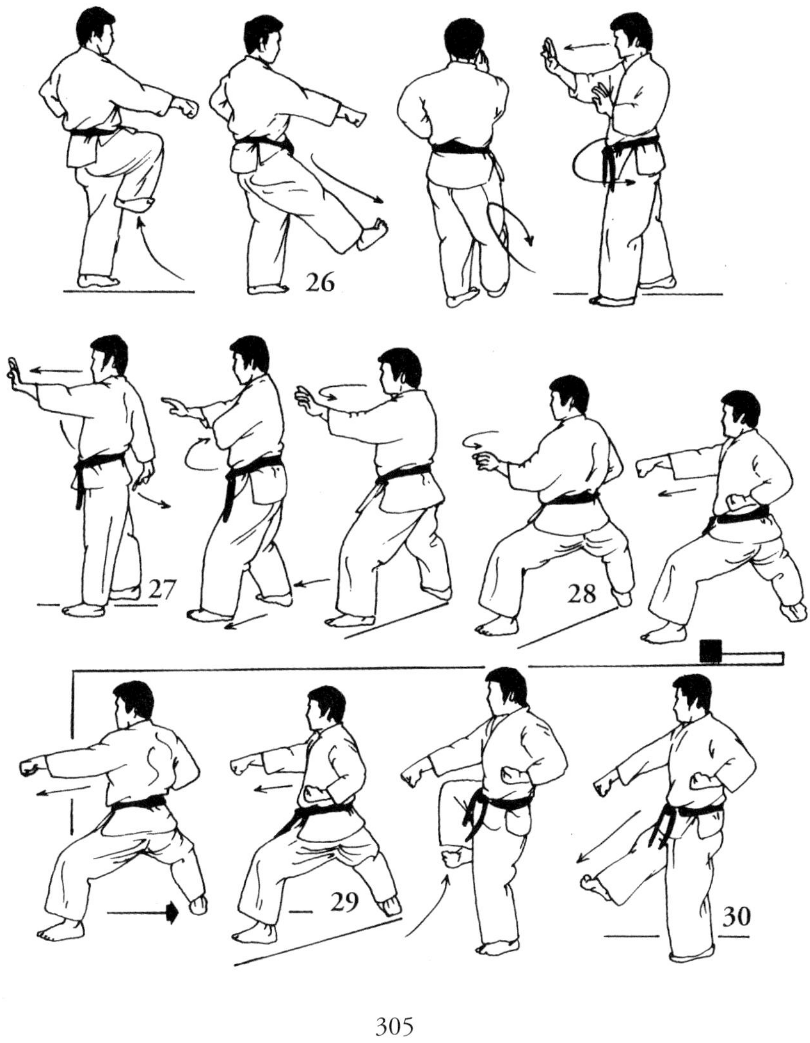
26
27
28
29
30

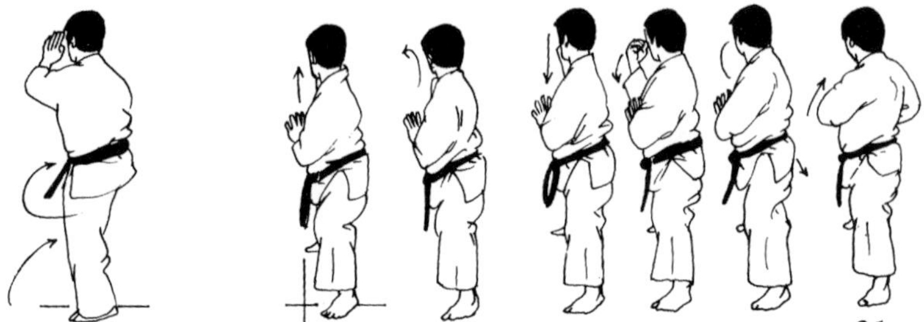

31

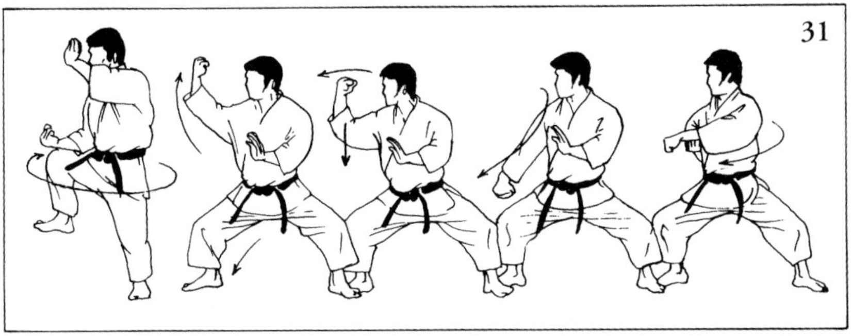

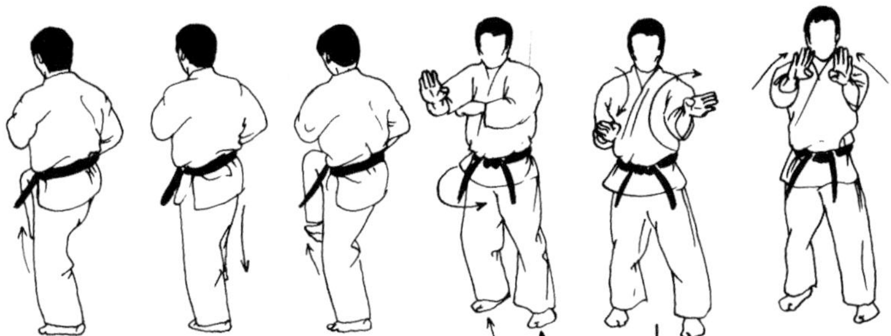

32 33

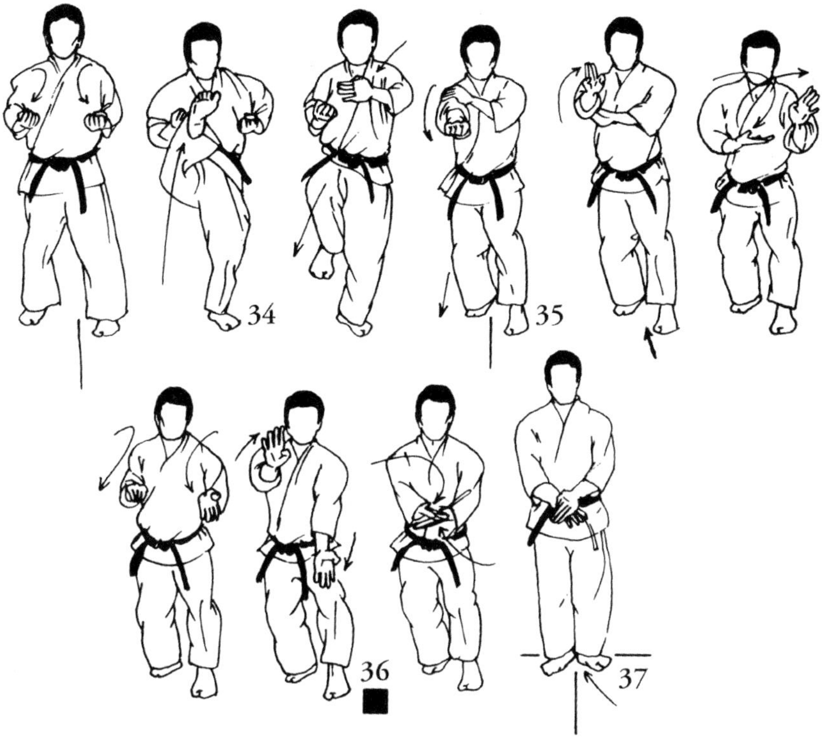
34
35
36
37

Shisōchin

Der Erschaffer dieser Kata, die Higashionna Kanryō einst von seinem chinesischen Meister erlernte, ist unbekannt.

Die Kata lehrt den Kampf in vier Richtungen. Sie enthält viele Techniken, die besonders wirkungsvoll für den Nahkampf sind. Sie war eine der *Tokui kata* (Lieblingskata) von Miyagi Chōjun am Ende seines Lebens.

1. Nach dem Gruß, *Musubi dachi.*

2. – 10. Diese Sequenzen sind nahezu identisch mit den Sequenzen 2 bis 12 der Kata *Sanchin* (siehe S. 239 f.). Der Unterschied ist, dass sie hier mit offenen Händen ausgeführt werden: *Morote chūdan haiwan uke* (*Morote chūdan nukite no kamae*), gefolgt von *Chūdan nukite* (schnell); die Hand wird ebenso schnell in *Hikite*-Position zurückgenommen. Die Abfolge wird drei Mal hintereinander ausgeführt.

11. Die Handflächen werden mit einer kreisbogenförmigen Bewegung vor die Brust gehoben.

12. Der rechte Fuß wird zurückgesetzt, um im linken *Zenkutsu dachi* einen seitlichen *Morote gedan barai* auszuführen.

13. Der rechte Fuß wird im Winkel von 45° zur zentralen Achse nach vorn gesetzt. Nachdem man die Arme überkreuzt hat, führt man mit offenen Händen einen rechten *Chūdan ura kake uke* und einen linken *Gedan barai* aus.

14. Am Ort: Man führt die linke Hand unter den rechten Ellbogen und führt einen *Chūdan kake uke* aus, wobei man beginnt, den Oberkörper nach links zu drehen …;

15. … man dreht den Oberkörper weiter, bis man in einem linken *Zenkutsu dachi* steht. Dabei erfolgt eine seitliche Abwehr mit den Unterarmen und der rechten Hand (*Ude osae*). Die Ellbogen sind am Körper und zeigen zum Boden. Die linke Hand wird mit der Handfläche nach unten in *Hikite* gezogen.

16. – 18. Man setzt den linken Fuß nach vorn im Winkel von 45° zur zen-

tralen Achse und führt die zu den Sequenzen 13 bis 15 symmetrischen Techniken aus.

19. Der linke Fuß wird zum rechten geführt, während man sich in Richtung *Shōmen* dreht. Im *Heisoku dachi* führt man simultan einen *Age empi uchi* mit dem rechten Ellbogen und einen linken *Ushiro empi uchi* aus.

20. Man wendet auf dem linken Fuß 180° nach links und führt den rechten Fuß mit, um im *Zenkutsu dachi*, auf der Zentralachse mit dem Rücken zum *Shōmen*, einen linken *Jōdan teishō zuki* und einen rechten *Gedan teishō barai* auszuführen.

21. Wendung auf dem rechten Fuß 180° nach rechts; der linke Fuß wird mitgeführt. Symmetrische Wiederholung von Sequenz 20, mit dem Gesicht zum *Shōmen*.

22. Der linke Fuß wird im Winkel von 90° zur vorherigen Linie gesetzt. Wiederholung von Sequenz 20.

23. Wendung 180° nach rechts, und Wiederholung von Sequenz 21.

24. Der linke Fuß wird nach vorn gesetzt, so dass man in *Sanchin dachi* steht. Dabei führt man einen linken *Chūdan kake uke* aus, und die rechte Hand wird an die Seite gezogen.

25. Es folgt ein *Mae geri*, ohne dass die Haltung der Hände verändert wird.

26. Der rechte Fuß wird nach vorn abgesetzt (*Zenkutsu dachi*). Man führt einen rechten *Tate empi uchi* mit offener Hand aus. Die linke Hand wird zum Solarplexus gebracht.

27. – 30. Der rechte Fuß wird vor dem linken über Kreuz gesetzt, und man dreht sich nach links, wobei man einen linken *Chūdan kake uke* ausführt. Dies ist die Wiederholung von Sequenz 24 in entgegengesetzter Richtung. Rechter Fuß Schritt vor, rechter *Chūdan kake uke*. Es folgt die symmetrische Wiederholung der Techniken der Sequenzen 25 und 26.

31. Der linke Fuß wird zurückgesetzt und anschließend entlang der zentralen Achse zurückgesetzt. Im rechten *Zenkutsu dachi* führt man mit

offener Hand und Blick zum *Shōmen* einen rechten *Tate empi uchi* aus. Die linke Hand geht zum Solarplexus.

32. Wendung auf dem rechten Fuß nach links. Im *Nekoashi dachi*, auf der zentralen Achse und mit dem Rücken zum *Shōmen*, führt man mit offenen Händen einen *Morote chūdan uchi uke* aus.

33. Man geht auf der Linie nach vorn, während man mit geschlossenen Fäusten einen *Morote tate empi uchi* ausführt, nachdem man sie zuvor in *Hikite* gezogen hat.

34. – 36. Der linke Fuß wird im Winkel von 45° nach vorn gesetzt, und die Sequenzen 16 bis 19 werden wiederholt.

37. – 39. Der rechte Fuß wird zurückgesetzt, um ihn dann wieder im Winkel von 45° nach vorn zu setzen, und die Sequenzen 13 bis 15 werden wiederholt.

40. Der rechte Fuß wird zum linken gesetzt. Mit dem Rücken zum *Shōmen* führt man die zu Sequenz 19 symmetrische Technik aus.

41. Der rechte Fuß wird vorgesetzt, danach wendet man auf diesem Fuß nach links. Der linke Fuß wird mitgeführt, so dass man schließlich auf der zentralen Achse der Kata im *Nekoashi dachi* in Richtung *Shōmen* steht. Die Hände werden vor der Brust überkreuzt, und es erfolgt ein rechter *Chūdan ura kake uke* und zugleich ein linker *Gedan barai*. Die Hände sind offen.

42. Am Ort: Die Hände werden überkreuzt; die linke Hand ist unter der rechten.

43. Der linke Fuß wird zu rechten geführt, und man richtet sich in *Musubi dachi* auf. Die Hände werden umeinander gedreht und abgesenkt, bis man in der Haltung von Sequenz 1 steht. *Rei.*

Ende der Kata.

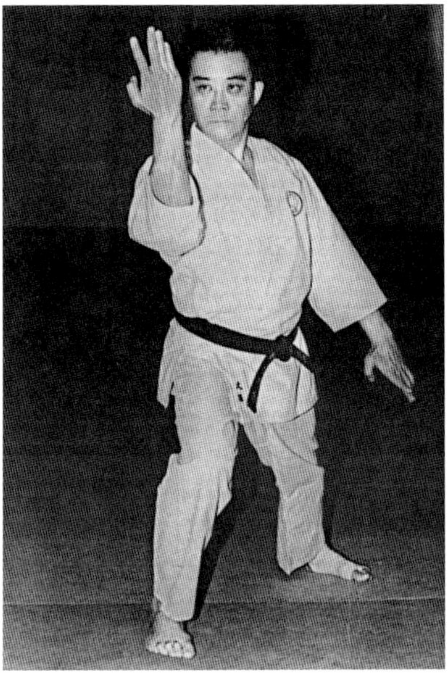

Foto 27

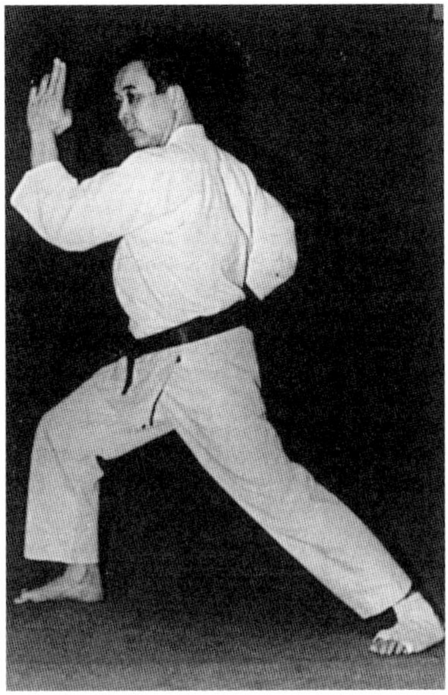

Foto 28

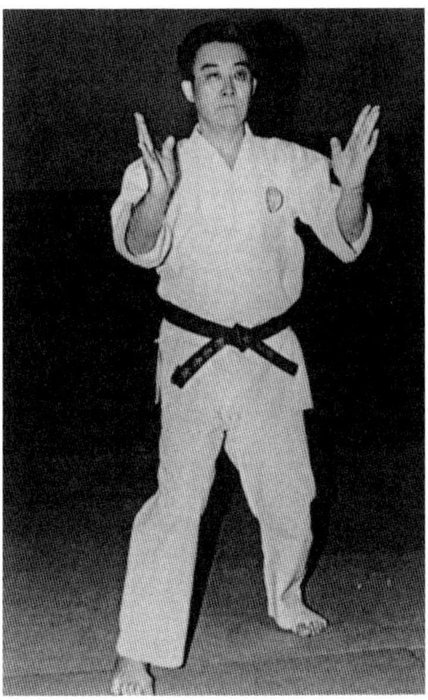

Foto 29

Fotos 27-29: Ōtsuka Tadahiko Sensei (Gōjūkensha von Tokio) bei der Kata *Shisōchin*.

Es gibt heute mehrere Zweige des Gōjū-ryū. Parallel zum japanischen Zweig, der einst stark durch Yamaguchi Gōgen geprägt wurde, hat sich ein Zweig, der mehr im okinawanischen *Naha-te* wurzelt, entwickelt. Hierzu zählt auch das Gōjūkensha, die Schule von Ōtsuka Sensei.

In den Nachfolgestile des alten *Naha-te* existieren zahlreiche Varianten der Kata des Gōjū-ryū, und jeder Stil nimmt für sich in Anspruch, das Erbe treu zu bewahren.

Shisōchin

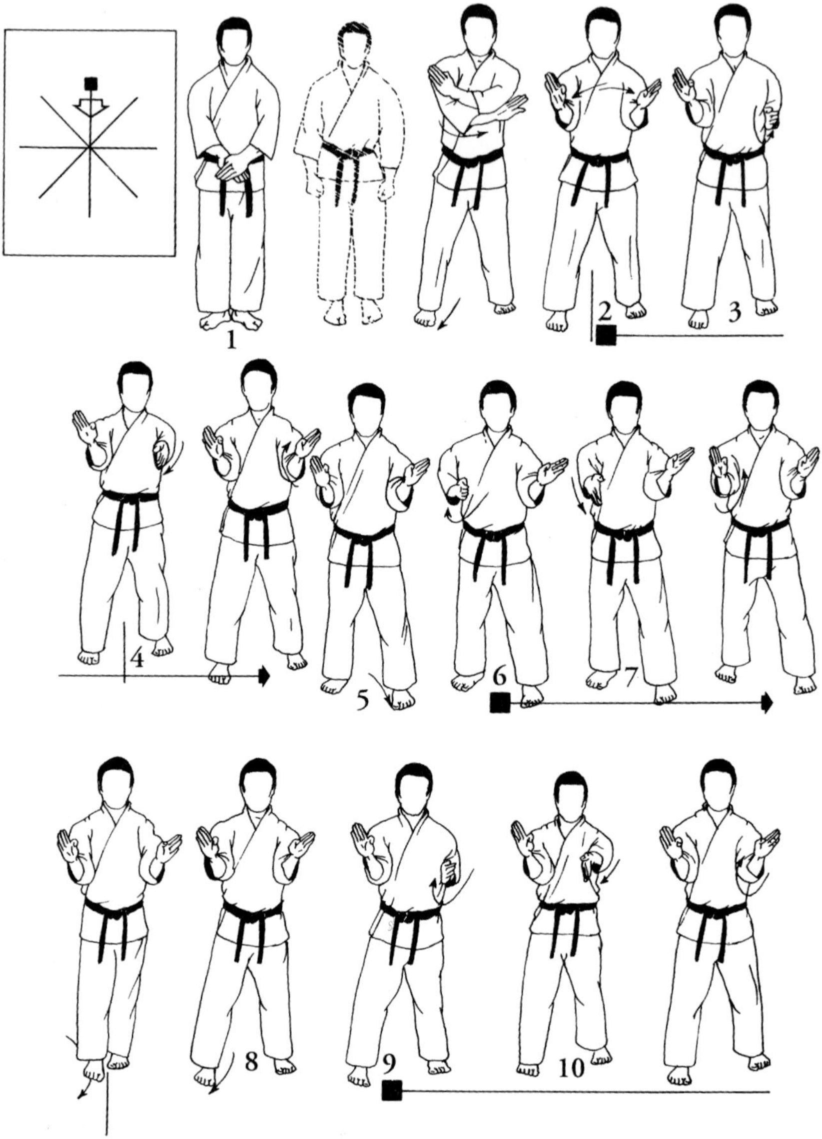

Shisōchin

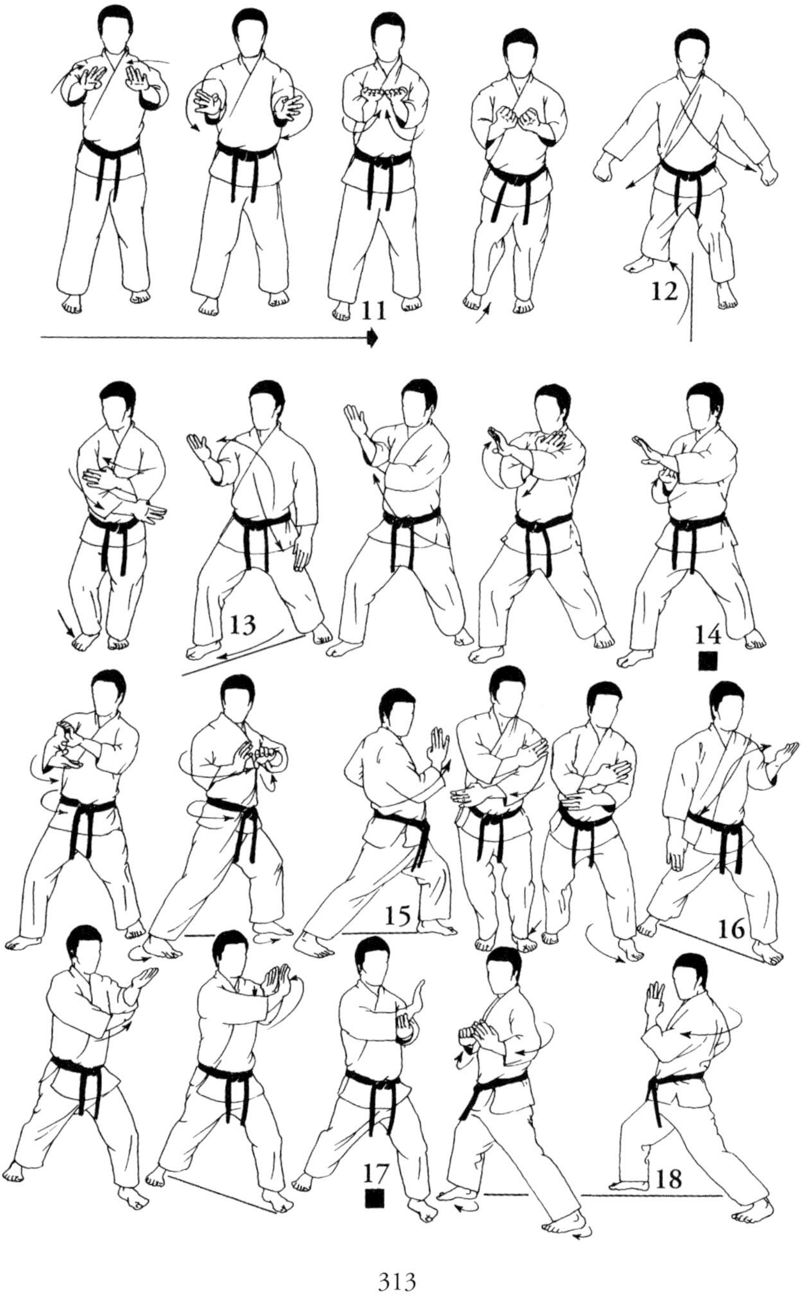

Shisōchin

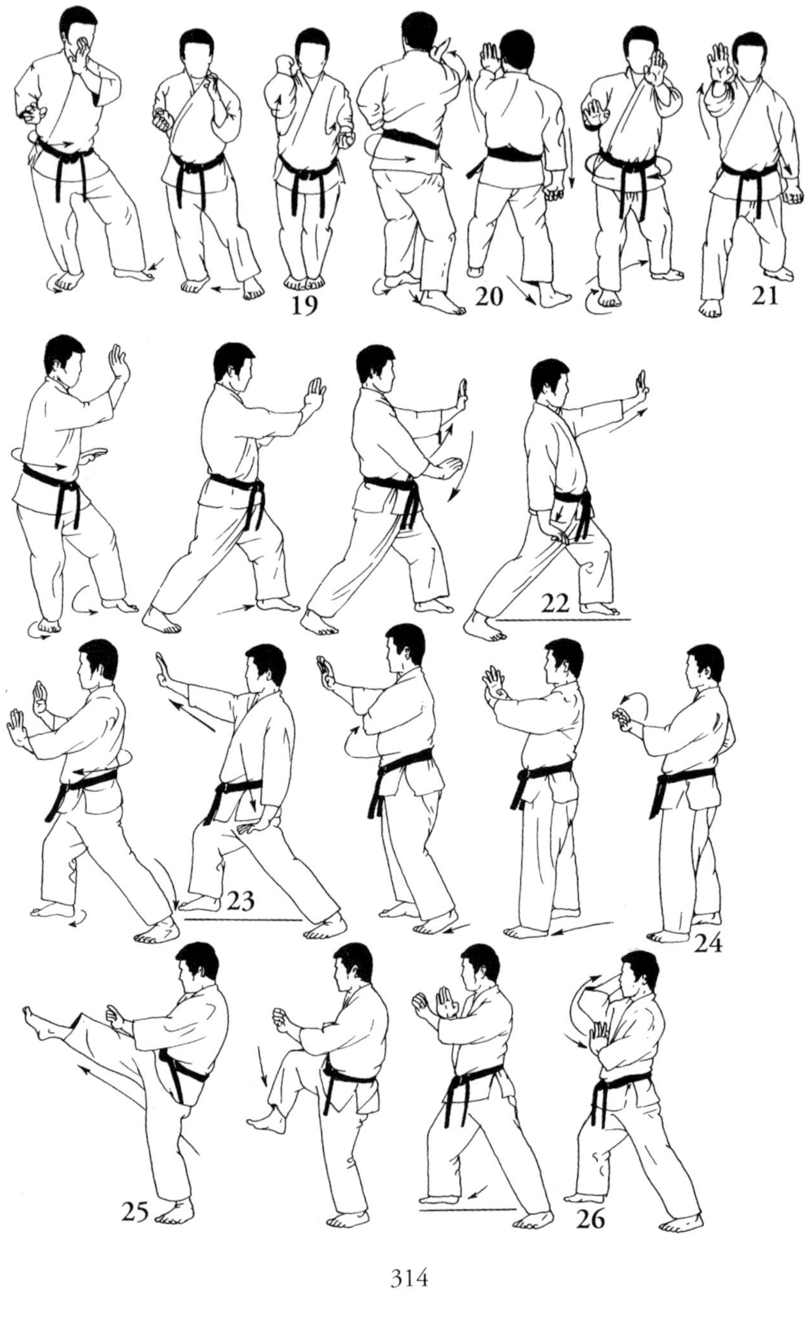

Shisōchin

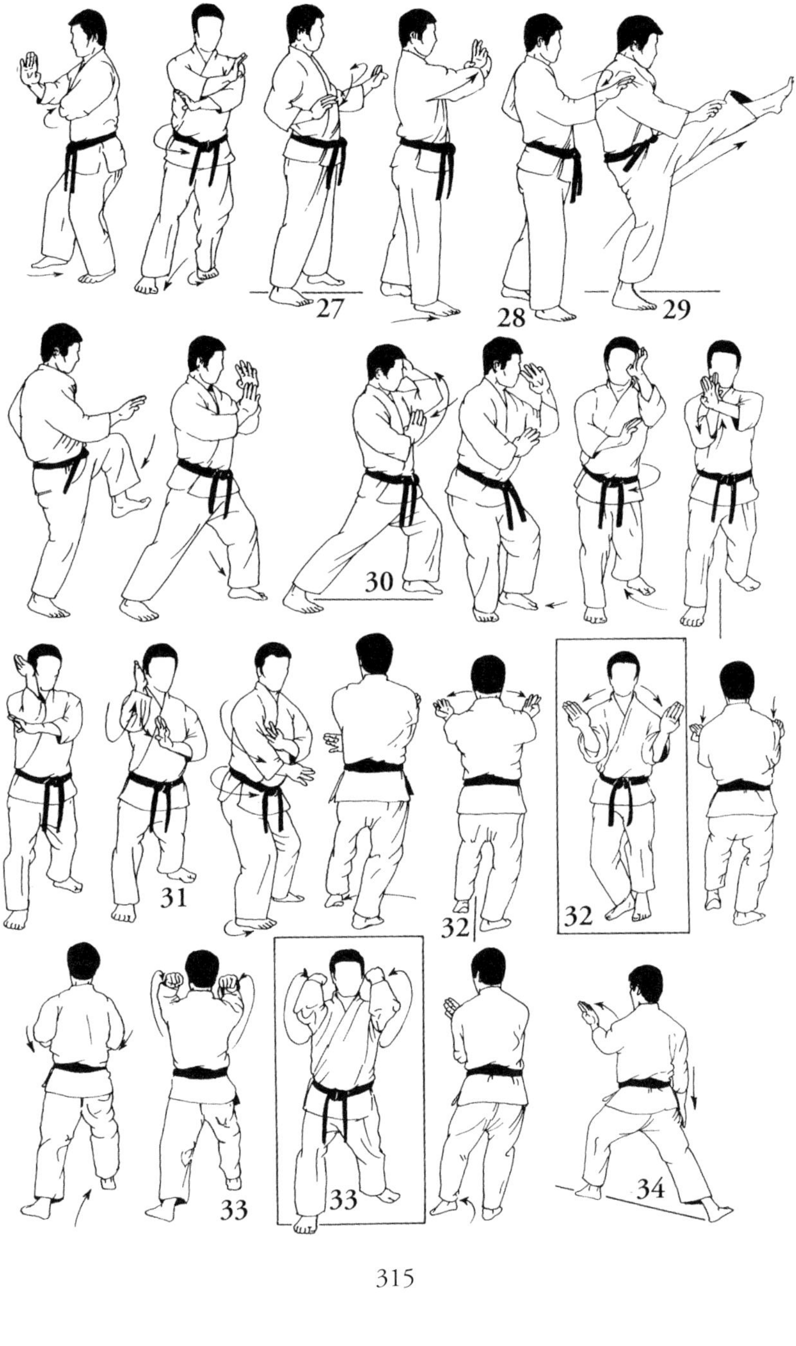

Shisōchin

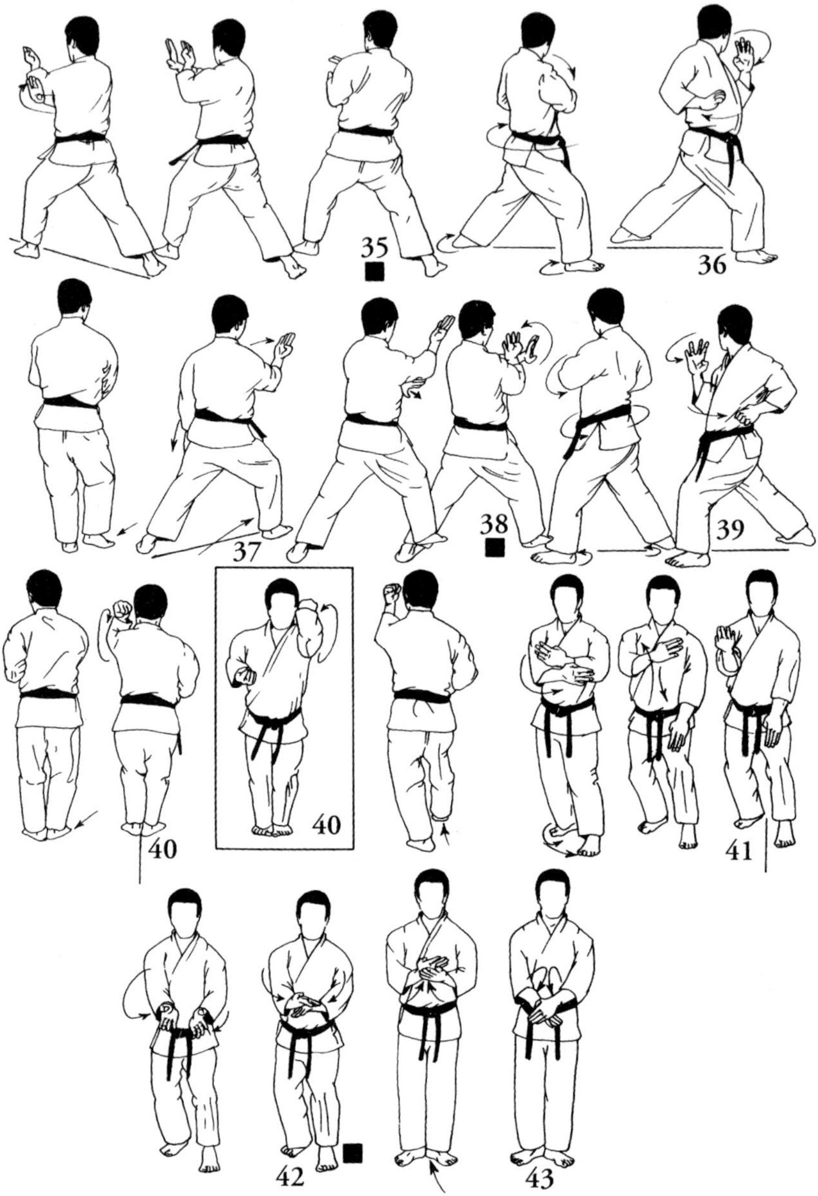

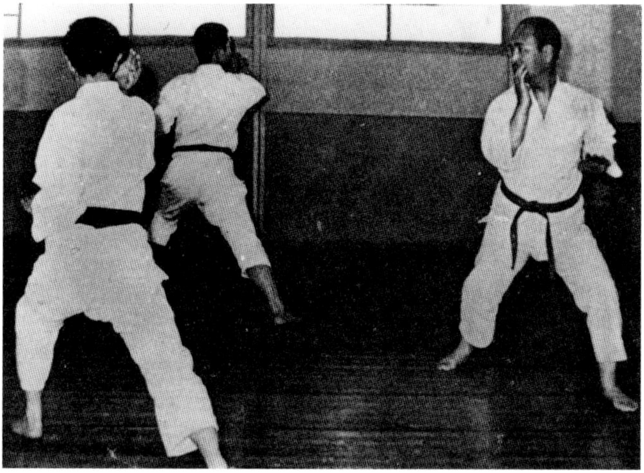

Foto 30

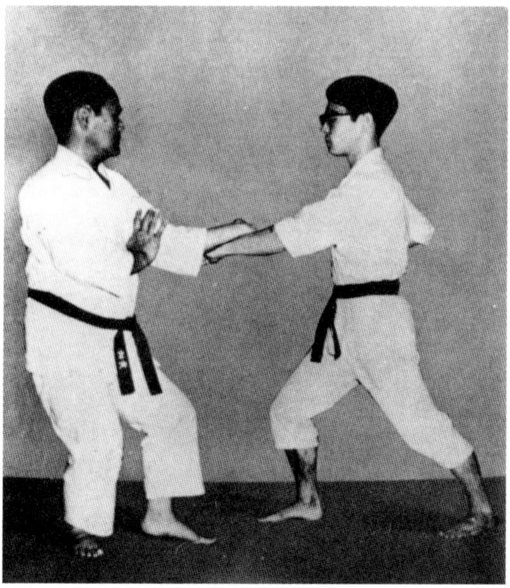

Foto 31

Foto 30: Miyagi Takashi Sensei, Sohn des Stilgründers Miyagi Chōjun, lehrt die Kata *Shisōchin*.

Foto 31: Miyagi Takashi Sensei, Sohn des Stilgründers Miyagi Chōjun, bei einem *Bunkai* der Kata *Shisōchin*.

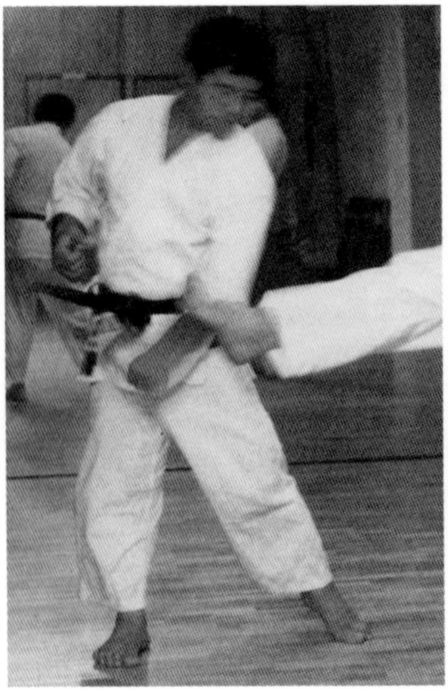

Foto 32

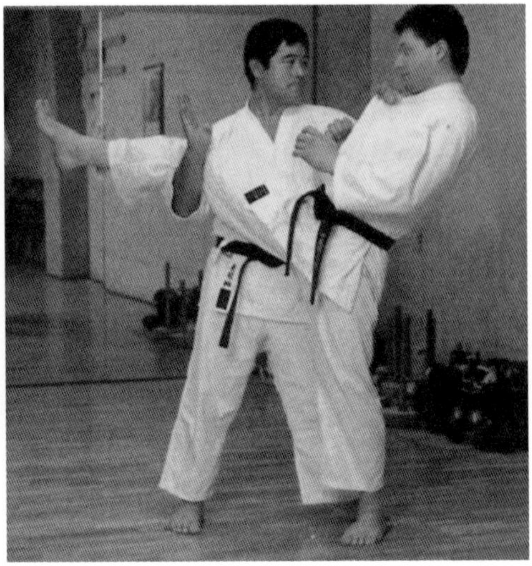

Foto 33

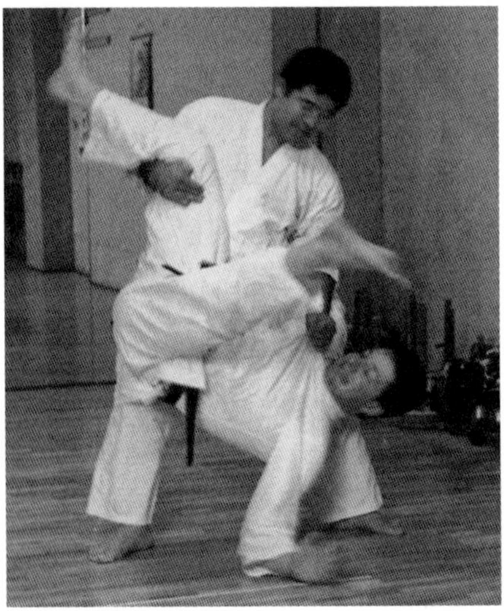

Foto 34

Fotos 32-34: Higaonna Morio Sensei bei einem *Bunkai*.

Sūpārinpai

Man findet diese alte Kata auch unter den Namen *Ibairinpa*, *Yepalinpa*, *Yibailingba*, *Sopaklingpak*, oder auf chinesisch *Pichurin*, *Peichurin*, *Bechurin* oder *Bai-bu-lian*. In China gab es von ihr drei Formen: *Dai*, *Chū* und *Shō*. Die Form, die in das Gōjū-ryū eingegangen ist, entspricht der Variante *Shō* (kurz). Es handelt sich um die komplizierteste Kata, die Miyagi Chōjun von Higashionna Kanryō erlernte. Er beherrschte ihre Ausführung auf sehr hohem Niveau.

Der ursprüngliche chinesische Name der Kata, *Yepalinpa*, bedeutet »108«. Dies kann als Hinweis auf die Zahl der in ihr enthaltenen Techniken verstanden werden, aber auch als Verweis auf eine wichtige symbolische Zahl des Buddhismus.[20]

Die *Sūpārinpai* ist vor allem durch den systematischen Einsatz der offenen Hände gekennzeichnet. Zahlreiche Techniken werden simultan mit beiden Händen ausgeführt. Häufig ist die Stellung ein *Sanchin dachi*, der äußerlich der Stellung in der Grundkata des Gōjū-ryū, *Sanchin*, gleicht, jedoch nicht generell wie dort so sehr im Boden »verankert« ist. Bei der Ausführung der *Sūpārinpai* ist der *Sanchin dachi* oft entspannt (außer beim *Kime*), was schnelle Ortsveränderungen, die perfekt mit den Bewegungen der Hände koordiniert sind, gestattet. Diese *Sanchin dachi* sind daher eigentlich eher *Mae ashi heikō dachi*.

1. Nach dem Gruß, *Musubi dachi*. Die Hände sind über Kreuz vor dem Bauch.

2. – 10. Diese Techniken entsprechen den Sequenzen 2 bis 12 der Kata

[20] Diese Zahl hat bekanntlich große Bedeutung im Buddhismus. Es ist die Zahl der weltlichen Wünsche, die die Ursachen des Leidens sind. In der Silvesternacht erklingen die Glocken 108 Mal. Der buddhistische Rosenkranz (*Mala*) hat 108 Perlen. Mehrere im Buddhismus bedeutsame Zahlen wie die 1080, die 54 und die 27 beruhen auf der 108. Sie können entweder 108 teilen oder sind ein Vielfaches davon. Auch die Treppen zum Tempel haben meist 108 Stufen. Ob man nun das neue Jahr einläutet oder Rosenkränze betet oder Stufe für Stufe die Tempeltreppe hinaufgeht, immer handelt es sich um eine religiöse Übung zum Auslöschen der Leiden schaffenden Wünsche. – Mabuni, K.: Leere Hand – Vom Wesen des Budō-Karate. 3. Aufl. Chemnitz: Palisander Verlag. 2014, S. 210.

Sanchin (siehe S. 237 ff.). Allerdings schnappt hier die Faust beim *Chūdan zuki* nach dem Aufschlag zurück: Die Faust wird sofort nach hinten gezogen, so dass sie in der Position *Chūdan kake uke* ist. Schlag und Rückkehr der Faust erfolgen hier sehr schnell, mit Schwungwirkung auf Ellenbogenniveau, die dazu führt, dass die Faust am Ende wieder symmetrisch zu der im *Yoko uke* gebliebenen ist. Diese Technik wird erst links und dann rechts ausgeführt. Nach dem dritten Schlag (10) bleibt der Arm jedoch gestreckt.

11. Am Ort, im rechten *Sanchin dachi*, öffnet man die Hände und führt die Handflächen nach oben und zur Brust. Dann führt man sie zu den Seiten, wobei man die Kraft in den Handgelenken konzentriert. Die damit verbundene Empfindung ist die von »Schwerthänden«. Dabei sind die Hände leicht über Schulterhöhe.

12. + 13. Der linke Fuß wird vorgesetzt, so dass man im linken *Sanchin dachi* steht, und man führt einen *Tora guchi* aus, der sich aus zwei fließend hintereinander ausgeführten Techniken zusammensetzt:

- *Mawashi uke* (12), das heißt ein *Jōdan mawashi* tekubi *osae uke* mit der linken Hand, verbunden mit einem *Chūdan uchi kake uke* mit der rechten. Beide Hände beenden ihre kreisbogenförmigen Bewegungen an den Seiten;

- *Morote teishō uchi* (13), das heißt, ein *Gedan oshi* mit der linken Hand, begleitet von einem *Chūdan oshi* mit der rechten Hand.

Die beide verbundenen Teilsequenzen werden in dieser Kata mehrmals wiederholt. Sie werden im folgenden einfach als Tora guchi *bezeichnet.*

14. + 15. Der rechte Fuß wird nach vorn gesetzt (*Sanchin dachi*), und die Techniken der Sequenzen 12 und 13 werden symmetrisch wiederholt (umgekehrter *Tora guchi*).

16. Am Ort: *Sukui uke* mit der rechten Hand, während die linke, mit der Handfläche nach oben, zur Hüfte zurückkehrt. Unverzüglich folgt ein linker *Chūdan nukite*. Die Handfläche bleibt nach oben ausgerichtet. Die rechte Hand wird dabei zur Hüfte zurückgezogen. Dabei wird die Handfläche nach unten gedreht, als wollte man etwas einhaken.

17. + 18. Der rechte Fuß wird vor dem linken über Kreuz gesetzt, woraufhin man sich auf beiden Füßen nach hinten links wendet. Im linken *Sanchin dachi* wiederholt man nun die Sequenzen 12 und 13 in entgegengesetzter Richtung. Der Abschluss der Wendung erfolgt synchron zum Ende des *Mawashi uke*.

19. + 20. Der rechte Fuß wird nach vorn gesetzt, und man führt einen *Tora guchi* symmetrisch zu Sequenzen 17 und 18 aus.

21. Am Ort: Wiederholung der Techniken von Sequenz 16 in entgegengesetzte Richtung.

22. + 23. Man wendet sich auf beiden Füßen nach links, so dass man im Winkel von 90° zur vorherigen Linie steht. *Tora guchi* (Wiederholung der Sequenzen 17 und 18).

24. + 25. Der rechte Fuß wird vorgesetzt. Man führt im *Sanchin dachi* einen zur vorherigen Sequenz symmetrischen *Tora guchi* aus.

26. Am Ort: Wiederholung von Sequenz 16.

27. + 28. Der rechte Fuß wird vor dem linken über Kreuz gesetzt, man wendet sich um wiederholt Sequenzen 17 und 18 (*Tora guchi* symmetrisch zu Sequenz 26 und in umgekehrte Richtung).

29. + 30. Der rechte Fuß wird nach vorn gesetzt. Im rechten *Sanchin dachi* wird ein *Tora guchi*, symmetrisch zum vorherigen, ausgeführt.

31. Am Ort: Wiederholung von Sequenz 21.

32. + 33. Am Ort: Der vorn stehende Fuß wird ein Stück zurückgesetzt, um *Nekoashi dachi* einzunehmen, und man führt einen *Tora guchi* analog zu Sequenzen 29 und 30 aus.

34. + 35. Der rechte Fuß gleitet, gefolgt vom linken, nach vorn (*Suri ashi*), und man dreht sich auf beiden Füßen nach hinten links. Im *Nekoashi dachi* auf derselben Linie, aber in umgekehrter Richtung als zuvor, führt man wieder einen *Tora guchi*, symmetrisch zum vorherigen, aus.

35. + 36. Der linke Fuß gleitet nach links, schräg nach hinten, unmittelbar darauf gefolgt vom rechten (*Suri ashi*). Wendung nach rechts, das

heißt, man steht mit dem Rücken zum *Shōmen*, erneut auf der zentralen Achse der Kata. Im rechten *Nekoashi dachi* führt man einen *Tora guchi* wie in Sequenzen 32 und 33 aus.

38. Der rechte Fuß wird vor dem linken über Kreuz gesetzt, und man dreht sich auf beiden Füßen nach hinten links, so dass man mit Blick in Richtung *Shōmen* im linken *Heikō dachi* steht. Während der Wendung führt man einen linken *Chūdan haiwan uke* aus. Danach zieht man beide Fäuste in *Hikite* (rechte Faustinnenfläche nach unten).

39. Am Ort: *Awase zuki*, mit der rechten Hand oben.

40. Der rechte Fuß wird nach vorn gesetzt, so dass man im *Heikō dachi* steht. Rechter *Gedan barai* (mit sehr knappem Schwungholen) nach vorn, unmittelbar gefolgt von einem von unten kommenden *Chūdan zuki* mit der linken Faust. Am Ende der Sequenz sind beide Handgelenke über Kreuz.

41. + 42. Der rechte Fuß wird vor dem linken über Kreuz gesetzt, und man wendet nach hinten links, so dass man im *Heikō dachi* steht. Wiederholung der Sequenzen 38 und 39 in die entgegengesetzte Richtung.

43. Der rechte Fuß wird vorgesetzt, und man wiederholt Sequenz 40.

44. + 45. Wendung auf beiden Füßen um 90° nach links, mit linkem *Chūdan zuki*; anschließend werden die Techniken 41 und 42 ausgeführt.

46. Wiederholung von Sequenz 43.

47. + 48. Der rechte Fuß wird vor dem linken über Kreuz gesetzt, und man wendet 180° nach rechts, so dass man im linken *Heikō dachi* steht. Wiederholung der Techniken von Sequenzen 44 und 45 (nach einem linken *Chūdan haiwan uke* während der Drehung) in entgegengesetzter Richtung.

49. Wiederholung von Sequenz 46.

50. Bis zu diesem Punkt haben sich alle Bewegungen entlang einem kreuzförmigen Schema abgespielt. Diese Sequenz wie auch die folgenden werden entlang einer dazu schrägen Linie entwickelt. Der linke Fuß

wird schräg nach links hinten versetzt, so dass man im *Shiko dachi* steht. Dabei erfolgt ein linker *Chūdan yoko uke*, und die rechte Faust wird in *Hikite* gezogen. Beide Fäuste sind in der Haltung *Keiko ken* (»Phönixaugenfaust« oder »Drachenfaust«). Das gleiche gilt für die folgenden Techniken.

51. Der rechte Fuß wird auf derselben Linie nach vorn gesetzt, während der linke Fuß nach außen gedreht wird, und man führt seitlich im *Shiko dachi* einen *Morote gedan harai uke* aus. Der Blick geht dabei in dieselbe Richtung wie zuvor. Man beachte, dass man hierbei mit der rechten Faust einen *Chūdan keiko zuki* bis über das linke Handgelenk ausführt. Der Schlag erfolgt, während der rechte Fuß auf Höhe des linken kommt. Diese Zwischensequenz, die nachfolgend mehrere Male wiederholt wird, ist in den verschiedenen Darstellungen aus unterschiedlichen Blickwinkeln dargestellt (52-53 und 56-57), so dass ihr Ablauf klar erkennbar wird. Während man den Schlag ausführt, ist man ist nach vorn ausgerichtet, fast im Zenkutsu dachi (als wolle man nach vorn stoßen), anschließend nimmt man sofort wieder am Ort *Shiko dachi* im Halbprofil ein.

52. Am Ort wird Sequenz 50 mit Blick in die entgegengesetzte Richtung ausgeführt.

53. Der rechte Fuß wird – noch immer auf derselben Linie – nach vorn gesetzt, und man wiederholt Sequenz 51.

54. Der rechte Fuß wird schräg nach hinten rechts zurückgesetzt, und man führt im Winkel von 90° zu dieser die zu Sequenz 50 symmetrische Sequenz aus.

55. Der rechte Fuß wird auf dieser neuen Linie nach vorn gesetzt, und man führt Sequenz 53 erneut aus.

56. Am Ort: Symmetrische Wiederholung von Sequenz 54, mit Blick in die entgegengesetzte Richtung.

57. Der rechte Fuß wird auf derselben Linie nach vorn gesetzt, und man wiederholt Sequenz 55.

58. Man blickt in Richtung *Shōmen* und setzt den linken Fuß vor, so dass man im *Heikō dachi* steht. Gleichzeitig wird die rechte Hand geöffnet, die in ihrer tiefen Haltung bleibt, und man führt mit der linken Hand einen *Gedan shōtei* (*Teishō*) *harai uke* aus.

59. Der rechte Fuß wird nach vorn gesetzt, und man geht in *Heikō dachi. Chūdan hiki uke* (*Kake uke*) mit der rechten Hand.

60. Der linke Fuß wird nach vorn gesetzt. *Chūdan hiki uke* (*Kake uke*) mit der linken Hand. Die rechte wird normal an die rechte Seite zurückgezogen, mit der Handfläche nach unten.

61. Ohne die Haltung der Hände zu verändern, führt man einen rechten *Mae geri* aus.

62. Der Fuß wird auf der zentralen Achse versetzt, so dass man in *Shiko dachi* steht, und man schlägt den rechten Ellbogen in die linke Hand.

63. Am Ort: Rechter *Jōdan uraken uchi* mit Blick zum *Shōmen.* Die linke Hand ist dabei noch immer am rechten Ellbogen.

    Unverzüglich wird nun die rechte Faust kraftvoll in *Hikite* gezogen, während die linke Hand den rechten Unterarm entlanggleitet. Am Ende der Bewegung zeigt die Hand mit der Handfläche nach vorn.

64. Man dreht sich auf dem linken Fuß nach hinten links; der rechte Fuß wird mitgeführt. Man steht mit dem Rücken zum *Shōmen* im linken *Heikō dachi* und führt einen linken *Jōdan teishō uchi* und einen rechten *Gedan teishō barai* aus.

65. Der rechte Fuß wird nach vorn gesetzt, so dass man im *Sanchin dachi* steht, und man führt simultan einen linken *Gedan teishō barai* und einen rechten *Chūdan sukui uke* aus. Der rechte Hand wird in *Kakete* gedreht und daraufhin zur Hüfte gezogen (*Hiki uke*).

66. Der linke Fuß wird nach vorn gesetzt. Symmetrische Wiederholung von Sequenz 65.

67. Der rechte Fuß wird nach vorn gesetzt. Wiederholung von Sequenz 65.

68. Der linke Fuß wird nach vorn gesetzt. Symmetrische Wiederholung von Sequenz 65.

69. Der rechte Fuß wird nach vorn gesetzt. Wiederholung von Sequenz 65.

70. Der rechte Fuß wird vor dem linken über Kreuz gesetzt, und man dreht sich auf beiden Füßen nach hinten links. Im *Heikō dachi*, mit Blick zum *Shōmen*, führt man einen linken *Chūdan ura kake uke* aus, und die rechte Hand wird mit der Handfläche nach oben zur Hüfte gebracht.

71. *Mikazuki geri* mit der rechten Fußsohle in die linke Hand.

72. Man dreht sich auf dem linken Fuß nach hinten links. Das rechte Knie ist dabei angehoben. Man nutzt den Schwung des Fußtritts aus Sequenz 71, um eine vollständige Drehung zu vollführen. Am Ende steht man wieder im linken *Heikō dachi* mit Blick zum *Shōmen*. Die Sequenz wird mit einem linken *Hiki uke* (*Kake uke*) abgeschlossen, während die rechte Hand mit der Handfläche nach unten zur Hüfte gebracht wird.

73. In dieser Haltung wird mit der linken Ferse ein *Kakato otoshi* nach vorn ausgeführt, auf den unverzüglich ein rechter *Tobi mae geri* folgt.

74. Man setzt den rechten Fuß nach vorn ab und wiederholt im *Shiko dachi* Sequenz 62.

75. Wiederholung von Sequenz 63.

76. Wendung auf dem linke Fuß nach hinten links, der rechte wird mitgeführt. Mit dem Rücken zum *Shōmen* wiederholt man die Techniken von Sequenz 64.

77. Der linke Fuß gleitet nach vorn links, gefolgt vom rechten (*Suri ashi*), und man führt im *Shiko dachi* einen linken *Chūdan hiki uke* aus. Die rechte Hand wird mit der Handfläche nach unten zur Hüfte genommen (siehe umrahmte Zeichnung).

78. Am Ort: *Chūdan nukite* mit der rechten Hand, die Handfläche bleibt unten. Zugleich wird die linke Hand über den rechten Ellbogen geführt.

79. Man wendet sich auf dem rechten Fuß nach rechts, der linke wird mitgeführt. Man steht nun im *Shiko dachi* mit Blick zum *Shōmen* (die Stellung ist jedoch schräg dazu). Der rechte Fuß steht vorn. Man führt

einen *Morote koken uke* mit den Rücken der eingebeugten Handgelenke aus. Die Finger sind zusammen und zeigen nach unten, wie in Sequenz 42 der Kata *Sanseru*.

80. Die linke Hand wird unter die rechte gehoben. Danach richtet man sich in *Musubi dachi* auf, indem man den rechten Fuß zum linken setzt. Die Hände werden umeinander gedreht und vor den Bauch abgesenkt (*Gedan kamae*). *Rei*.

Ende der Kata.

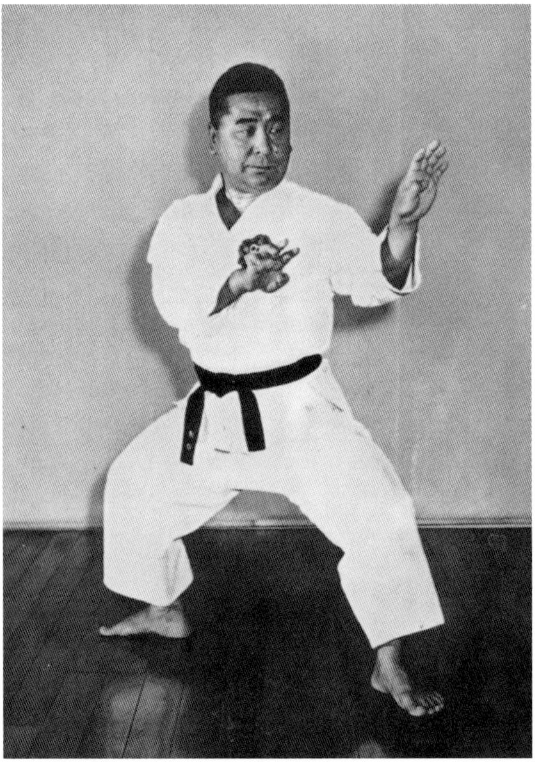

Foto 35: Toguchi Seikichi Sensei, Gründer des Shōreikan Gōjū-ryū, war Schüler Miyagi Chōjuns und Higa Seikōs.

Sūpārinpai

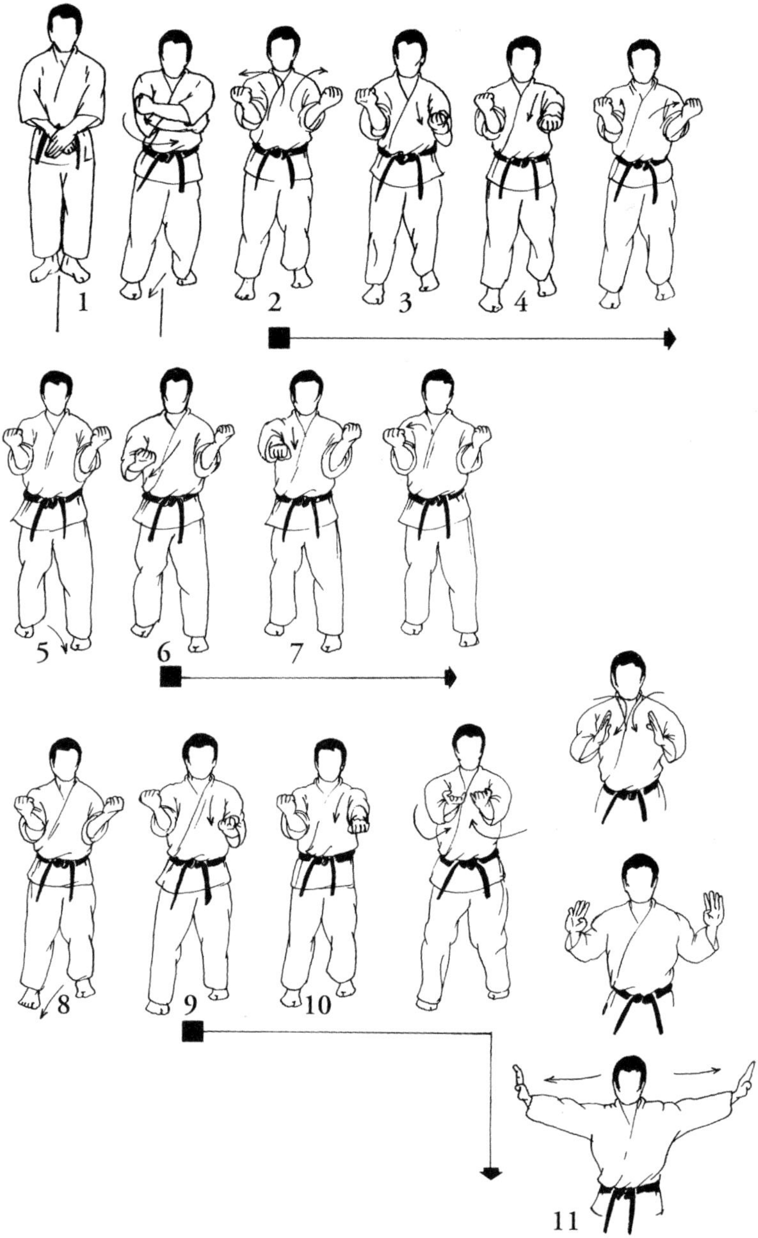

Sūpārinpai

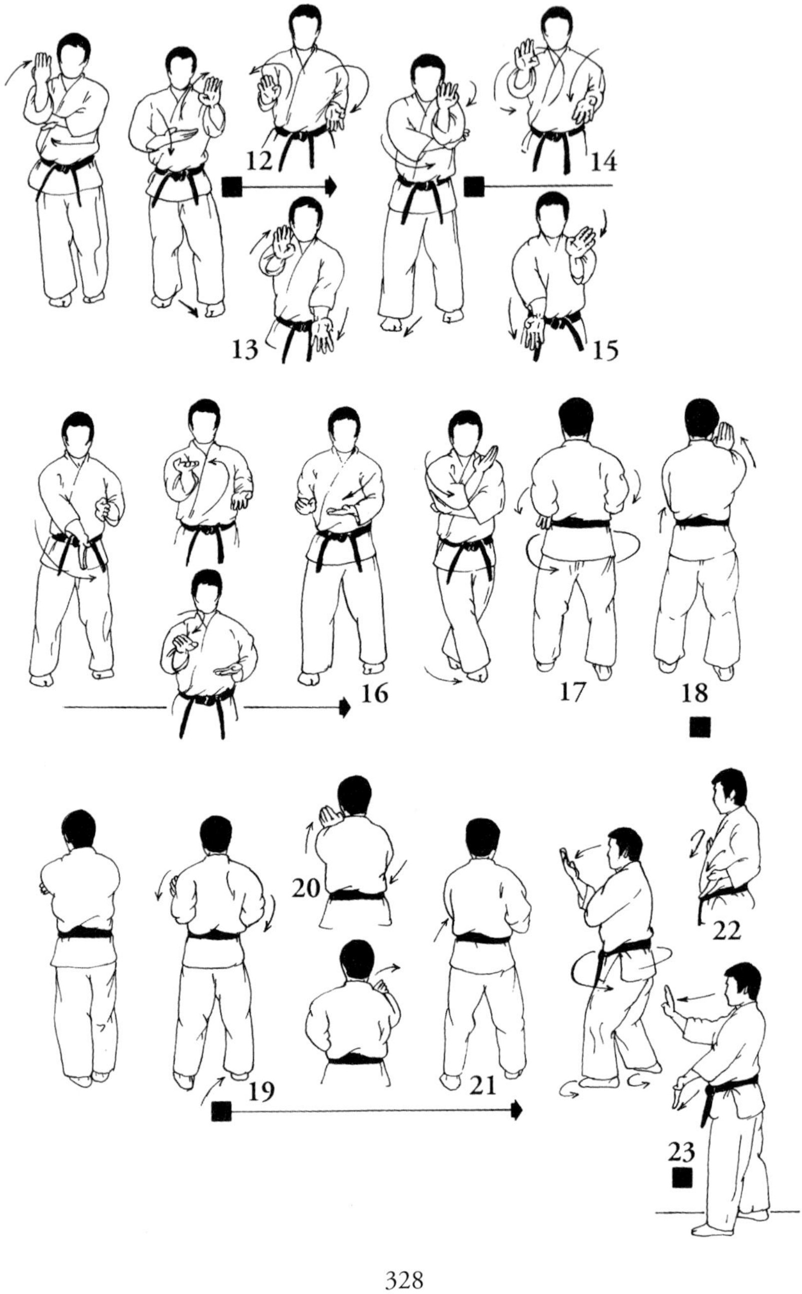

Sūpārinpai

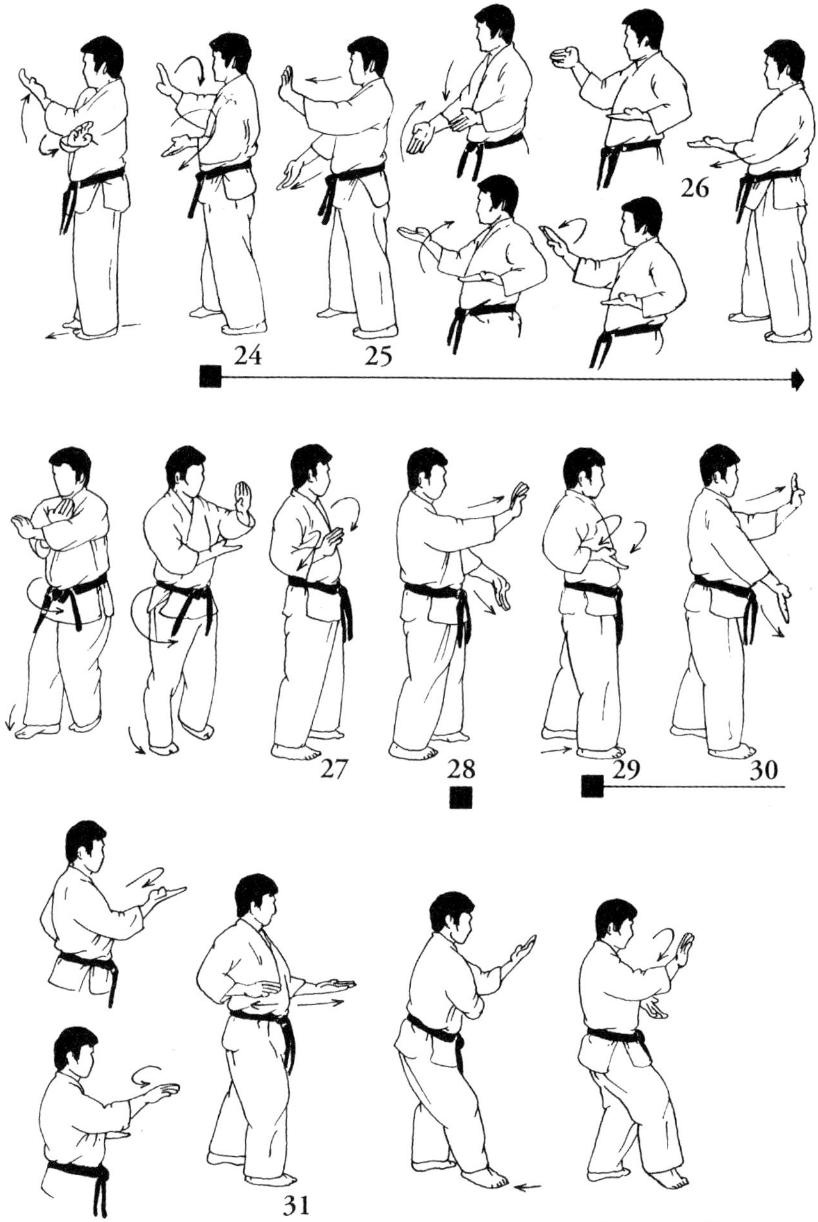

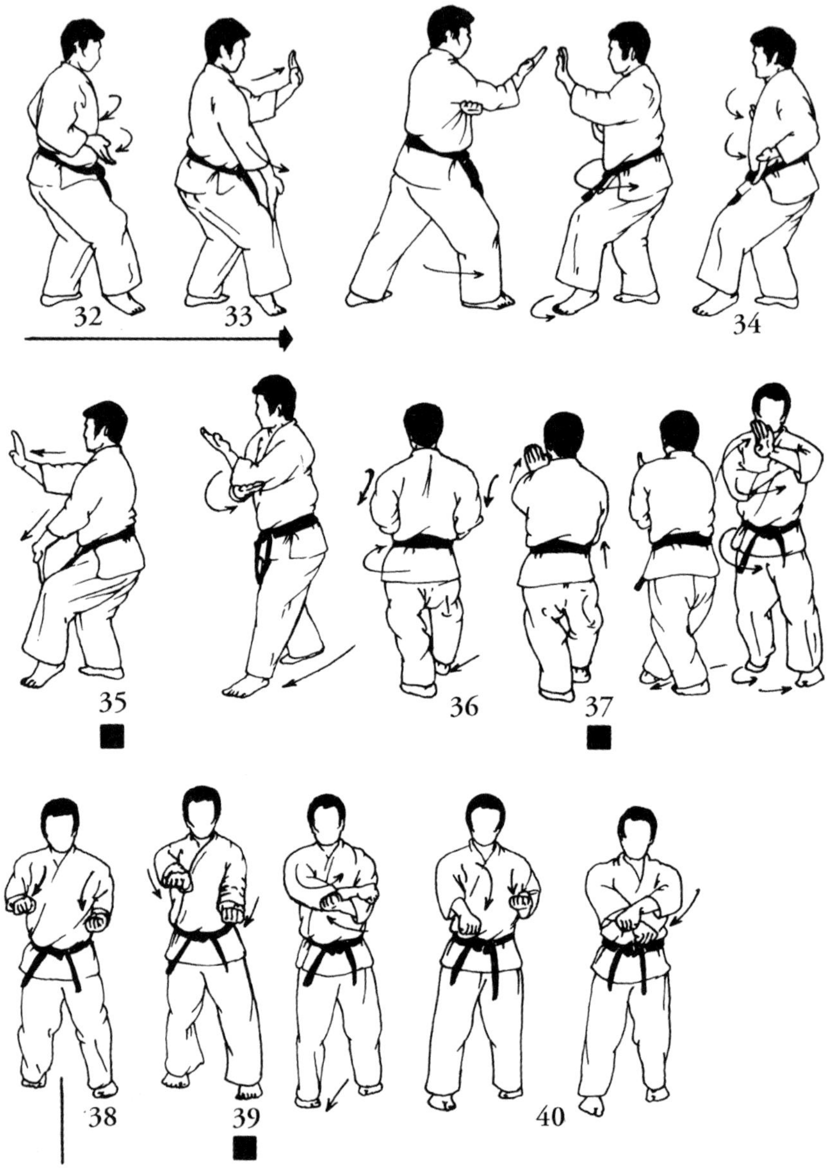
32
33
34
35
36
37
38
39
40

Sūpārinpai

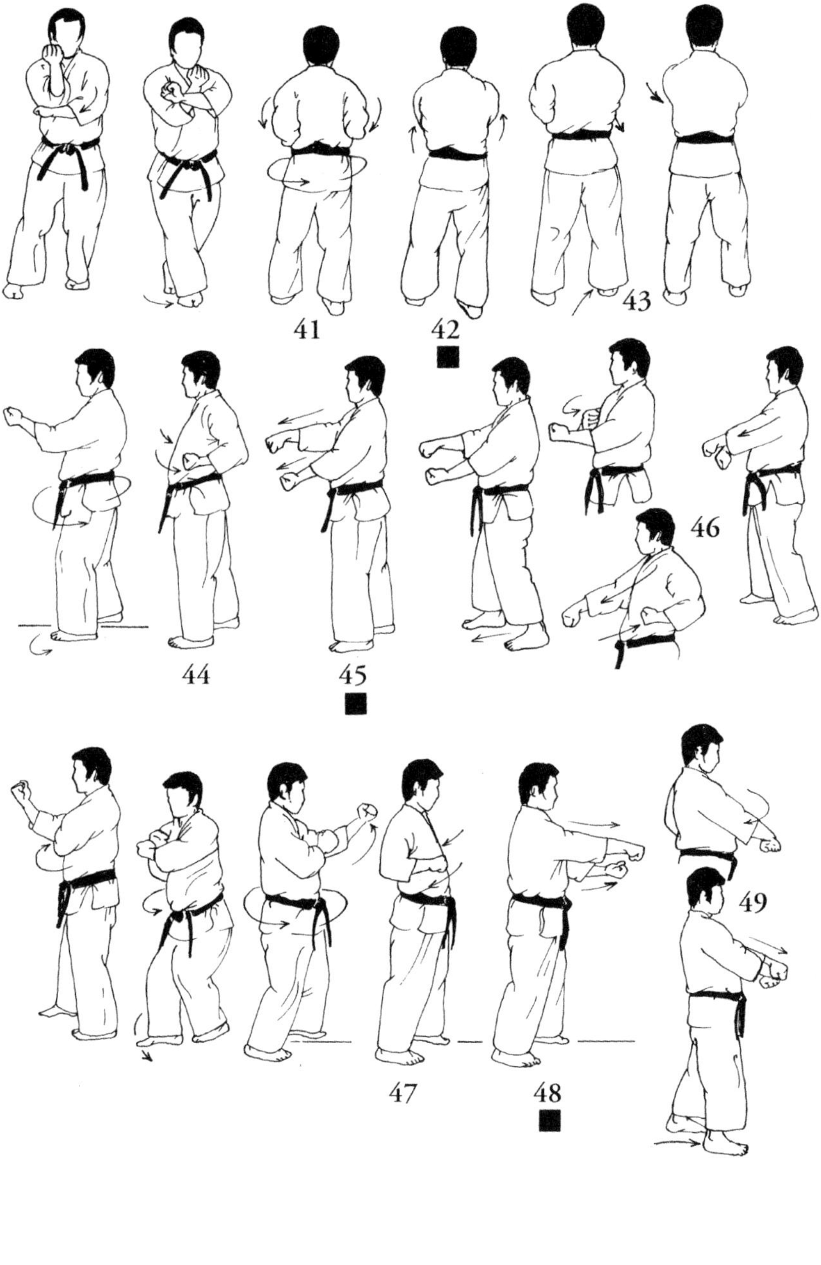

Sūpārinpai

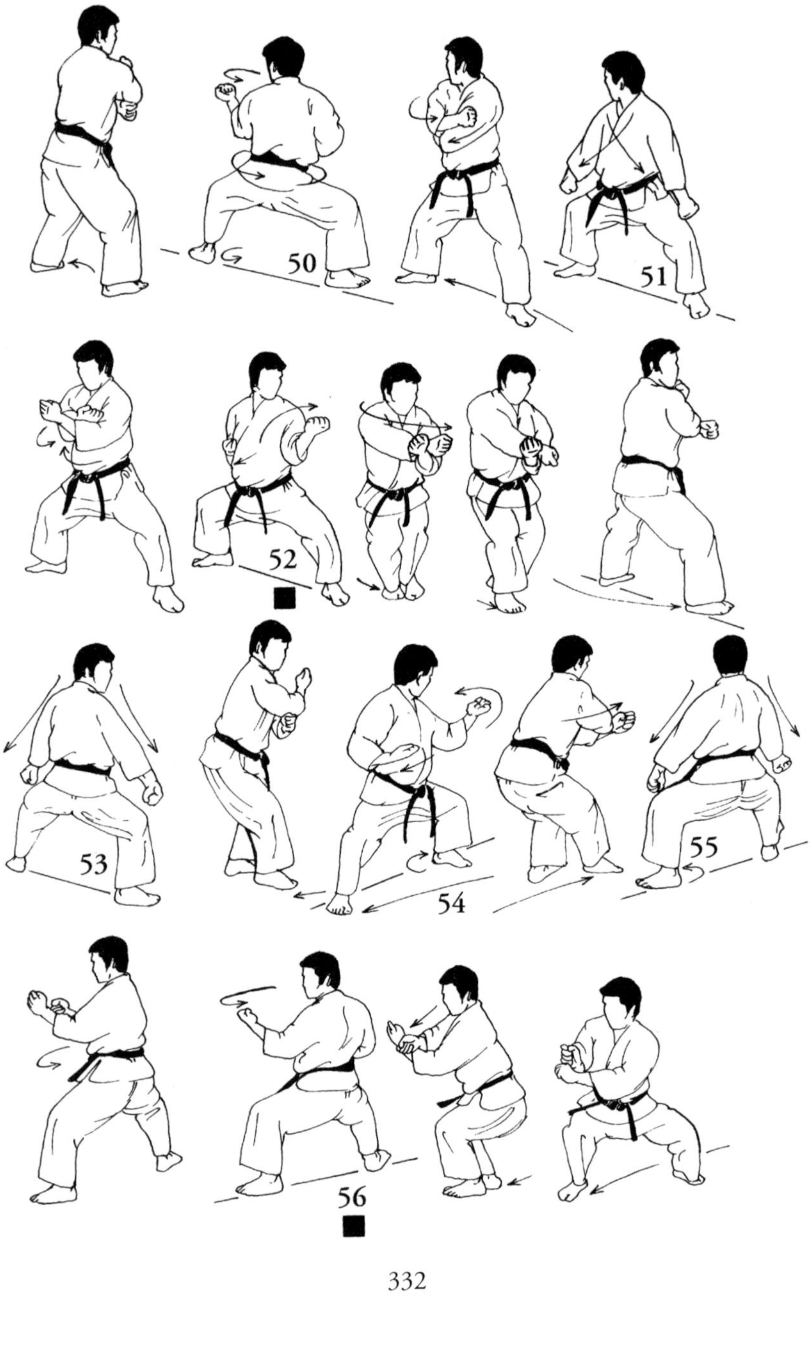

Sūpārinpai

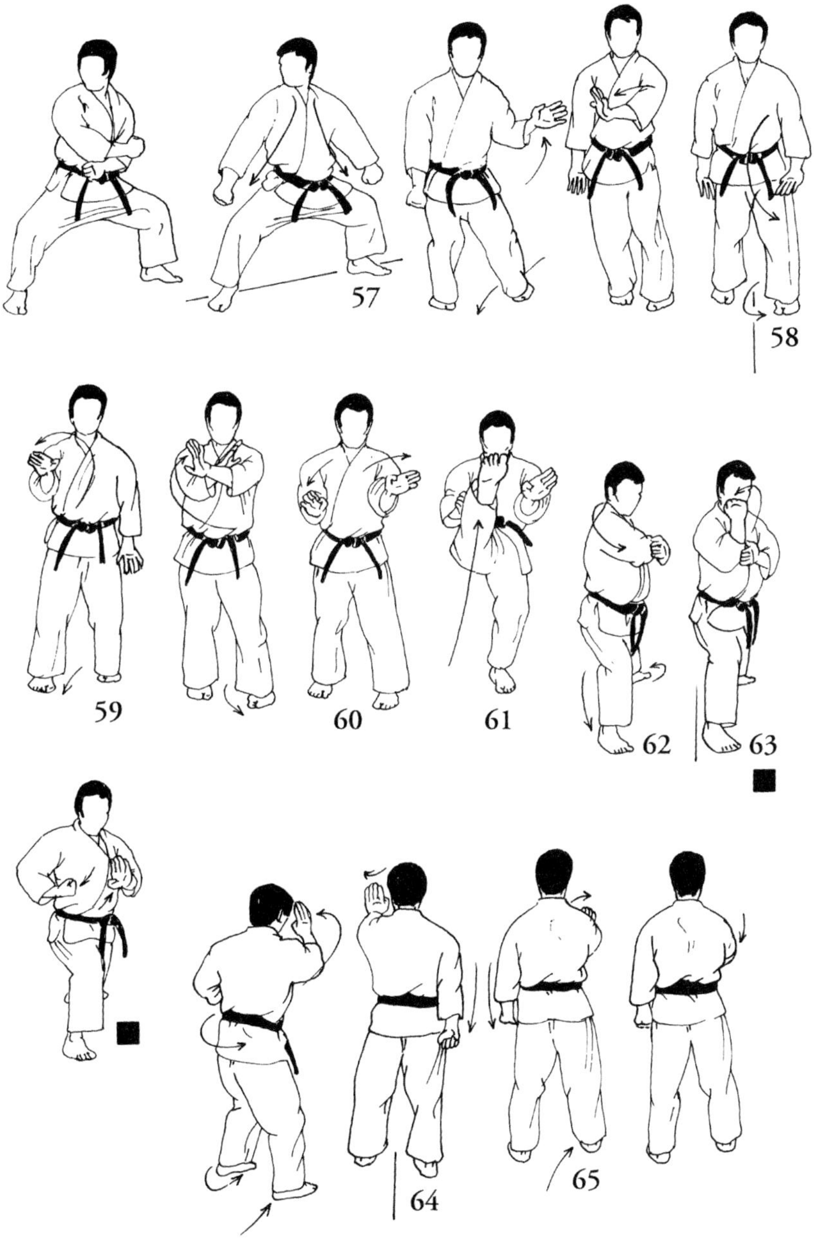

Sūpārinpai

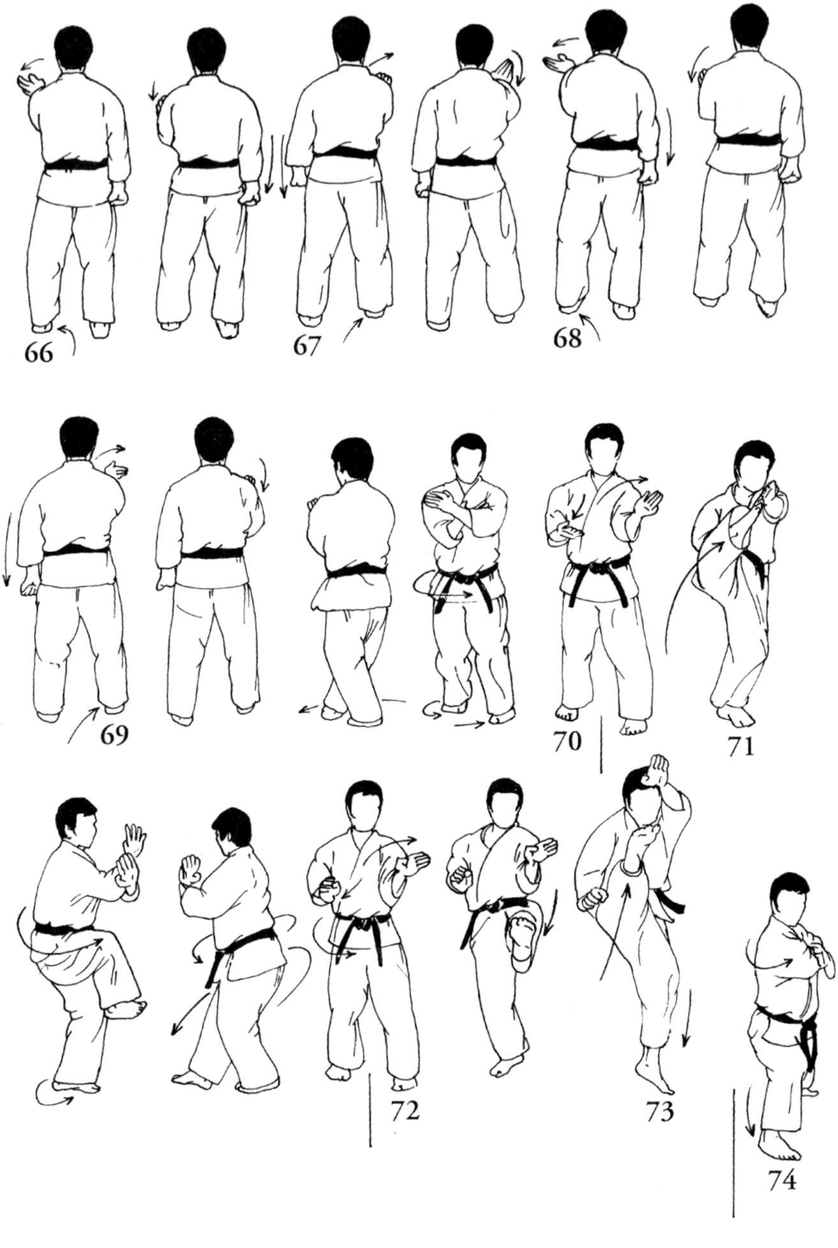

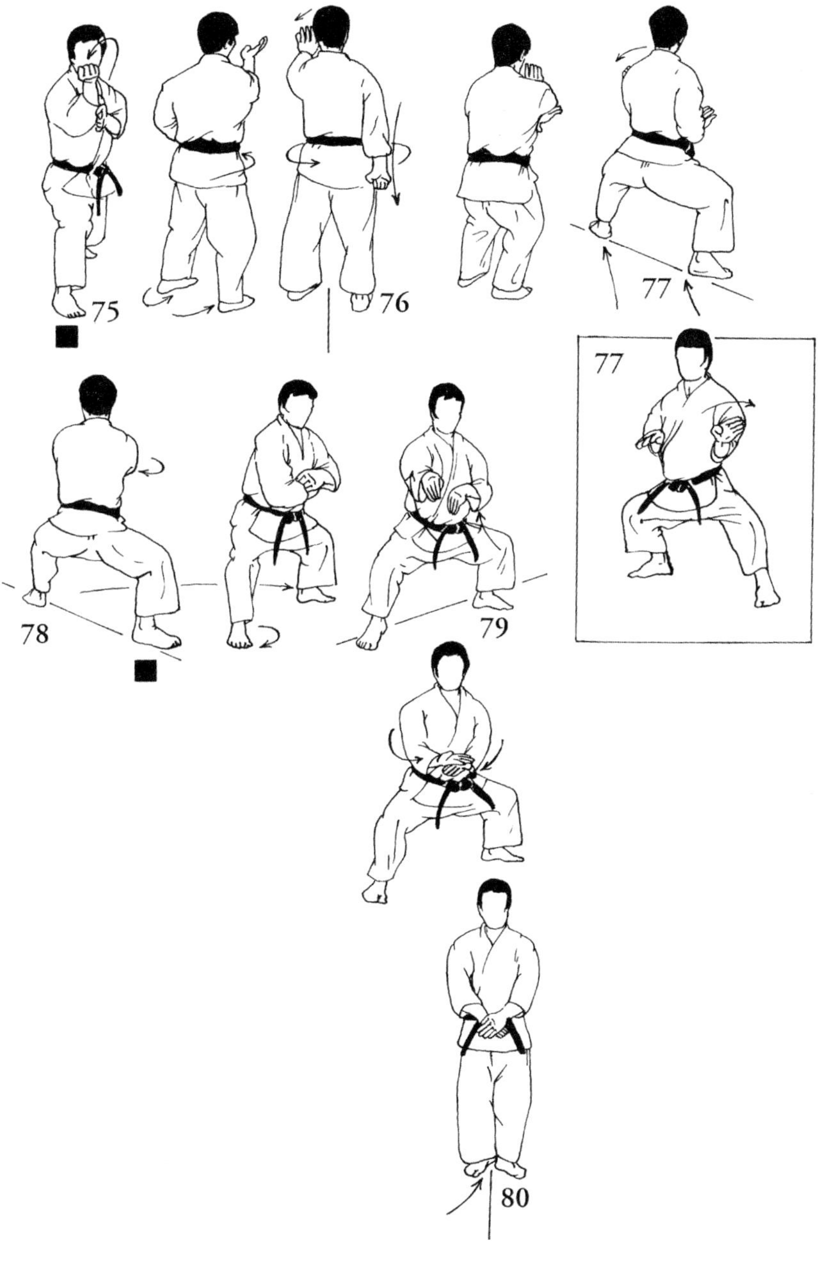
75
76
77
77
78
79
80

Tenshō

Diese Kata wurde von Miyagi Chōjun aus einer Form entwickelt, die er bei seiner Reise in die Provinz Fukien in Südchina erlernt hatte. Er hatte diese Reise unternommen, um dort nach Spuren seines Meisters Higashionna zu suchen. Die Ursprungskata trug die Bezeichnung *Rokkishu.*

Die Kata *Tenshō*, die auch eine Atemkata ist, stellt eine geschmeidige Bewegungsfolge dar, bzw. es wechseln sich in ihr kraftbetonte Bewegungen und geschmeidige Bewegungen einander ab. Im Gegensatz dazu ist die Kata *Sanchin* dadurch gekennzeichnet, dass man sich unaufhörlich unter Anspannung befindet. Beide Kata teilen die Grundstellung *Sanchin dachi* und auch die Atemtechniken (*Ibuki* – man vergleiche die entsprechenden Angaben für die Kata *Sanchin* auf S. 239), aber der Rhythmus ist unterschiedlich, und auch die Arbeit mit den Handgelenken ist eine andere. Man geht drei Mal nach vorn und dann drei Mal zurück. Die gleichen Techniken werden zunächst mit der rechten und dann mit der linken Hand ausgeführt und schließlich mit beiden Händen zugleich und symmetrisch. Die Grundtechnik ist *Tenshō uke*, eine Verteidigungstechnik mit der offenen Hand, die den Angriff ableitet und in engem Kontakt mit ihr bleibt.

1. Nach dem Gruß, *Musubi dachi.* Einatmen.

1b. Die Fersen werden nach außen gedreht, und man geht in *Yoi dachi.* Dabei atmet man lang ein und hält danach den Atem stark an.

Anmerkung: *In manchen Ausführungsvarianten geht man direkt aus Sequenz 1 zu Sequenz 2 über.*

2. Der rechte Fuß wird nach vorn gesetzt, und man führt einen *Morote uchi uke* aus. Langes Einatmen, danach kurzes Ausatmen und starkes Anhalten des Atems.

3. Die linke Faust wird in *Hikite* gezogen, während man weiter den Atem stark anhält.

4. Man atmet kurz ein, während man mit der rechten Hand nach rechts *Chūdan kake uke* ausführt …,

5. … unmittelbar gefolgt von einer zweiten kurzen Einatmungsphase, während derer man die rechte Hand in *Jōdan shutō uchi* zurückführt (von außen nach innen). Die Bewegung wird nach dem Aufprall abgerundet – die Hand geht an die rechte Seite mit der Handfläche nach oben.

6. *Jōdan teishō uchi* mit der rechten Hand, während man langsam und kraftvoll ausatmet.

7. Mit einer schnellen Bewegung wird die Hand zur Hüfte gebracht, während man kurz einatmet. Unmittelbar darauf folgt ein *Gedan teishō uchi*, während dessen man langsam und kraftvoll ausatmet.

8. Die rechten Hand wird zum *Chūdan koken uke* erhoben (von unten nach oben), während man zwei Mal kurz einatmet …,

9. … woraufhin man mit derselben Hand einen *Chūdan seiryūtō uchi* ausführt, während man lang ausatmet.

10. Die Hand wird zum *Chūdan koken uke* zur Seite gebracht (nach außen), wobei man lang einatmet …,

11. … worauf man sie mit *Chūdan uchi uke* zurückbringt, während man lang ausatmet.

Ende der ersten Bewegungsfolge.

12. Der linke Fuß wird nach vorn gesetzt, während man einen linken *Chūdan uchi uke* ausführt. Dabei atmet man lang ein, danach kurz aus und hält schließlich den Atem stark an.

13. bis 20. Symmetrische Ausführung der Sequenzen 4 bis 11.

Ende der zweiten Bewegungsfolge.

21. Der rechte Fuß wird nach vorn gesetzt. Wiederholung von Sequenz 2.

22. bis 29. Gleichzeitige und symmetrische Weiderholung der vorherigen Bewegungen (4 bis 11 bzw. 13 bis 20) mit beiden Händen.

Ende der dritten Bewegungsfolge.

30. Am Ort: Die Hände werden geöffnet und zum Körper geführt, während man auf natürliche Weise einatmet. Danach werden die Hände

mit den Handflächen nach unten waagerecht nach vorn gestoßen. Dabei atmet man lang aus und hält schließlich den Atem stark an.

31. Der rechte Fuß wird zurückgesetzt, und man führt die vorherige Sequenz zwei Mal aus. Dabei atmet man jeweils kurz ein, lang aus und hält am Ende den Atem stark an.

Anmerkung: *In manchen Ausführungsvarianten wird Sequenz 31 weggelassen. Man geht direkt von Sequenz 30 zu Sequenz 32 über; das Zurücksetzen des rechten Fußes markiert den Beginn des ersten Mawashi uke.*

32. Am Ort: *Mawashi uke*, gefolgt von *Morote teishō uke* (Auf *Jōdan*-Höhe nach rechts, auf *Gedan*-Höhe nach links: *Tora guchi*), wobei man lang ausatmet und stark den Atem anhält.

33. Der linke Fuß wird zurückgesetzt; man führt die zu 32 symmetrische Technik aus.

34. Die linke Hand wird unter die linke gebracht, während man sich aufrichtet, indem man den rechten Fuß zum linken führt. Man atmet aus und lässt die Hände umeinander drehen. Langes Einatmen und starkes Luftanhalten, gefolgt von langem Ausatmen und starkem Luftanhalten; danach drei Mal kurzes Einatmen und langes Ausatmen. *Rei.*

Ende der Kata.

Tenshō

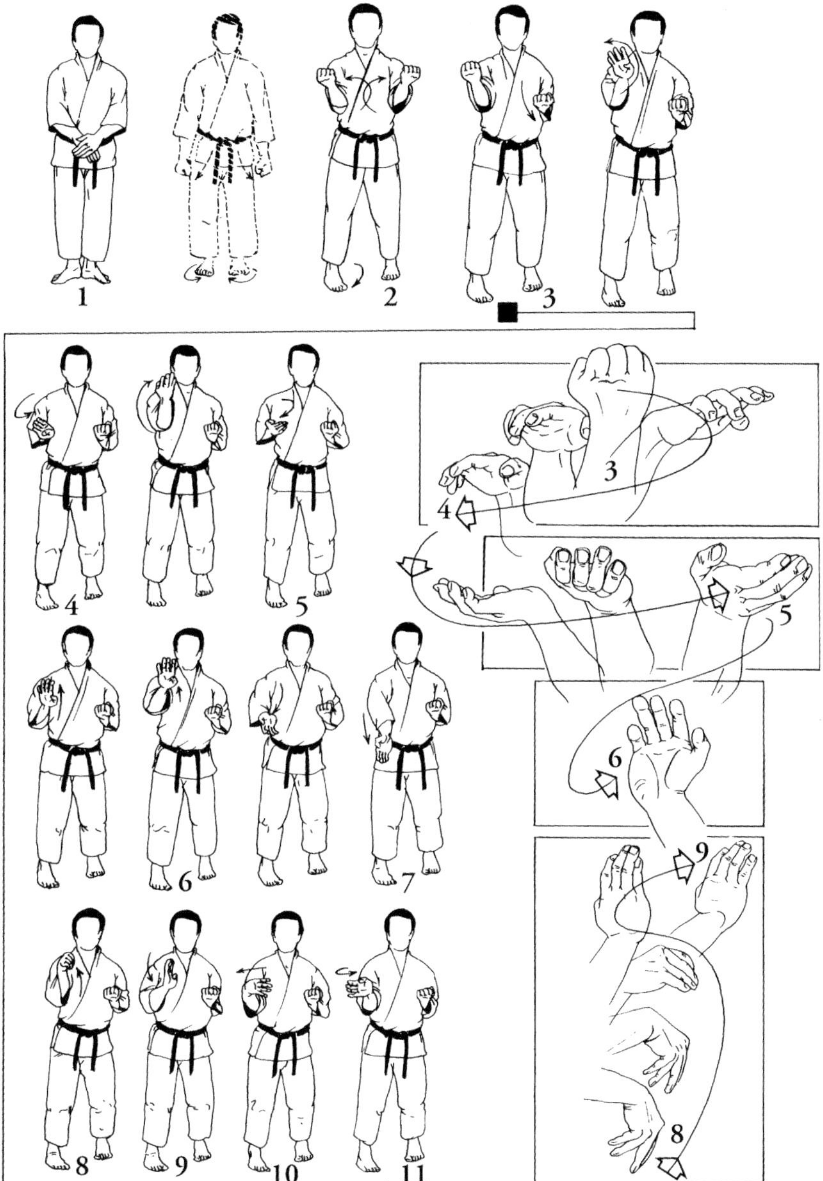

Tenshō

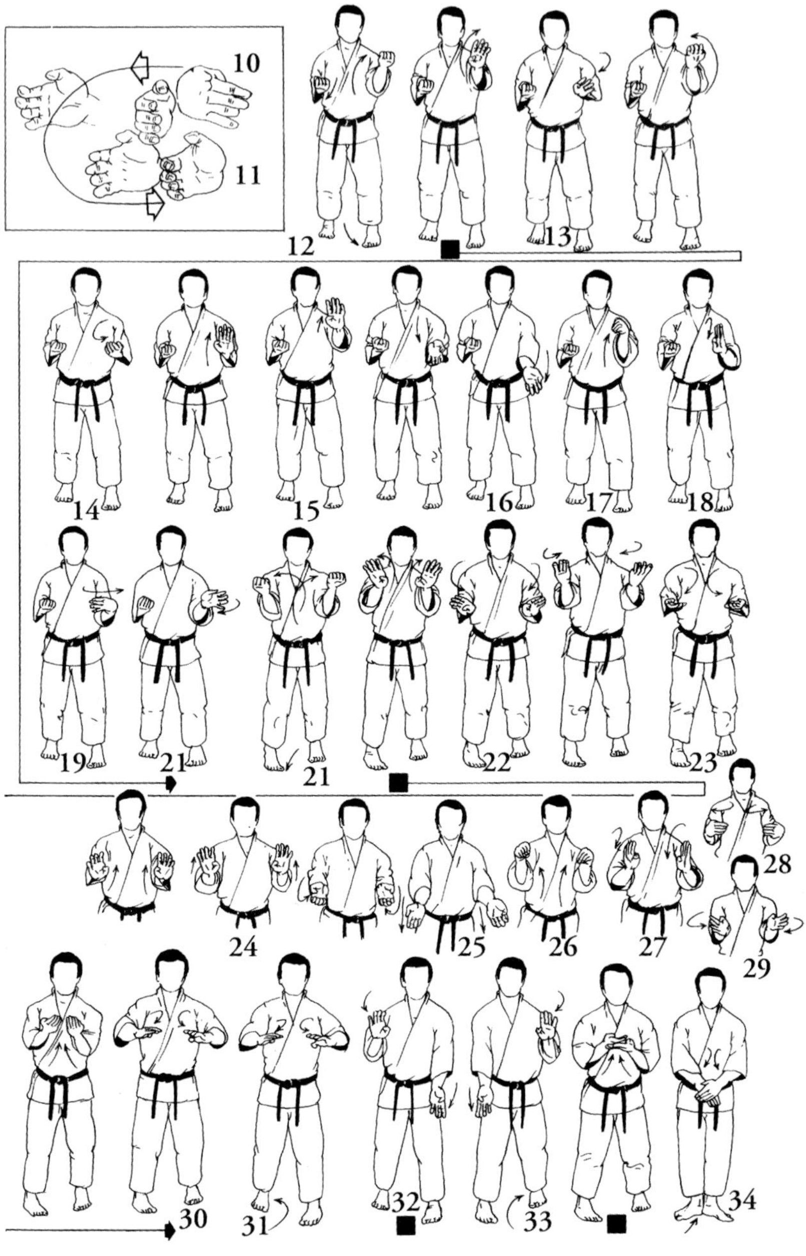
10
11
12
13
14
15
16
17
18
19
21
21
22
23
24
25
26
27
28
29
30
31
32
33
34

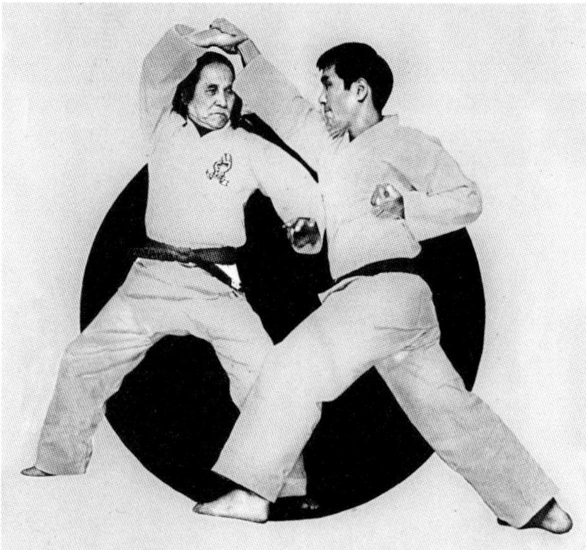

Foto 36

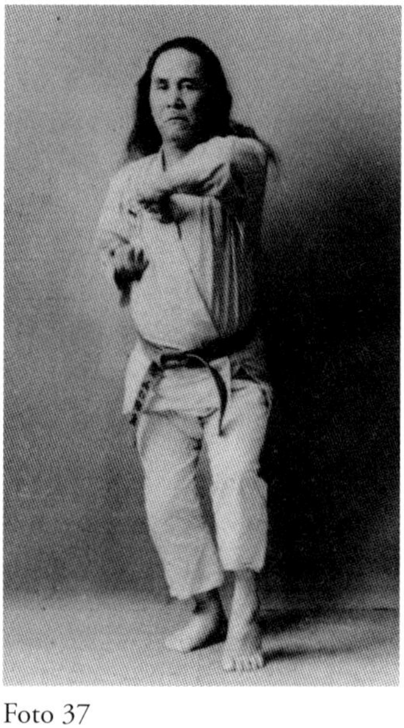

Foto 37

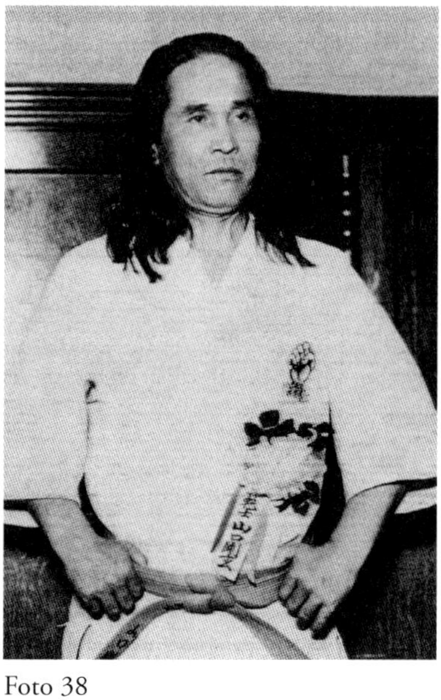

Foto 38

Fotos 36-38: Yamaguchi Gōgen (1909-1989). Foto 38 zeigt den Meister des japanischen Gōjū-ryū in seinem *Dōjō* in den 1950er Jahren.

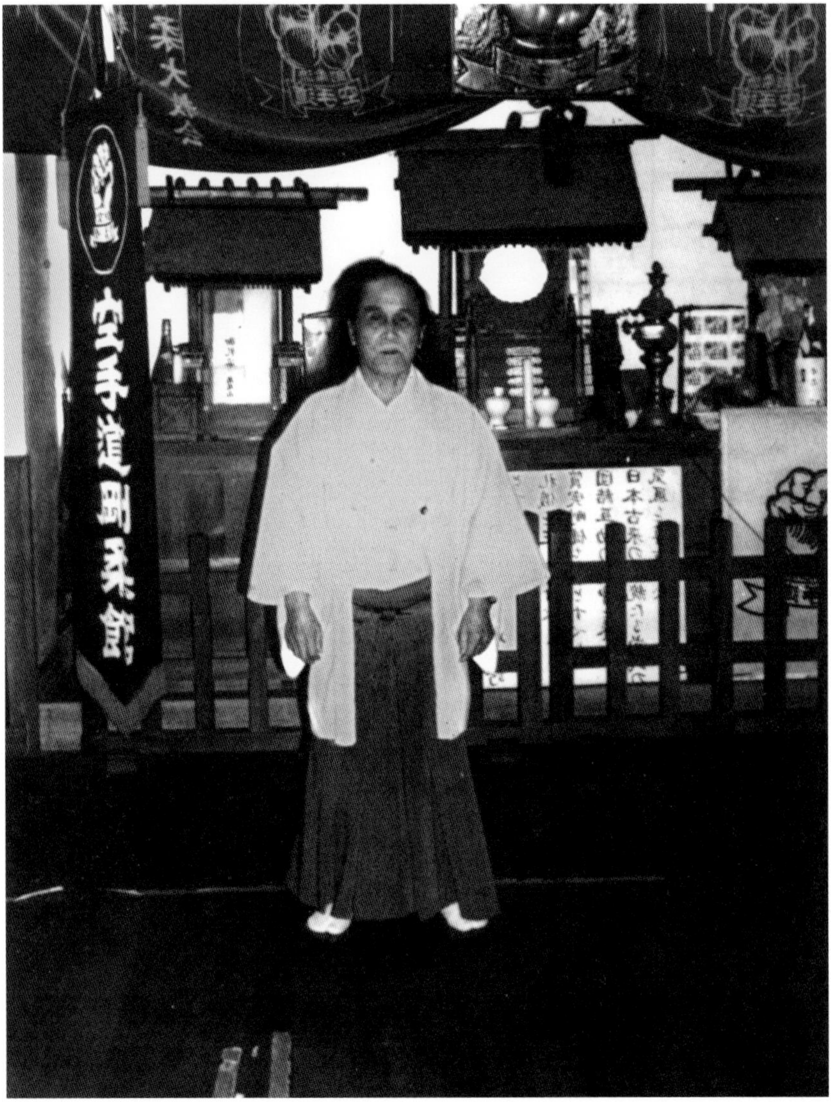

Foto 39: Yamaguchi Gōgen in seinem *Dōjō*. Fotografie aus den 1980er Jahren. Yamaguchi Gōgen, der den Spitznamen »die Katze« trug, war zweifelsohne derjenige, der das Gōjū-ryū am stärksten weltweit popularisiert hat. Er war der Gründer des japanischen Zweigs dieses Stils, den er bei Yagi Meitoku, einem Schüler Kyoda Jūhatsus, erlernt hatte. Kyoda Jūhatsu wiederum war direkter Schüler Higashionna Kanryōs gewesen.

III

Die Kata des Shitō-ryū

糸東流

Die Kata des Shitō-ryū

Mabuni Kenwa wurde 1889 in Shuri auf der Insel Okinawa geboren. Er war somit fast gleichaltrig mit Miyagi Chōjun, mit dem ihn lebenslange Freundschaft verband. Mit elf Jahren wurde er Schüler des *Shuri-te*-Meisters Itosu Ankō. Als er 20 wurde, stellte ihn sein Freund Miyagi Chōjun Meister Higashionna Kanryō vor, der ihn den kraftbetonteren Stil des *Naha-te* lehrte.

Mabuni Kenwa schuf eine Synthese aus beiden Stilen und gründete seine eigene Stilrichtung, als er sich 1929 in Ōsaka auf der japanischen Hauptinsel niederließ. Er nannte sie Shitō-ryū.[21] Dieser Name stellt eine Hommage an seine beiden Meister dar – das Schriftzeichen für *Shi* kann man auch als *Ito* lesen, und das für *Tō* als *Higa*. Mabuni gab seinem *Dōjō* den Namen *Yōshūkan*[22] und unterrichtete zudem an verschiedenen Universitätsklubs. Er starb 1952. Sein offizieller Nachfolger wurde sein Sohn Mabuni Kenei (1918-2015). Dennoch wurde auch diese Stilrichtung von der Spaltung nicht verschont. Verschiedene Meister haben weltweit eigene Linien des Shitō-ryū begründet, wie zum Beispiel Hayashi Teruo (1924-2004), Sakagami Ryūshu (1915-1993) und Demura Fumio (geb. 1938).

Das Shitō-ryū ähnelt in vielen Techniken dem Gōjū-ryū, da sowohl Mabuni als auch Miyagi Schüler Higashionnas waren, und sie haben etliche gemeinsame Kata, wie *Sanchin*, *Tenshō*, *Saifa*, *Seienchin*, *Shisōchin*, *Seisan*, *Seipai*, *Sanseru* und *Kururunfa*, die im zweiten Teil dieses Buches vorgestellt wurden. Die fünf *Pinan*-Kata des Shitō-ryū sind ebenfalls denen des Gōjū-ryū sehr ähnlich. Was die aus Itosu Ankōs *Shuri-te* (später *Shōrin-ryū*) stammenden Kata angeht, so ist es wenig erstaunlich, dass sie den im Wadō-ryū gelehrten Formen stärker ähneln als denen des modernen Shōtōkan-ryū (welcher recht verschieden von Gichin Funakoshis ursprünglichen Shōtōkan-ryū ist; Meister Ōtsuka hatte sich zeitig von Funakoshi getrennt und so die ursprünglichen Formen besser überliefert, als dies im Shōtōkan

---

[21] Nicht zu verwechseln mit dem von Chitose Tsuyoshi (1898-1984) gegründeten okinawanischen Karatestil Chitō-ryū.

[22] Yōshūkan: Jpn. »Haus des Über-sich-Hinauswachsens«. – Anm. des Übers. – Für weitere Einzelheiten hinsichtlich der Geschichte des Shitō-ryū, siehe Mabuni, K.: Leere Hand – Vom Wesen des Budō-Karate. 3. Aufl. Chemnitz: Palisander Verlag. 2014.

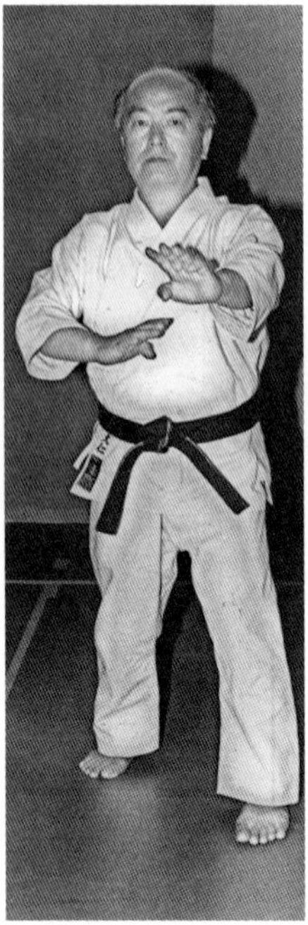

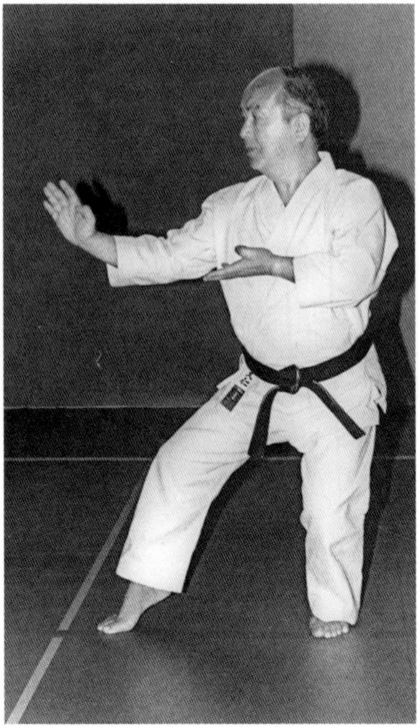

Fotos 40 und 41: Mabuni Kenei, Sohn des Stilgründers, Anfang der 1980er Jahre.

der Fall war). Dies betrifft die Kata *Naihanchi*, *Kūshankū*, *Chintō*, *Jion*, *Bassai* und *Niseishi*, die im ersten Teil dieses Buches vorgestellt wurden.

Im folgenden Teil findet man eine Studienkata (*Shihōzuki*), die fünf *Pinan*-Kata und die *Bassai* (*dai*), die sich in einigen Details von den Versionen des Wadō-ryū unterscheiden, die Kata *Niseishi*, die der Wadō-ryū-Variante stark ähnelt, die Kata *Rōhai* (welche sich stark von der Wadō-ryū-Form unterscheidet und auch von der Kata *Meikyō* des Shōtōkan, deren Äquivalent sie ist) und schließlich die Kata *Gojūshiho*, die der entsprechenden Shōtōkan-Kata sehr nahe ist, auch in deren aktueller Form.

Aus Gründen der Übersichtlichkeit werden diese zehn Kata in alphabetischer Reihenfolge vorgestellt.

Anmerkung: *In den Zeichnungen werden die Sequenzen, die im allgemeinen von einem Kiai (Kensei) begleitet werden, durch ein schwarzes Viereck gekennzeichnet.*

Shihōzuki

Die *Shihōzuki*-Kata ist eine Übungskata für die Grundtechniken, die aus sechs Einzel-Kata besteht. Sie hat eine ähnliche Funktion wie die *Taikyoku*-Kata im Shōtōkan-ryū oder die *Fukyu*-Kata im Gōjū-ryū (in welchem es im übrigen eigene *Taikyoku*-Kata gibt). Sie wird heute noch in einigen *Dōjō* des Shitō-ryū praktiziert, da man zumeist gleich mit dem Erlernen der *Pinan*-Kata beginnt. Dennoch gibt es in der *Shihōzuki* etliche interessante Elemente, die dem Übenden Empfindungen und Bewegungsfolgen vermitteln, deren Beherrschung sich bei der Aneignung der anderen Kata als äußerst nützlich erweist. Diese Kata, die in vier Richtungen ausgeführt wird, wurde von Kinjō Hiroshi (1867-1926) entwickelt, einem okinawanischen Meister des Shōrin-ryū. Er war Schüler von Hanashiro Chōmo und Tawada Shinkatsu. Neben der *Shihōzuki no kata* schuf er auch die *Shihōgeri no kata.*

Die Besonderheit der sechs *Shihōzuki*-Kata (*shihō* bedeutet »vier Schritte« – entsprechend den vier Hauptrichtungen) besteht darin, dass der Karateka praktisch an einem Ort bleibt, das heißt, er geht jedes Mal nur einen Schritt vorwärts oder zurück, um in den vier im rechten Winkel zueinander stehenden Richtungen zu agieren.

Erste Kata: Age uke, Chūdan oi zuki, Chūdan gyaku zuki

Dies ist die einzige Kata, die hier ausführlich beschrieben wird, da die anderen nach dem gleichen Schema, in den gleichen Richtungen, mit den gleichen Wendungen und mit den gleichen Stellungen abgewickelt werden. Die *Bunkai* sind offensichtlich – man vergleiche hierzu die *Pinan*-Kata.

- Man grüßt im *Musubi dachi*. Die linke Hand liegt auf der rechten, abgesenkt vor dem Unterleib. Die Handflächen zeigen zum Körper.
- Man atmet ein, während man die Hände in Richtung Kinn hebt (die Hände drehen sich umeinander, die rechte Handfläche ist demzufolge nun oben). Man atmet aus und senkt die Hände wieder ab, in die Ausgangshaltung. Diese Bewegung wird mehrmals ausgeführt. Man atmet durch die Nase ein und lang und geräuschvoll durch den Mund aus. Dabei ist die Kraft im Bauch (*Tanden*) konzentriert, und am Ende hält

man den Atem an. Anschließend geht man in *Yoi no kamae*: Die Fersen werden auseinandergebracht, um in *Uchi hachiji dachi* zu gehen (die Fußspitzen und die Spannung in den Knien sind nach innen gerichtet), und die Fäuste werden zu den Seiten auseinandergebracht. Die Faustinnenflächen zeigen zum Körper, und die Arme sind nach unten gestreckt. Nach kurzem Einatmen atmet man tief und geräuschvoll aus, unmittelbar bevor man sich auf den Fußspitzen dreht.

- Erste Richtung: Man dreht sich auf dem linken Fuß nach links und zieht den rechten Fuß auf dieselbe Linie: Man steht im *Moto dachi* (oder *Kihon dachi*), fast aufrecht, und führt einen linken *Age uke* aus.
- Man geht vor mit *Chūdan oi zuki* (*Zenkutsu dachi*) und führt dann einen *Chūdan gyaku zuki* aus.
- Zweite Richtung: Man wendet sich auf dem linken Fuß nach hinten rechts und führt den rechten im Kreisbogen hinter sich auf dieselbe Linie wie die vorherige, aber in entgegengesetzte Richtung. Man endet im *Moto dachi*, während man einen rechten *Age uke* ausführt.
- Man geht mit linkem *Chūdan oi zuki* vor (wieder in *Zenkutsu dachi*), gefolgt von einem *Chūdan gyaku zuki*.
- Dritte Richtung: Man wendet sich auf dem rechten Fuß nach links und setzt den linken Fuß auf eine Linie im Winkel von 90° zur vorigen. Linker *Age uke* im *Moto dachi*.
- Man geht mit rechtem *Chūdan oi zuki* vor (*Zenkutsu dachi*) und führt dann einen linken *Chūdan gyaku zuki* aus.
- Vierte Richtung: Die gleichen Drehungen und Techniken wie in die zweite Richtung werden ausgeführt, das heißt, rechter *Age uke* nach der Drehung, gefolgt von linkem *Chūdan oi zuki* und rechtem *Chūdan gyaku zuki*.
- Rückkehr in *Yoi no kamae*: Man setzt den rechten Fuß ein Stück weiter vor als den linken und dreht sich daraufhin auf diesem Fuß nach hinten links. Der linke Fuß wird im Kreisbogen mitgeführt und nach hinten abgesetzt. Man steht nun wieder im *Uchi hachiji dachi*, und die Fäuste sind neben dem Körper, wie am Beginn der Kata. Man dreht die Füße auf den Zehenspitzen, so dass die Fersen zusammengeführt werden (*Musubi dachi*). Die Hände werden überkreuzt – die linke Hand ist oben. *Rei*.

Ende der Kata.

Zweite Kata: Chūdan yoko uke, Chūdan oi zuki, Chūdan gyaku zuki

Dritte Kata: Gedan barai, Jōdan oi zuki, Jōdan gyaku zuki

Vierte Kata: Shutō uke, Mae geri, Chūdan nukite

Die Blöcke (*Shutō uke*) werden im *Nekoashi dachi* ausgeführt. Es folgt jedes Mal ein *Mae geri* des vorderen Fußes. Der Fuß wird abgesetzt, und man führt einen *Chūdan oi nukite zuki* (Hand senkrecht) und einen *Chūdan gyaku nukite zuki* aus.

Fünfte Kata: Yoko uke, Age uke, Mae geri, Tsuki chūdan

Derselbe Arm führt erst einen *Chūdan yoko uke* aus und dann einen *Age uke*. Die weitere Entwicklung entspricht der in der fünften Kata. Die Stellung ist zunächst *Moto dachi* und dann *Zenkutsu dachi*.

Sechste Kata: Gedan barai, Age uke, Mae geri, Tsuki chūdan

Derselbe Arm führt erst einen *Gedan barai* und anschließend einen *Age uke* aus. Dann folgt ein *Mae geri* mit dem hinteren Fuß. Dieser Fuß wird vorn abgesetzt, und man beendet die Sequenz mit einem *Chūdan oi zuki* und schließlich einem *Chūdan gyaku zuki*. Die Stellung ist zunächst *Moto dachi* und dann *Zenkutsu dachi*.

Pinan shōdan

Wie im Wadō-ryū entspricht auch im Shitō-ryū die erste *Pinan*-Kata technisch der zweiten *Heian*-Kata des Shōtōkan-ryū, da in ersteren Stilrichtungen die ursprüngliche von Itosu Ankō festgelegte Reihenfolge beibehalten wurde. Auch sind die Varianten in diesen Schulen einander sehr ähnlich, vor allem, was das *Embusen* angeht. Dies liegt darin begründet, dass es im Wadō-ryū und im Shitō-ryū keine so gravierenden Änderungen gegeben hat, wie es sie im Shōtōkan-ryū nach 1935 und noch stärker nach 1945 gegeben hatte.

Einige Details, unter anderem Blickwinkel gesehen, sowie einige *Bunkai* sind in umrahmten Zeichnungen dargestellt.

1. Nach dem Gruß nimmt man *Yoi no kamae* ein.
2. Ein erster Angreifer kommt von links. Man setzt den linken Fuß ein Stück nach links, um den Körper in Angriffsrichtung zu drehen. Man blockt simultan mit linkem *Chūdan yoko uke* und rechtem *Jōdan age uke*. Die linke Faust ist auf Schulterhöhe, die rechte vor der Stirn. Die Stellung ist *Nekoashi dachi*.
3. Am Ort wird die rechte Faust in Richtung des linken Knies gestoßen (*Otoshi uke*), während die linke Faust zur rechten Schulter gebracht wird. Die Ellbogen berühren einander (siehe *Bunkai*).
4. Man richtet sich in *Hachiji dachi* auf, während man auf beiden Füßen nach rechts wendet. Schlag mit einem linken »Eisenhammer« an die Seite des Kopfes des Gegners (*Jōdan tettsui uchi*), verbunden mit einer starken Drehung der Hüften in Gegenrichtung und Rückkehr der rechten Faust in *Hikite*.
5. Nach starker Drehung der Hüften nach rechts, symmetrische Wiederholung von Sequenz 2, auf derselben Linie, aber in entgegengesetzte Richtung.
6. Am Ort: Symmetrische Wiederholung von Sequenz 3.
7. Am Ort: Symmetrische Wiederholung von Sequenz 4.

8. Man wendet auf dem linken Fuß um 90° nach rechts und führt einen rechten *Mae geri* und einen rechten *Chūdan yoko uke* in die rückwärtige Richtung der zentralen Achse der Kata aus. Die linke Faust bleibt in *Hikite*.
9. Der rechte Fuß wird abgesetzt, und der linke wird auf der Linie nach vorn gesetzt, das heißt, in die zur vorherigen Sequenz entgegengesetzte Richtung. Linker *Chūdan shutō uke* im *Nekoashi dachi*.
10. Man führt die gleiche Technik aus, während man den rechten Fuß vorsetzt.
11. Man führt die gleiche Technik aus, während man den linken Fuß vorsetzt.
12. Rechter *Chūdan nukite* auf derselben Linie im *Hanzenkutsu dachi [auch Moto dachi möglich]*. Möglichkeit für einen *Kiai* (*Kensei*).
13. Man wendet auf dem rechten Fuß nach hinten links, und indem man den linken Fuß im Kreisbogen hinter sich führt, nimmt man *Nekoashi dachi* im Winkel von 45° zur vorherigen Linie ein, um einen *Chūdan shutō uke* auszuführen.
14. Man geht mit rechtem *Chūdan shutō uke* auf derselben Linie nach vorn.
15. Man wendet auf dem linken Fuß nach links hinten und versetzt den rechten Fuß, um auf eine neue Linie zu gelangen, im Winkel von 90° zur vorherigen; dabei erfolgt ein rechter *Chūdan shutō uke*.
16. Man geht mit linkem *Chūdan shutō uke* auf derselben Linie nach vorn.
17. Der linke Fuß wird nach links versetzt, so dass man wieder auf die zentrale Achse gelangt, mit Blick in die rückwärtige Richtung. Dabei erfolgt ein rechter *Chūdan yoko uke* im *Zenkutsu dachi*. Die linke Faust wird in *Hikite* gezogen.
18. Man geht auf derselben Linie mit rechtem *Mae geri* nach vorn, ohne die aufrechte Haltung des Oberkörpers zu verändern. Das Standbein bleibt gebeugt.
19. Der rechte Fuß wird vorgesetzt, und man führt einen linken *Chūdan gyaku zuki* aus.
20. Am Ort dreht man die Hüften ein wenig nach rechts, und man führt

einen linken *Chūdan yoko uke* aus (symmetrische Wiederholung der Technik von Sequenz 17).

21. Symmetrische Wiederholung von Sequenz 18.

22. Symmetrische Wiederholung von Sequenz 19.

23. Man setzt den rechten Fuß vor, so dass man in *Zenkutsu dachi* steht, und führt einen rechten *Chūdan soe uke* aus (*Yoko uke*, verstärkt durch den linken Arm, mit der Faust am Ellbogen, Faustinnenseite nach oben) oder einen *Chūdan hiji sasae uke* (der Kontakt mit dem gegnerischen Angriff erfolgt am Ellbogen und nicht am Unterarm). Möglichkeit für einen *Kiai* (*Kensei*).

24. Man dreht sich auf dem rechten Fuß nach hinten links und führt den linken Fuß im Kreisbogen hinter sich. Abwehr mit *Gedan harai uke* (*Gedan barai*) nach links, im *Zenkutsu dachi*, 45° zur vorherigen Linie.

25. Man geht auf derselben Linie nach vorn und führt einen rechten *Jōdan age uke* im *Zenkutsu dachi* aus.

26. Man wendet sich auf dem linken Fuß nach rechts und versetzt den rechten Fuß, so dass man sich auf einer Linie im Winkel von 90° zur vorherigen (45° zur zentralen Achse) befindet. Symmetrische Ausführung der Technik von Sequenz 24.

27. Der linke Fuß wird vorgesetzt, und man führt die symmetrische Technik von Sequenz 25 aus.

28. Rückkehr in *Yoi no kamae*, indem der linke Fuß neben den rechten gestellt wird. Der Blick bleibt in Richtung der letzten Technik.

29. Der Blick richtet sich nach vorn. Gruß (*Rei*).

Ende der Kata.

Anmerkung: *Für das Embusen, die Schlüsselelemente, den Rhythmus und die Bunkai, siehe Beschreibung der Pinan shōdan vom Wadō-ryū* *auf S. 50 f.*

Pinan shōdan

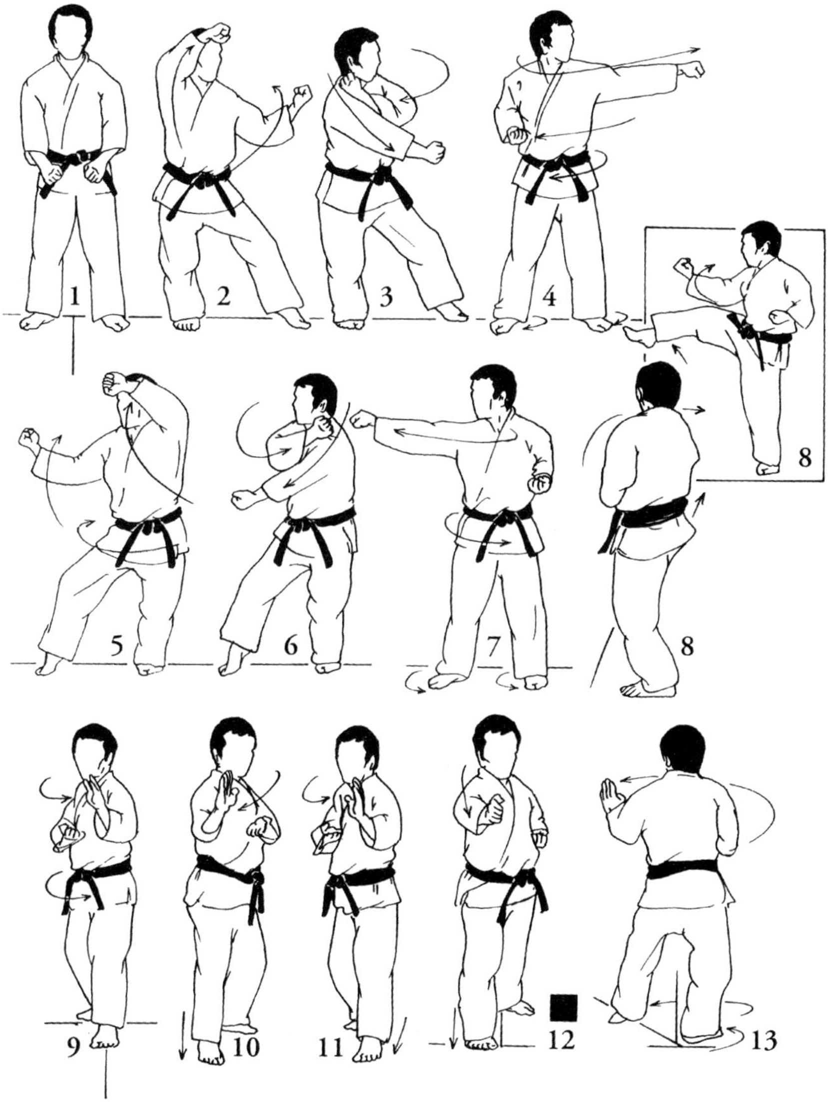

Pinan shōdan

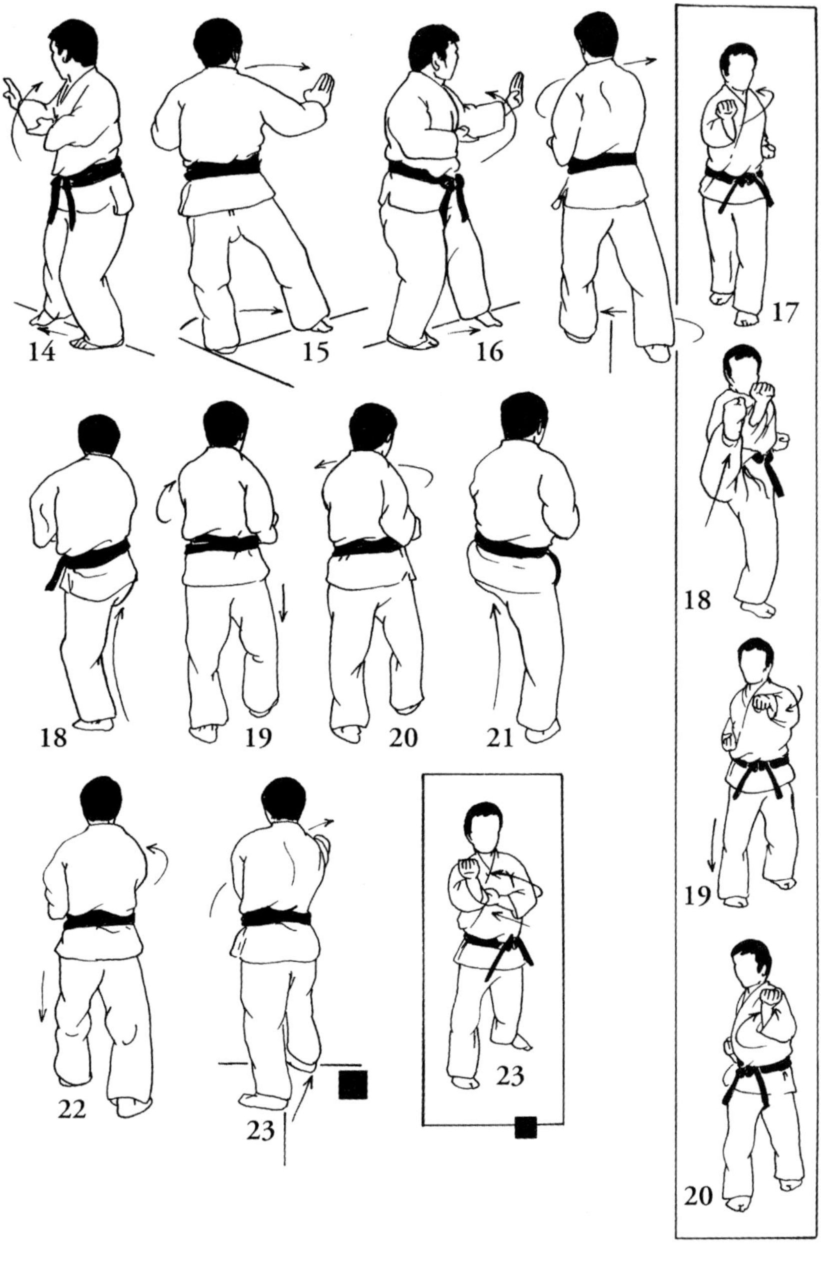

Pinan shōdan

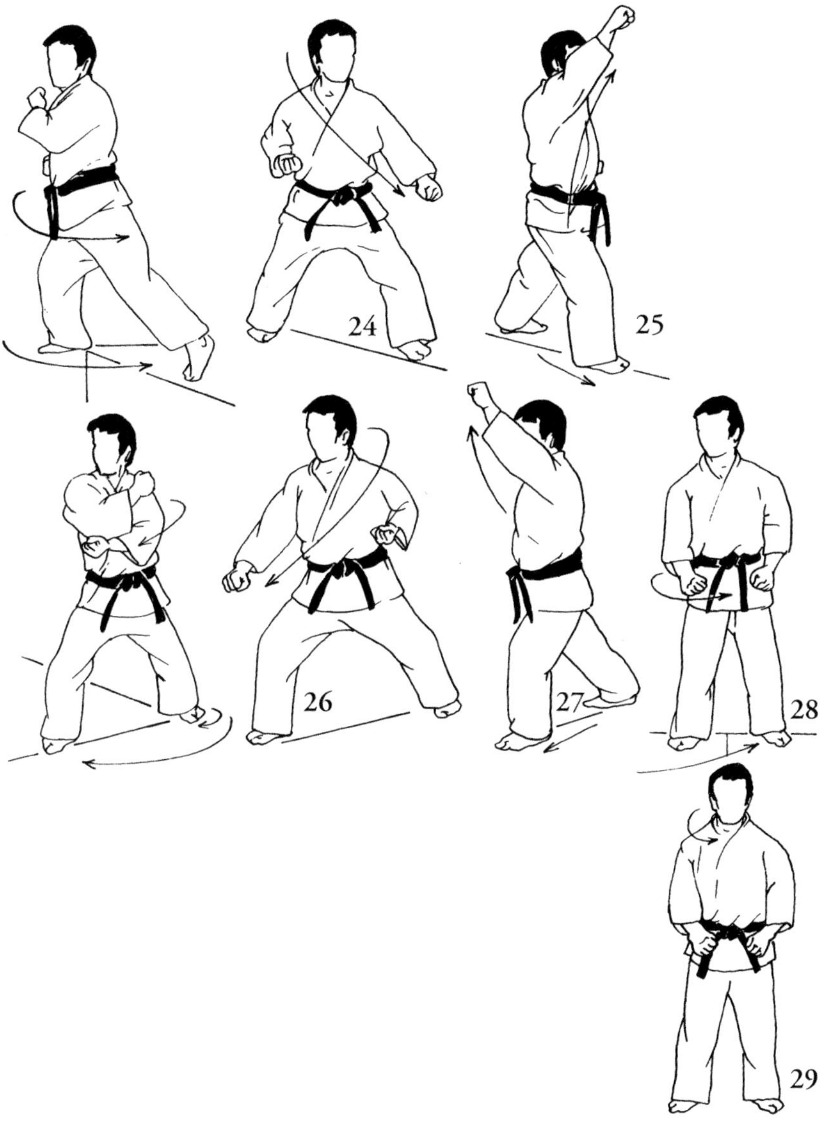

Pinan shōdan

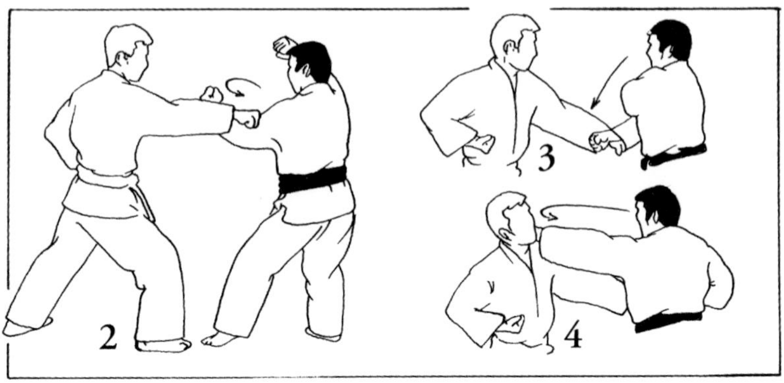

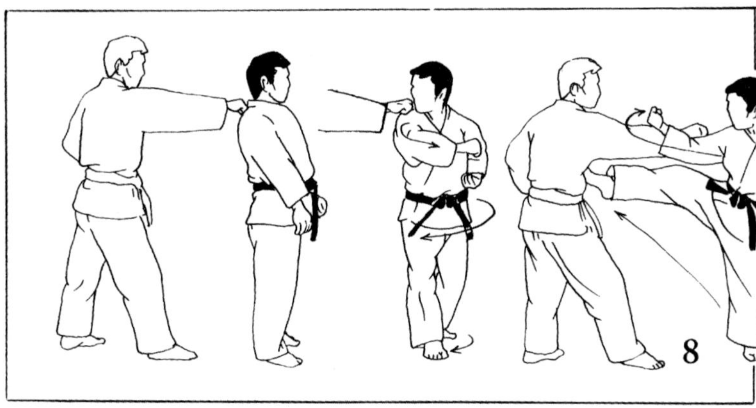

Pinan nidan

Diese Kata ist technisch einfacher als die *Pinan shōdan*, aber dennoch wurde sie ursprünglich erst nach jener gelehrt (*Nidan* bedeutet zweite Stufe). In den meisten *Dōjō* erlernt man sie heute jedoch zuerst, so, wie es auch im Shōtōkan-ryū der Fall ist, in welchem sie die Bezeichnung *Heian shōdan* trägt.

1. Nach dem Gruß nimmt man *Yoi no kamae* ein.
2. Man versetzt den linken Fuß ein Stück nach links und wendet sich in Richtung des ersten Angriffs, indem man *Nekoashi dachi* einnimmt und in weitem Kreisbogen einen *Uchi otoshi* mit der linken Faust (*Tettsui*) ausführt.
3. Man setzt den rechten Fuß vor und führt einen *Chūdan oi zuki* aus.
4. Man dreht sich nach hinten rechts, indem man den rechten Fuß im Kreisbogen vor sich führt. Linker *Gedan harai uke* (*Gedan barai*) im *Zenkutsu dachi*, in die entgegengesetzte Richtung zur vorherigen.
5. Man richtet sich auf, indem man den rechten Fuß zurücksetzt und führt im *Hachiji dachi [alternativ: Moto dachi]* einen rechten *Uchi otoshi* aus.
6. Der linke Fuß wird vorgesetzt, und dabei erfolgt ein linker *Chūdan oi zuki*.
7. Man wendet sich auf dem rechten Fuß nach links, und indem man den linken Fuß im Kreisbogen mitführt, gelangt man wieder auf die zentrale Achse in *Zenkutsu dachi*. Dabei wird ein linker *Gedan harai uke* ausgeführt.
8. Der rechte Fuß wird vorgesetzt, und dabei erfolgt ein rechter *Jōdan age uke*.
9. Der linke Fuß wird vorgesetzt, und dabei erfolgt ein linker *Jōdan age uke*.
10. Wiederholung von Sequenz 8. Möglichkeit für einen *Kiai* (*Kensei*).

11. Man wendet sich auf dem rechten Fuß nach hinten links und blockt mit linkem *Gedan harai uke*, während man den linken Fuß im Kreisbogen hinter sich setzt und so in *Zenkutsu dachi* gelangt (im Winkel von 45° zur vorherigen Linie).
12. Man geht auf derselben Linie nach vorn mit einem rechten *Chūdan oi zuki* in *Moto dachi*.
13. Man wendet sich auf dem linken Fuß nach hinten rechts und versetzt den rechten Fuß, so dass man – mit einem rechten *Gedan harai uke* – auf eine neue Linie im Winkel von 90° zur vorherigen gelangt.
14. Auf dieser Linie geht man mit linkem *Chūdan oi zuki* nach vorn.
15. Man versetzt den linken Fuß nach links, um mit Blick in die rückwärtige Richtung auf die zentrale Achse zu gelangen, und man führt erneut im *Zenkutsu dachi* einen linken *Gedan harai uke* aus.
16. Man geht auf der Linie mit einem rechten *Chūdan oi zuki* nach vorn in *Hanzenkutsu dachi* oder *Moto dachi*.
17. Auf derselben Linie geht man mit linkem *Chūdan oi zuki* nach vorn in *Hanzenkutsu dachi* oder *Moto dachi*.
18. Wiederholung von Sequenz 16. Möglichkeit für einen *Kiai* (*Kensei*).
19. Wendung auf dem rechten Fuß nach hinten links, und indem man den linken Fuß im Kreisbogen hinter sich setzt, geht man im Winkel von 45° zur vorherigen Linie in *Shiko dachi*. Dabei führt man einen linken *Gedan shutō barai* aus, während die rechte Hand mit der Handfläche nach oben zum Solarplexus geführt wird.
20. Man setzt den rechten Fuß auf derselben Linie nach vorn und führt die vorherige Technik symmetrisch aus.
21. Man wendet sich auf dem linken Fuß nach rechts und setzt den rechten Fuß im Kreisbogen hinter sich, so dass man auf einer Linie im Winkel von 90° zur vorherigen steht (45° mit Bezug auf die zentrale Achse), und man wiederholt die Technik von Sequenz 20.
22. Der linke Fuß wird nach vorn gesetzt, und man führt die zur vorherigen symmetrische Technik aus.

23. Rückkehr in *Yoi no kamae*, indem der linke Fuß neben den rechten gesetzt wird. Man blickt weiter in Richtung der letzten Technik.
24. Der Blick wird nach vorn gerichtet. *Rei.*

Ende der Kata.

Anmerkung: *Für das Embusen, die Schlüsselelemente, den Rhythmus und die Bunkai, siehe Beschreibung der Pinan nidan vom Wadō-ryū auf S. 57 f.*

Pinan nidan

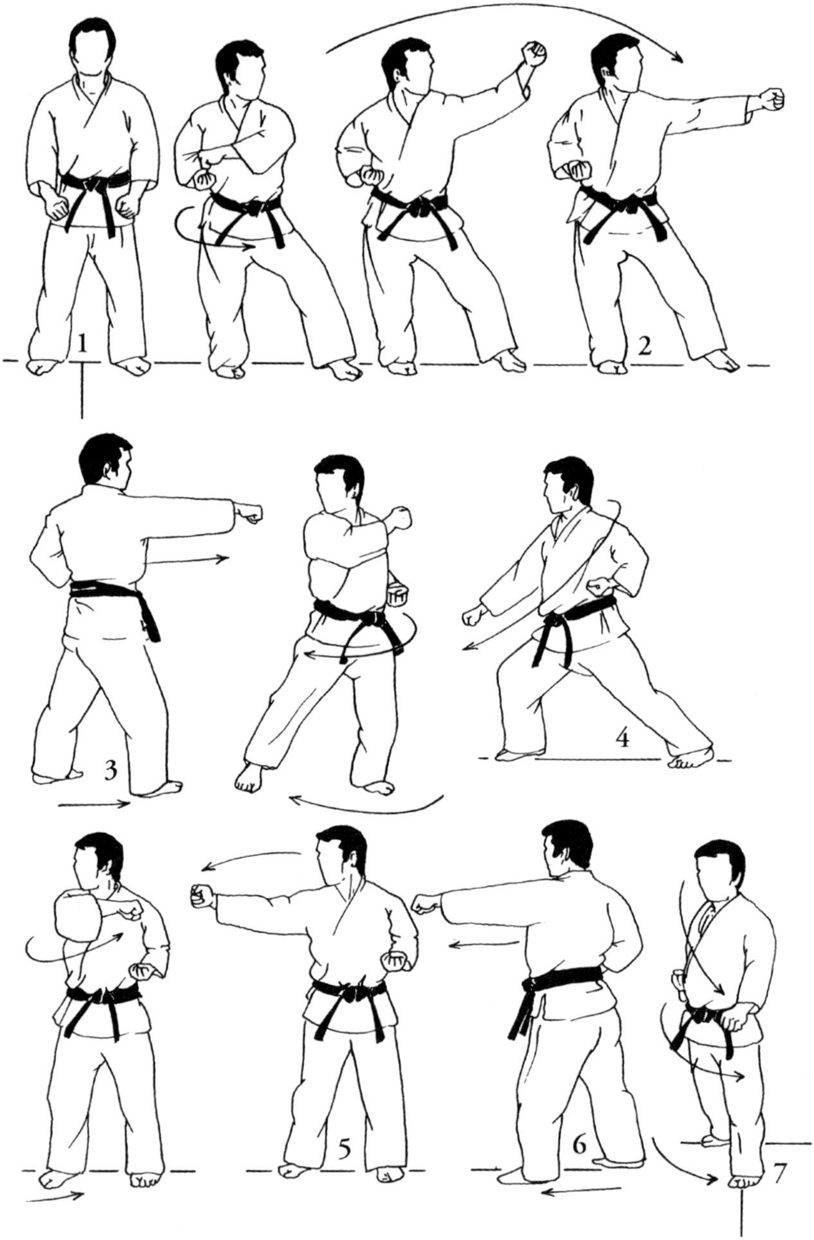

Pinan nidan

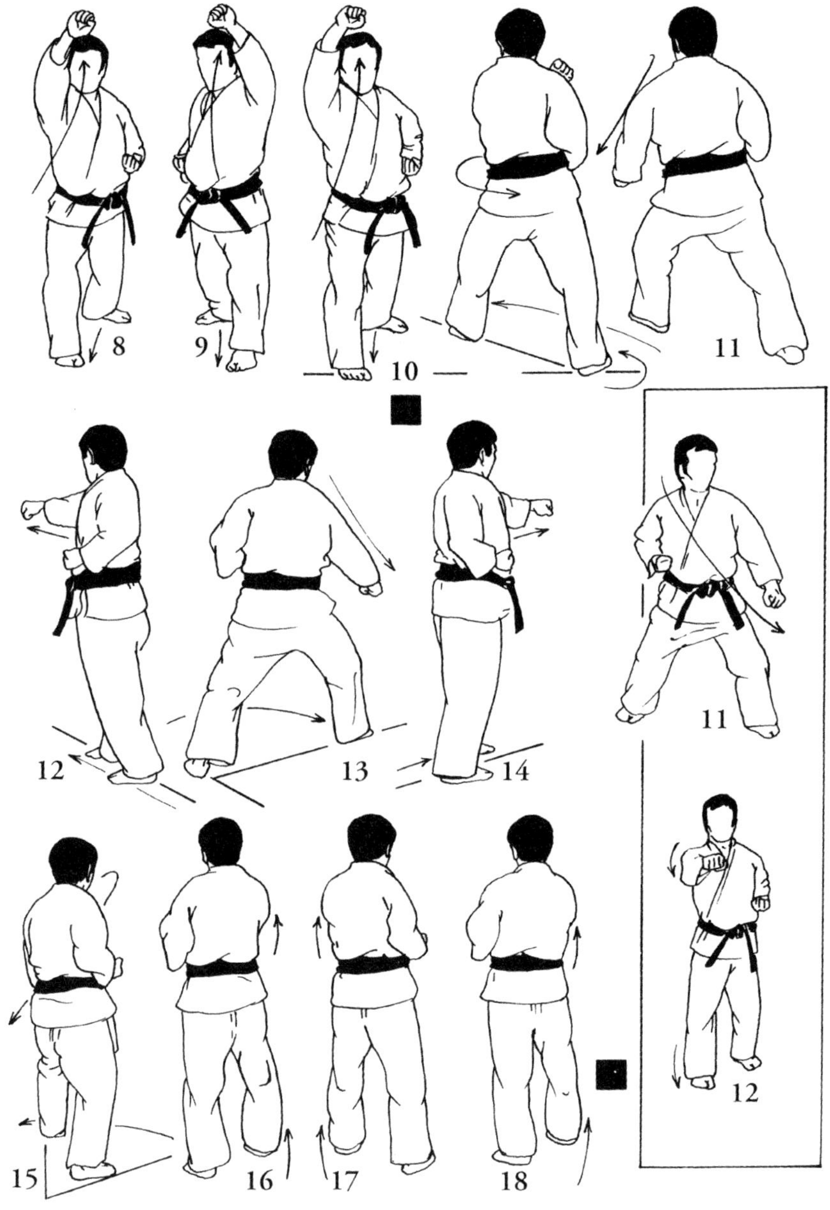

Pinan nidan

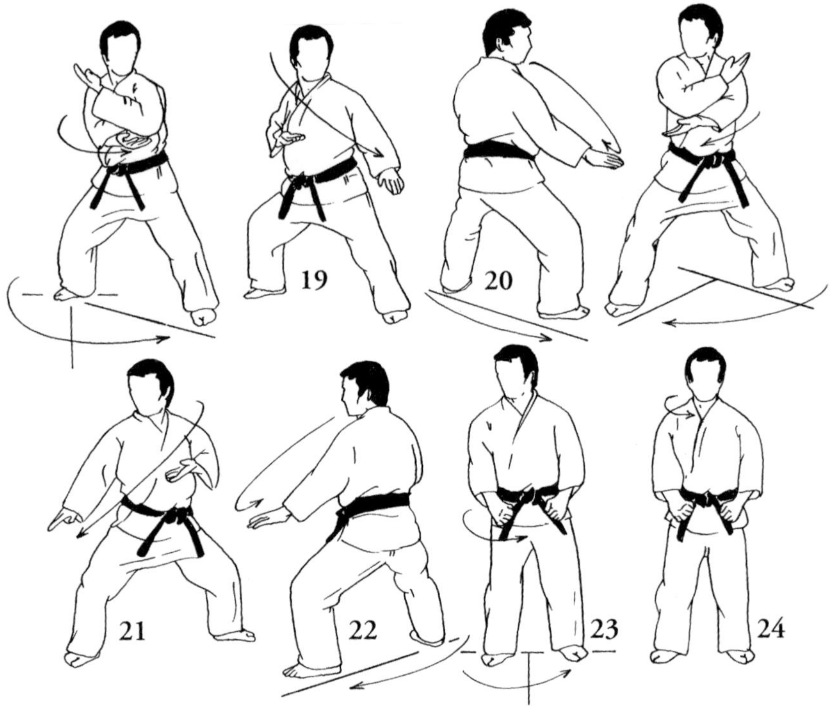

Pinan sandan

Einige Details der Kata, gesehen aus einem anderen Winkel, sowie einige *Bunkai* sind in umrahmten Zeichnungen zu sehen.

1. Nach dem Gruß nimmt man *Yoi no kamae* ein.
2. Man versetzt den Fuß ein Stück nach links und wendet sich in Richtung des ersten Angriffs. Man geht in *Nekoashi dachi* und führt einen *Chūdan yoko uke* mit der linken Faust aus, während die rechte in *Hikite* geht.
3. Der rechte Fuß wird zum linken versetzt, und man richtet sich in *Heisoku dachi* auf. Man überkreuzt die Arme und führt daraufhin eine doppelte Abwehr nach vorn aus: Rechter *Chūdan yoko uke* und linker *Gedan barai.*
4. Am Ort führt man die gleiche doppelte Verteidigungsbewegung aus, indem man mit den Armen zwei Kreisbögen beschreibt, die sich vor der Brust überschneiden: Linker *Chūdan yoko uke* und rechter *Gedan barai.*
5. Ein neuer Angriff erfolgt von hinten. Man versetzt den rechten Fuß nach hinten rechts und wendet sich um 180°, so dass man im *Nekoashi dachi* einen rechten *Chūdan yoko uke* ausführt. Diese Technik ist symmetrisch zu Sequenz 2.
6. Symmetrische Wiederholung von Sequenz 3.
7. Symmetrische Wiederholung von Sequenz 4.
8. Der linke Fuß wird im Kreisbogen versetzt, und man wendet sich um 90° nach links, so dass man wieder auf der zentralen Achse steht. Erneut blockt man mit linkem *Chūdan yoko uke* im *Nekoashi dachi.*
9. Man geht auf der Linie nach vorn und führt im *Hanzenkutsu dachi* oder *Moto dachi* einen rechten *Chūdan nukite* aus.
10. Man versetzt den linken Fuß nach links hinten und wendet sich in diese Richtung. Dabei neigt man sich nach hinten (der *Hanzenkutsu*

dachi bzw. *Moto dachi* wird umgekehrt, indem man das linke Knie beugt). Während dieser Bewegung wird die rechte Hand so gedreht, dass der Daumen nach unten zeigt. Der Arm bleibt gestreckt, und der Blick geht noch immer in dieselbe Richtung (man entzieht sich einem Griff: Siehe *Bunkai*).

11. Man richtet sich auf, wendet sich auf dem rechten Fuß nach links und setzt den linken Fuß auf der Linie nach vorn. Die Sequenz wird beendet mit einem *Chūdan yoko tettsui uchi* im *Shiko dachi.*
12. Der rechte Fuß wird nach vorn gesetzt, und dabei führt man einen rechten *Chūdan oi zuki* aus. Möglichkeit für einen *Kiai* (*Kensei*).
13. Man wendet sich langsam auf dem rechten Fuß um 180° nach links. Man richtet sich in *Musubi dachi* auf, indem man die linke Ferse zur rechten setzt, wobei man die Fäuste zu den Hüften bringt (die Faustinnenflächen zeigen nach hinten, und die Ellbogen zeigen zu den Seiten). Der Blick geht in die rückwärtige Richtung der zentralen Achse der Kata.
14. Man setzt den rechten Fuß auf der Linie nach vorn, und im *Shiko dachi* pariert man mit dem rechten Ellbogen (*Empi uke* oder *Ude uke*), indem man die Hüften nach links dreht. Die Fäuste bleiben an den Hüften.
15. Am Ort: *Chūdan tettsui uchi* der rechten Faust als Gegenangriff. Danach nimmt man die rechte Faust wieder in die Ausgangslage an der Hüfte.
16. Der linke Fuß wird nach vorn gesetzt. Symmetrische Wiederholung von Sequenz 14.
17. Symmetrische Wiederholung von Sequenz 15.
18. Der rechte Fuß wird nach vorn gesetzt. Wiederholung von Sequenz 14.
19. Wiederholung von Sequenz 15.
20. Man geht mit linkem *Chūdan oi zuki* nach vorn. Möglichkeit für einen *Kiai* (*Kensei*).
21. Ohne die Haltung des Oberkörpers zu verändern, wird der rechte Fuß auf Höhe des linken gesetzt. Daraufhin setzt man den linken Fuß über

Kreuz hinter den rechten, wobei man soweit wie möglich weiter in die rückwärtige Richtung der zentralen Achse ausgerichtet bleibt. Schließlich dreht man kraftvoll die Hüften nach hinten links. Man steht nun im *Hachiji dachi* und führt simultan einen Angriff mit der rechten Faust über die linke Schulter und einen linken Ellbogenstoß direkt nach hinten aus. Die Synchronisation der beiden Bewegungen und die Stabilisierung der Position müssen exakt erfolgen. Man blickt nach hinten, über die linke Schulter.

22. Nach einem seitlichen Gleitschritt (*Suri ashi*: rechter Fuß, gefolgt vom linken) werden die Techniken der Sequenz 21 symmetrisch ausgeführt: Rechter Ellbogenstoß und Stoß der linken Faust über die rechte Schulter.

23. Am Ort kehrt man in *Yoi no kamae* zurück, der Blick ist nach vorn gerichtet. *Rei.*

Ende der Kata.

Anmerkung: *Für das Embusen, die Schlüsselelemente, den Rhythmus und die Bunkai, siehe Beschreibung der Pinan sandan vom Wadō-ryū auf S. 64 f.*

Pinan sandan

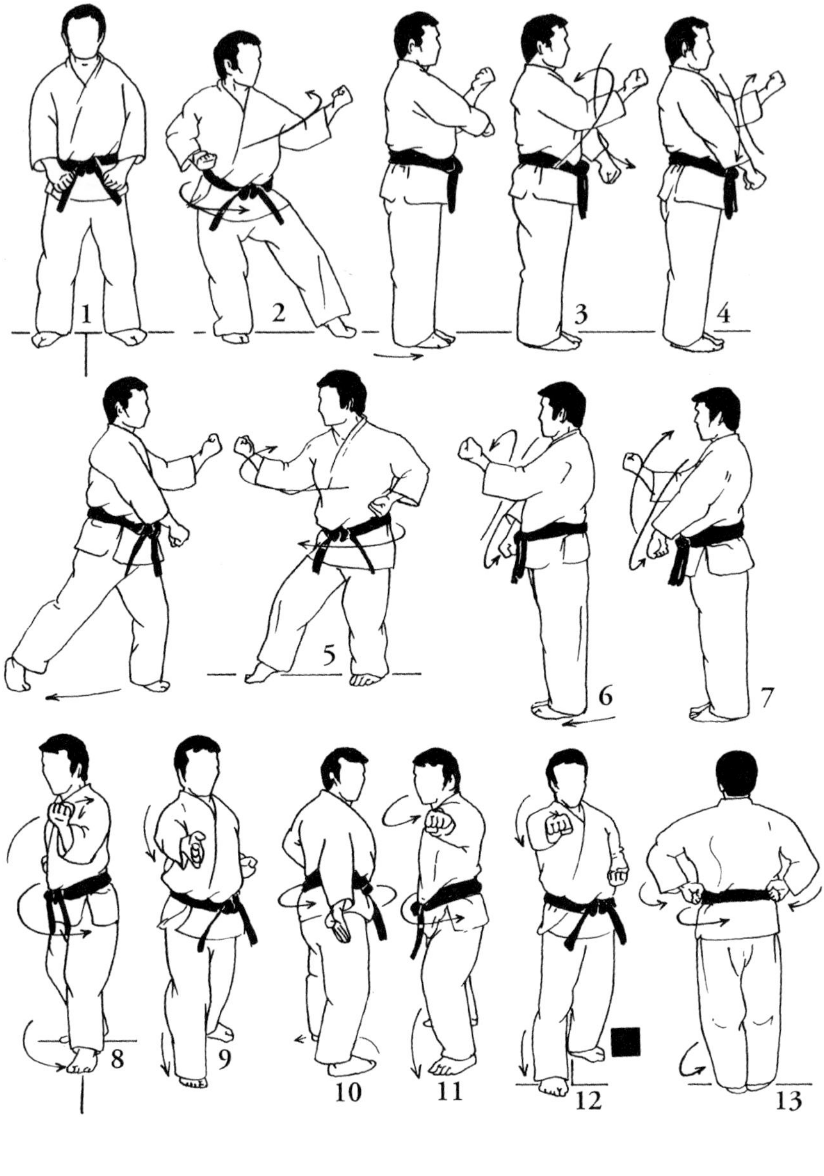

Pinan sandan

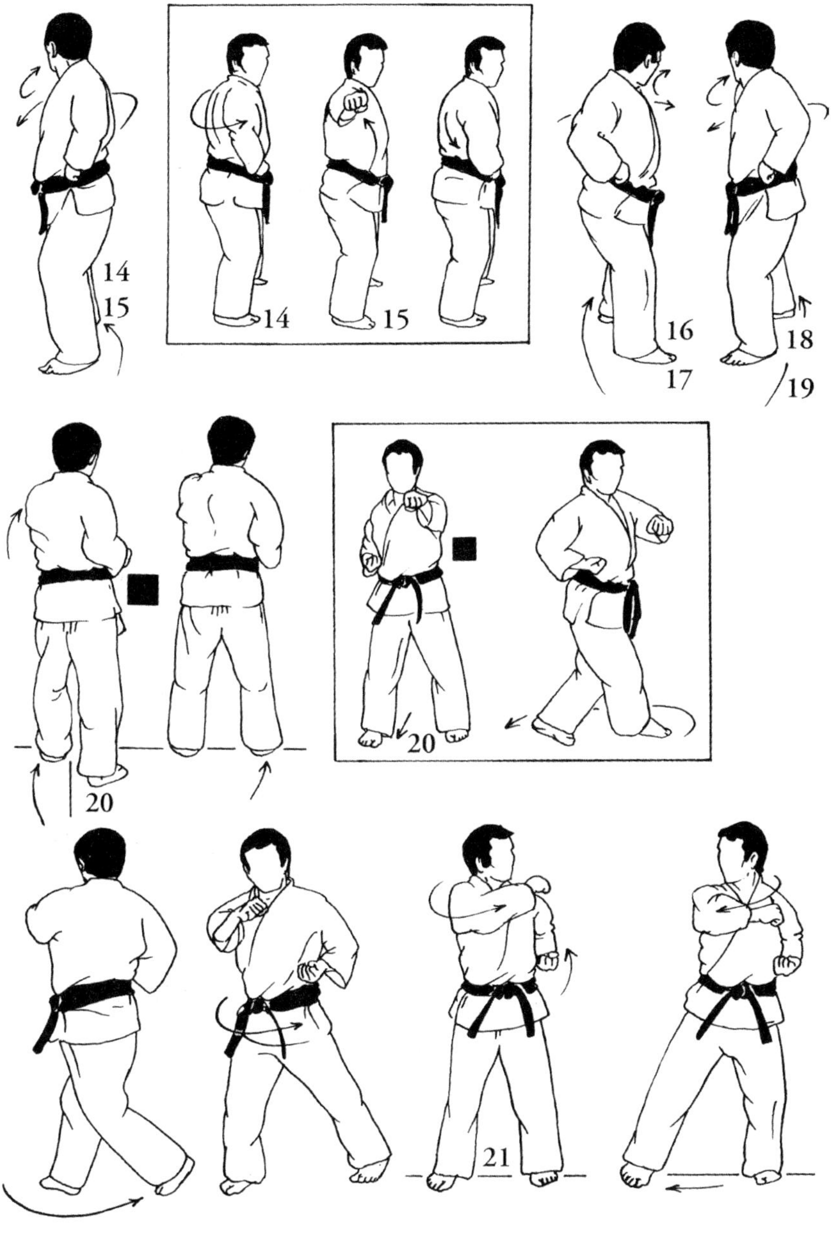

Pinan sandan

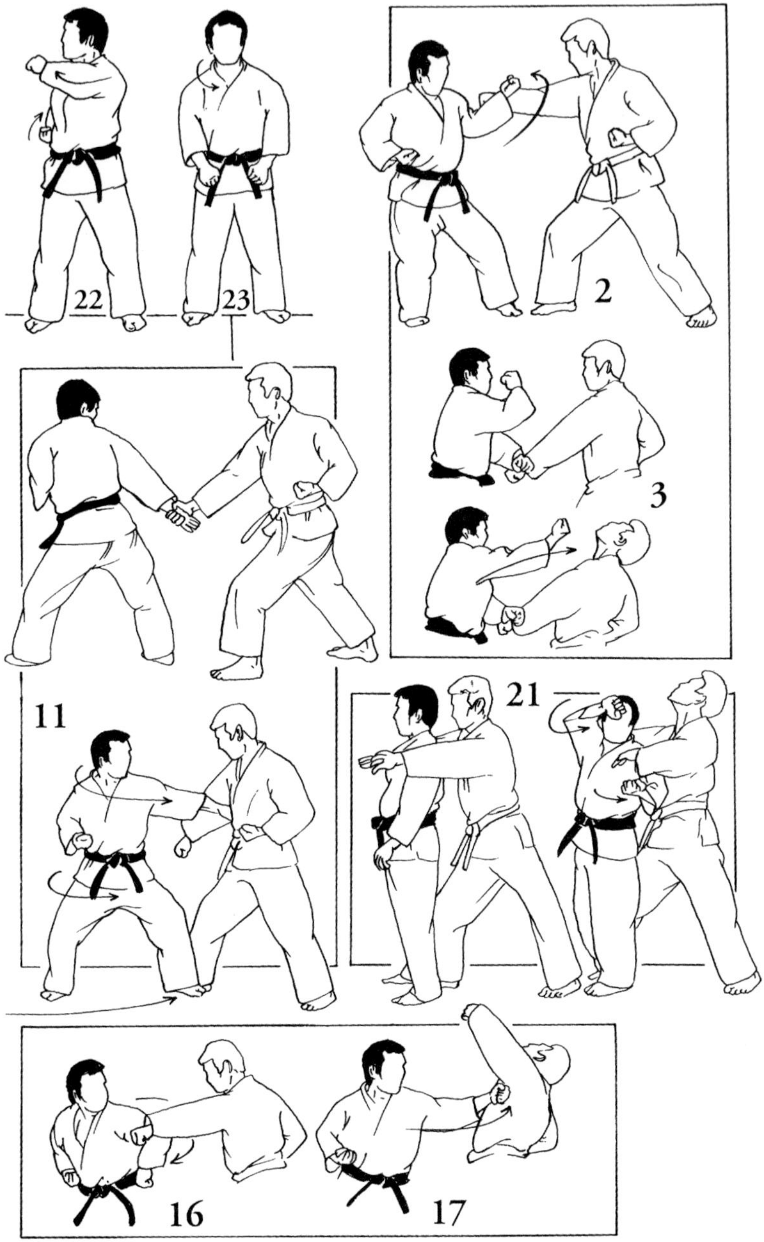

Pinan yondan

Einige Details der Kata, gesehen aus einem anderen Winkel, sowie einige *Bunkai* sind in umrahmten Zeichnungen zu sehen.

1. Nach dem Gruß nimmt man *Yoi no kamae* ein.
2. Die erste Technik ähnelt der 2. Sequenz der *Pinan shōdan*: Man versetzt den linken Fuß ein Stück nach links und hebt, während man in *Nekoashi dachi* geht, beide offenen Hände zugleich für einen linken *Chūdan haishu* (*kote*) *uke* auf Höhe der Schulter und zum Schutz vor die Stirn.
3. Starke Drehung der Hüften nach rechts, und symmetrische Wiederholung der vorherigen Technik in die entgegengesetzte Richtung.

Man beachte, dass auf die Sequenzen 2 und 3 in der Kata keine Gegenangriffe erfolgen, dass solche jedoch implizit angedeutet sind (*Bunkai* – siehe die entsprechende umrahmte Zeichnung). So etwas tritt in Kata häufig auf, vor allem in den »höheren«, in denen der »rote Faden« oftmals – gewollt oder ungewollt – unterbrochen ist.

4. Man verlagert das Gewicht auf das rechte Bein und setzt das linke auf die Hauptachse der Kata. Im linken *Zenkutsu dachi* führt man nach vorn einen *Chūdan kōsa uke* aus (mit überkreuzten Fäusten; die rechte Faust ist oben).
5. Der rechte Fuß wird nach vorn gesetzt, um einen rechten *Chūdan soe uke* (oder *Hiji sasae uke*) im *Nekoashi dachi* auszuführen.
6. Der linke Fuß wird zum rechten geführt, und man richtet sich mit dem Blick nach links und den Fäusten an der rechten Hüfte in *Heisoku dachi* auf (die rechte Faust ist in *Hikite* und die linke darüber, mit der Faustinnenfläche nach unten).
7. Linker *Mae geri* (seitlich getreten) und linker *Chūdan harai uke* im Winkel von 90° zur zentralen Achse der Kata, ohne dass der Standfuß gedreht wird.
8. Der linke Fuß wird abgesetzt, so dass man nach vorn im *Zenkutsu da-*

chi steht, und man schlägt, verbunden mit einer starken Drehung der Hüften, mit dem rechten Ellbogen in die linke Hand.

9. Der rechte Fuß wird langsam zum linken geführt, und im *Heisoku dachi* dreht man sich nach rechts, um eine Haltung, die symmetrisch zu der von Sequenz 6 ist, einzunehmen.

10. Symmetrische Wiederholung von Sequenz 7.

11. Symmetrische Wiederholung von Sequenz 8.

12. Wendung auf beiden Füßen nach links, so dass man erneut in die vordere Richtung der zentralen Achse der Kata in einem schrägen linken *Zenkutsu dachi* steht. Beide Hände werden unter Ausnutzung der Hüftdrehung gleichzeitig bewegt: Die linke Hand wird vor die Stirn gehoben (*Jōdan age uke*), während die rechte einen waagerechten *Jōdan shutō uke* [alternative Interpretation: *Jōdan sukui uke*] ausführt. Man beachte, dass hier die Ausführung in der Kata gleich der entsprechenden Shōtōkan-ryū-Technik ist, während das *Bunkai* (siehe umrahmte Zeichnung) dem des Wadō-ryū entspricht (in welchem *Bunkai* und Kata-Form jedoch identisch sind).

13. Man führt einen rechten *Mae geri* in die vordere Richtung der zentralen Achse aus, ohne die Haltung der Arme zu verändern.

14. Der rechte Fuß gleitet nach vorn, gefolgt vom linken (*Suri ashi*), und man führt einen rechten *Chūdan tettsui uchi* (oder *Chūdan yoko uke*) aus, während die linke Faust in *Hikite* gezogen wird. Möglichkeit für einen *Kiai* (*Kensei*).

15. Man wendet sich auf dem rechten Fuß nach hinten links, und indem man den linken Fuß nach hinten versetzt, stellt man sich in einem linken *Nekoashi dachi* im Winkel von 45° zur vorherigen Linie. Linker *Chūdan yoko uke*.

16. Es folgt ein rechter *Mae geri*, ohne dass die Haltung der Arme verändert wird.

17. Man setzt den Fuß nach vorn ab und führt einen rechten *Chūdan mae ken zuki* aus.

18. Am Ort: Linker *Chūdan gyaku zuki.*
19. Man dreht auf dem linken Fuß nach rechts und setzt den rechten Fuß auf eine Linie im Winkel von 90° zur vorherigen, um die symmetrische Technik von Sequenz 15 auszuführen.
20. Symmetrische Wiederholung von Sequenz 16.
21. Symmetrische Wiederholung von Sequenz 17.
22. Symmetrische Wiederholung von Sequenz 18.
23. Der linke Fuß wird auf die zentrale Achse der Kata zurückgesetzt, jedoch nach hinten, und man führt im *Nekoashi dachi* einen linken *Chūdan soe uke* aus.
24. Der rechte Fuß wird vorgesetzt. Symmetrische Wiederholung von Sequenz 23.
25. Der linke Fuß wird vorgesetzt. Wiederholung von Sequenz 23.
26. Am Ort dreht man sich nach vorn und reißt die Fäuste auseinander. Die Ellbogen sind gebeugt (*Morote yoko uke*).
27. Man verlagert das Körpergewicht auf das linke Bein und stößt das rechte Knie direkt nach vorn, während die Arme nach unten und hinten gerissen werden. Möglichkeit für einen *Kiai* (*Kensei*).
28. Die rechte Fußspitze wird ein Stück vor den linken Fuß gesetzt, danach setzt man den linken Fuß nach hinten über Kreuz, bis er auf einer Linie im Winkel von 45° zur vorigen steht. Die Drehung wird mit einem linken *Chūdan shutō uke* abgeschlossen.
29. Ohne die Haltung der Arme zu verändern, wird der linke Fuß ein Stück nach hinten versetzt, so dass die Fußsohle vollständig den Boden berührt. Nun wendet man den Blick nach rechts und versetzt den rechten Fuß, indem man ihn ein Stück auf der Ferse gleiten lässt, bis er auf einer Linie im Winkel von 90° zur vorherigen steht. Die Sequenz wird abgeschlossen, indem man in *Nekoashi dachi* geht und einen rechten *Chūdan shutō uke* ausführt.
30. Die rechte Ferse wird abgesetzt und anschließend der linke Fuß auf die Linie zurückgesetzt, ohne dass die Haltung der Arme verändert wird.

Man richtet sich in *Yoi no kamae* auf, indem man den rechten Fuß parallel zum linken setzt. Der Blick geht nach wie vor in Richtung der letzten Technik.

31. Der Blick wird nach vorn gerichtet. *Rei.*

Ende der Kata.

Anmerkung: *Für das Embusen, die Schlüsselelemente, den Rhythmus und die Bunkai, siehe Beschreibung der Pinan yondan vom Wadō-ryū auf S. 72 f.*

Pinan yondan

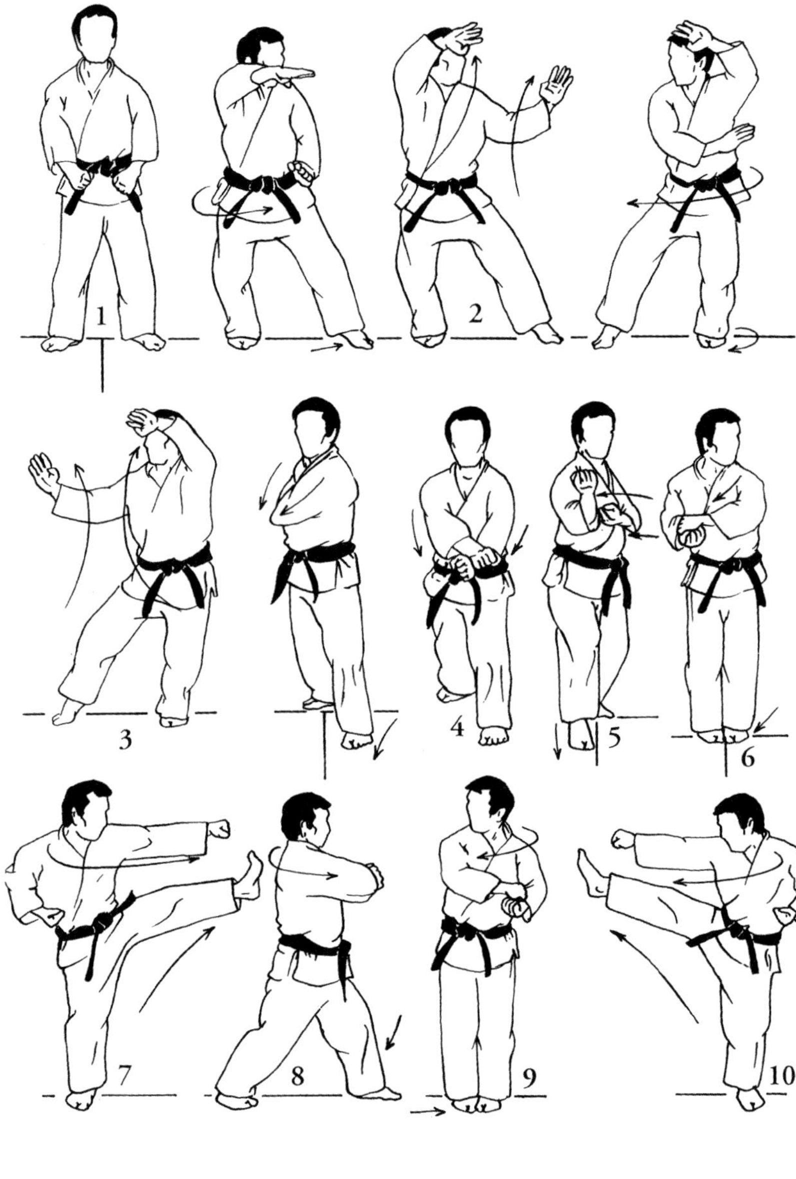

Pinan yondan

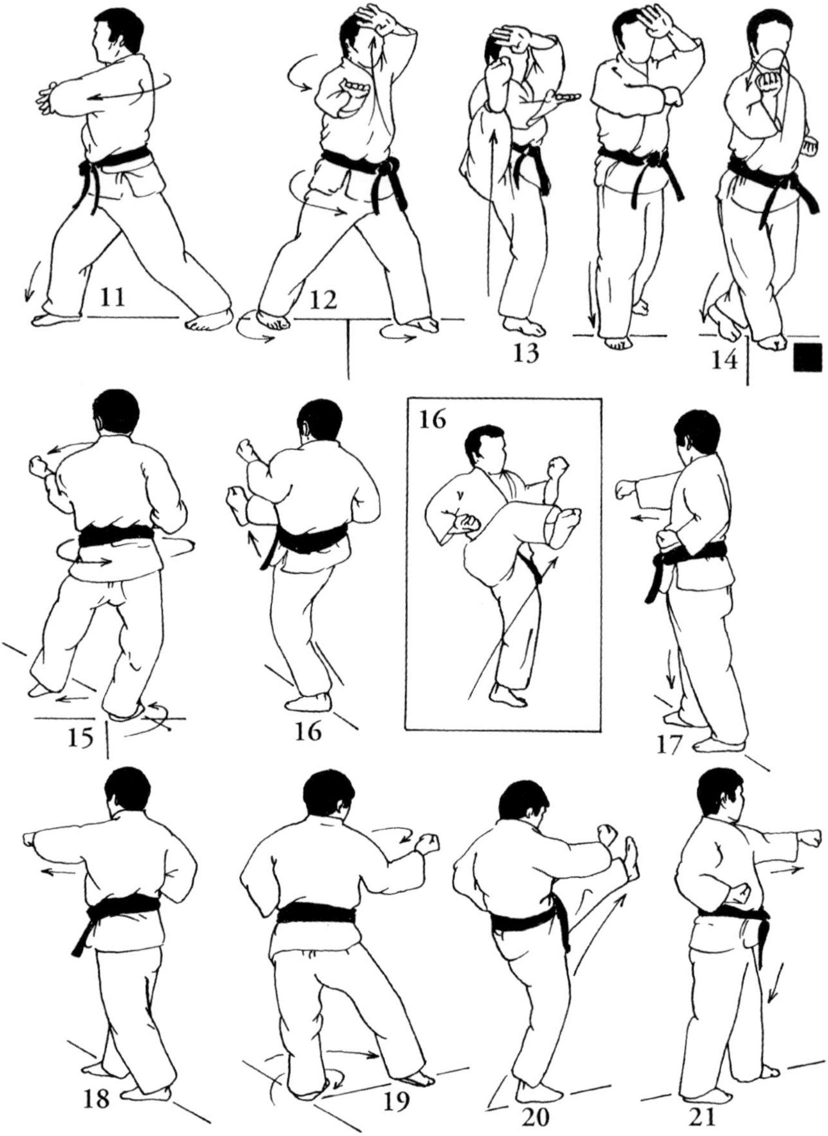

Pinan yondan

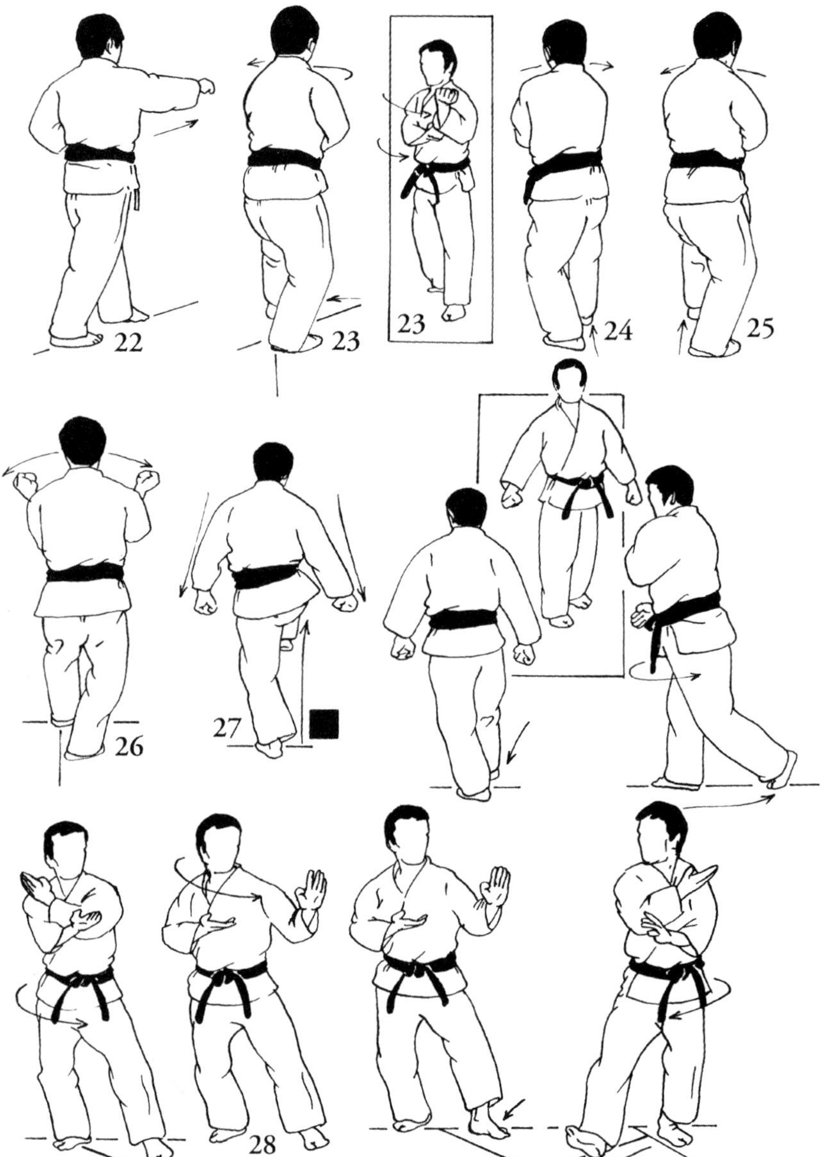

Pinan yondan

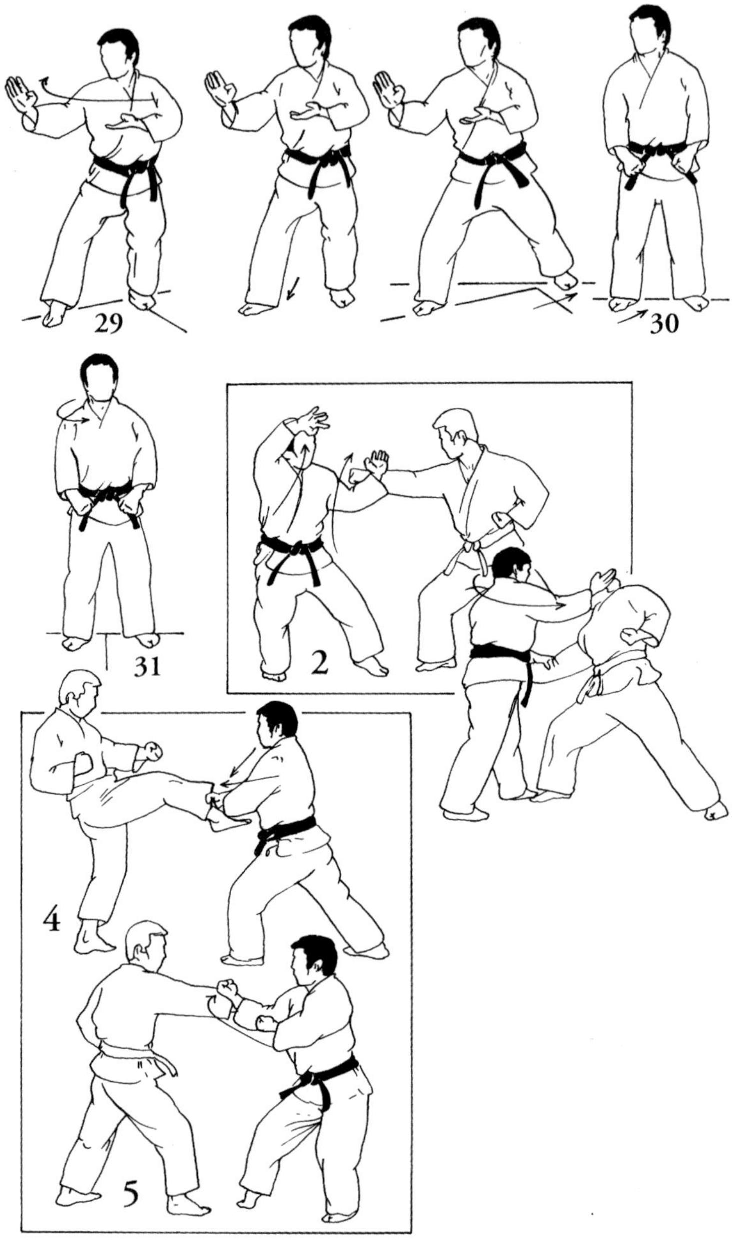

Pinan yondan

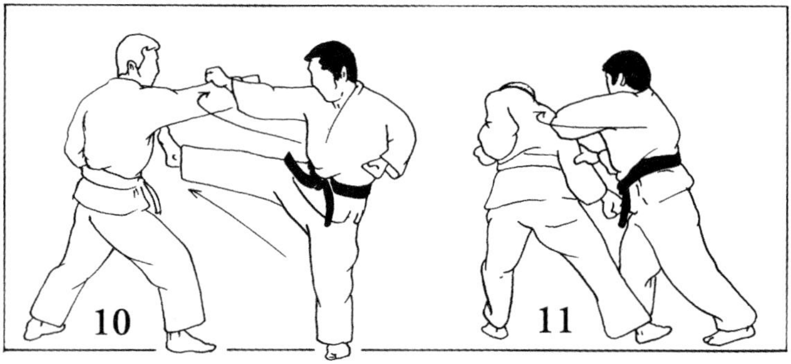

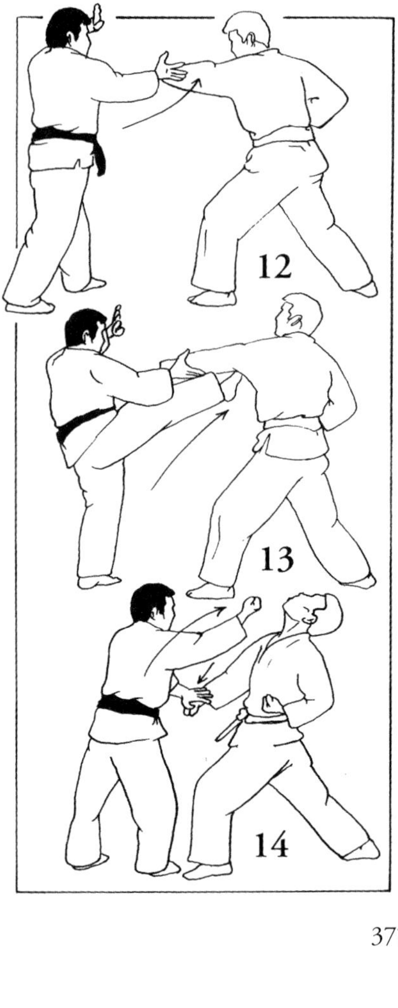

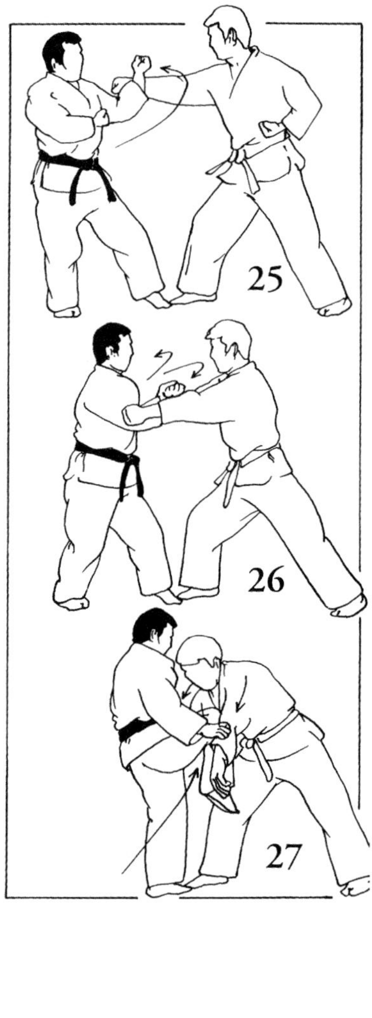

Pinan godan

Einige Details, unter anderem Blickwinkel gesehen, sowie einige *Bunkai* sind in umrahmten Zeichnungen dargestellt.

1. Nach dem Gruß nimmt man *Yoi no kamae* ein.
2. Man versetzt den linken Fuß ein Stück nach links und führt einen linken *Chūdan yoko uke* im *Nekoashi dachi* aus (identisch mit Sequenz 2 der *Pinan sandan*).
3. Am Ort: Rechter *Chūdan kagi zuki*, die linke Faust wird in *Hikite* gezogen.
4. Der rechte Fuß wird zum linken gesetzt, und man dreht sich nach rechts, um sich im *Heisoku dachi* aufzurichten. Der Blick ist nach rechts gerichtet. Man führt einen linken *Kagi zuki* aus und nimmt zugleich die rechte Faust in *Hikite*.
5. Man setzt den rechten Fuß nach vorn und führt die zu Sequenz 2 symmetrische Technik aus.
6. Symmetrische Wiederholung von Sequenz 3.
7. Ohne die Haltung der Arme zu verändern, und noch immer mit dem Blick in dieselbe Richtung, wird der linke Fuß zum rechten gesetzt, und man richtet sich in *Heisoku dachi* auf.
   Nun wendet man den Blick in die vordere Richtung der zentralen Achse und wechselt die Haltung der Arme.
8. Der rechte Fuß wird auf dieser Linie nach vorn gesetzt, und man führt im *Zenkutsu dachi* einen *Chūdan soe uke* aus.
9. Der linke Fuß wird nach vorn gesetzt, und man führt einen *Chūdan kōsa uke* aus; die rechte Faust ist oben.
10. Am Ort: *Jōdan kōsa uke* mit offenen Händen, aber die Handgelenke bleiben miteinander in Kontakt.
11. Am Ort werden die Hände abgesenkt, indem man sie auf Höhe der Handwurzeln umeinander drehen lässt. Die Finger zeigen dabei nach

vorn. Die linke Hand gelangt mit der Handfläche nach unten und den Fingern nach außen nach oben (Greifbewegung).

12. Man dreht die Hüften nach hinten rechts, während der rechte Fuß ein Stück zurückgesetzt wird, so dass man sich nach rechts wendet, bis man im *Hachiji dachi* steht und einen linken *Jōdan tettsui uchi* ausführt. Die rechte Faust wird in *Hikite* gezogen.

13. Es folgt ein rechter *Chūdan oi zuki* im *Hanzenkutsu dachi* oder *Moto dachi*. Möglichkeit für einen *Kiai* (*Kensei*).

14. Man wendet sich auf dem linken Fuß nach links. Der rechte Fuß wird im Kreisbogen mitgeführt, bis er sich wieder auf der Hauptachse im *Shiko dachi* befindet. Rechter *Gedan barai*; der Blick ist nach hinten gerichtet.

15. Am Ort richtet man sich auf, indem man den linken Fuß ein Stück in Richtung des rechten setzt, und man führt erneut einen linken *Jōdan tettsui uchi* aus, wie in Sequenz 12.

16. Der rechte Fuß wird nach vorn gesetzt, und man schlägt den rechten Ellbogen vor dem Körper in die linke Hand.

17. Diese Sequenz entspricht der Sequenz 14 der *Pinan yondan*: Das hintere Knie wird gegen das rechte geführt (*Kake dachi*). Man führt einen rechten *Chūdan soe uke* aus (*Sasae uke*), die linke Faust wird unter die Spitze des rechten Ellbogengelenks gebracht, die Faustinnenseite zeigt nach unten.

18. Man wendet sich auf dem rechten Fuß um 90° nach links, indem der linke Fuß auf die zentrale Achse gesetzt wird. Man blickt nach hinten (bezüglich der Zentralachse) und führt einen Schlag mit der rechten Faust nach oben aus (*Ura zuki*), ohne dass die linke Faust vom rechten Ellbogen gelöst wird. Die Stellung ist *Kokutsu dachi* (alte Form), der Körper ist deutlich nach hinten geneigt.

19. Schnelle Wendung nach links um 180°. Der rechte Fuß wird vor den linken gesetzt, worauf dieser hinter dem rechten über Kreuz gesetzt wird, so dass man in *Kake dachi* steht. Gleichzeitig werden beide Fäuste in *Hikite* gezogen. Es folgt ein *Gedan kosa uke* am Ort.

20. Der rechte Fuß wird schnell nach rechts versetzt, so dass er wieder auf die zentrale Achse der Kata gelangt. Man führt einen *Chūdan soe uke* im *Zenkutsu dachi* in die rückwärtige Richtung dieser Linie aus. Möglichkeit für einen *Kiai* (*Kensei*).

21. Am Ort wendet man den Oberkörper ein wenig nach links und führt gleichzeitig einen linken *Gedan harai uke* und einen rechten *Jōdan yoko uke* aus. Die Stellung ist *Kokutsu dachi.*

22. Die Haltung und der Blick nach links werden beibehalten, während man sich aufrichtet, indem man den linken Fuß zum rechten führt.

23. Man setzt den rechten Fuß im Winkel von 45° zur Zentralachse nach vorn, in Blickrichtung, und wendet unverzüglich am Ort, so dass man in *Kokutsu dachi* gelangt. Man führt die symmetrische Technik von Sequenz 21 aus.

24. Man richtet sich wieder in *Yoi no kamae* auf, indem man den rechten Fuß neben den linken setzt. Der Blick bleibt in Richtung der letzten Technik gerichtet.

25. Man richtet den Blick nach vorn. *Rei.*

Ende der Kata.

Anmerkung: *Für das Embusen, die Schlüsselelemente, den Rhythmus und die Bunkai, siehe Beschreibung der Pinan godan vom Wadō-ryū auf S. 80 f.*

Pinan godan

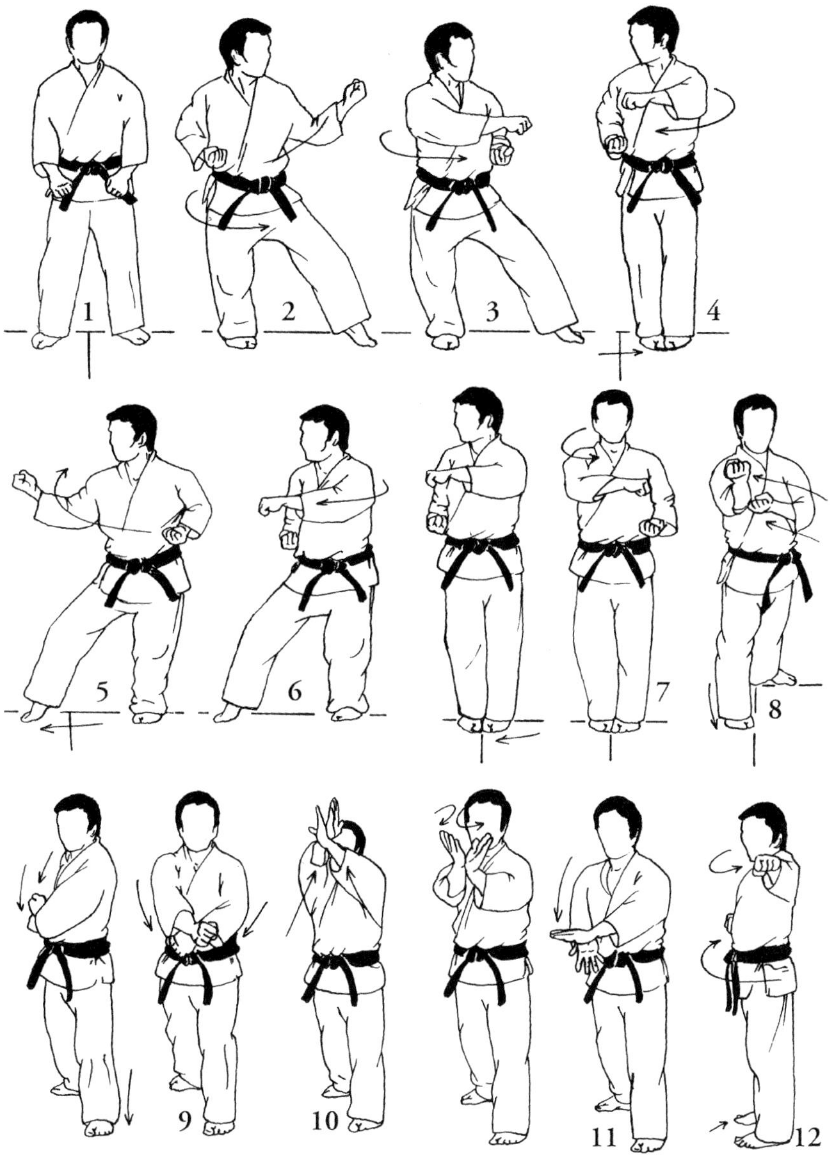

Pinan godan

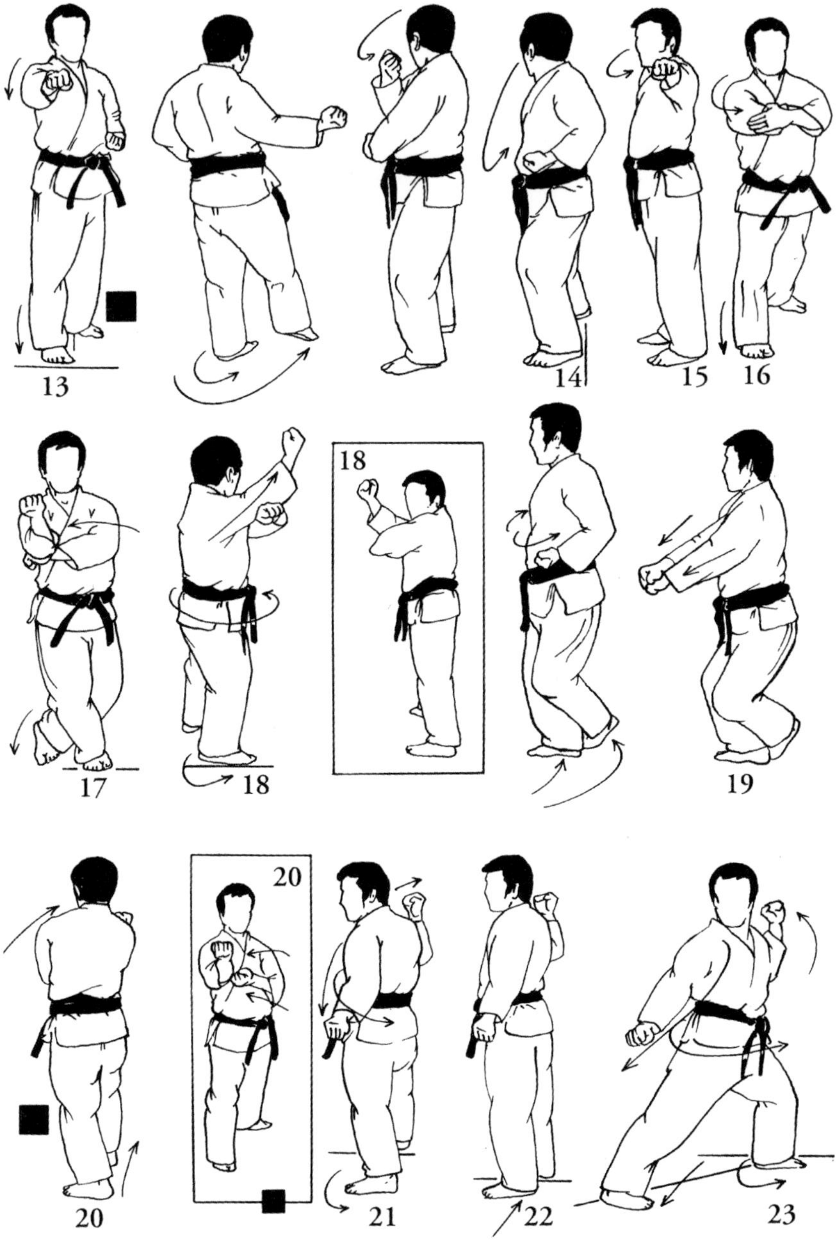

Pinan godan

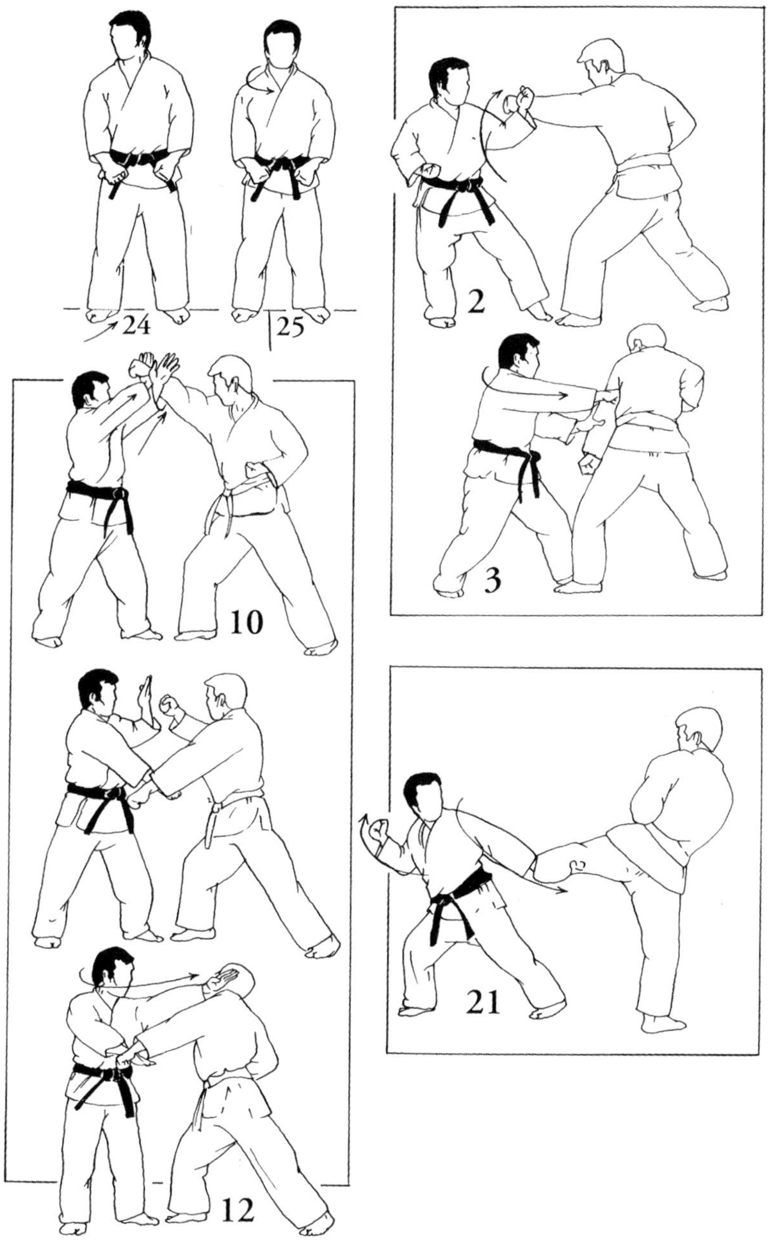

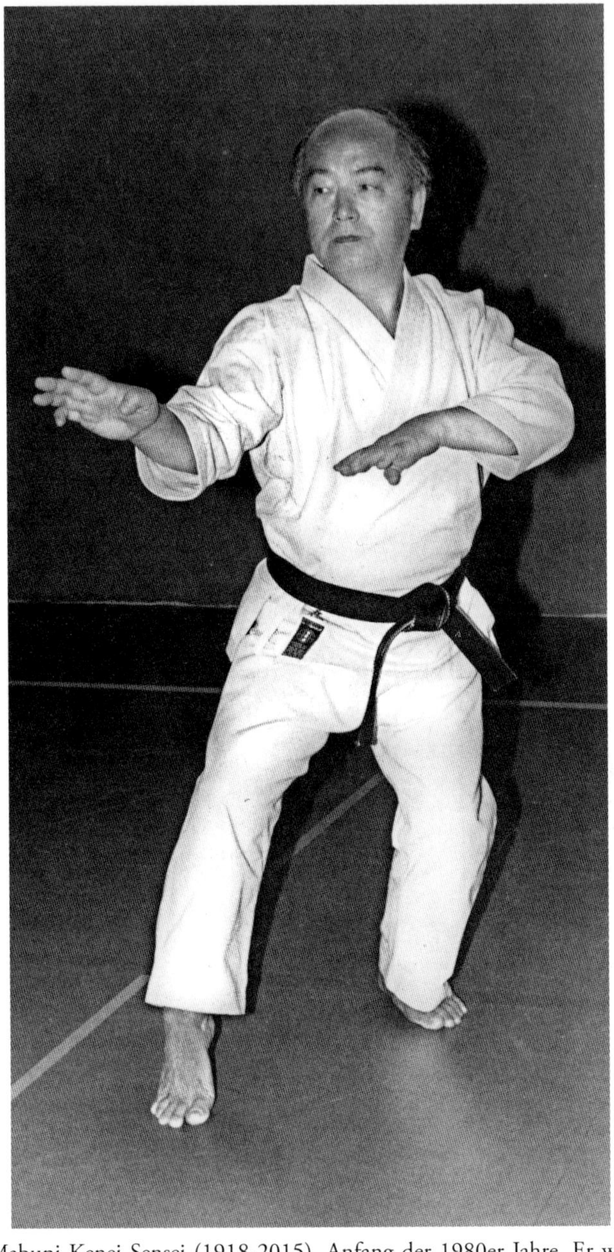

Foto 42: Mabuni Kenei Sensei (1918-2015), Anfang der 1980er Jahre. Er war der Erbe eines traditionellen Karatedō.

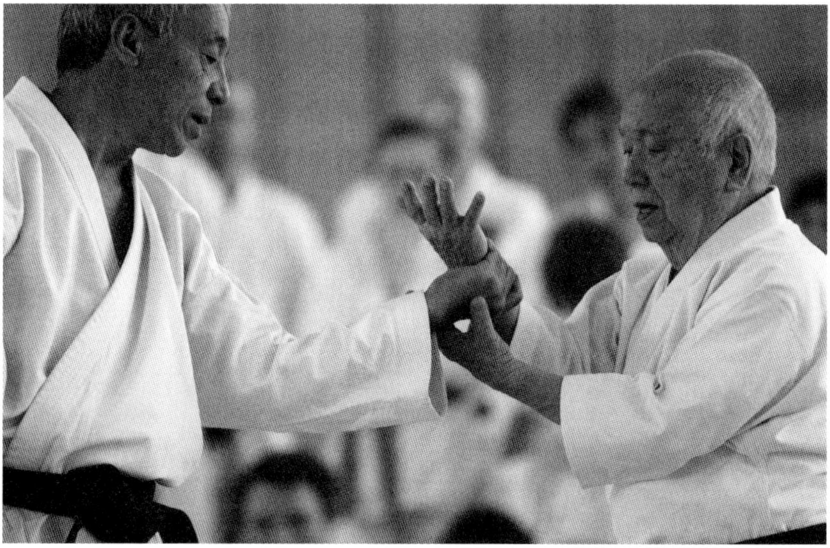

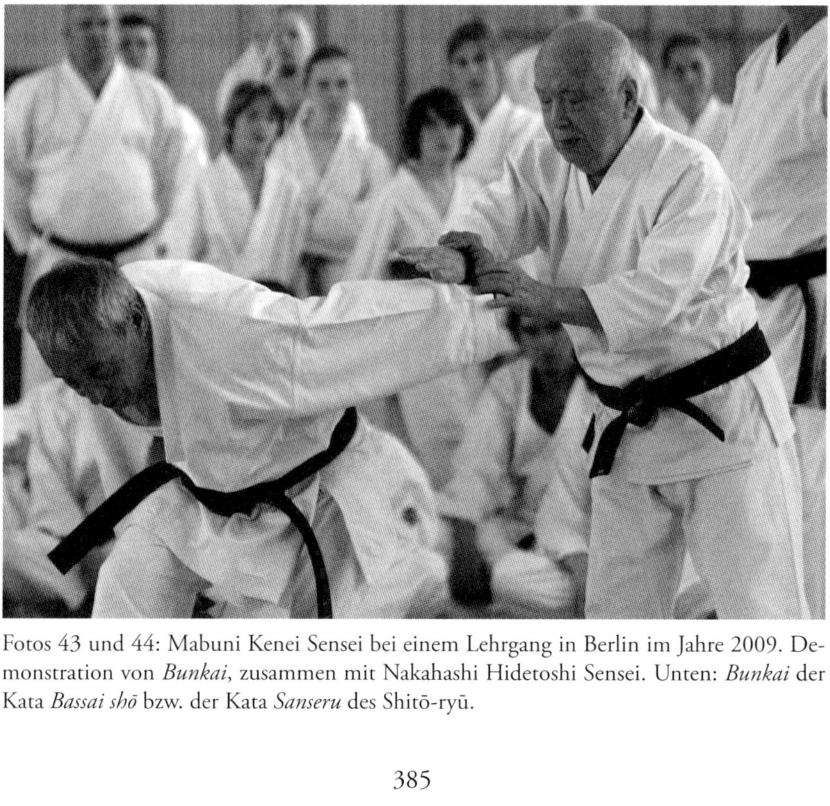

Fotos 43 und 44: Mabuni Kenei Sensei bei einem Lehrgang in Berlin im Jahre 2009. Demonstration von *Bunkai*, zusammen mit Nakahashi Hidetoshi Sensei. Unten: *Bunkai* der Kata *Bassai shō* bzw. der Kata *Sanseru* des Shitō-ryū.

Bassai

»*Bassai*« bedeutet »die Befestigung brechen«, in dem Sinn, dass man eine Mauer durchbricht. Sie ist eine Kata, die mit Schnelligkeit und Kraft ausgeführt werden muss. Sie entstammt dem alten *Tomari-te* und gilt als eine der Lieblingskata Chōtoku Kyans (1870-1945). Es gibt von ihr zahlreiche Varianten.[23] Es existiert eine Langform (*Dai*) und eine Kurzform (*shō*).

Die *Bassai* des Shitō-ryū ist sowohl ihrem Namensvetter im Wadō-ryū (siehe S. 84) als auch der Shōtōkan-ryū-Version (*Dai*) sehr ähnlich. Viele Techniken, Wendungen und Richtungen gleichen einander. Für das Studium verschiedener Details und für Vergleiche beziehe man sich auf diese, sowie auch auf die fünf *Pinan*-Kata, die auf den letzten Seiten vorgestellt wurden und die zu Beginn des 20. Jahrhunderts auf Grundlage der Kata *Bassai* und *Kūshankū* (*Kankū*) entwickelt wurden.

Einige Details, unter anderem Blickwinkel gesehen, sowie einige *Bunkai* sind in umrahmten Zeichnungen dargestellt.

Anmerkung: *Die Bassai ist eine der beiden Shitei kata des Shitō-ryū.*

1. Nach dem Gruß werden die Fußspitzen zusammengeführt, so dass man im *Heisoku dachi* steht. Die rechte Faust (mit der Faustinnenseite nach oben) liegt in der offenen linken Handfläche, deren Finger nach unten und deren Daumen nach vorn zeigt.
2. Man versetzt den rechten Fuß im Sprung nach vorn, gefolgt vom linken. Im *Kake dachi* wird, verstärkt von der linken Hand, die gegen die Basis der rechten Faust drückt, ein rechter *Chūdan yoko uke* ausgeführt.
3. Man wendet auf dem rechten Fuß nach links und versetzt den linken Fuß in die rückwärtige Richtung der zentralen Achse der Kata. Linker *Chūdan yoko uke* im *Zenkutsu dachi.*
4. Am Ort führt man im *Gyaku ashi* einen rechten *Chūdan yoko uke* aus, während der linke Fuß in *Moto dachi* zurückzieht.

[23] Siehe Habersetzer, R.: Koshiki Kata – Die klassischen Kata des Karatedō. 5. Aufl. Chemnitz: Palisander 2020. S. 173ff.

5. Man wendet auf dem linken Fuß nach rechts und versetzt den rechten Fuß im Kreisbogen. Man steht im rechten *Zenkutsu dachi*, in entgegengesetzter Richtung als zuvor, und führt einen linken *Chūdan yoko uchi* aus.
6. Am Ort: Man überkreuzt die Arme und führt einen rechten *Chūdan yoko uke* aus, wobei der rechte Fuß ein Stück zurückzieht, in *Moto dachi*.
7. Man wendet auf dem linken Fuß nach rechts und führt die rechte Ferse auf Höhe der linken, um im Winkel von 90° zur vorherigen Linie im *Shiko dachi* mit der Außenseite des rechten Arms einen Angriff abzuwehren. Dies geschieht durch eine kreisbogenförmige Bewegung des Arms von innen nach außen und von unten nach oben. Man richtet sich in *Hachiji dachi* auf, indem man den rechten Fuß in Richtung linken setzt. Dabei hebt man die rechte Faust.
8. Man setzt den rechten Fuß in eine Linie vor den linken und führt einen rechten *Chūdan yoko uke (Chūdan soto uke)* aus. Die linke Faust bleibt in *Hikite*. Man steht im *Nekoashi dachi*.
9. Am Ort führt man, verbunden mit einer Drehung der Hüften nach rechts, einen linken *Chūdan yoko uke* aus.
10. Man wendet auf beiden Füßen nach links, so dass man im Winkel von 90° zur vorherigen Richtung steht, das heißt, in die vordere Richtung der Zentralachse der Kata. Im *Hachiji dachi* werden die Fäuste in *Koshi kamae* auf der rechten Seite gebracht.
11. Man wendet auf beiden Füßen nach rechts und führt unter Einbeziehung der Hüften einen rechten *Chūdan tettsui uchi* aus. Dabei ist das Körpergewicht auf dem rechten Bein.
12. Man wendet sich wieder nach vorn und führt im *Hachiji dachi* einen rechten *Chūdan zuki* aus.
13. Symmetrische Wiederholung von Sequenz 11, allerdings führt man einen linken *Chūdan yoko uke* aus.
14. Symmetrische Wiederholung von Sequenz 12.
15. Symmetrische Wiederholung von Sequenz 13.

16. Das linke Knie wird gebeugt, und der rechte Fuß wird auf der zentralen Achse der Kata nach vorn gesetzt, um im *Nekoashi dachi* einen rechten *Gedan shutō uke* auszuführen.

17. Der linke Fuß wird vorgesetzt. Symmetrische Wiederholung der Technik aus Sequenz 16.

18. Der rechte Fuß wird vorgesetzt. Wiederholung von Sequenz 16.

19. Der rechte Fuß wird auf derselben Linie zurückgesetzt, und man führt einen linken *Chūdan kuri uke* (*Kake uke*) im *Nekoashi dachi* aus. Die rechte Hand wird mit der Handfläche nach unten zum Solarplexus geführt.

20. Am Ort geht man in *Zenkutsu dachi*, indem man den rechten Fuß nach vorn dreht, und man führt einen rechten *Chūdan kuri uke* aus.

21. Rechter *Gedan sokutō* nach vorn, wobei die Fäuste zur linken Hüfte zurückgezogen werden. Möglichkeit für einen *Kiai* (*Kensei*). Nach dem *Sokutō* wird der Fuß abgesetzt, so dass man im *Moto dachi* steht. Die Fäuste bleiben an der Hüfte, man steht im Halbprofil nach vorn.

Anmerkung: *Für die Sequenzen 20 und 21 gibt es eine Variante, die mit gestrichelten Figuren im Rahmen gezeichnet wurde: Nach Sequenz 19 nimmt man Hanmi nekoashi dachi ein, um mit Chūdan shōtei uke der rechten Hand eine seitliche Abwehr an den Oberarm des Angreifers auszuführen, während die greifende linke Hand mit einer Stellungsänderung zum Nekoashi dachi shōmen nach hinten gezogen wird. Dies ermöglicht es, den Gegner aus dem Gleichgewicht zu bringen und wirkungsvoll einen Sokutō geri auszuführen. Nach dem Sokutō setzt man den Fuß so ab, dass man im Hachiji dachi im Profil zur Linie steht.*

22. Man wendet sich nach hinten links, um im *Nekoashi dachi* einen linken *Shutō uke* auszuführen.

23. Der rechte Fuß wird nach vorn gesetzt. Symmetrische Wiederholung von Sequenz 22.

24. Der rechte Fuß wird zum linken geführt, um im *Heisoku dachi* mit einem doppelten *Age uke* (*Wa uke*) zu blocken. Man ist noch immer in die rückwärtige Richtung der Hauptachse der Kata ausgerichtet.

25. Der rechte Fuß wird vorgesetzt, so dass man im *Zenkutsu dachi* steht, und man führt einen *Chūdan tettsui uchi* mit beiden Fäusten aus.

26. Man geht in dieselbe Richtung mit einem Gleitschritt nach vorn (*Yori ashi*). Rechter *Chūdan yoko zuki* im *Zenkutsu dachi*.
27. Der linke Fuß wird zum rechten gesetzt (*Heisoku dachi*), und man blockt mit einem linken *Gedan barai*, während man einen rechten *Jōdan yoko uke* ausführt. Der Blick wendet sich in die vordere Richtung der Kata.
28. Man wendet sich auf dem linken Fuß nach links und setzt den rechten Fuß auf derselben Linie nach vorn. Man führt im *Shiko dachi* einen rechten *Gedan barai* aus, während man die linke Faust mit der Faustinnenseite nach unten zum Solarplexus bringt.
29. Man richtet sich auf, indem man den linken Fuß ein wenig zum rechten führt (*Hachiji dachi*). Der Blick geht in die rückwärtige Richtung der Kata. Linker *Chūdan tettsui*, während die rechte Faust in *Hikite* gezogen wird.

Anmerkung: *Für die Sequenz 29 gibt es eine Variante, die mit der gestrichelten Figur dargestellt wurde: Man versetzt den linken Fuß, so dass man anstelle vom Hachiji dachi im Profil in rückwärtige Richtung der Kata im Moto dachi im Halbprofil steht.*

30. Man verlagert das Gewicht auf das linke Bein Bein und führt mit dem rechten Bein einen *Chūdan mikazuki geri* in die linke Hand aus. Der linke Arm ist dabei gestreckt.
31. Der rechte Fuß wird nach vorn abgesetzt, um im *Zenkutsu dachi* mit dem rechten Ellbogen in die linke Hand zu schlagen.
32. Am Ort führt man einen rechten *Gedan uke* aus, wobei die linke Faust mit der Faustinnenfläche nach unten, am rechten Bizeps ist.
33. Am Ort: Symmetrische Wiederholung von Sequenz 32.
34. Am Ort. Wiederholung von Sequenz 32.
35. Am Ort: Rückkehr der Fäuste zur linken Hüfte (*Koshi kamae*): Die linke Faust wird in *Hikite* gezogen, die rechte Faust ist über ihr.
36. Am Ort führt man einen *Morote uke* (oder *Yama zuki*) aus, mit der linken Faust auf *Jōdan*-Höhe, während die rechte auf *Chūdan*-Höhe bleibt.
37. Man führt den rechten Fuß zum linken (*Heisoku dachi*), verbunden mit einem *Koshi kamae* an der rechten Seite.

38. Der linke Fuß wird vorgesetzt. Symmetrische Wiederholung von Sequenz 36.
39. Der rechte Fuß wird vorgesetzt. Symmetrische Wiederholung von Sequenz 37.
40. Der rechte Fuß wird nach vorn gesetzt. Wiederholung von Sequenz 36. Möglichkeit für einen *Kiai* (*Kensei*).
41. Man wendet auf dem rechten Fuß nach hinten rechts und versetzt den linken im Kreisbogen hinter sich. Man steht nun im linken *Zenkutsu dachi* auf einer Linie im Winkel von 90° zur vorherigen und führt einen *Furi sute* mit dem rechten Arm aus, während die linke Faust in *Hikite* gezogen wird (Block-Verhakung, gefolgt von Befreiung des Arms zur Seite).
42. Man wendet auf beiden Füßen nach rechts und führt die zu Sequenz 41 symmetrische Technik aus.
43. Ohne die Haltung der Arme zu verändern, setzt man den linken Fuß zurück, mit den Fußspitzen auf Höhe der rechten Ferse. Man verlagert nun unverzüglich das Körpergewicht auf das linke Bein und versetzt den rechten Fuß, so dass man im *Nekoashi dachi* steht, verbunden mit einem rechten *Chūdan kakete uke*. Die linke Hand wird dabei mit der Handfläche nach unten zum Solarplexus gebracht. Die Bewegung ist kreisbogenförmig. Die Richtung der Stellung ist im Winkel von 45° zur zentralen Achse und in deren vordere Richtung.
44. Der rechte Fuß wird zurückgesetzt, im Winkel von 45° zur zentralen Achse, aber 90° zur vorherigen Linie.
45. Während man den linken Fuß ein Stück versetzt, um im *Nekoashi dachi* zu stehen, führt man wieder einen linken *Chūdan kakete uke* aus.
46. Man richtet sich in *Heikō dachi* auf, indem man den linken Fuß zum rechten führt und überkreuzt die Hände. Die linke Hand kommt dabei von unten. Man dreht den Kopf in die vordere Richtung der Kata und dreht die linke Handfläche auf dem Rücken der rechten Hand, um die Hände vor den Bauch abzusenken. *Rei*.

Ende der Kata.

Bassai

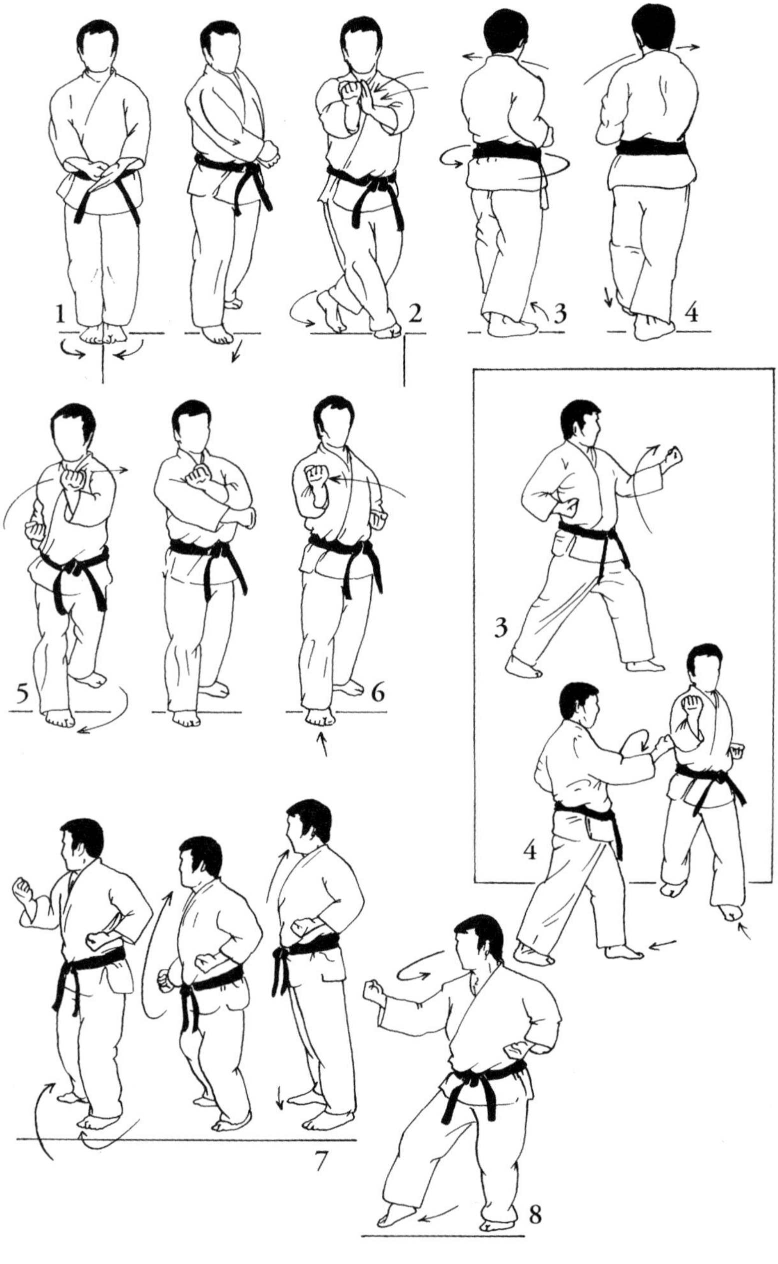

Bassai

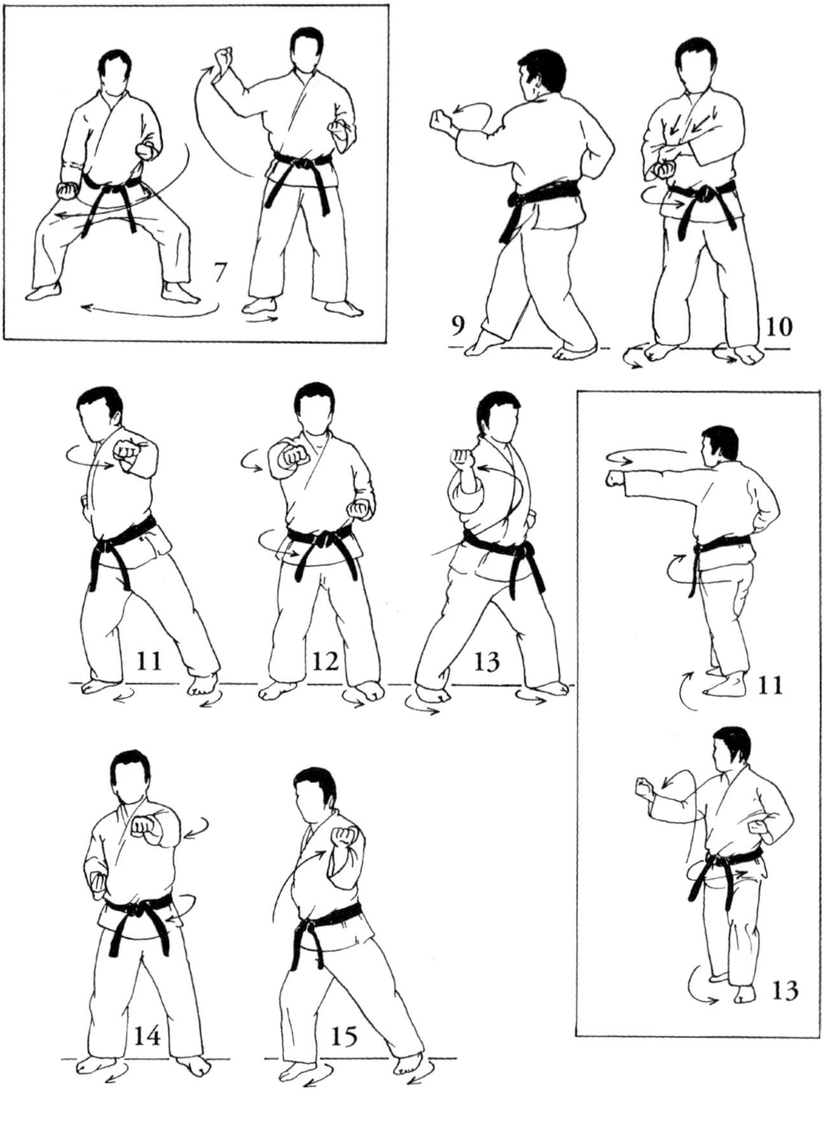

Bassai

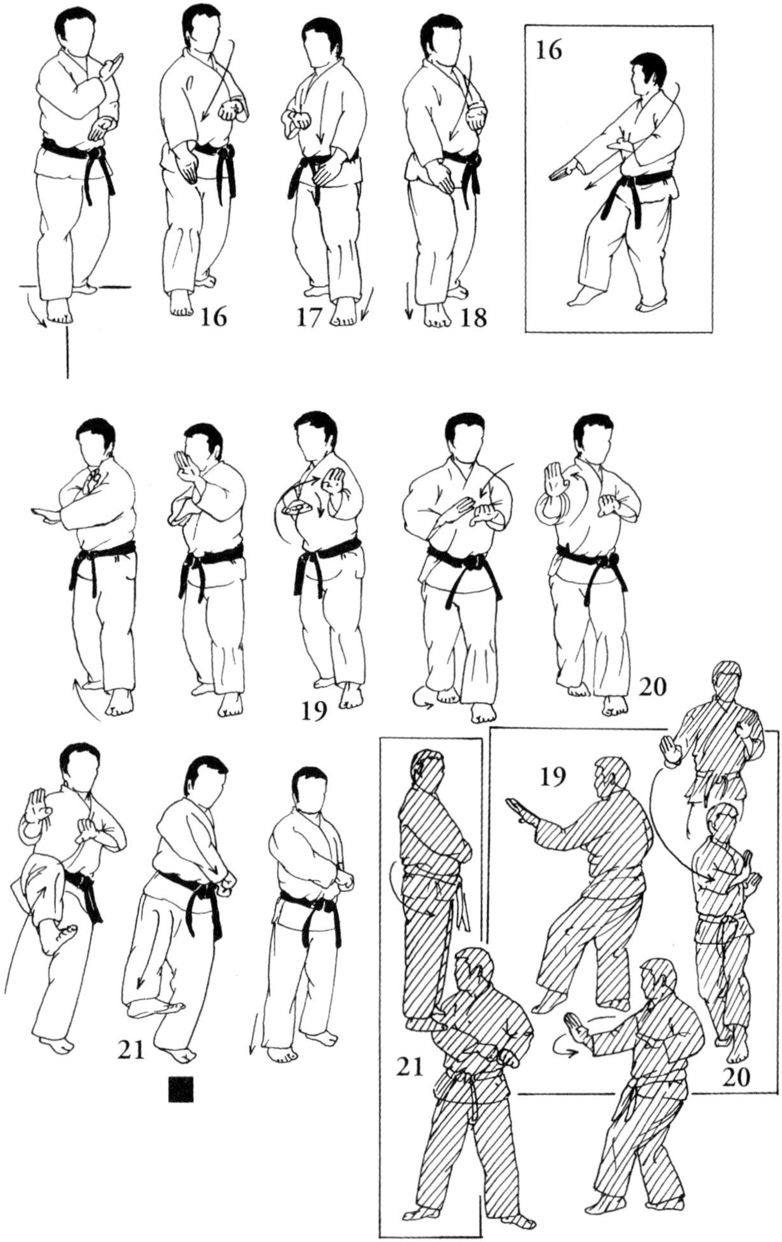

Bassai

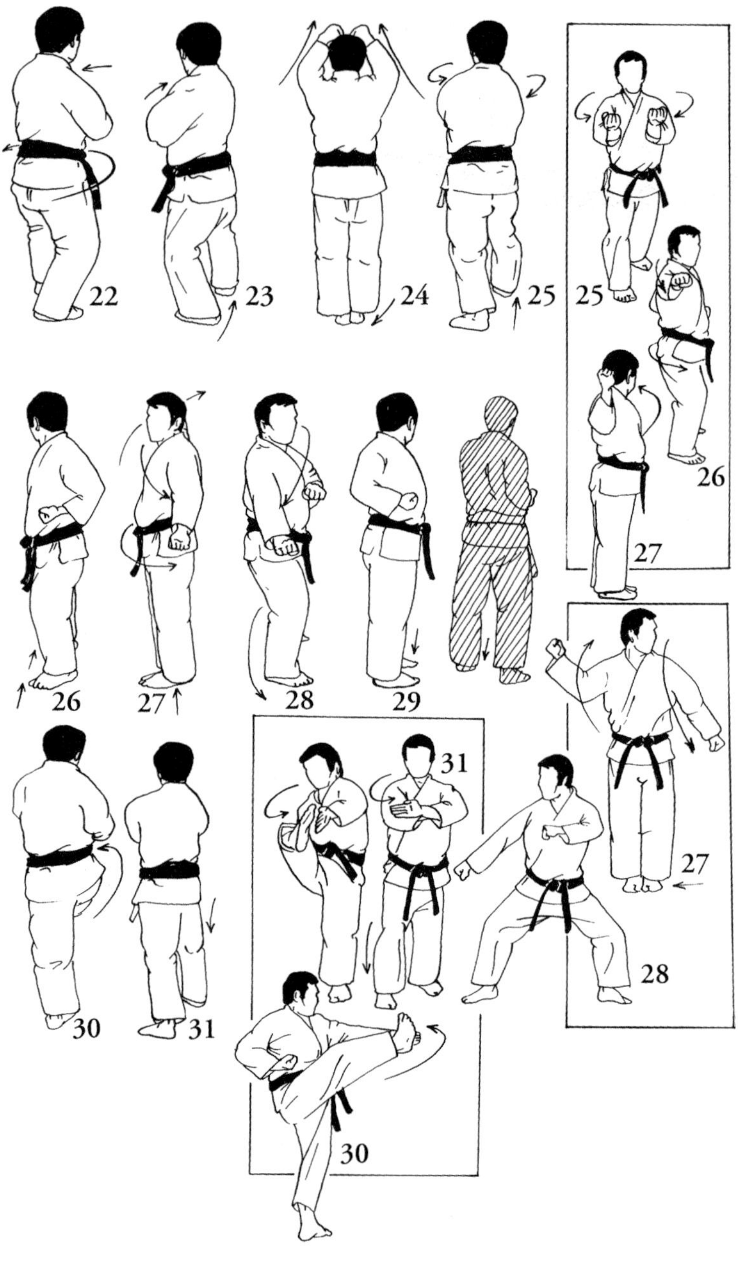

Bassai

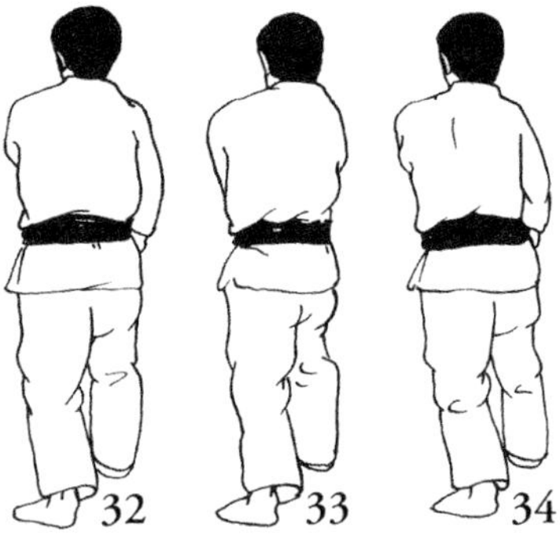

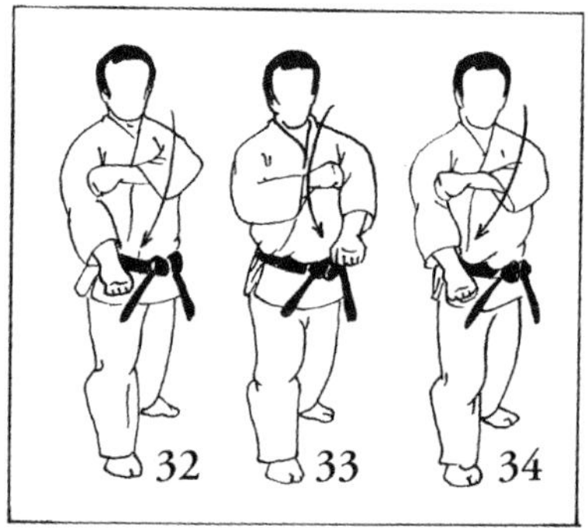

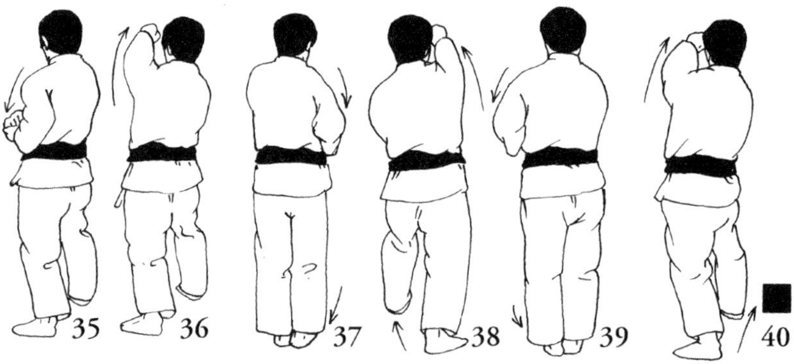

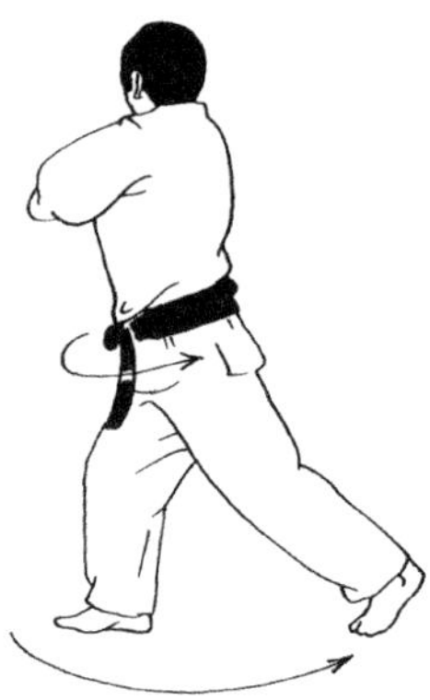

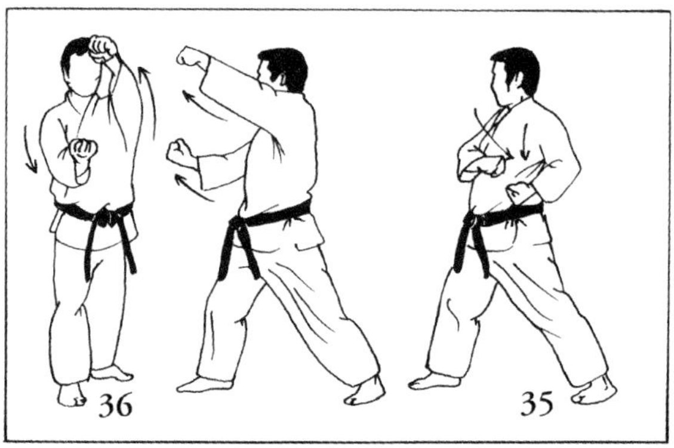

Bassai

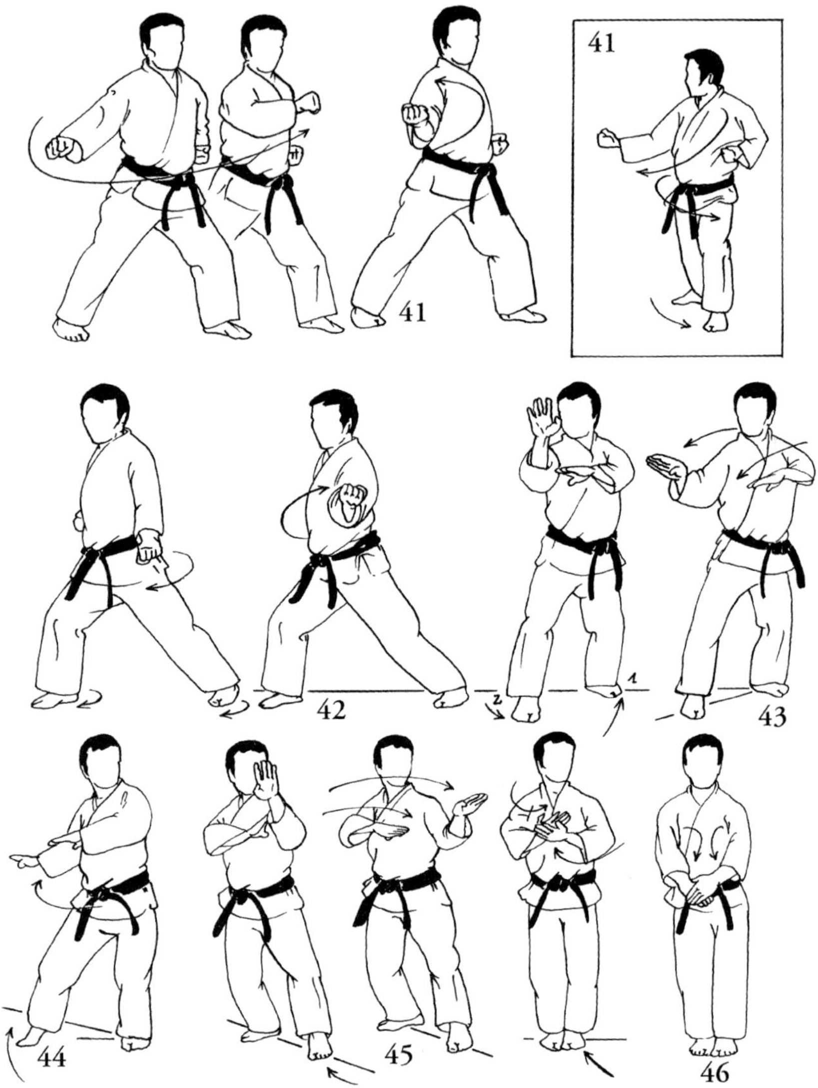

Gojūshiho

Die *Gojūshiho* ist eine alte Kata aus dem *Shuri-te*, die durch Itosu Ankō überliefert wurde. Ursprünglich hieß sie *Useishi*, später *Hōtaku* (»Specht« – aufgrund der zahlreichen Techniken mit der Fingerlanze, die an die unaufhörlichen Schnabelhiebe des Spechts gegen den Baumstamm erinnern). Der aktuelle Name erinnert daran, dass die Kata über 54 Schritte entwickelt wird (*Gojū* – 50, *Shi* – 4, *Ho* – Schritt). Früher gab es nur eine einzige Kata *Gojūshiho*. Das heutige Shōtōkan unterscheidet eine lange (*Dai*) und eine kurze (*shō*) Form.

Die *Gojūshiho* des Shitō-ryū ist der *Gojūshiho shō* des Shōtōkan-ryū sehr ähnlich, vor allem sind die Linien der Richtungswechsel die gleichen. In der folgenden Beschreibung wird mit *Shōmen* die vordere Richtung der zentralen Achse der Kata bezeichnet.

Einige Details, unter anderem Blickwinkel gesehen, sowie einige *Bunkai* sind in umrahmten Zeichnungen dargestellt.

1. Gruß (*Rei*). Die Haltung *Yoi no kamae* wird im *Heisoku dachi* eingenommen. Die Fäuste sind vor dem Körper.
2. Man setzt den linken Fuß ein Stück nach vorn und dann den rechten etwas weiter, so dass man im *Moto dachi* in die vordere Richtung der Kata auf der zentralen Achse steht. Man führt einen rechten *Chūdan yoko uke* aus, nachdem man den rechten Faustrücken unter die Spitze des linken Ellbogengelenks gebracht hat.
3. Der linke Fuß wird im Winkel von 45° zur vorherigen Linie versetzt. Der rechte Fuß bleibt an seinem Ort. Im *Nekoashi dachi* führt man einen *Kakiwake uke* aus.
4. Das Körpergewicht wird auf das linke Bein verlagert, und der rechte Fuß wird nach rechts im Winkel von 90° zur vorherigen Linie versetzt. Es folgt ein erneuter *Kakiwake uke* im *Nekoashi dachi*.
5. Der linke Fuß wird nach links im Winkel von 90° zur vorherigen Linie versetzt. Im *Moto dachi* wird die rechte Hand zum Schutz ausgestreckt.

6. Am Ort: Rechter *Chūdan gyaku zuki.*
7. Am Ort: Linker *Chūdan zuki.*
8. Es folgt ein rechter *Mae geri.*
9. Der rechte Fuß wird nach vorn gesetzt, und im *Moto dachi* wird ein rechter *Chūdan zuki* ausgeführt.
10. Man wendet auf dem linken Fuß nach rechts und versetzt den rechten Fuß auf eine Linie im Winkel von 90° zur vorherigen. Symmetrische Technik von Sequenz 5.
11. – 14. Symmetrische Wiederholung der Sequenzen 6 bis 9. Die Entwicklung der Techniken erfolgt sehr schnell.
15. Man wendet nach links, so dass man in Richtung *Shōmen* steht, und man führt einen Stoß mit dem rechten Ellbogen nach oben aus. Die linke Faust wird in *Hikite* gezogen. Die Stellung ist ein linker *Zenkutsu dachi.*
16. Der rechte Fuß wird auf der Linie nach vorn gesetzt. Daraufhin wendet man auf beiden Füßen nach hinten links. Mit dem Rücken zum *Shōmen* führt man einen rechten *Gedan shutō uchi* im linken *Nekoashi dachi* aus. Die linke Handkante ist auf dem rechten Bizeps.
17. Am Ort: Linker *Gedan shutō barai,* während die rechte Hand an die Seite zurückgezogen wird. Die Sequenzen 16 und 17 werden rasch hintereinander ausgeführt (Details: Siehe Zeichnungen im Rahmen).
18. Am Ort: Rechter *Shutō yoko uke,* wobei der linke Handrücken unter dem rechten Ellbogen ist.
19. Man richtet sich am Ort in *Moto dachi* auf und führt nach vorn einen linken vertikalen *Chūdan nukite* aus. Die rechte Hand, die ebenfalls senkrecht gehalten wird, wird mit den Fingern nach vorn zum Solarplexus gebracht.
20. Man geht nach vorn und nimmt einen rechten *Moto dachi* ein. Dabei führt man, nachdem die linke Hand zum Solarplexus gebracht wurde, leicht von oben nach unten einen rechten *Chūdan nukite* aus.
21. Am Ort: *Chūdan nukite* mit links; die rechte Hand wird zum Solarplexus gebracht.

22. Am Ort: Wiederholung des *Chūdan nukite* mit rechts; die linke Hand wird zum Solarplexus gebracht.

Anmerkung: *Diese vier aufeinanderfolgenden »Stich-«Angriffe erfolgen in rascher Abfolge und werden im weiteren Ablauf der Kata noch mehrmals wiederholt.*

23. Man wendet sich nach hinten links, nachdem man den hintern Fuß ein Stück zurückgesetzt hat, und führt im *Nekoashi dachi* einen linken *Chūdan shutō yoko uke* aus. Dies ist die Wiederholung von Sequenz 18, aber diesmal in Richtung *Shōmen* – wie auch die nächsten Sequenzen.

24. – 27. Wiederholung der Sequenzen 19 bis 22.

28. Wendung auf dem rechten Fuß nach hinten links, bis der linke Fuß sich auf einer Linie im Winkel von 90° zur Hauptachse befindet. Im *Shiko dachi* führt man mit offener Hand einen linken *Gedan barai* aus, unterstützt durch die rechte Hand, die mit dem Handgelenk auf Höhe Solarplexus kommt. Beide Handflächen zeigen nach oben.

29. Ohne die Haltung der Arme zu verändern, wird der rechte Fuß vor dem linken über Kreuz gesetzt.

30. Der linke Fuß wird nun so versetzt, dass man wieder im *Shiko dachi* steht, und die Hände werden nach oben und nach rechts gerissen. Die linke Handfläche zeigt nach unten, und die rechte nach oben.

31. Am Ort werden die Hände kraftvoll zur linken Hüfte gezogen, wobei die Fäuste geschlossen werden (Details in umrahmter Zeichnung).

32. Am Ort werden die Hände nach rechts gerissen – symmetrische Wiederholung von Sequenz 28.

33. – 35. Symmetrische Wiederholung von Sequenzen 29 bis 31.

36. Man setzt den rechten Fuß zurück auf Höhe des linken. Mit dem Rücken zum *Shōmen* führt man erneut einen rechten *Chūdan shutō yoko uke* im *Nekoashi dachi* aus. Dies ist die Wiederholung der Sequenz 18.

37. – 40. Wiederholung der Sequenzen 19 bis 22.

41. Man wendet sich auf dem rechten Fuß nach links, wobei man den linken Fuß im Kreisbogen mitführt. Im *Moto dachi*, in Richtung *Shōmen*,

führt man, unterstützt von einer Drehung der Hüften, einen rechten *Chūdan yoko shutō uchi* aus, und die linke Faust wird in *Hikite* gezogen.

42. Der rechte Fuß wird vorgesetzt, um einen *Kakete uke* im *Moto dachi* auszuführen, ohne dass die linke Faust dabei bewegt wird.

43. Am Ort: Linker *Chūdan yoko shutō uchi*, symmetrisch zu Sequenz 41.

44. Symmetrische Wiederholung von Sequenz 42.

45. Am Ort dreht man die Hüften nach links und blockt mit rechtem *Chūdan yoko uke*, während man die linke Faust in *Hikite* zieht.

46. Es folgt ein rechter *Mae geri*, ohne dass dabei der Oberkörper bewegt wird.

47. Der rechte Fuß wird nach vorn abgesetzt, und man führt einen *Chūdan gyaku zuki* aus.

48. Der linke Fuß wird ein Stück zurückgesetzt, auf Höhe des rechten. Man geht in *Kokutsu dachi*, indem man sich nach hinten links neigt. Während der Drehung der Hüften führt man einen rechten *Gedan barai* aus, während die linke Faust mit der Faustinnenfläche nach unten zum Solarplexus gebracht wird. Der linke Ellbogen zeigt nach außen.

49. Das Körpergewicht wird auf das rechte Bein verlagert, und man geht in *Nekoashi dachi*, mit dem Rücken zum *Shōmen*. Wiederholung der Sequenz 36 (bzw. 18).

50. – 53. Wiederholung der Sequenzen 37 bis 40 (bzw. 19 bis 22).

54. + 55. Man wendet auf dem rechten Fuß nach hinten links, so dass man auf einer Linie im Winkel von 90° zur vorherigen ist und wiederholt Sequenzen 28 und 29.

56. Man versetzt den linken Fuß, um in *Shiko dachi* zu gehen und streckt dabei die linke Hand nach vorn (*Kakete*). Die rechte Faust wird in *Hikite* gezogen.

57. Am Ort: Rechter *Chūdan zuki*.

58. Am Ort werden die Hände an die rechte Seite gerissen. Symmetrische Wiederholung von Sequenz 54.

59. – 61. Symmetrische Wiederholung der Sequenzen 55 bis 57.

62. Wiederholung von Sequenz 2, wobei man zu Beginn den rechten Fuß nach vorn in Richtung *Shōmen* versetzt.

63. Der rechte Fuß wird zurück auf die zentrale Achse gesetzt. Im *Shiko dachi* führt man mit dem linken Arm einen *Chūdan yoko barai* aus und zieht die rechte Faust in *Hikite*. Der Blick bleibt in Richtung *Shōmen* gerichtet.

64. Der rechte Fuß wird nach vorn gesetzt, so dass man im *Moto dachi* steht, und man führt einen *Chūdan oi zuki* aus. Möglichkeit für einen *Kiai* (*Kensei*).

65. Man richtet sich in *Hachiji dachi* auf und wendet mit doppeltem *Hikite* nach links.

66. Am Ort führt man mit den Fäusten direkt nach vorn einen *Chūdan kōsa uke* aus.

67. Der Oberkörper wird nach vorn geneigt, und man bringt die Arme auseinander, um mit beiden Fäusten seitlich und nach hinten einen *Tettsui uchi* auszuführen.

68. Man richtet den Oberkörper wieder auf und bringt die Fäuste zu den Hüften, mit den Faustinnenseiten nach hinten und den Ellbogen leicht nach außen.

69. Wendung am Ort nach rechts, um mit dem linken Ellbogen nach rechts zu parieren (*Hiji uke*).

70. Symmetrische Wiederholung von Sequenz 69. In Sequenzen 69 und 70 bleiben die Fäuste an den Hüften.

71. Der rechte Fuß wird auf der zentralen Achse nach vorn gesetzt, um mit dem Rücken zum *Shōmen* im *Nekoashi dachi* einen erneuten rechten *Chūdan yoko shutō uke* auszuführen (Wiederholung von Sequenz 36).

72. In dieser Haltung führt man einen Gleitschritt aus (*Yori ashi*, erst der rechte Fuß, gefolgt vom linken) und führt einen doppelten Stich (*Nukite*) mit den Händen auf *Chūdan*-Höhe direkt nach vorn aus. Nach dem Aufprall kommen die Hände ein Stück zurück und die Ellbogen werden gebeugt. Möglichkeit für einen *Kiai* (*Kensei*).

73. Man wendet sich auf dem rechten Fuß nach links und versetzt den linken Fuß ein Stück hinter sich, so dass man im linken *Nekoashi dachi* auf der zentralen Achse steht, jedoch in Richtung *Shōmen*. Wiederholung der Technik von Sequenz 23.

74. Man richtet sich auf, indem der linke Fuß zum rechten geführt wird. Im *Heisoku dachi* werden die Fäuste vor dem Körper abgesenkt. *Rei*.

Ende der Kata.

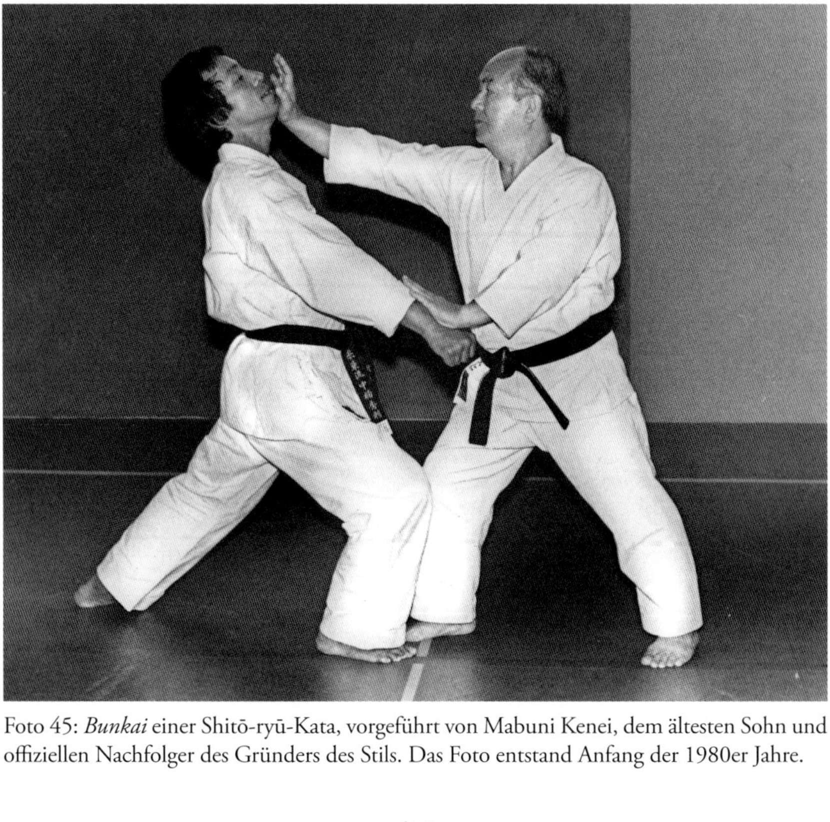

Foto 45: *Bunkai* einer Shitō-ryū-Kata, vorgeführt von Mabuni Kenei, dem ältesten Sohn und offiziellen Nachfolger des Gründers des Stils. Das Foto entstand Anfang der 1980er Jahre.

Gojūshiho

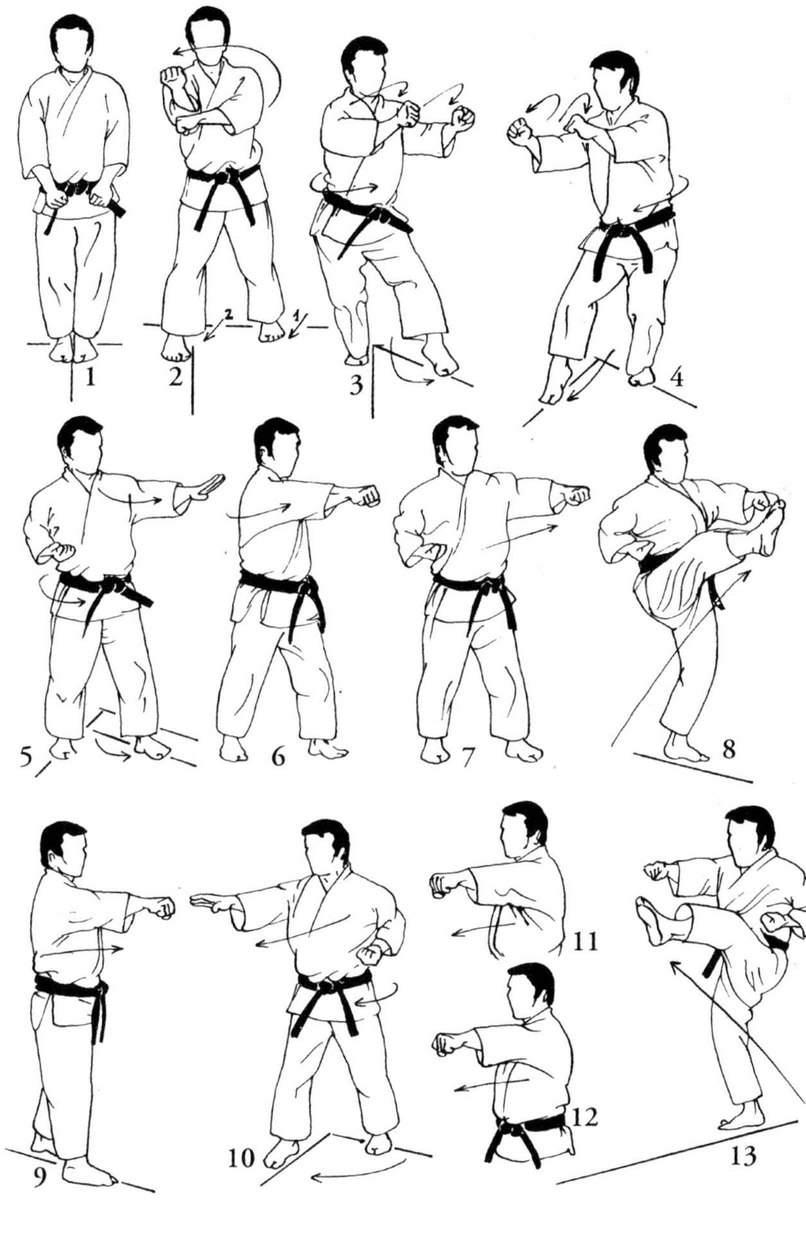

Gojūshiho

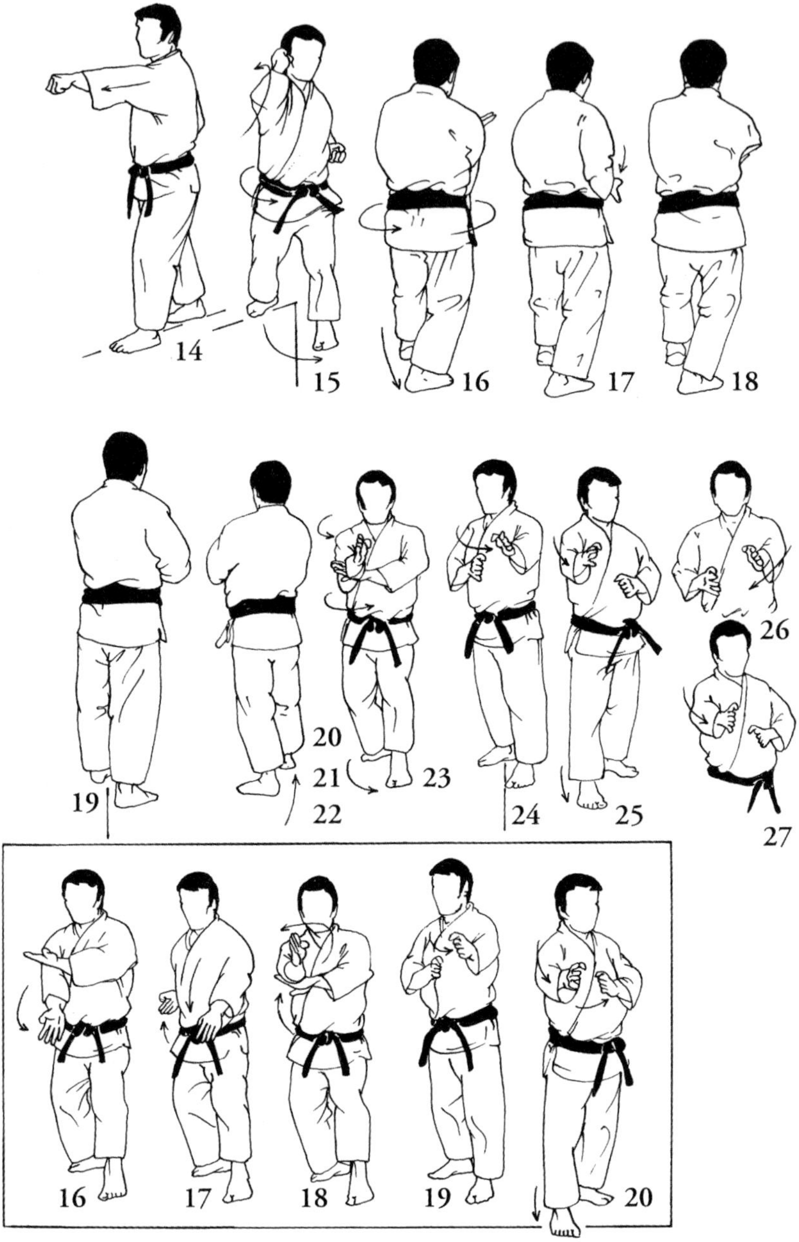

Gojūshiho

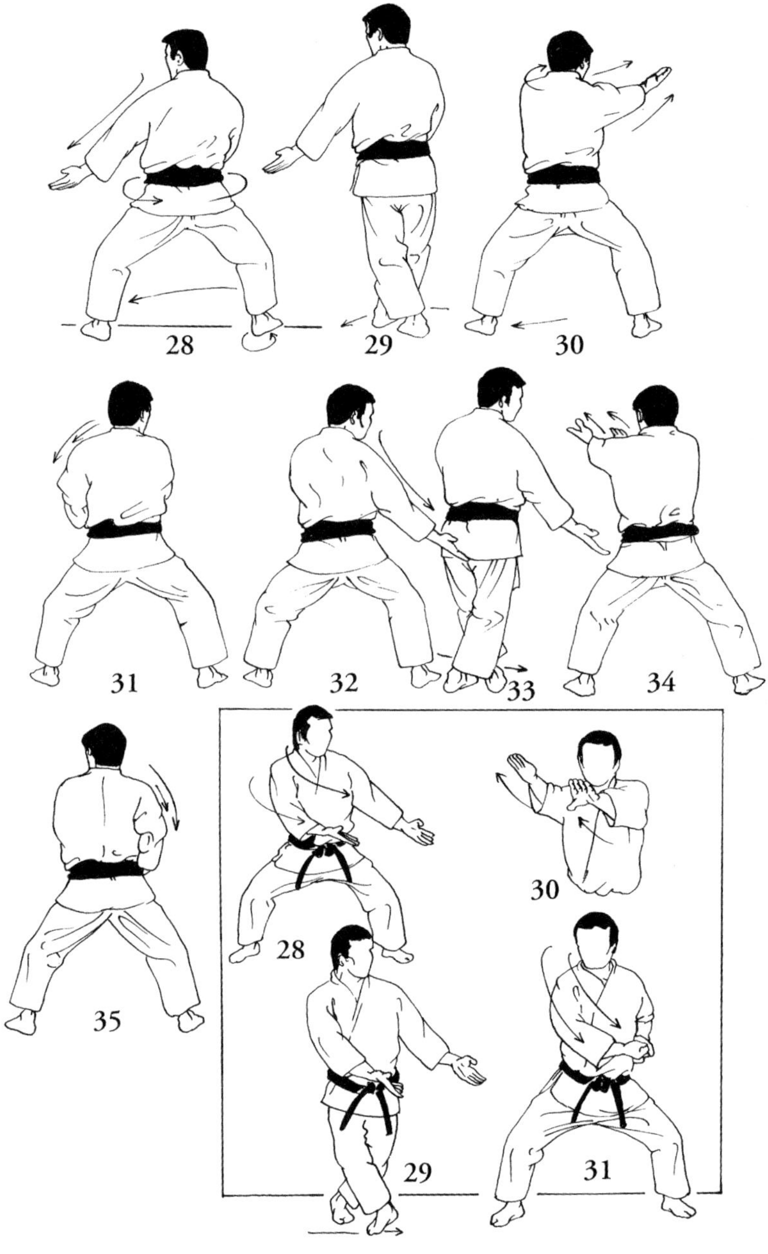

Gojūshiho

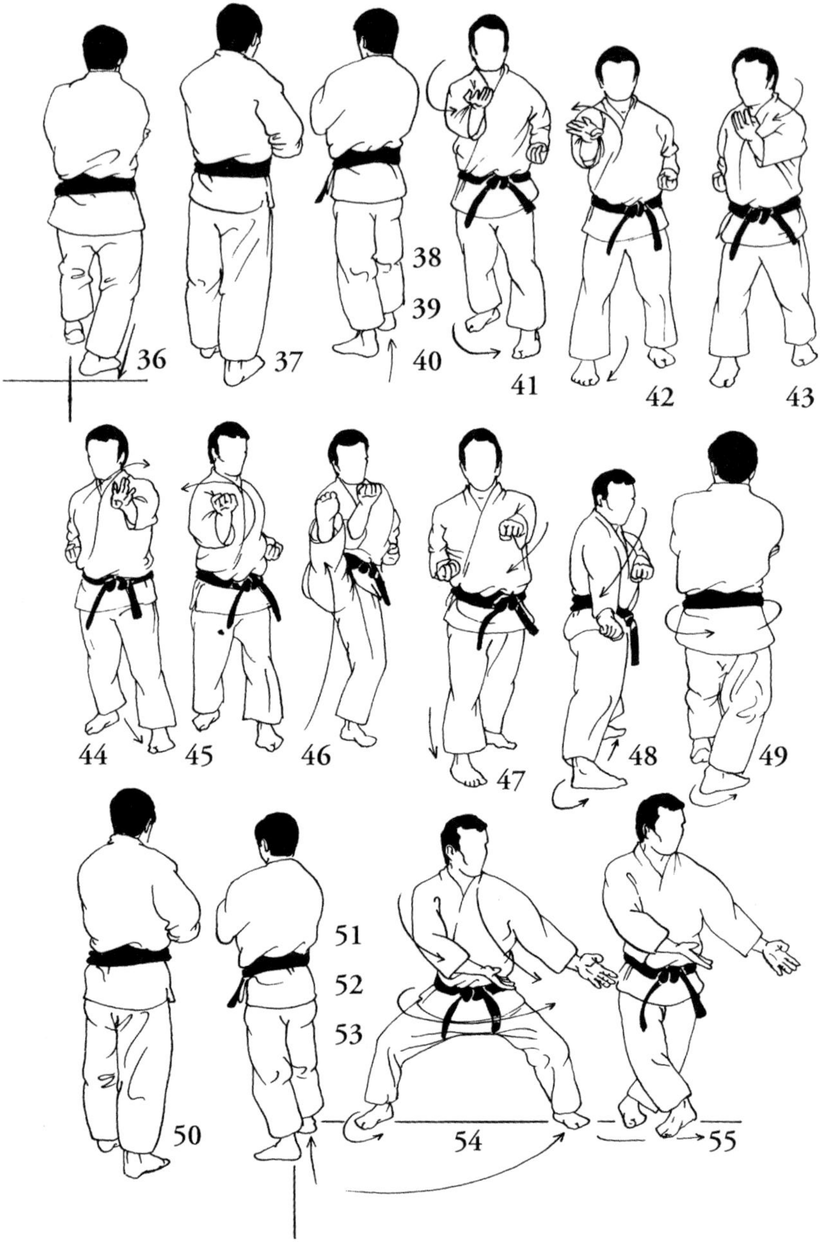

Gojūshiho

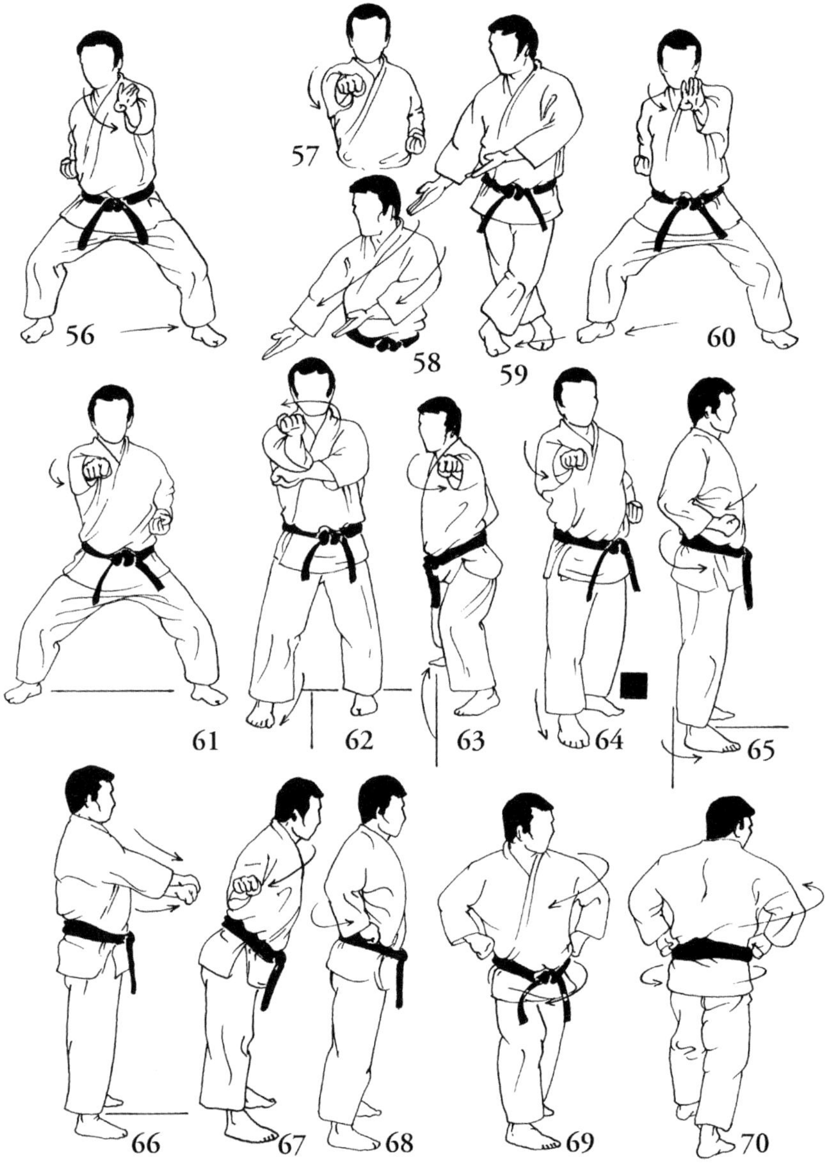

Gojūshiho

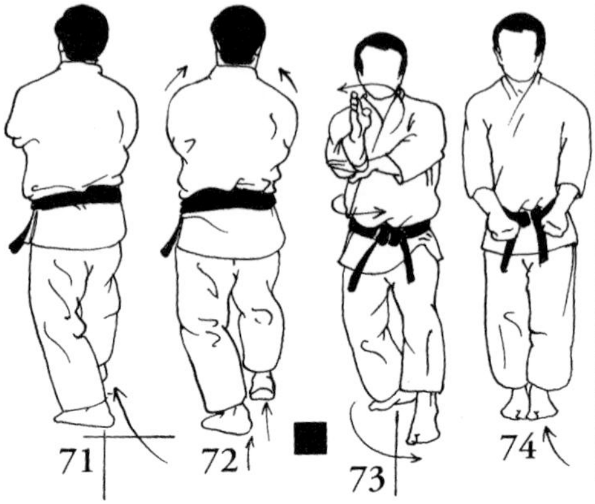

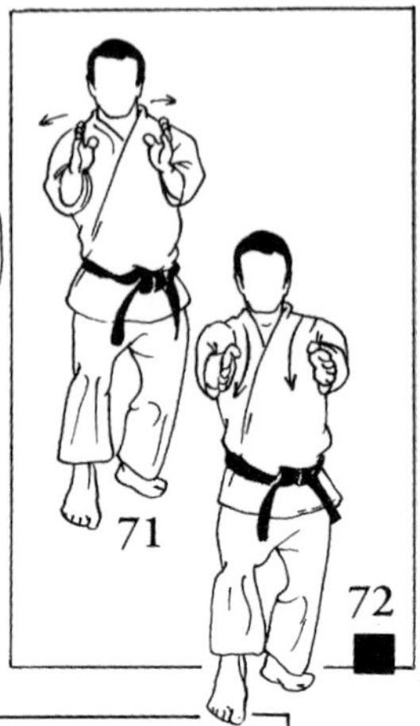

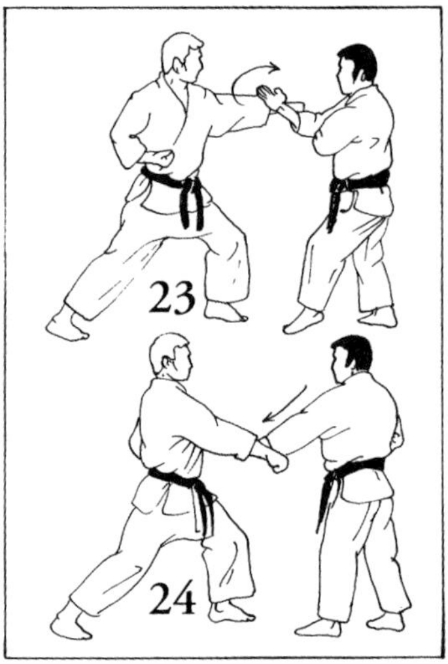

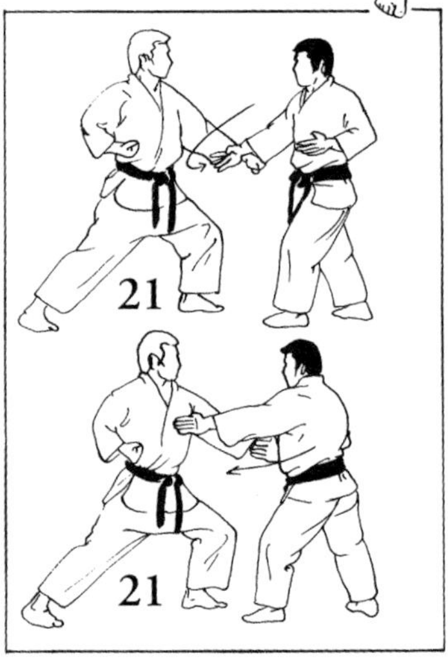

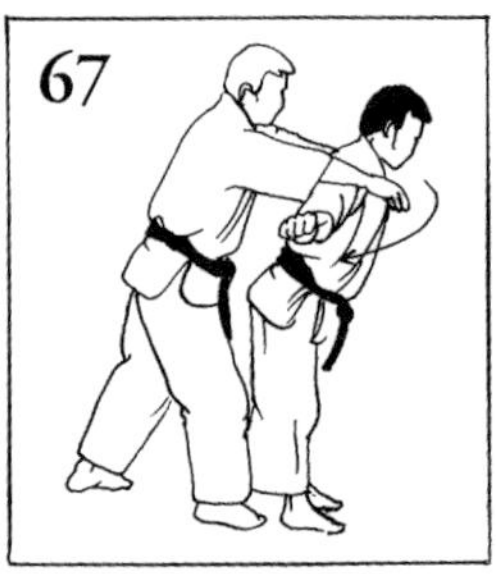

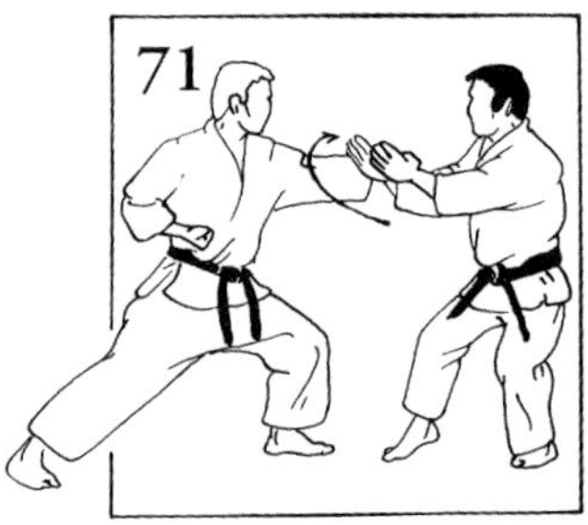

Niseishi

Diese Kata, die im Wadō-ryū den selben Namen trägt, entspricht der Shōtōkan-Kata *Nijūshiho*, »24 Schritte« (*Nijū* – 20, *Shi* – 4, *Ho* – Schritt). Wenn auch ihr Ursprung unbekannt ist, weiß man doch, dass sie zum okinawanischen *Shuri-te* gehörte und durch Meister Aragaki Seisho gelehrt wurde. Die im Shitō-ryū praktizierte Form ähnelt hinsichtlich der Techniken, Wenden und Ortsveränderungen stark der Wadō-ryū-Version; ein Vergleich beider Formen wird sich als nützlich für das Verständnis erweisen (siehe S. 160 ff.).

Einige Details, unter anderem Blickwinkel gesehen, sind in den umrahmten Zeichnungen dargestellt. Die vordere Richtung der Kata wird als *Shōmen* bezeichnet.

1. Nach dem Gruß geht man in *Musubi dachi*. Die Hände sind vor dem Bauch über Kreuz, die linke Hand ist auf der rechten.
2. Der rechte Fuß wird zurückgesetzt, so dass man im *Moto dachi* steht, und man stößt die linke Handkante in Richtung *Shōmen*. Diese Bewegung der linken Hand kann auch als Abwehr mit *Nagashi uke* interpretiert werden. Die rechte Faust wird in *Hikite* gezogen.
3. Am Ort: rechter *Chūdan gyaku zuki*, während die linke Hand, die auf den rechten Ellbogen plaziert wurde, zurückgezogen wird.
4. Man hebt das linke Knie ein wenig an und kreuzt die Arme. Der linke Unterarm kommt unter den rechten. Die Fäuste werden gedreht, so dass die Faustinnenseiten nach oben zeigen.

   Der linke Fuß wird nach vorn abgesetzt, und man macht einen Gleitschritt (*Yori ashi*) in Richtung *Shōmen*, wobei man den linken Ellbogen nach vorn stößt (dabei bleibt der Unterarm jedoch parallel zur Brust) und die rechet Faust in *Hikite* zieht. Man steht im *Moto dachi*.
5. Wendung auf dem linken Fuß nach hinten rechts, indem man den rechten Fuß im Kreisbogen hinter sich führt. Im rechten *Moto dachi*, mit dem Rücken zum *Shōmen*, führt man einen doppelten *Hikite* aus.

6. Am Ort: *Heikō zuki*; die linke Faust ist oben (*Jōdan*) und die rechte ist auf *Chūdan*-Höhe.
7. Das rechte Knie wird zum Schutz angehoben, während man die Arme vor dem Körper zueinander führt. Die Faustinnenflächen zeigen nach oben, die Ellbogen sind gebeugt und die Unterarme parallel zueinander.
8. Der rechte Fuß wird vorn abgesetzt, und man geht mit *Yori ashi* nach vorn, während man einen *Chūdan kakiwake uke* ausführt.
9. Man wendet auf dem rechten Fuß 90° nach links und macht einen Schritt mit dem linken Fuß in diese Richtung. Man führt im *Zenkutsu dachi* einen linken *Jōdan age uke* aus.
10. Am Ort führt man, unterstützt von einer Drehung der Hüften, einen rechten Ellbogenstoß senkrecht nach oben aus.
11. Man wendet sich auf beiden Füßen nach rechts. Im *Hachiji dachi* führt man mit dem gestreckten rechten Arm einen *Chūdan shutō uchi* im Winkel von 180° zur vorherigen Technik aus.
12. Man führt einen rechten *Yoko geri* in dieselbe Richtung aus, wobei der Arm ausgestreckt bleibt.
13. Der Fuß wird wieder abgesetzt, und man geht mit einem *Yori ashi* vor, um einen linken *Kagi zuki* im *Hachiji dachi* auszuführen.
14. Am Ort dreht man den Kopf in die entgegengesetzte Richtung und führt die zu Sequenz 11 symmetrische Technik aus.
15. + 16. Symmetrische Wiederholung der Sequenzen 12 und 13.
17. Der linke Fuß wird zum rechten gesetzt, so dass man im Winkel von 45° zur rückwärtigen Richtung der zentralen Achse im *Musubi dachi* steht. Man bringt die Fäuste in *Koshi kamae* zur linken Seite.
18. Man macht einen Schritt mit dem rechten Fuß in diese Richtung. In einem tiefen *Zenkutsu dachi* stößt man beide Hände nach vorn. Die linke Hand ist über der rechten, und die offenen Handflächen zeigen nach vorn. Die Daumen beider Hände zeigen nach oben.
19. Man wendet auf beiden Füßen nach hinten links, so dass man in entgegengesetzter Richtung als zuvor im linken *Zenkutsu dachi* steht. Unter

Ausnutzung der Hüftdrehung vollführen beide Hände weite kreisbogenförmige Bewegungen: *Jōdan haitō uchi* mit der rechten Hand nach vorn, und linker *Teishō uke* nach hinten. Beide Arme bleiben gestreckt.

20. Der rechte Fuß wird zum linken geführt (*Heisoku dachi*), während die linke Hand unter die rechte gebracht wird. Beide Handflächen zeigen nach unten.

21. Man senkt die Stellung, indem man den linken Fuß zurücksetzt, so dass man im rechten *Zenkutsu dachi* auf derselben Linie steht. Die rechte Hand führt eine Greifbewegung aus (sie zielt auf das Fußgelenk des Gegners), und die linke Hand wird zur Hüfte zurückgeführt.

22. In dieser Haltung wird die rechte Hand in Richtung des eigenen Körpers gezogen, und die linke Hand stößt in Richtung des Gegners (sie zielt auf das gegnerische Knie, um ihn zu Fall zu bringen).

23. Am Ort: *Koshi kamae* nach links.

24. Am Ort: *Gedan morote zuki*, mit der linken Faust oben. Möglichkeit für einen *Kiai* (*Kensei*).

25. Wendung nach hinten links. Man geht in *Nekoashi dachi*, nach wie vor auf derselben Linie. Linker *Chūdan shutō uke*; die rechte Faust wird in *Hikite* gezogen.

26. Man geht auf derselben Linie nach vorn, so dass man im rechten *Zenkutsu dachi* steht. Dabei führt man einen Ellbogenschlag wie in Sequenz 10 aus.

27. Am Ort: Rechter *Gedan barai*.

28. Am Ort: Linker *Chūdan gyaku zuki*.

29. Der rechte Fuß bleibt an seinem Ort, während man sich nach links dreht, wobei der linke Fuß in Richtung *Shōmen* auf die zentrale Achse gesetzt wird. Man führt erneut einen linken *Chūdan shutō uke* aus und zieht die rechte Faust in *Hikite*.

30. Der rechte Fuß wird auf der zentralen Achse nach vorn gesetzt. Man geht in *Shiko dachi* und schlägt den rechten Ellbogen horizontal in die linke Hand. Der Blick bleibt in Richtung *Shōmen*.

31. Am Ort: Rechter *Gedan barai*, wobei die linke Hand unter dem rechten Ellbogen bleibt.

32. Der rechte Fuß bleibt an seinem Ort, während man den linken auf eine Linie im Winkel von 45° zur vorherigen versetzt. Man dreht sich ein wenig nach links und führt erneut einen linken *Chūdan shutō uke* aus, während die rechte Faust in *Hikite* gezogen wird.

33. – 35. Wiederholung der Sequenzen 26 bis 28.

36. Man wendet auf dem linken Fuß nach links und führt den rechten Fuß mit, bis man im *Moto dachi* in Richtung *Shōmen* steht. Beide Fäuste sind in *Hikite*.

37. Am Ort: *Morote zuki* mit der rechten Faust oben. Möglichkeit für einen *Kiai* (*Kensei*).

38. Der rechte Fuß wird zum linken gesetzt (*Musubi dachi*). Man bereitet einen *Mawashi uke* vor – die linke Hand wird zur Hüfte gebracht, die rechte Hand nach links, mit der Handfläche nach unten.

39. Am Ort: Ausführung des *Mawashi uke*; beide Hände werden nach vorn gestoßen.

40. Am Ort: Die Hände werden vor dem Bauch überkreuzt. *Rei*.

Ende der Kata.

Niseishi

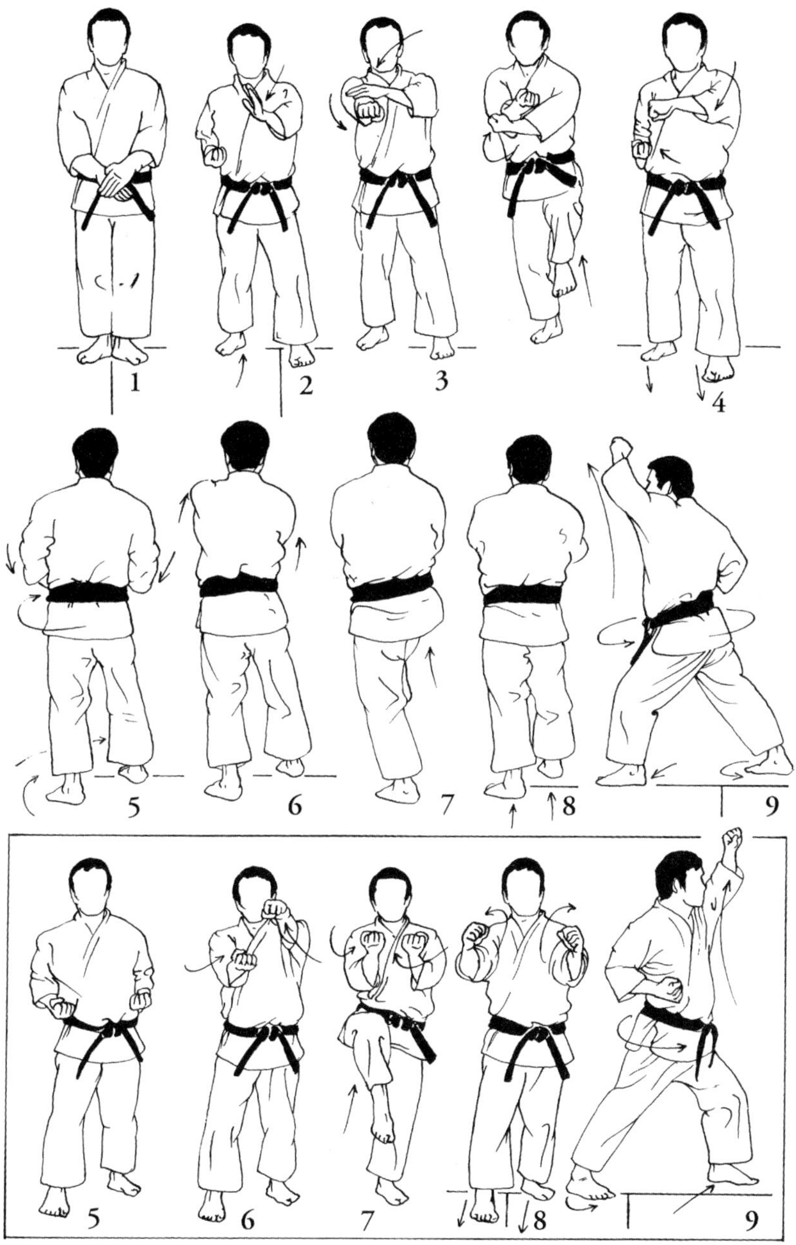

Niseishi

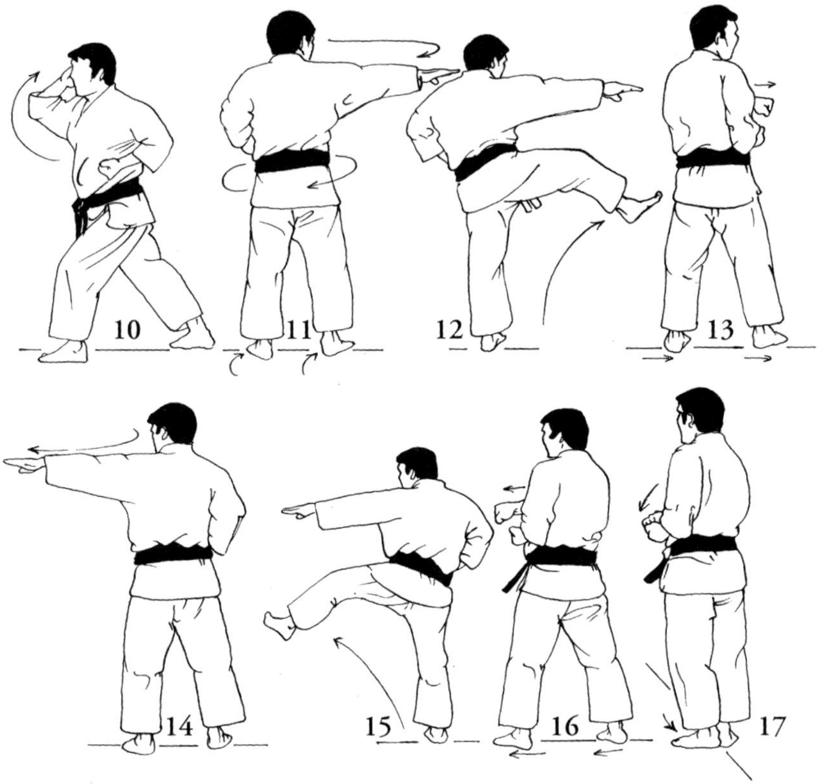

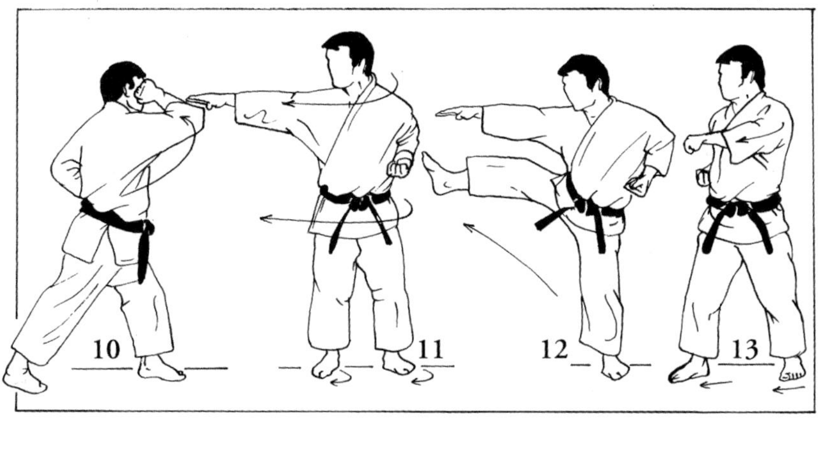

Niseishi

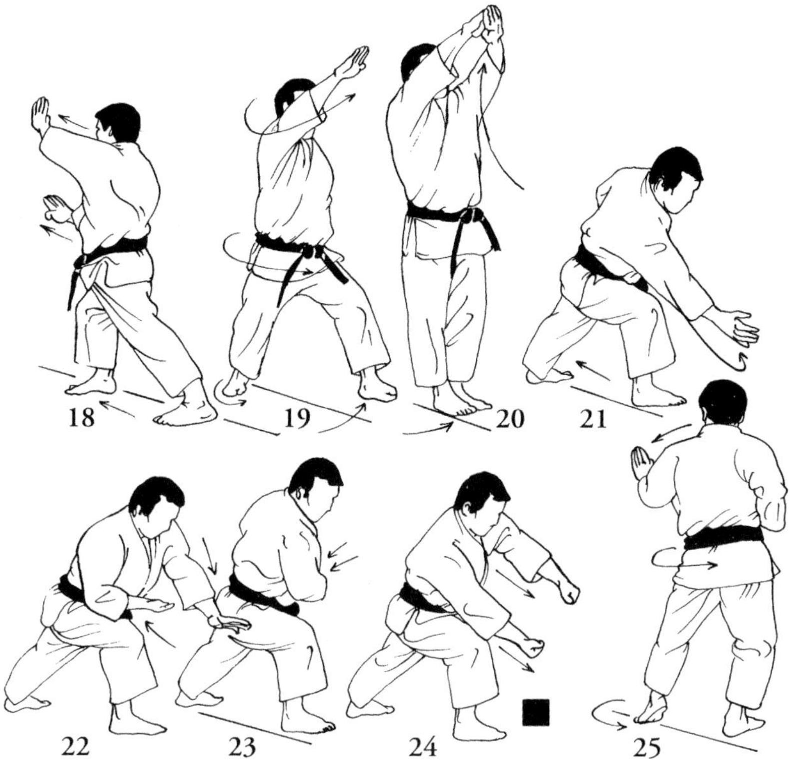

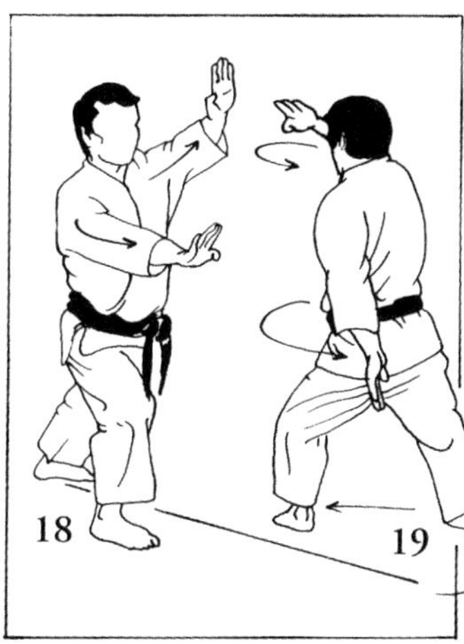

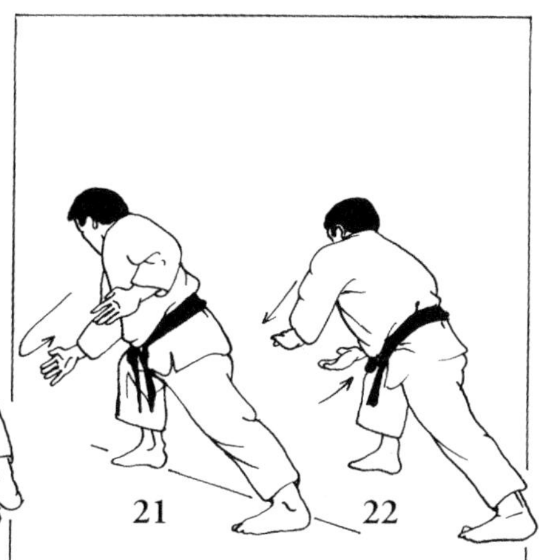

Niseishi

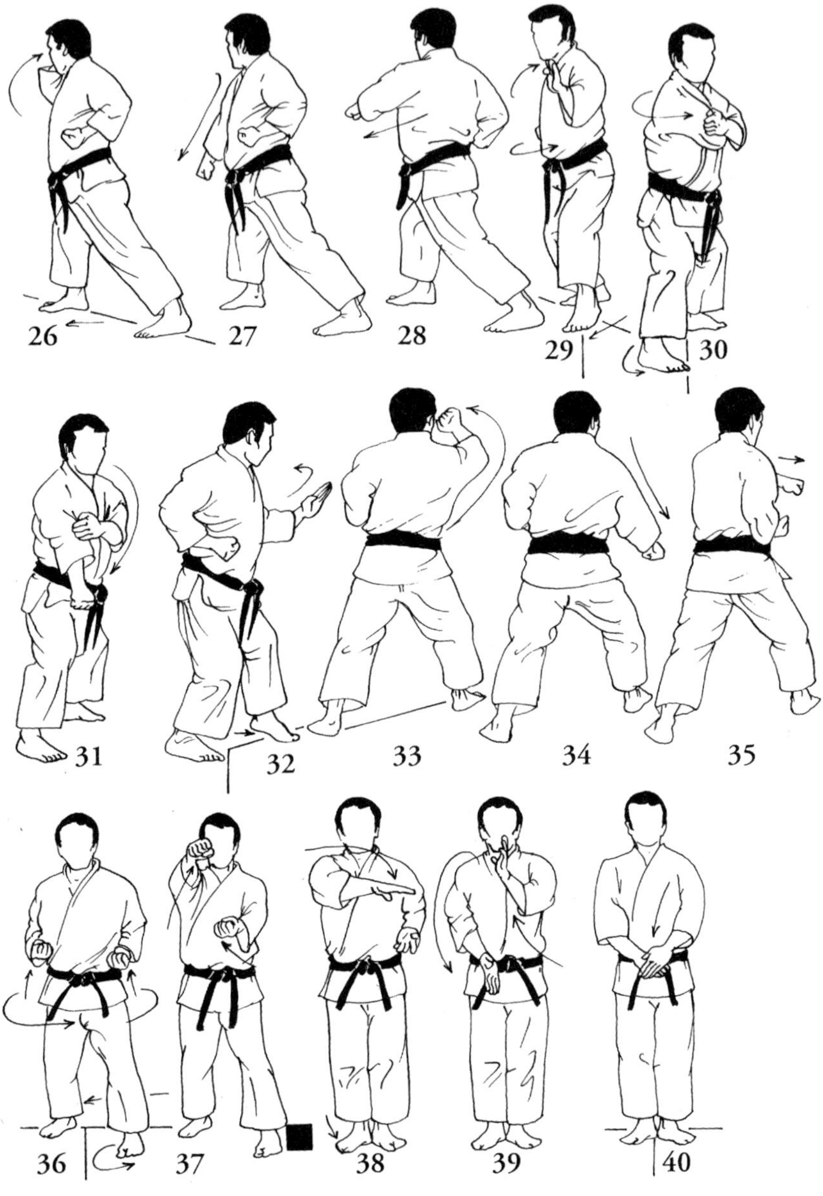

Niseishi

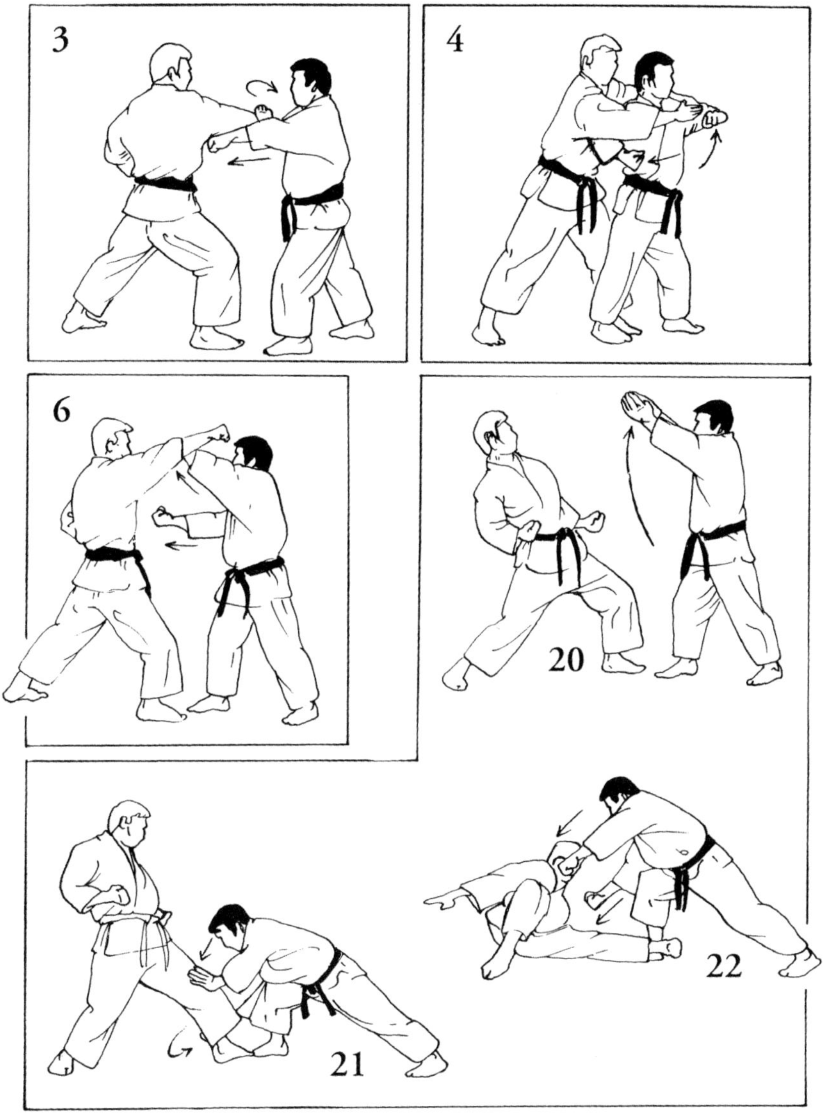

Rōhai

Diese Kata des »klaren Spiegels« (siehe S. 177 für die Bedeutung der Symbolik) stammt aus dem *Tomari-te*, wurde aber auch im *Shuri-te* gelehrt. Sie wurde durch Itosu Ankō überliefert. Früher gab es drei Versionen der Kata: *Shōdan*, *Nidan* und *Sandan*. Es ist sehr überraschend, dass im Gegensatz zu vielen anderen Kata die *Rōhai* des Shitō-ryū, des Wadō-ryū und des Shōtōkan-ryū nur wenige Gemeinsamkeiten aufweisen. Die Überlieferung muss demzufolge ungenau oder unvollständig gewesen sein.

Im Shitō-ryū sind die drei von Meister Itosu stammenden Varianten (das heißt *Shōdan*, *Nidan* und *Sandan*) noch heute bekannt. Auf den folgenden Seiten wird jedoch die ältere *Matsumura no Rōhai* vorgestellt. Diese wirklich alte Form wird in ihrer ursprünglichen Gestalt noch immer praktiziert, so zum Beispiel im Hayashi-ha Shitō-ryū, gegründet von Hayashi Teruo, und in der von Sōke Mabuni Kenei geleiteten »World Shitō-ryū Karatedō Federation (shitōkai)«.

1. Gruß. Im *Musubi dachi* werden die Hände vor den Bauch gebracht, die linke ist oben.
2. Man versetzt den rechten Fuß nach rechts und geht in *Hachiji dachi*, wobei die Hände vor dem Körper auseinandergebracht werden. Die Handflächen zeigen zueinander, und die Fingerspitzen zeigen nach unten (*Morote haishu uke*).
3. Am Ort werden die Hände gehoben, indem man die Ellbogen beugt. Die Unterarme sind parallel und senkrecht (*Morote kote uke*).
4. Der rechte Fuß wird nach rechts versetzt, und man führt im *Shiko dachi* einen *Morote gedan shutō barai* nach rechts aus.
5. Mit einem *Yori ashi* nach links geht man in *Nekoashi dachi*, wobei man einen linken *Chūdan shutō uke* ausführt und die rechte Faust in *Hikite* nimmt. Daraufhin wird die linke Hand in *Kakete*-Haltung gebracht.
6. Es folgt ein rechter *Chūdan gyaku zuki* am Ort (in manchen Ausführungsvarianten geht man hier in *Shiko dachi* und führt einen *Kagi zuki* aus).

7. Der rechte Fuß wird zum linken geführt, und man richtet sich in *Heisoku dachi* auf, während man sich nach rechts dreht. Beide Fäuste werden in *Hikite* gezogen.
8. Ohne die Haltung der Fäuste zu verändern, setzt man zuerst behutsam den linken Fuß nach vorn und dann den rechten, woraufhin man den linken Fuß weit zurücksetzt, im Winkel von 45° zur vorherigen Linie. Man richtet sich auf dem linken Bein im Tsuru *ashi* auf, begleitet von einem rechten *Gedan shutō barai* auf die Seite des rechten, erhobenen Knies. Die linke Hand wird dabei in Bereitschaft vor die Stirn gehoben.
9. Der rechte Fuß wird auf derselben Linie nach vorn abgesetzt. Man führt einen rechten *Chūdan haitō uke* aus, verstärkt von der linken Hand. Die Stellung ist *Zenkutsu dachi* (oder, auf alte Weise: *Moto dachi*).
10. Am Ort: Rechte Hand in *Kakete*-Haltung.
11. Man geht mit linkem *Chūdan oi zuki* nach vorn (oder man führt einen *Chūdan yoko barai* im *Shiko dachi* aus).
12. Am Ort: *Chūdan gyaku zuki* (oder *Kagi zuki* im *Shiko dachi*).
13. Man wendet auf dem rechten Fuß weit nach hinten links, indem man den linken Fuß nach hinten über Kreuz setzt. Die Wendung wird abgeschlossen, indem man das rechte Knie anhebt, um im *Tsuruashi dachi* die Technik von Sequenz 8 zu wiederholen, jedoch in einem Winkel von 45° nach rechts.

14. – 16. Wiederholung der Sequenzen 9 bis 12.

17. Man wendet sich in Richtung *Shōmen* und hebt kraftvoll das rechte Knie: Der rechte Fuß fegt in Richtung des Standfußes (*Ashi barai*). Gleichzeitig wird ein rechter *Gedan shutō barai* ausgeführt. Die rechte Faust wird in *Hikite* gezogen.
18. Der Fuß wird abgesetzt, so dass man in Richtung *Shōmen* im *Shiko dachi* steht. Man führt gegen den am Boden liegenden Gegner einen rechten *Tsuki* aus [alternativ auch einen *Ippon ken*], senkrecht nach unten, während die linke Hand zur rechten Schulter geführt wird (*Nagashi uke*). Möglichkeit für einen *Kiai* (*Kensei*).
19. Der linke Fuß wird auf die zentrale Achse zurückgesetzt, dann hebt man

das rechte Knie: Im *Tsuruashi dachi* führt man ein drittes Mal die Technik der Sequenz 8 (bzw. 13) aus, wobei man in Richtung *Shōmen* steht.

20. – 23. Wiederholung der Sequenzen 9 bis 12 in Richtung *Shōmen*.

24. Der rechte Fuß wird nach vorn gesetzt, so dass man in *Zenkutsu dachi* steht, und man nimmt dabei einen doppelten *Hikite* ein.

25. Am Ort: *Morote gedan ura uke* mit offenen Händen; die Finger zeigen nach vorn (oder *Gedan teishō uke*). Möglichkeit für einen *Kiai* (*Kensei*).

26. Der rechte Fuß wird zum linken gesetzt. *Koshi kamae* nach rechts im *Heisoku dachi*.

27. *Morote zuki* mit der rechten Faust oben. Dabei wird der linke Fuß nach vorn gesetzt.

28. Der linke Fuß wird wieder zurückgesetzt. Symmetrische Ausführung von Sequenz 26.

29. Symmetrische Wiederholung von Sequenz 27.

30. Wiederholung von Sequenz 26.

31. Wiederholung von Sequenz 27.

32. Man setzt den Fuß ein Stück zurück, um im *Nekoashi dachi* die Sequenz 5 in Richtung *Shōmen* zu wiederholen.

33. Rechter *Mikazuki geri* in die linke Hand.

34. Man dreht sich einmal vollständig um die eigene Linie: Der rechte Fuß wird nach hinten versetzt, und während man mit der Wendung nach links fortfährt, wird der linke Fuß im Kreisbogen mitgeführt. Die Wendung endet, indem man im rechten *Nekoashi dachi* in Richtung *Shōmen* einen *Shutō uke* ausführt.

35. Der rechte Fuß wird zurückgesetzt, und man führt im linken *Nekoashi dachi* in Richtung *Shōmen* einen *Shutō uke* symmetrisch zu Sequenz 34 aus.

36. Der linke Fuß wird zum rechten gesetzt, und man richtet sich in *Musubi dachi* auf. Die Hände werden über Kreuz vor dem Bauch abgesenkt. *Rei*.

Ende der Kata.

Rōhai

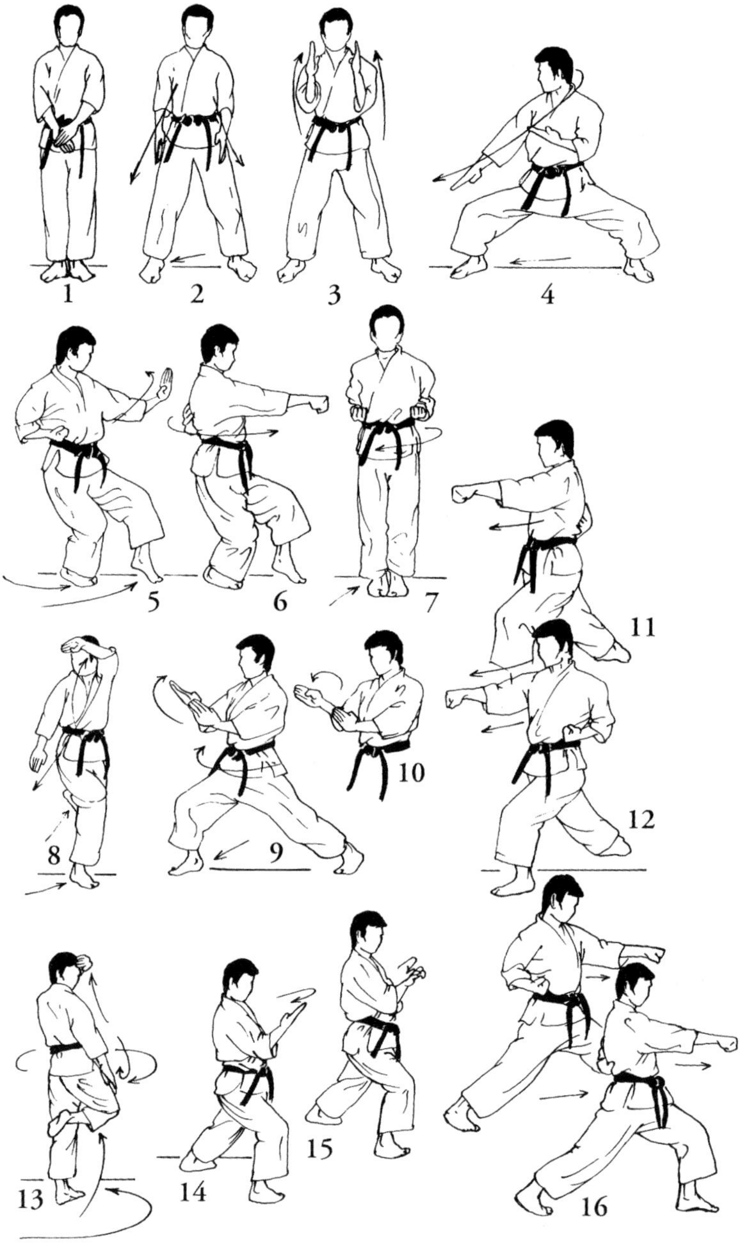

Rōhai

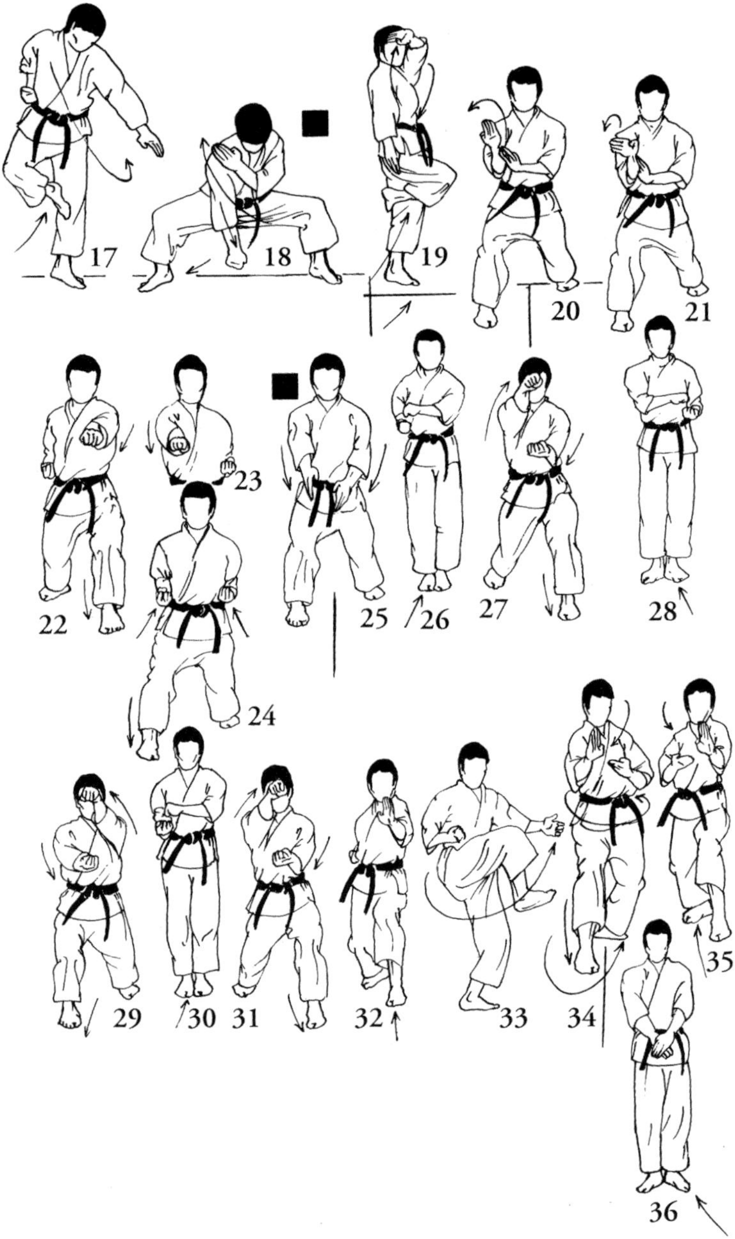

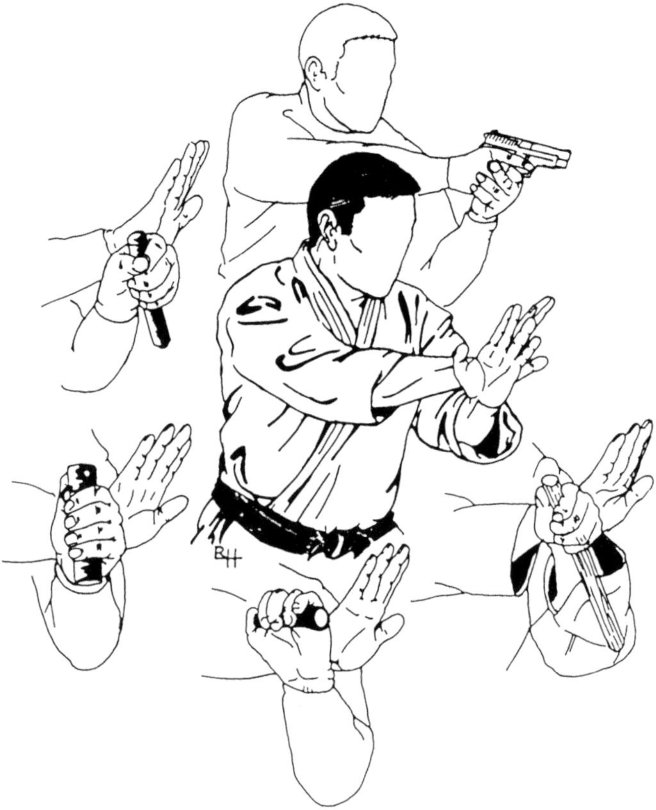

»Der Weg des Tengu« (Tengu no michi)
ist für Roland Habersetzer das Abbild einer
neuen Bewußtwerdung, eines Willens,
einer modernisierten Methode des Budô.
Geistige Einstellung und technische Mittel
entsprechen dabei den Anforderungen
der heutigen Welt.

Mabuni Kenei: Leere Hand – Vom Wesen des Budō-Karate

Das Vermächtnis eines Großmeisters des Karatedō

Budō ist der Weg der traditionellen japanischen Kampfkünste. Mabuni Kenei ist diesem Weg bis heute durch nahezu acht Jahrzehnte gefolgt. Er gehört zu den letzten Meistern, die bei den Gründervätern des modernen Karatedō in die Lehre gegangen sind. Der Sohn und Erbe Mabuni Kenwas, des Gründers des Shitō ryū, ist im Laufe seines Lebens zu einem tiefen Verständnis vom Wesen des Karate als Budō-Kampfkunst gelangt. Auf lebendige, fesselnde Weise versteht er es, dem Leser dieses außerordentlich komplexe und vielschichtige Wissen nahezubringen. Dies geschieht in Form von Lebenserinnerungen, technischen Erläuterungen, historischen und philosophischen Ausführungen, Legenden und anekdotischen Begebenheiten aus dem Leben berühmter Samurai und Budōka (u. a. Meister des Schwertkampfes, des Aikidō, des Okinawa-te und des Karate).

Mabuni Kenei (1918-2015) wurde auf Okinawa, dem Ursprungsort des Karate, geboren. Als Sohn eines der bedeutendsten Karateexperten in der Geschichte der Kampfkünste lernte er in seiner Jugend viele der großen Meister des Budō kennen, so z. B. Miyagi Chōjun, Motobu Chōki, Konishi Yasuhiro, Fujita Seiko und Funakoshi Gichin. Im Alter von 34 Jahren übernahm er den Vorsitz des Shitō ryū. Er war Inhaber des 10. Dan. Noch mit über 90 Jahren hielt er regelmäßig Lehrgänge in verschiedenen Teilen der Welt ab, in denen er authentisches Karatedō vermittelte.

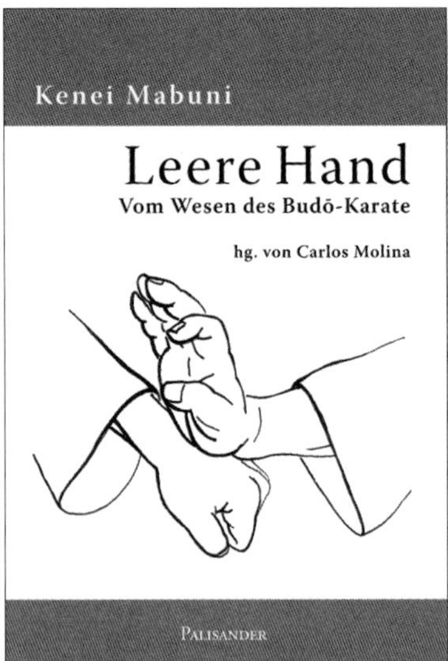

Dieses Werk, aus dem eine ebenso vergessene wie wertvolle Vergangenheit zu uns spricht, ist eine Einladung, dem Weg des »vollendeten Menschen« zu folgen, welcher der wahre Weg des Karatedō ist. Sōke Mabuni geht sogar über diesen Weg hinaus, indem er Verbindungen zu buddhistischer, daoistischer und konfuzianischer Spiritualität knüpft. Möge seine Botschaft gelesen und verstanden werden.

Roland Habersetzer

Kenei Mabuni
Leere Hand – *Vom Wesen des Budō-Karate*
Aus dem Japanischen von Bernd Winter
Herausgegeben von Carlos Molina
256 Seiten mit 100 Abbildungen
3. Auflage 2014
ISBN 978-3-938305-05-8
19,80 €

Koshiki Kata

Die klassischen Kata des Karatedō

Die Kata der großen Stilrichtungen des Karate – Shōtōkan ryū, Gōjū ryū, Wadō ryū und Shitō ryū – besitzen eine gemeinsame Grundlage, die Koshiki Kata. Diese klassischen Kata des Karatedō stammen aus Okinawa. Die Meister, die sie zwischen dem 17. und 19. Jahrhundert schufen, schöpften dabei sowohl aus chinesischen Quellen (die Tao des Wushu) als auch aus der jahrhundertealten einheimischen Kampfkunsttradition, dem Tōde bzw. dem Okinawa te. Die Koshiki Kata wurden einerseits als hocheffiziente, verschlüsselte Kampfformen konzipiert, andererseits stellen sie aber auch ein wirksames Mittel für die geistige Entwicklung des Praktizierenden dar, einen Weg zu tiefer Selbsterkenntnis. Damit sind sie tatsächlich unerschöpfliche Fundgruben, unendliche Schätze.

Roland Habersetzer, 9. Dan *Karatedō*, Historiker der Kampfkünste, schildert in diesem Buch Geschichte, Philosophie und Praxis der *Koshiki Kata*. Parallel dazu beschreibt er die Entwicklung vom *Tōde* über das *Okinawa te* zum modernen Karate und die Herausbildung der bedeutendsten Stilrichtungen des japanischen und okinawanischen *Karatedō*.

28 der *Koshiki Kata* werden ausführlich und auf praktisch nachvollziehbare Weise in Wort und Bild vorgestellt, so z. B. die 16 Kata der Schule des Matsubayashi Shōrin ryū (die fünf Kata Pinan, die drei Naihanchi-Kata sowie die Kata Kūshankū, Passai, Ananko, Wankan, Rōhai, Wanshu, Chintō, Gojūshiho), acht personalisierte Kata (Itosu no Kūshankū, Matsumura no Passai, Chibana no Passai, Aragaki no Sōchin u. a.), zwei Kata des Uechi ryū (Sanchin und Seisan) und die Happoren-Kata.

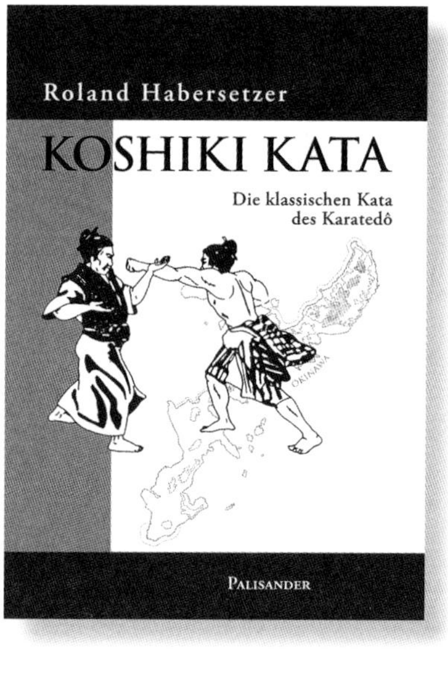

Roland Habersetzer
Koshiki Kata
Die klassischen Kata des Karatedō
Aus dem Französischen von Frank Elstner
400 Seiten mit zahlreichen Abbildungen
5. Auflage 2020
ISBN 978-3-938305-01-0
26,80 €

Bubishi – Mit den 32 Formen des Kaisers Song Taizu

Die Bibel der Kampfkunst mit leerer Hand

In der südchinesischen Provinz Fujian (Fukien) entstand vor Jahrhunderten der Kampfstil des Weißen Kranichs, als Fang Jin Jang, Tochter eines Shaolinmeisters, die Kampfkunst ihres Vaters mit Haltungen und Bewegungen des Kranichs verknüpfte. Dieser Stil wird im Bubishi beschrieben, einem illustrierten Manuskript, das für jene bestimmt war, die Meister im Kampf ohne Waffen werden wollten. Es zeigt sich, daß die im Bubishi beschriebenen Techniken nichts weniger darstellen als jene Urformen, aus denen sich so unterschiedliche moderne Kampfkünste wie Karate, Jūjutsu, Jūdō, Aikidō oder Wingchun entwickelt haben. Alle Geheimnisse der waffenlosen Kampfkünste sind hier bereits offenbart.
In diesem Werk werden die 48 Nahkampftechniken des Bubishi (ergänzt durch ausführliche Kommentare und detaillierte Zeichnungen des Autors), die Kunst des Dianxue (die geheimnisumwitterten Vitalpunkttechniken der »vergifteten Hand«), die Geschichte des Kampfstils des »Weißen Kranichs« sowie Geschichte und Technik der Kata Hakufa und Happoren vorgestellt.

Die vorliegende Neuauflage des Bubishi enthält zudem eine umfassende Darstellung der »32 Formen des Boxens des Kaisers Song Taizu«. Hierbei handelt es sich um ein vollständiges Kapitel des chinesischen Klassikers Ji Xiao Xin Shu von General Qi Jiguang, der 1564 erschien.

Der japanische Karatemeister Ôtsuka Tadahiko, Lehrer und Freund Roland Habersetzers, analysiert die darin vorgestellten 32 Kampfpositionen. Der Wushu-Experte Maik Albrecht, welcher über zehn Jahre in China lebte, übersetzte und kommentierte die Einleitung des Ji Xiao Xin Shu, das erstmals einer nichtasiatischen Leserschaft zugänglich gemacht wird.

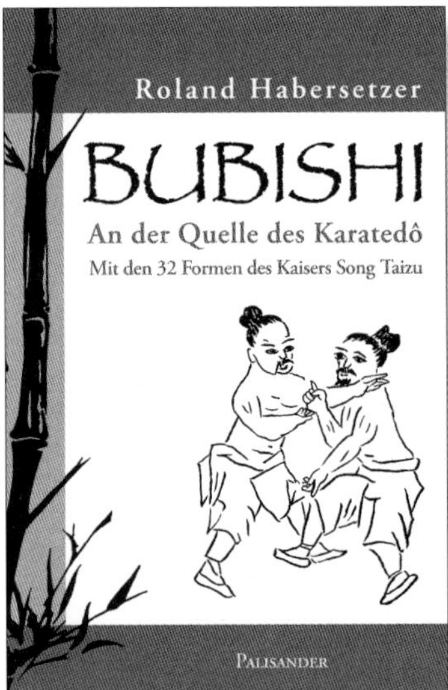

Maik Albrecht, der bei einigen der größten lebenden Meister des Wushu (Kungfu) in die Lehre gegangen ist und chinesische Sprache und Kultur studiert hat, hat es vollbracht, den klassischen Text auf eine Weise zu übertragen und zu erläutern, daß der Leser tiefe Einblicke in die faszinierende Welt der waffenlosen Kampfkünste im alten China gewinnt.

Roland Habersetzer
Bubishi – *An der Quelle des Karatedō*
Mit den 32 Formen des Kaisers Song Taizu
Aus dem Französischen von Frank Elstner
320 Seiten mit zahlreichen Abbildungen
5. Auflage 2020
ISBN 978-3-938305-00-3
25,90 €

Von der Form einer Kampfkunst

Die Kata als zentrales Übungskonzept des Karate

Die traditionell überlieferten Formen des Karate, die Kata, enthalten sämtliche Facetten des Karatetrainings. Doch dieses Wissen wird nur dann umfassend zugänglich, wenn die Kata auf eine Weise analysiert werden, die das Weltbild der Menschen, die sie vor langer Zeit geschaffen haben, berücksichtigt, das heißt ihre religiösen Anschauungen, ihre Kenntnisse in traditioneller chinesischer Medizin, ihr Wissen über den Fluss des Ki (Qi) und vieles mehr.

Auf der Grundlage von über 40 Jahren eigener Übungs- und Unterrichtspraxis sowie umfangreicher Forschungsarbeit gelingt es dem Autor, anhand zahlreicher praktischer Beispiele und origineller Analysen darzustellen, wie es möglich ist, die Kata so zu entschlüsseln, dass der Karateka daraus vielfältiges anwendbares Wissen gewinnen kann. Erst mit solchem Wissen kann Karate wieder zu der echten und hocheffektiven Kampfkunst werden, als die es einst geschaffen wurde.

Das Werk beginnt mit Erläuterungen zu Aufbau und Struktur der Karate-Kata und zur potentiellen Wirkungsweise der enthaltenen Techniken; die Gesetze der Physik werden hierbei ebenso berücksichtigt wie alternativmedizische Modellbetrachtungen. Im zweiten Teil wird ausführlich auf das Üben der Kata und deren Umsetzung im freien Kampf eingegangen. Im dritten Teil werden einzelne für das heutige Karate besonders bedeutende Kata beschrieben und miteinander verglichen, so z. B. die Kata Naifanchin und Bassai.

Roman Westfehling, 5. Dan, möchte den Leser ermutigen, immer wieder Altbekanntes in Frage zu stellen, damit er weiterkommt auf dem Weg der leeren Hand, dem Karate-dō. Dieses Buch richtet sich an jeden fortgeschrittenen Karateka – unabhängig von seiner Stilrichtung –, und auch dem interessierten Anfänger kann es als Wegweiser und Wegbegleiter dienen.

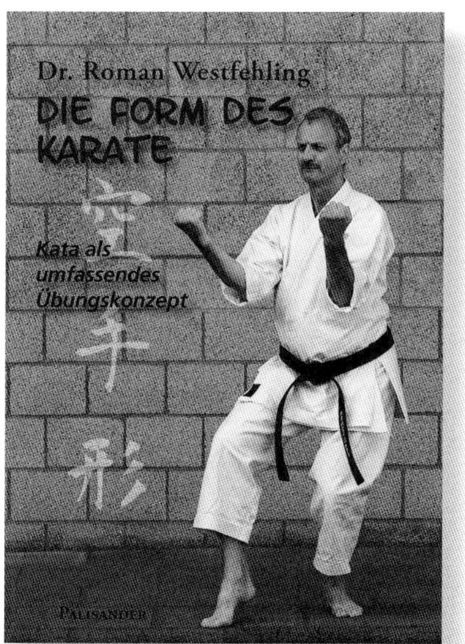

Roman Westfehling
Die Form des Karate
Kata als umfassendes Übungskonzept
408 Seiten mit 106 Abbildungen
1. Auflage 2015
ISBN 978-3-938305-84-3
24,80 €

Jamal Measara: Verschollene Traditionen des Okinawa-Karate

Traditionen für unsere Zeit

Der aus Malaysia stammende Jamal Measara genießt weltweit den Ruf eines der besten Kenner der klassischen okinawanischen Kampfkünste. Anhand zahlreicher Beispiele und Geschichten zeigt der Schüler von Shimabukuru Zenpo und Donn F. Draeger in diesem Buch, was die Philosophie und die Praxis des Okinawa-Karate auszeichneten. Zu den Themen zählen die Rolle der Geduld, die Bedeutung des Respekts, das Verhältnis zwischen Lehrer und Schüler, die Beziehung zwischen Kampfkunst und Heilkunde sowie traditionelle Methoden zum Muskelaufbau und zur Abhärtung. Ein großer Teil des Buches ist den Kampftechniken des klassischen Karate gewidmet. Mit Hilfe von Fotografien und Erläuterungen werden eine Reihe konkreter Anwendungen von Techniken aus den alten Kata vorgestellt, von Verteidigungen, die zugleich als Angriffe eingesetzt werden, bis hin zu Vitalpunkttechniken. Besonderer Wert wird darauf gelegt, aufzuzeigen, dass die Kampftechniken einst von kampferprobten Meistern für den Zweck der Selbstverteidigung entwickelt wurden. Im modernen Karate werden viele davon kaum noch gelehrt, weil sie für den sportlichen Wettkampf nicht geeignet sind.

Der Autor erläutert, welche nützliche Rolle Tradition in der modernen Zeit spielen kann. Schülern des Karate sollen die Möglichkeiten, die ihre Kampfkunst ihnen bieten kann, gezeigt werden, nicht nur hinsichtlich der Entwicklung ihrer kämpferischen Fähigkeiten, sondern auch für ihre Persönlichkeitsentwicklung, welche im klassischen Budō eine zentrale Rolle spielt. Tatsächlich kann Karate-dō einen lebenslangen Weg darstellen, eine umfassende Schule des Lebens.

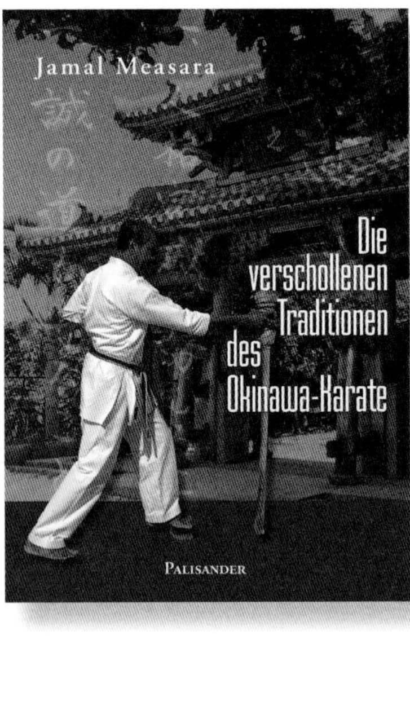

Karatetrainer erhalten zahlreiche Anregungen, wie sie die Ausbildung ihrer Schüler reichhaltiger gestalten können.

Sensei Measara lebt seit 1980 in Deutschland. In seinen Lehrgängen, die ihn in zahlreiche Länder führen, verbreitet und lehrt er die klassischen Kampfkünste Okinawas.

Jamal Measara
Die verschollenen Traditionen des Okinawa-Karate
160 Seiten, ca. 280 Fotos
1. Auflage 2012
ISBN 978-3-938305-11-9
€ 18,90

Die Krieger des alten Japan – Berühmte Samurai, Rōnin und Ninja

Erzählungen aus 700 Jahre japanischer Geschichte

Dem Kampfkunstexperten und Historiker Roland Habersetzer ist es gelungen, die Zeit des alten Japan auf fesselnde Weise lebendig werden zu lassen.

Der Autor entführt seine Leser in die abenteuerliche Welt der Samurai, Rōnin und Ninja. Äußerst spannend erzählt er von legendären Helden der japanischen Geschichte. In authentischen Erzählungen, die auf historischen Quellen beruhen, werden Begebenheiten aus dem Leben der »Schwertheiligen« Tsukahara Bokuden und Miyamoto Musashi sowie des »letzten Samurai«, Saigō Takamori, dargestellt. Außerdem finden sich im Buch Berichte über den blutigen Machtkampf zwischen den Klanen der Minamoto und der Taira im 12. Jahrhundert, den Aufstieg und den Fall des Klans der Takeda, den Rachefeldzug der 47 Rōnin aus Akō und zahlreiche andere berühmte wie auch nahezu in Vergessenheit geratene Ereignisse der japanischen Geschichte.

Zum Inhalt dieses Werkes gehören des Weiteren unterhaltsame Kōdan- und Dōjō-Geschichten, die Zenweisheiten vermitteln, und Begebenheiten aus der Welt der Ninja, jener geheimnisvollen Schattenkrieger des japanischen Mittelalters.

29 Farbtafeln mit Reproduktionen von Holzschnitten aus der Edo-Zeit und zahlreiche Schwarzweißillustrationen verleihen dem Buch einen besonderen Reiz.

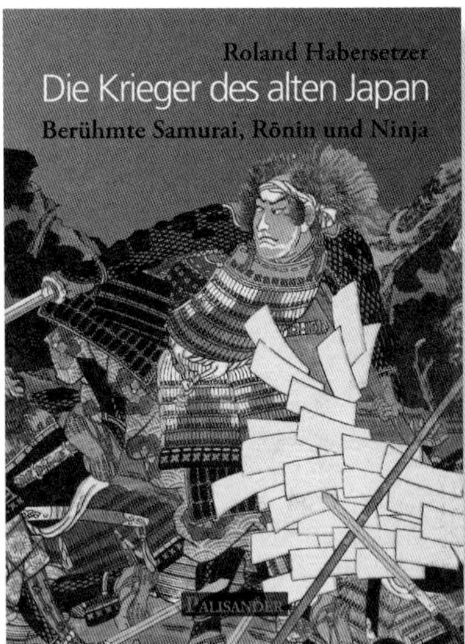

Roland Habersetzer
Die Krieger des alten Japan
Berühmte Samurai, Rōnin und Ninja
Aus dem Französischen von Frank Elstner
352 Seiten
29 Farbtafeln mit Holzschnitten
Zahlreiche Schwarzweißabbildungen
ISBN 978-3-957840-33-2
Neuausgabe 2021
€ 32,00

Roland Habersetzer: Amakusa Shirō – Gottes Samurai

Der Aufstand der Christen von Shimabara

Zu Beginn des 17. Jahrhunderts gab es in Japan etwa 300 000 Christen, unter ihnen mehrere daimyō. Doch das Tokugawa-Shōgunat, das seit 1603 Japan beherrschte, verbot die Ausübung der fremden Religion. Vor allem der dritte Shōgun der Dynastie, Tokugawa Iemitsu, sah darin eine Bedrohung für die ursprüngliche Kultur des Landes und nicht zuletzt auch für seine Herrschaft. Auf seinen Befehl wurden japanische Christen zu Zehntausenden gefoltert und hingerichtet. Besonders im Süden des Landes, wo die meisten Christen lebten, wurden die Lebensverhältnisse unerträglich. Doch im Geheimen wuchs der Widerstand gegen die Schreckensherrschaft. In seinem Zentrum standen fünf Rōnin, die einen Aufstand planten. Als Anführer wählten sie einen 17-jährigen Jüngling, Shirō, von dem es hieß, er sei ein Gesandter des Himmels, ein neuer Messias. Ende 1637 brach der Aufstand aus und entwickelte sich rasch zu einer der größten Rebellionen, die das Reich der aufgehenden Sonne je erlebte. Zehntausende Bauern, Samurai und Rōnin kämpften, beseelt von der Kraft ihres Glaubens, gegen die Macht des Shōgunats.

Der französische Kampfkunstmeister Roland Habersetzer schildert in diesem Roman auf außerordentlich spannende und lebendige Weise sowie mit großer historischer Genauigkeit den Aufstand der Christen von Shimabara.

»Vor langer Zeit habe ich versprochen, dass ich eines Tages all den vergessenen Namen eines der stürmischsten Ereignisse, die das Land der aufgehenden Sonne erlebt hat, neues Leben verleihen würde …
Bewunderung und jugendliche Begeisterung haben mich dieses Versprechen geben lassen …
Das Leben hat mir endlich die Möglichkeit gewährt, es zu erfüllen.«

R. H.

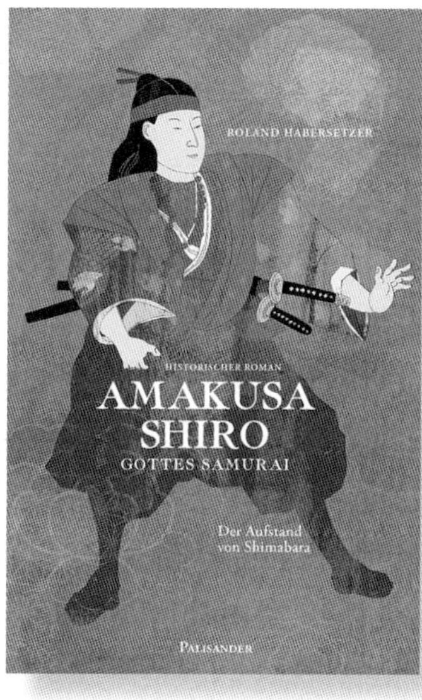

Roland Habersetzer
Amakusa Shirō – Gottes Samurai
Der Aufstand von Shimabara
Aus dem Französischen von Frank Elstner
360 Seiten, Hardcover mit Schutzumschlag
1. Auflage 2013
ISBN 978-3-938305-19-5
22,90 €